U0854673

高等学校电子商务专业系列教材

电子商务导论

杨立钒　杨维新　杨坚争 ◎ 编著

電子工業出版社
Publishing House of Electronics Industry
北京 • BEIJING

内 容 简 介

本书从加快形成国内国际双循环相互促进新发展格局的高度出发，围绕电子商务的新实践，全面介绍了电子商务的基本理论和操作方法，包括电子商务的基本概念、电子商务的战略规划、电子商务网站建设、电子商务市场开拓、网络营销方法、电子支付、电子商务物流、跨境电子商务、电子商务安全与法律等内容，以帮助读者对电子商务的新发展、新理论、新实践有一个清晰完整的了解。

本书内容结构合理、层次性强，符合科学的思维逻辑，注重理论与实际的联系，有利于培养和发展学生的实践探索、研究和创新能力。

本书可作为高等学校电子商务、市场营销、商业管理、计算机及相关专业本科生和研究生的学习用书，也可作为政府管理电子商务、企业从事电子商务活动的重要工具书和参考书。

本书提供相应的教学课件和试验链接等教学资源，读者可以从电子工业出版社网站下载。

图书在版编目（CIP）数据

电子商务导论 / 杨立钒，杨维新，杨坚争编著. —北京：电子工业出版社，2021.10
ISBN 978-7-121-42107-5

Ⅰ. ①电… Ⅱ. ①杨… ②杨… ③杨… Ⅲ. ①电子商务－高等学校－教材 Ⅳ. ①F713.36

中国版本图书馆 CIP 数据核字（2021）第 196918 号

责任编辑：刘淑敏 特约编辑：马凤红
印 刷：三河市华成印务有限公司
装 订：三河市华成印务有限公司
出版发行：电子工业出版社
北京市海淀区万寿路 173 信箱 邮编：100036
开 本：787×1 092 1/16 印张：18.75 字数：443 千字
版 次：2021 年 10 月第 1 版
印 次：2021 年 10 月第 1 次印刷
定 价：59.00 元

凡所购买电子工业出版社图书有缺损问题，请向购买书店调换。若书店售缺，请与本社发行部联系，联系及邮购电话：（010）88254888，88258888。

质量投诉请发邮件至 zlts@phei.com.cn，盗版侵权举报请发邮件至 dbqq@phei.com.cn。

本书咨询联系方式：（010）88254199，sjb@phei.com.cn。

前言

我国的电子商务经过 20 多年的发展，已经逐步走向成熟，相应的电商人才培养体系也基本形成，高校本科已经形成了电子商务、电子商务与法律、跨境电子商务 3 个专业，因而对电子商务教材有了更高的要求。

本书作为新编电子商务系列教材的总览，突出了如下几个方面的特色。

（1）从辩证唯物主义的角度，认识世界市场的变化和电子商务崛起的必然性。互联网技术的广泛应用，使得世界市场演变为实体市场和虚拟市场。为了保持我国经济高质量的发展态势，人们必须高度重视虚拟市场竞争。电子商务作为数字经济最重要的工具，在虚拟市场上发挥着重要的作用，同时，在两个市场的融合发展中起到了黏合剂的作用。

近年来，我国电子商务发展迅速，对推动贸易和经济增长、促进包容和可持续发展发挥了巨大作用，已经成为全球规模最大、成长最快的电子商务市场之一。特别是在抗击新冠肺炎疫情期间，电子商务对于稳定社会秩序、推动复工复产发挥了巨大的作用。人们需要从技术、结构、规则、体系等多个层面，深刻分析这些历史性的变革对电子商务发展的影响。

（2）全面反映电子商务最新发展状况，引导学生从电子商务发展现状、社会政治环境、市场环境、监管环境等方面思考国家和企业电子商务的发展方向，以期未来能够科学制定国家和企业的电子商务发展战略。

（3）梳理近年来电子商务应用出现的新形式，调整电子商务的应用模式。随着电子商务的普及，电子商务的应用范围得到了很大的拓展，新模式不断涌现。微商模式、共享经济模式、C2M（消费者对企业）模式、社交电商模式等都已成为电子商务发展的新热点。本书从思维模式、制造模式、盈利模式、销售模式和管理模式的转变等方面，探讨这些新模式的特点和应用前景。

（4）围绕中共中央第十九届五中全会关于“加快构建以国内大循环为主体、国内国际双循环相互促进的新发展格局”的要求[①]，提出着眼全球资源和市场，更好地利用国内和国际技术、人才、管理等各方面资源，全面提升跨境电商竞争力的发展思路，系统介绍跨境电子商务新的监管模式、跨境交易渠道、海外仓建设等内容。

（5）根据《中华人民共和国电子商务法》（以下简称《电子商务法》）和《中华人民共和国民法典》（以下简称《民法典》），确定电子商务参与各方的法律关系和行为准则。《电子商务法》于 2019 年 1 月 1 日起施行。该法对电子商务、电子商务参与主体等做出了新的定义，对电子商务参与者的行为做出了具体的规定。《民法典》于 2021 年 1 月 1 日

① 中共中央. 中国共产党第十九届中央委员会第五次全体会议公报[EB/OL].（2020-10-29）[2020-11-23].

起施行。电子商务中的合同签订、消费者权益保护、个人信息保护等都能在《民法典》中找到法律依据。本书根据法律的新规定，对电子商务规范经营的方法进行了阐述。

本书分为以下 9 章。

第 1 章，世界市场的二元化与电子商务。本章从电子商务条件下的市场变化切入，阐述了电子商务的概念、分类及交易基本流程等内容。

第 2 章，电子商务战略规划与实施。本章分析了电子商务的应用环境，分析了政府、企业及农村电子商务发展战略。

第 3 章，互联网技术与电子商务网站建设。本章介绍了互联网技术的最新发展与应用，对电子商务网站和平台建设进行了深入的探讨。

第 4 章，电子商务市场调研与开拓。本章引导学生了解市场的调研和信息收集方法，重点介绍了利用信息网站和电子商务第三方平台开拓网络市场的方法。

第 5 章，网络营销与客户关系管理。本章从营销策略、营销方法和客户服务方法 3 个方面对电子商务的网络营销进行了全面介绍。

第 6 章，电子支付与网上银行。本章重点介绍了电子支付、网上银行和非金融机构支付业务及流程。

第 7 章，电子商务物流与供应链。本章重点讨论了电子商务物流系统、物流模式、物流新技术和供应链管理。

第 8 章，跨境电子商务与电子通关。本章详细介绍了跨境电子商务的基本流程、海外仓建设和电子通关的基本程序等内容。

第 9 章，电子商务安全与法律。本章主要围绕电子商务现存的风险和管理问题，重点阐述电子商务的交易风险和安全管理思路，以及安全技术、管理、法律对策方面的内容。

本书第 1、2、4、5、6、8、9 章由杨立钒老师撰写，第 3、7 章以及全书的导入案例由杨维新老师撰写。初稿完成后，杨坚争老师对全书进行了审校。国家社科基金重大项目（13&ZD178）、上海市教育委员会教改项目“电子商务创新创业管理”、上海市高校外国留学生英语授课示范性课程（1027-301-12）、中国法学会项目“联合国《网上争议解决的技术指引》实施细则研究”、华东政法大学重大教改项目“基于云计算的智慧司法虚拟仿真实验平台”、香港杏范教育基金会对本书的出版给予了帮助，电子工业出版社姜淑晶编辑提供了多方面的指导。本书在编写过程中，参考了大量书籍和网上文献。在此，谨向本书出版的资助者及资料的原作者和提供者表示真诚的谢意，也希望广大读者对本书提出宝贵的意见。

杨立钒

目　录

第1章 世界市场的二元化与电子商务

我国电子商务自1996年起投入使用，至今已经过了20多年的飞速发展，在提升市场资源配置水平、带动传统产业转型升级、推动贸易便利化等方面，日益发挥着重要的作用，已经成为国民经济中最具活力的领域。《电子商务导论》是电子商务专业的引导性课程，旨在回答为什么要发展电子商务的问题。本章通过对世界市场二元化趋势的分析，着重明确电子商务在二元市场中的地位和作用。

导入案例

我国快速发展的数字经济

数字经济是以数字化的知识和信息作为关键生产要素，以数字技术为核心驱动力量，以现代信息网络为重要载体，通过数字技术与实体经济的深度融合，不断提高经济社会的数字化、智能化水平，加速重构发展与治理模式的新型经济形态。

数字经济的构成包括两大部分：一是数字产业化，也称数字经济基础部分，即信息产业，具体业态包括电子信息制造业、信息通信业、软件服务业等；二是产业数字化，指使用部门因此而带来的产出增加和效率提升，也称数字经济融合部分，包括传统产业由于应用数字技术而带来的生产、销售数量和效率的提升，其新增产出构成了数字经济的重要组成部分。

2020年，我国数字经济对经济增长的贡献率近七成，成为驱动我国经济增长的核心关键力量。我国数字经济的整体规模占GDP的比重从2005年的14%逐年增加到2020年的38.6%，如图1-1所示。

从城市数字经济增加值规模看，上海、北京占据主导地位，数字经济GDP占比已超过50%。上海市作为我国经济中心城市，产业基础雄厚，政策支持力度不断加大，要素资源充沛，大量的高新技术企业和新基建相关企业，为上海数字经济的发展，提供了支持和保障。

从数字产业化发展来看，上海市数字产业化增加值超过1 000亿元，促进了地区产业结构的调整。从产业数字化发展来看，上海市产业数字化增加值规模超过1万亿元，产业数字化占 GDP 比重超过 40%，已成为上海市驱动数字经济发展的主引擎。

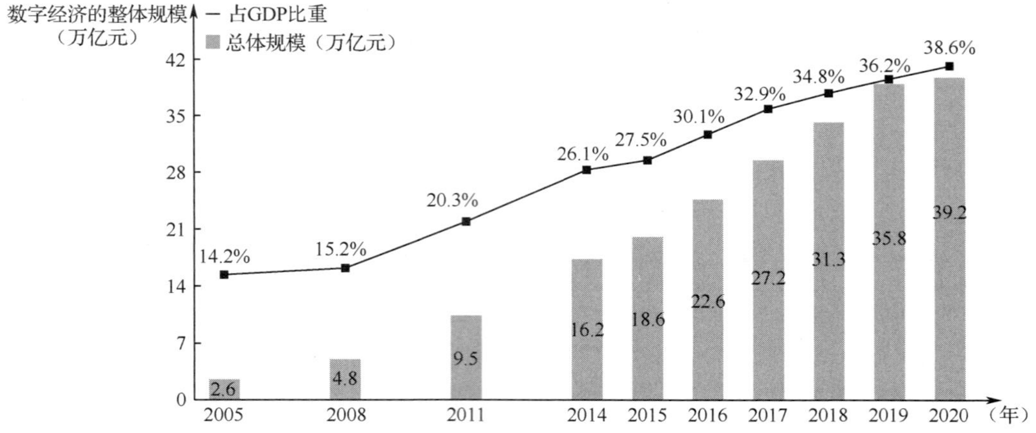

图 1-1　我国数字经济的整体规模及其占 GDP 的比重

（资料来源：中国信息通信研究院）

从市场角度看，算力基础设施对市场整体发展的支撑作用不断扩大，“区块链+隐私计算”等新技术推动数据交易市场实现破局，电子商务的新模式促进消费市场虚拟化程度不断提高，而线上、线下数字技术的相互渗透，又推动了虚拟市场和实体市场的融合发展。

导入案例思考题

我国数字经济的快速发展，给人们带来了什么机遇与挑战？

1.1　世界市场的二元化趋势

1.1.1　实体产品与信息产品

在互联网条件下，电子邮件、网络软件、网络游戏、电子支付等一大批新技术产品得以开发与应用，使得产品的形式发生了巨大的变化。没有实体形式的信息产品交易出现了，并且带动了一大批新型产业的兴起。

计算机信息技术的应用，使现代商品交易中的现代产品分化为两大类：实体产品和信息产品。而实体产品又可分为实物产品（如家具、服装）和实体服务产品（如饮食服务、理发服务）。现代商品交易中的产品分化情况如图 1-2 所示。

实体产品是指提供给市场的、能够满足消费者（或用户）某一需求或欲望的任何有形物品和服务。

实物产品一般包括核心产品和形式产品。核心产品是指向用户提供的产品的基本效用或利益；形式产品是指核心产品借以实现的形式，或目标市场对某一需求的特定满足形式，包括品质、式样、特征、商标及包装等。

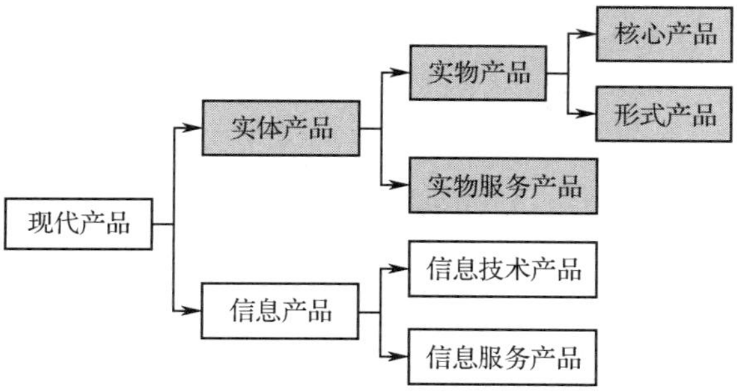

图 1-2　现代商品交易中的产品分化

信息产品是利用信息技术，通过数字计算加工手段而生成，能够满足消费者（或用户）某一需求或欲望的任何无形信息技术产品和信息服务产品，如电子邮件、网络软件、网络游戏、网络视频等。这类产品信息量大、传输快捷、容易保存、便于复制，主要分布在信息交互、娱乐等领域。

信息产品与实体产品仍然存在一定的联系。例如，电影通过网络传播，可以看作一种信息产品；而通过光盘传播，则成为一种实体产品。虽然，现代电影本身是通过信息技术制作的。

与此相类似，服务产品也分为实体服务产品和信息服务产品。

需要注意的是，目前，某些实物产品正在演化为无形产品，如纸质机票演变为电子机票，纸质发票演变为电子发票，这是现代贸易中出现的新趋势。

1.1.2　传统销售渠道与网络销售渠道

传统销售渠道指某种货物或劳务，从生产者向消费者转移时，所需经过的流通途径。在传统销售渠道中，除了生产者和消费者，很多情况下还有大量的独立中间商和代理中间商（包括批发商和零售商）存在。商品或服务通过销售渠道，完成了商品所有权的转移，也完成了商品实物或服务的转移。传统销售渠道的分类如图 1-3 所示。

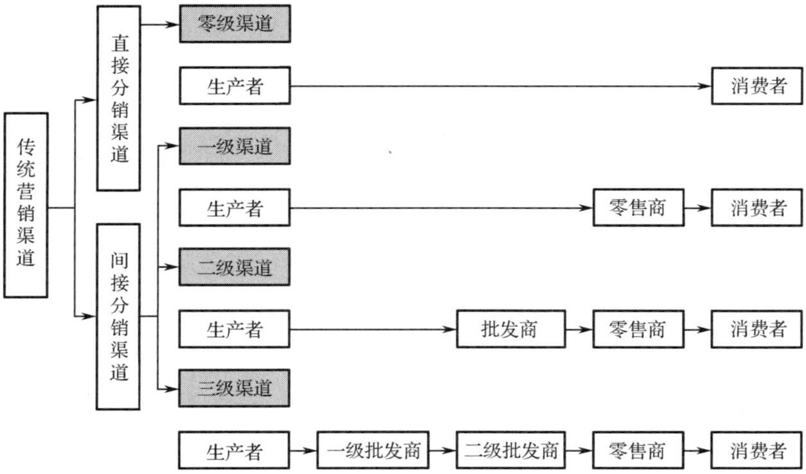

图 1-3　传统销售渠道的分类

网络销售渠道是借助于互联网络完成的货物或劳务的流通渠道。相对于传统的销售渠道，网络销售渠道也可分为直接分销渠道和间接分销渠道，但其结构要简单得多。网络销售渠道的分类如图 1-4 所示。

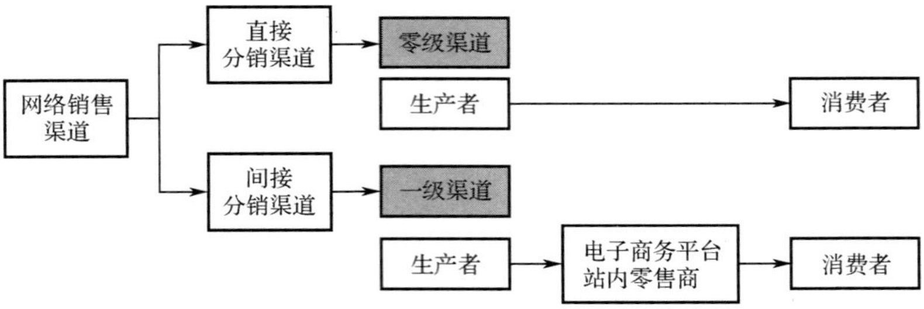

图 1-4　网络销售渠道的分类

1.1.3　实体市场与虚拟市场

商品交易中产品的分化和交易渠道的改变，使现代商品交易市场演变为两个截然不同的分市场：实体市场和虚拟市场。图 1-5 从两个不同的角度，对实体市场和虚拟市场进行了描述。

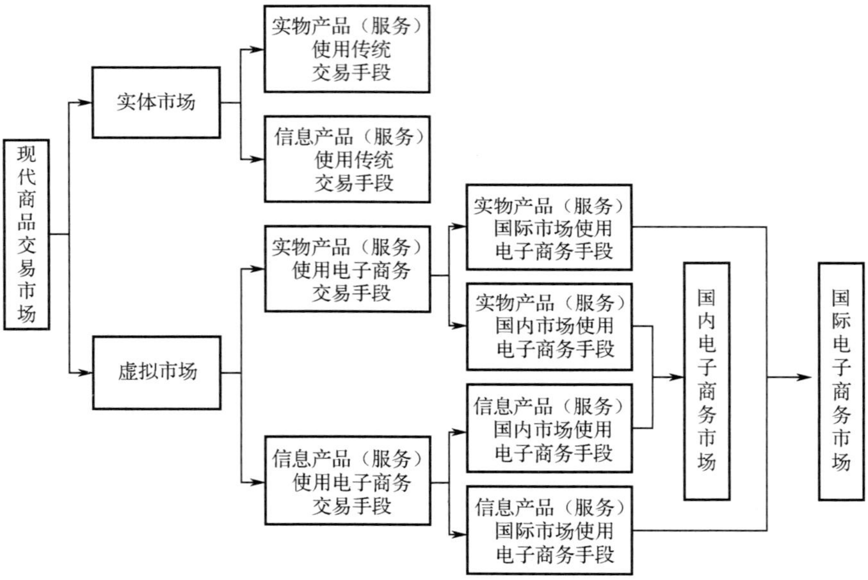

图 1-5　实体市场与虚拟市场的描述

实体市场与虚拟市场并不是截然分开的，两者有着密切的联系。根据产品、过程和参与者的虚拟化程度，可以设计一个三维坐标图——实体市场与虚拟市场示意图（见图 1-6）。在图 1-6 中，产品为 Y 轴，交易手段为 Z 轴，参与者为 X 轴，箭头的指向表示虚拟化程度的高低，即离原点越远，产品、过程和参与者的虚拟化程度越高。据此，可以将坐标图显示的空间划分为 8 个部分。左下方带有阴影的方块表示的市场形式为实体市场，此种形式市场的 3 个要素都是物质形态的；而右上方虚点阴影表示的方块则代表纯粹的虚拟市场，其中包含的 3 个要素都是数字化的；而其他所有方块所包含的 3 个要素则兼有实物性和虚拟性,即它们所包含的 3 个要素中至少有一个要素是非数字形式的，这些方块表示不完全的电子商务。从左下方到右上方，数字化程度逐渐加强，实体市场逐步向纯粹的虚拟市场过渡。

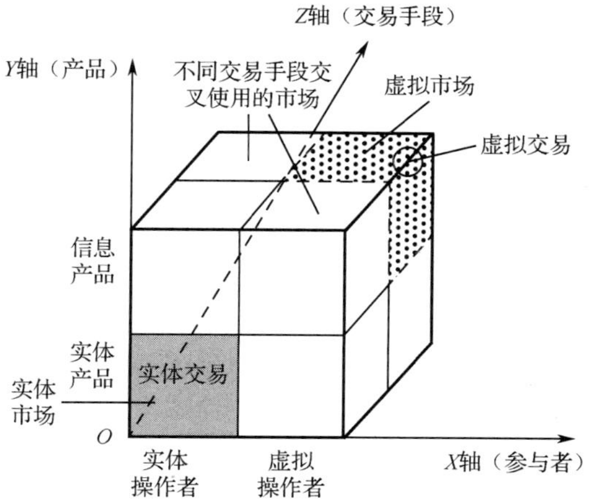

图 1-6　实体市场与虚拟市场示意图

虚拟市场和实体市场既有区别，又相互关联。在纯粹的实体市场上，交易各方采用传统交易手段进行交易；而在纯粹的虚拟市场上，交易各方采用电子商务手段进行交易；在实体市场和虚拟市场之间有一个过渡，存在着不同手段交叉使用的交易市场。在商品交易 3 个主要阶段（合同签署、款项支付和商品送达）中，除实体物品的配送外，实体市场越来越多地采用虚拟市场的交易方法。在许多情况下，实体市场的交易手段已经被虚拟市场的交易手段所代替。

1.1.4　互联网环境下的世界市场二元结构

二元结构是指在一个系统中并存着两个虽相对独立却存在相互联系的子系统的现象。这种现象广泛存在于人类社会中。

在社会学中，存在落后的“原有部门”和相对先进的“现代部门”的说法；在经济学中，二元经济结构被定义为在一国同时存在不发达的农业部门和相对发达的工业部门的现象；在市场研究领域，国内外尚没有二元结构的提法。但从本节的分析可以看出，互联网技术的应用不仅带来了产品的变化，也带来了销售渠道的变化、支付货币的变化，从而渗透到实体市场的各个领域，影响到市场参与者的各类行为，进而导致了世界市场的二元化变化趋势，即形成了实体市场和虚拟市场的二元市场结构。

在互联网技术广泛应用的现代市场结构中，一方面是普遍存在的、运用实体形式进行交易的传统实体市场；另一方面则是运用网络信息技术进行交易的虚拟市场（互联网市场）。互联网市场受到产业环境、市场竞争环境、政策制度环境、文化环境、科技环境等多方面的影响，其涉及的范围已不再局限于本地经济发展和居民生活服务，而是汇集了商品流、信息流、服务流、货币流，面向全球拓展，逐步发展成为全球性的交易市场[①]。

从市场运作层面考察，虚拟经济的出现使市场竞争空前加剧。新兴的高科技上市企业，在其上市前，都经历了一个十分艰苦的风险创业过程。有的靠“创意”正确而创业成功；更有大量的则因“创意”失误而遭到失败。虚拟经济下的竞争，实际上从“创意”开始，就进入了“你死我活”的大浪淘沙过程。

从技术本身的特性而言，互联网是无国界的。以互联网为技术基础的电子商务大大加剧了国际竞争的强度。速度、产品和服务质量成为电子商务公司生存的关键。一个公司虚拟市场上的产品和服务若被其他公司性能更好的产品和服务所取代，则它立即面临“死亡”的威胁。在虚拟经济下，企业间的并购、重组异常激烈。企业间的竞争方式，不仅是打价格战，而更重要的是打创新战、速度战、质量战、服务战。

从企业层面考察，在时间和外部环境确定的情况下，可以将世界贸易总量看作一个定值。虚拟市场交易不仅涉及信息产品，也涉及部分实物产品的交易。而这一部分在虚拟市场上成交的实物产品交易额，恰恰是实体市场上流失的那部分交易额。一个企业如果仅仅固守在实体市场上进行交易，其总交易额必然减少。虚拟市场的出现对传统市场的冲击如图 1-7 所示。

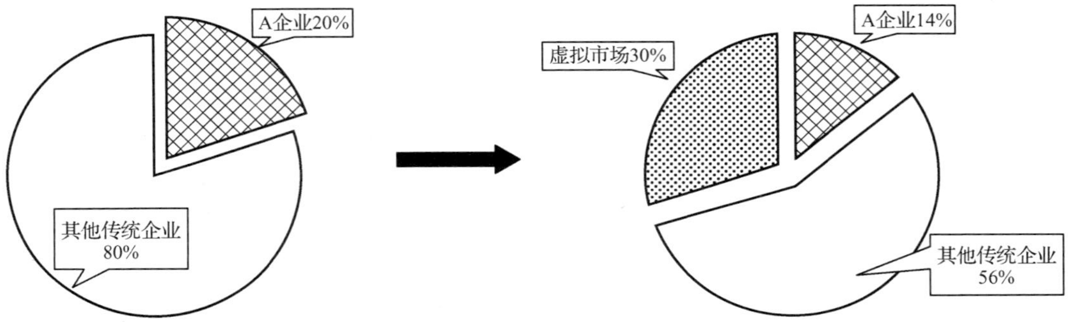

（a）没有虚拟市场时，A企业的市场份额　　（b）虚拟市场出现后，A企业的市场份额

图 1-7　虚拟市场的出现对传统市场的冲击

在传统市场中，A 企业原有 20%的市场占有率。虚拟市场出现后，A 企业市场占有率降低为：20%×（1-30%）=14%。

由于实体市场的萎缩，大量传统产业的企业倒闭。例如，2015 年，国内实体门店关店数量超过 1700 家[②]。2018 年，A 股体育第一大品牌贵人鸟股份有限公司加盟店关停 2294 家[③]。2019 年中国连锁专卖店总店数量为 37511 个，较 2018 年减少了 9 个[④]。

---

① 有关互联网环境下的世界市场二元结构的理论推导，请参见笔者参与编写的著作《世界市场的二元化与我国跨境电子商务发展策略研究》，立信会计出版社，2016 年.

② 联商网. 2015 主要零售企业（百货、超市）关店统计[EB/OL]（2016-04-08）[2019-06-23].

③ 贵人鸟加盟店关店 2300 家 净利润同比下滑 536%[EB/OL]（2019-06-04）[2020-06-23].

④ 智研咨询. 2019 年中国连锁专卖店门店数量达 37511 个，销售额达 3207.6 亿元[EB/OL]（2020-11-06）[2021-06-23].

相对于实体市场，虚拟市场呈现 5 个比较明显的特征。

（1）虚拟化特征。虚拟市场空间中，企业经济活动的对象为信息而非传统的物质资源，土地、劳动和资本等传统生产要素对企业不再具有较多的束缚。实体市场中的部分要素，在信息网络时代也体现出了虚拟化演进的特征，如虚拟货币的出现和发展、虚拟商品范围的扩展、流通过程的虚拟化等。

（2）柔性化特征。网络市场中知识和信息的重要地位日益凸显出来，竞争力更多地体现在对知识和信息的掌握上。社会生产、流通和消费的各个环节都在朝着智能化和柔性化方向发展，智能化和柔性化将占据社会的主导地位。

（3）个性化特征。在网络营销活动中，电子商务网站普遍通过收集背景资料建立客户档案，与客户形成“一对一”的服务关系。互联网也使得制造业的个性化生产成为可能。每一个客户都可以根据自己的情况提出对产品的个性化需求。

（4）不确定性特征。虚拟市场是一个激情四射的市场，也是一个风险极高的市场。网络市场中不确定性与产业时差、产品定位、营销方法、竞争速度、团队素质等都有密切的关联。

（5）全球性特征。互联网的无边界使用使信息传播突破了地理空间的限制，网络交易也在很大程度上避开了地理位置的障碍，从而使虚拟市场具有了明显的全球化特征。从这个角度看，虚拟市场的全球性特征可以理解为其本质就是一个全球范围的大市场，进入互联网的主体就是进入了全球市场。

1.2 电子商务的概念与分类

1.2.1 电子商务的概念

最近几年，“电子商务”一词在社会经济生活中高频率出现，成为家喻户晓的新名词。国内、国外都试图对电子商务的概念做出确切的表述。

1. 联合国国际贸易法委员会关于电子商务概念的表述

为了适应使用计算机技术或其他现代技术进行交易的当事方之间通信手段发生的重大变化，1996 年 12 月 16 日，联合国国际贸易法委员会（简称联合国贸法会）通过了《联合国国际贸易法委员会电子商业示范法及其颁布指南》①②（简称《电子商业示范法》）。

① United Nations Commission On International Trade Law(UNCITRAL). UNCITRAL Model Law on Electronic Commerce with Guide to Enactment 1996[S], 51/162 Model Law on Electronic Commerce adopted by the United Nations Commission on International Trade Law, 85th plenary meeting, 1996-12-16.

② 1996 年 12 月 16 日，联合国正式颁布了《贸易法委员会电子商业示范法及其颁布指南》（UNCITRAL Model Law on Electronic Commerce with Guide to Enactment 1996）。当时“电子商业”的称呼比较流行，故该文件的中文版翻译为《电子商业示范法》。此后人们接受了“电子商务”的说法，较多人重新翻译为《电子商务示范法》，为了避免混淆，本书仍沿用《电子商业示范法》。

但《电子商业示范法》并未给出明确的“电子商业”的定义[①]，只是强调这种电子商业交易手段的特殊性，即在商业交易中使用了数据电文作为交易信息的载体。

《电子商业示范法》对“电子商业”中的“商业”一词做出了广义解释：“使其包括不论是契约型或非契约型的一切商务性质的关系所引起的种种事项。商务性质的关系包括但不限于下列交易：供应或交换货物或服务的任何贸易交易，分销协议，商务代表或代理，客账代理，租赁，工厂建造，咨询，工程设计，许可贸易，投资，融资，银行业务，保险，开发协议或特许，合营或其他形式的工业或商务合作，空中、海上、铁路或公路的客、货运输。”

《电子商业示范法》第 2 条对数据电文做出了明确的定义：数据电文指经由电子手段、光学手段或类似手段生成、储存或传递的信息，这些手段包括但不限于电子数据交换（EDI）[②]、电子邮件、电报、电传或传真。

联合国贸法会认为，在“电子商业”的标题下，可能广泛涉及数据电文在贸易方面的各种用途。“电子商业”概念所包括的通信手段有以下各种以使用电子技术为基础的传递方式：以电子数据交换进行的通信，狭义界定为电子计算机之间以标准格式进行的数据传递；利用公开标准或专有标准进行的电文传递；通过电子手段如通过互联网络进行的自由格式的文本的传递。电子商业的一个显著特点是它包括可编程序电文，通过计算机程序制作是此种电文与传统书面文件之间的根本差别[③]。

2. OECD 关于电子商务概念的定义

2000 年，经济合作与发展组织（Organization for Economic Co-operation and Development，OECD）通过了以狭义的和广义的通信基础设施为基础的两个电子商务交易定义。狭义的电子商务指在互联网上进行的交易，而广义的电子商务指在所有以计算机为媒介的网络上进行的交易。2004 年，OECD 从业务流程的角度对电子商务进行了再次定义：电子商务是以计算机网络为媒介的自动商务流程，既包括企业内部（Intra）流程，也包括企业外部（Inter）流程。电子商务的处理过程需要整合各项任务，并且逾越单独的和个人的应用。

---

① 在中文中，“商业”一词传统上仅指贸易活动，但是，商业也可以泛指任何营利性活动；在这个意义上商业可以等同于“商务”“营业”。因此，作者认为，这 3 个词基本上表达了一个意思，即从事营利性事业，所以电子商务、电子商业是可以通用的。

② EDI 是 Electronic Data Interchanged 的缩写，中文翻译为电子数据交换。作为一种技术手段，EDI 逐渐被新技术所替代。但作为一种信息标准，EDI 仍然在电子通关、物流领域得到应用。2019 年 1 月 14 日天津市市场监督管理局颁布的《国际海运出口单证申报 EDI 信息标准》就是按照 GB/T 1.1 2009 给出的规则起草的。2020 年 1 月 23 日海关总署发布的《Explanatory Notes to the Merchandise Trade Statistics（商品贸易统计说明）》的 3.1.2 节规定，报关单由报关商代表货物所有人通过电子数据交换系统在海关备案。在 2020 年春季抗击新冠肺炎疫情的工作中，广州海关发挥前期穗港、穗澳邮件“一点清关”的做法首创的跨境 EDI 电子数据实时交互优势，加快了经我国香港地区、我国澳门地区入境捐赠物资的通关速度。

③ 这是极具远见性的表述。移动通信技术在商务活动中的应用，开辟了移动电子商务的新形式，从而大大拓展了电子商务的应用领域。

2005 年，OECD 提出了信息社会统计操作指南，进一步说明了两种电子商务的定义。有关电子商务的定义及其理解指南如表 1-1[①]所示。

表 1-1　OECD 电子商务交易定义及其理解指南

电子商务交易	OECD 定义	定义理解指南 （2001 年 4 月 WPIIS 建议）
广义定义	电子商务是通过以计算机为媒介的网络所进行的买卖商品或服务的交易。这种交易可以是在企业、家庭、个人、政府或其他公共和私人组织之间进行的。商品或服务需要通过网络下订单，而支付、商品和服务的最终配送可以在网上也可以在网下进行	包括：运用任何在线程序，通过自动交易系统，如互联网系统、电子数据交换（EDI）、可视图文终端或互动电话系统，接受订单或在线下订单
狭义定义	电子商务是通过互联网所进行的买卖商品或服务的交易。这种交易可以是在企业、家庭、个人、政府或其他公共和私人组织之间进行的。商品或服务需要通过互联网下订单，而支付、商品和服务的最终配送可以在网上，也可以在网下进行	包括：运用任何互联网，通过自动交易系统，如网页、外联网，以及运行在互联网上的系统，如运行在互联网上的电子数据交换（EDI）、可视图文终端，接受订单或在线下订单，也可以利用能够使电子商务系统运转的其他网络，而不考虑该网络是如何接入的（如通过移动网络或电视网络） 排除：通过电话、传真或传统的电子邮件接受订单或下订单

3. 我国《电子商务发展“十一五”规划》给出的电子商务定义

仅从字面的意思上看，电子商务是指利用电子工具进行商务交换的活动过程。但是，电子商务绝不仅仅局限于商贸流通领域内，例如，电子通关在海关业务中的应用就是一种行政服务活动。同样，税务部门通过电子商务实现其税收的活动，也是一种行政服务活动。2007 年 6 月，我国《电子商务发展“十一五”规划》首次提出，电子商务是网络化的新型经济活动[②]。相对于前述定义，这一定义有利于整个社会对电子商务的发展给予高度重视，其核心思想是在国民经济各领域和社会生活各层面，全方位推进不同模式、不同层次的电子商务应用。这一认识在《中华人民共和国国民经济和社会发展第十四个五年规划和 2035 年远景目标纲要》(简称《规划》) 中得到进一步具体化。在强调商贸流通领域电子商务应用的同时，《规划》要求在居家生活、旅游休闲、交通出行、社区生活服务、教育、医疗、养老、抚幼、就业、文体、助残等领域发展电子商务和数字化经济，推动数字化服务的普惠应用[③]。

4. 本书对电子商务的定义

虽然电子商务所涵盖的内容非常复杂，但仍然需要有一个比较简明的概念以利于电

① OECD. Guide to Measuring the Information Society[R/OL](2005-11-08)[2019-08-20].
② 国家发展和改革委员会. 电子商务发展“十一五”规划[R/OL](2007-06-20)[2021-08-20].
③ 十三届全国人大四次会议. 中华人民共和国国民经济和社会发展第十四个五年规划和 2035 年远景目标纲要[EB/OL](2007-06-20)[2021-08-20].

子商务的推广。本书对电子商务的概念做如下表述。

电子商务指交易当事人或参与人利用现代信息技术和计算机网络（主要是互联网）所进行的各类商业活动，包括货物贸易、服务贸易和知识产权贸易。

对电子商务的理解，应从“现代信息技术”和“商务”两个方面考虑。一方面，“电子商务”概念所包括的“现代信息技术”应涵盖各种以电子技术为基础的通信方式；另一方面，对“商务”一词应作广义解释，使其包括不论契约型还是非契约型的一切商务性质的关系所引起的种种事项。如果将“现代信息技术”看作一个子集，将“商务”看作另一子集，电子商务所覆盖的范围应当是这两个子集所形成的交集，如图 1-8 所示。

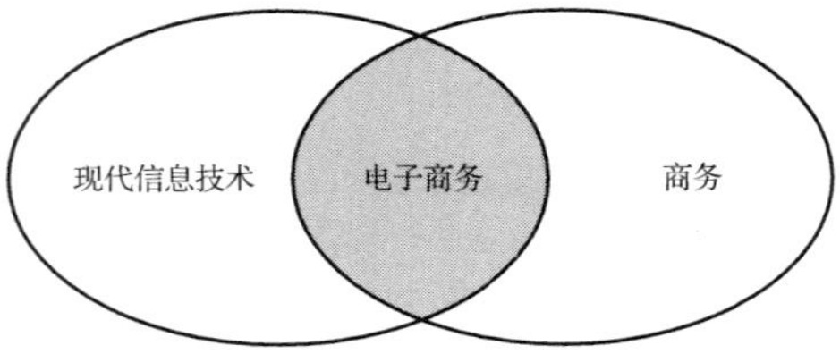

图 1-8　电子商务是“现代信息技术”和“商务”两个子集的交集

所以，我们不能把电子商务看作一个完全的虚拟经济形态。本质上，电子商务是一个实体经济和虚拟经济的混合体。它通过信息技术的应用驱动交易流程的变化，创新消费模式，带来传统商贸业的变革，最终促使传统的商贸业转型升级，进而带动传统制造业的转型升级。离开实体经济的支撑，电子商务就是无源之水、无本之木。

1.2.2　电子商务的分类

1. 按照交易对象分类

1）企业与企业之间的电子商务

企业与企业之间的电子商务即 B2B（Business to Business）电子商务。这是在企业之间（包括制造商与批发商之间、批发商与零售商之间）直接进行的网络交易。

B2B 电子商务分为特定企业间的电子商务和非特定企业间的电子商务。特定企业间的电子商务指具有经常性交易关系的企业间利用网络进行的交易活动。非特定企业间的电子商务是在开放的网络中对每笔交易寻找最佳交易伙伴，与伙伴进行从定购到结算的全部交易行为。

按照电子商务交易平台模式的不同，B2B 电子商务可以分为综合 B2B 模式、垂直 B2B 模式、自建 B2B 模式以及关联行业 B2B 模式。

综合 B2B 模式在网站上聚集了分布于各个行业中的大量客户群，供求信息来源广泛，通过这种模式，供求信息可以得到较高的匹配。阿里巴巴是这种模式的典型，如图 1-9 所示。但综合 B2B 模式缺乏对各行业的深入理解和对各行业资源的深层次整合，导致供求信息的精准度不够，进而影响到买卖双方供求关系的长期确立。

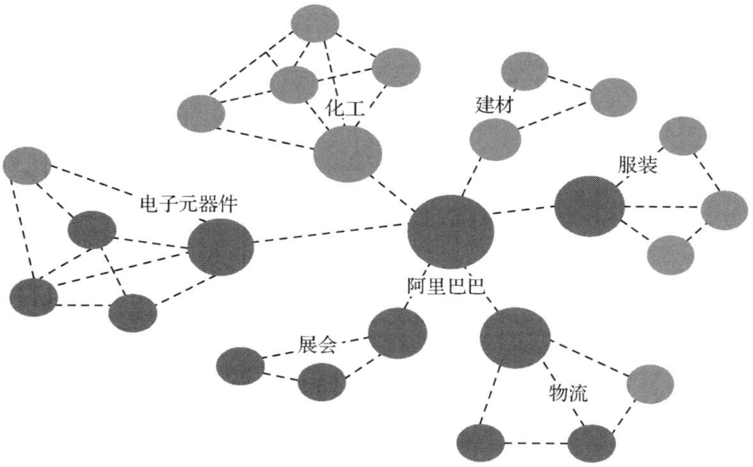

图 1-9 综合 B2B 模式（以阿里巴巴为例）

垂直 B2B 模式着力整合、细分行业资源，以专业化的平台打造符合各行业特点的信息化服务，提高供求信息的精准度。网盛科技是垂直 B2B 模式的代表，如图 1-10 所示。垂直 B2B 模式明确了供求关系，使供求双方形成了牢固的交易关系。但垂直 B2B 模式容易导致供求信息的广泛性不足。

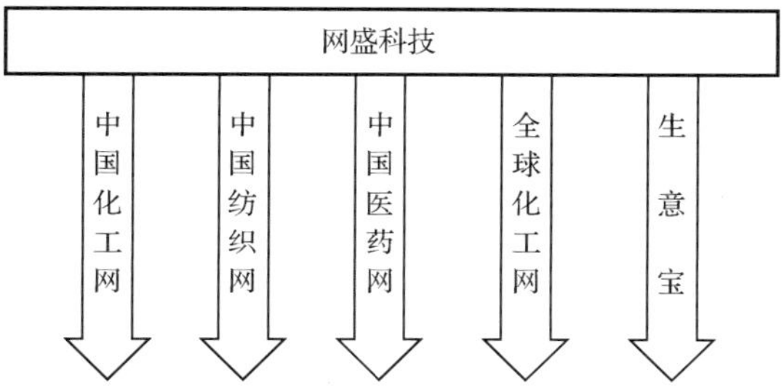

图 1-10 垂直 B2B 模式（以网盛科技为例）

自建 B2B 模式是大型企业搭建的以自身产品供应链为核心的行业化电子商务平台。通过自身的电子商务平台，大型企业可以串联起行业整条产业链，实现供应链上下游企业的沟通和交易。中国宝武钢铁集团的欧冶云商就是行业龙头企业自建 B2B 模式的典型代表，如图 1-11 所示。

关联行业 B2B 模式是相关行业为了提升电子商务交易平台信息的广泛程度和准确性，整合综合 B2B 和垂直 B2B 两种模式而建立起来的跨行业电子商务平台。例如，造纸、印刷和出版在文化形态、产业模式、生态要求、生产工艺等方面具有天然内在关联，印刷企业（如深圳裕同）将绿色理念融入生产环节，需要为客户提供安全环保的纸印刷产品；造纸企业（如玖龙纸业）强化环保理念，研发造纸污泥脱水干化技术，使污泥脱水率达到 60%。这些创新推动两个行业在结构优化升级中开展深度合作。如图 1-12 所示为造纸、印刷和出版行业交易平台的融合。

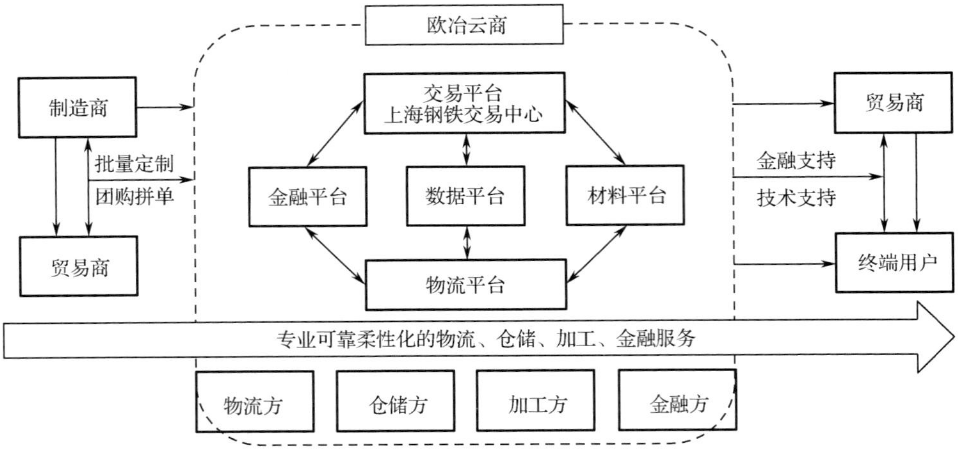

图 1-11　行业龙头企业自建 B2B 模式（以欧冶云商为例）

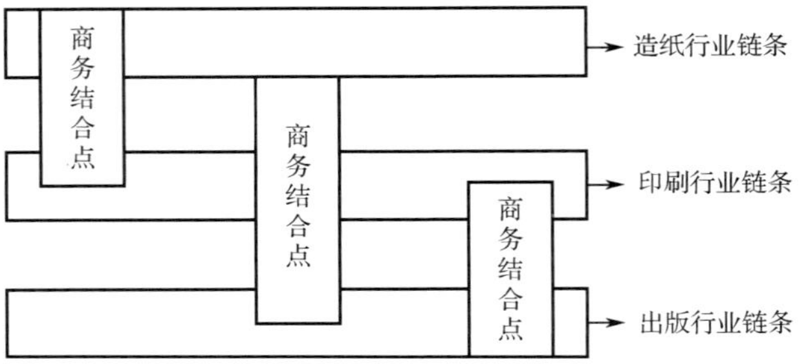

图 1-12　造纸、印刷和出版行业交易平台的融合

2）企业与消费者之间的电子商务

企业与消费者之间的电子商务即 B2C（Business to Consumer）电子商务。在 B2C 商务模式中，企业直接通过网上商店销售商品给消费者。京东商城、苏宁易购等都是这种模式的典型代表。如图 1-13 所示为 B2C 电子商务交易流程。

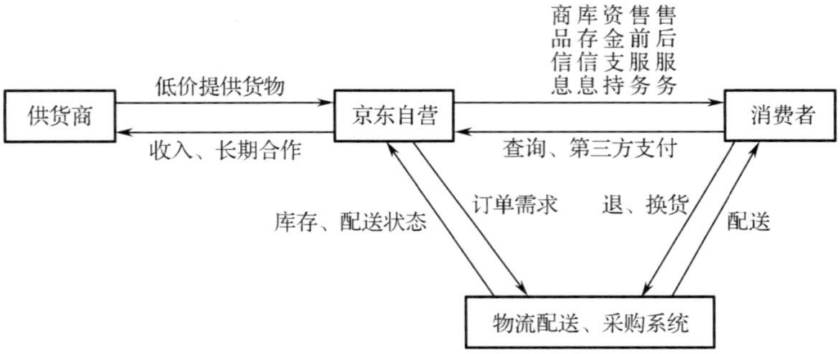

图 1-13　B2C 电子商务交易流程（以京东为例）

3）企业与政府之间的电子商务

企业与政府之间的电子商务即 B2G（Business to Government）电子商务。这种商务活动覆盖企业与政府组织间的各项事务。政府通过互联网发布采购清单，企业通过网络方式投标。上海市浦东新区政府采购流程如图 1-14 所示。

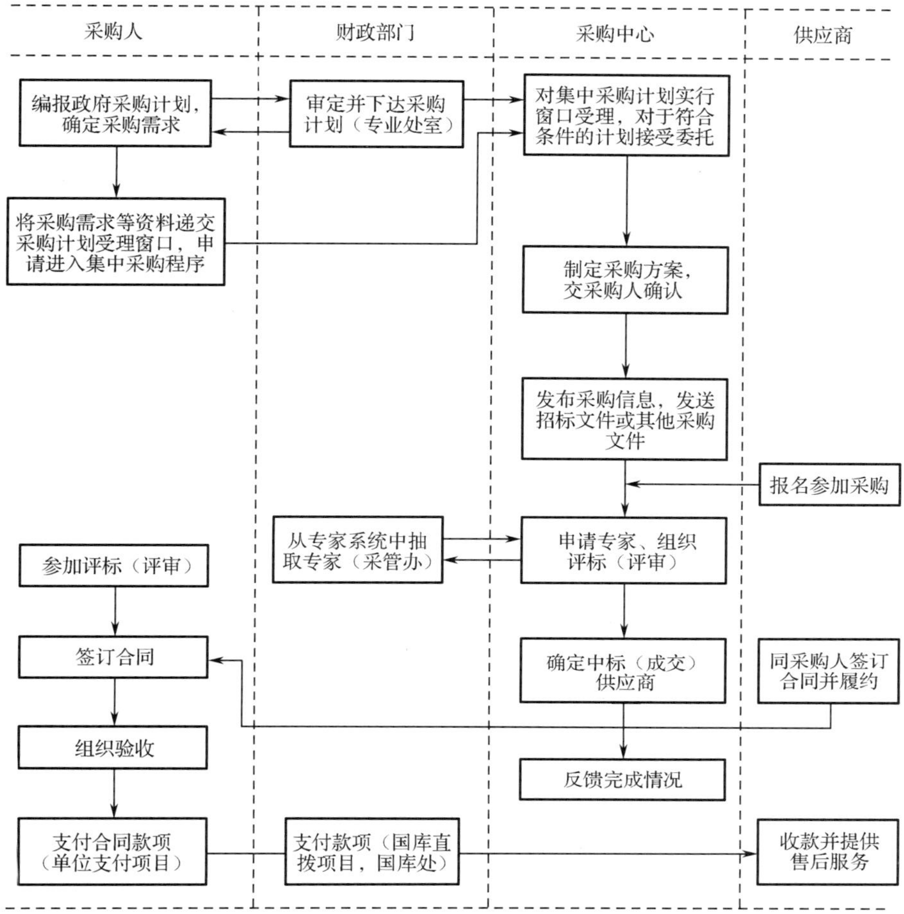

图 1-14　上海市浦东新区政府采购流程

4）消费者与消费者之间的电子商务

消费者与消费者之间的电子商务即 C2C（Consumer to Consumer）电子商务。其构成要素除买卖双方外，还包括电子商务交易平台提供商，如淘宝网。买卖双方通过电子商务交易平台提供商提供的在线交易平台，发布商品信息，从事交易活动。C2C 交易平台如图 1-15 所示。

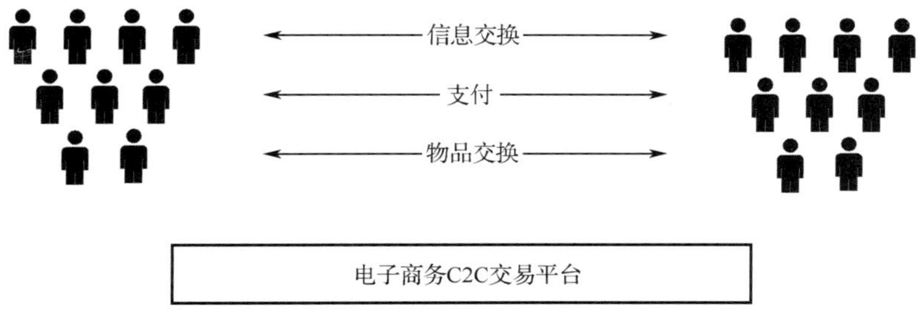

图 1-15　C2C 交易平台

在 C2C 模式中，电子商务交易平台提供商扮演着举足轻重的角色。首先，平台提供商为买卖双方提供技术支持服务，包括帮助建立个人店铺、发布产品信息、提供支付手段等；其次，交易平台汇集了大量商务信息，将买卖双方聚集在一起；再次，平台提供商往往还担负监督和管理的职责，负责对交易行为进行监控，对买卖双方的诚信进行监督和管理。

5）不同交易模式之间的关系

B2C、B2B 和 B2G 三者的关系如图 1-16 所示。相关交易还可以在一个平台上开展，如图 1-17 所示，京东、苏宁都是 B2C 和 C2C 两类平台同时运作的。

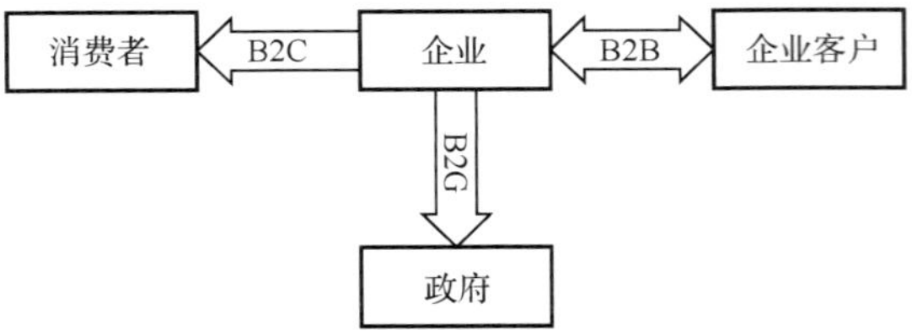

图 1-16　B2C、B2B 和 B2G 三者的关系

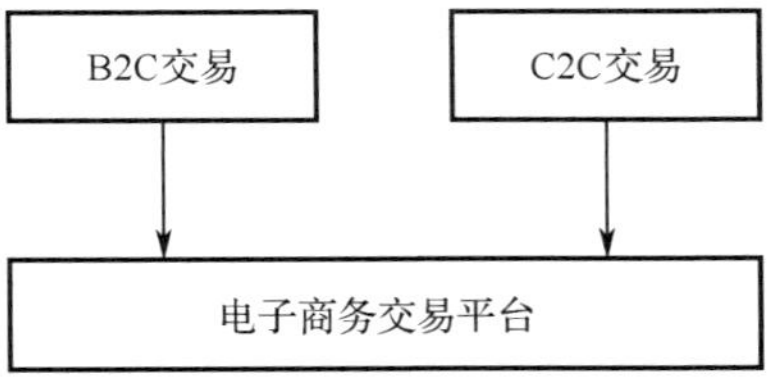

图 1-17　B2C 和 C2C 同时在一个平台上运作

上述几种电子商务的基本形式还可以派生出若干其他电子商务形式。

（1）C2B（Consumer to Business）。C2B 是消费者对企业的电子商务。C2B 模式的核心是通过聚合为数较多的用户形成一个强大的采购集团，以此来改变 B2C 模式中用户一对一出价的弱势地位，使之享受到以大批发商的价格买单件商品的利益。如上海团购的团购业务就属于 C2B 这样一个基本范畴。

（2）G2B（Government to Business）。G2B 是政府对企业的电子政务，即政府不仅通过网络系统进行电子采购与招标，而且利用互联网开展企业登记注册、企业税收征收等政府服务。G2B 模式对于政府精简业务管理流程，快捷方便地为企业服务具有非常重要的作用。

（3）B2B2C（Business to Business to Consumer）。B2B2C 是一种新的网络通信销售方式。第一个 B 指广义的卖方（即成品、半成品、材料提供商等），第二个 B 指交易平台，即提供卖方与买方的联系平台，同时提供优质的附加服务，C 即指买方。B2B2C 定义包括了现存的 B2B 和 B2C 平台的商业模式，更加综合化，可以提供更优质的服务。

2. 按照商务活动形式分类

按照商务活动的形式分类，电子商务可以分为如下 4 种形式。

（1）直接电子商务。直接电子商务用于信息产品和服务的网上交易，包括计算机软件、娱乐内容、旅游产品、信息文献的网上交易等。直接电子商务在订货、支付和配送等方面都实现了网上操作，是纯粹的电子商务。

（2）间接电子商务。间接电子商务应用于实体产品的电子购物，它采用网上订购、网下配送的方法，仍然需要利用传统渠道（如邮政服务和商业快递）送货或交割（如房地产产品）。

（3）O2O 电子商务。O2O（Online to Offline，即线上至线下），把线上的消费者带到现实的商店中去，在线支付线下的商品和服务，再到线下去获取货物或享受服务，O2O

模式如图 1-18 所示。对商家而言，O2O 模式成为商家了解消费者购物信息的渠道，进而达成区域化精准营销的目的；对消费者而言，O2O 提供了丰富、全面、及时的本地商家的产品与服务信息，能够快捷筛选并订购适宜的商品或服务，且价格实惠。

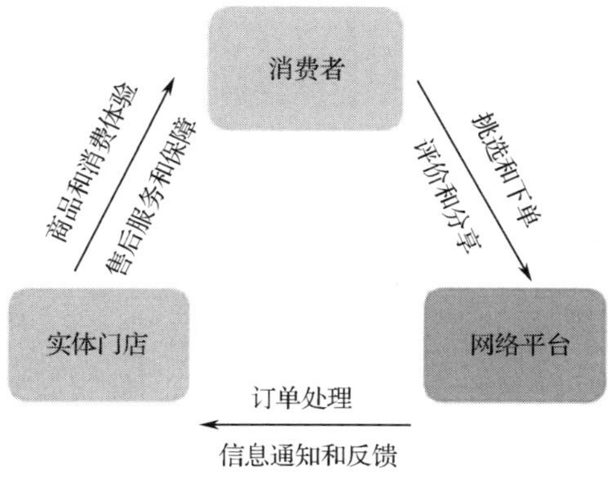

图 1-18　O2O 模式

（4）网络团购。网络团购指一定数量的消费者，在一定时间内，通过互联网渠道组成一定数量的购买群体，以折扣购买同一种商品。这种电子商务模式需要将消费者聚合，并形成一定规模才能形成交易，常常需要即时通信（Instant Messaging）和社交网络（Social Network，SN）作为支持。如图 1-19 所示为拼多多团购模式。

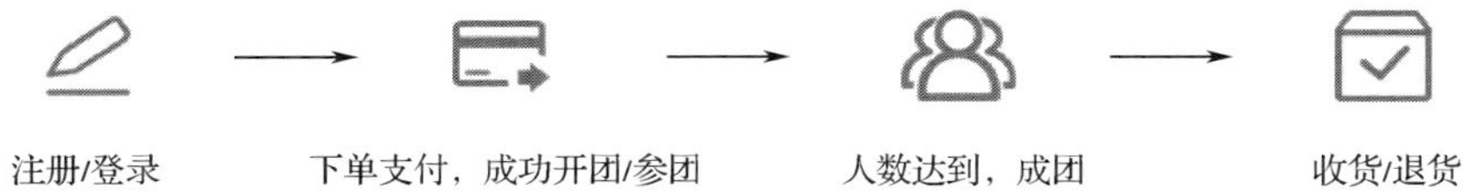

图 1-19　拼多多团购模式

3. 按照服务行业类型分类

按照服务行业的特点，电子商务可以分为若干不同的类型，如金融电子商务、旅游电子商务、娱乐（包括游戏）电子商务、房地产电子商务、交通运输电子商务、医药卫生电子商务等。相对于其他电子商务形式，这些类型的电子商务具有相当现实的盈利点，因为它们主要提供信息服务，而较少涉及实物运输，无须用很大精力解决复杂的物流配送问题。它们可以采用 B2B、B2C、C2C、C2B 等多种形式，具有用户范围广、营运成本低、无时空限制以及能同用户直接交流等特点。

1.3　电子商务交易的基本流程

1.3.1　电子商务的交易过程

电子商务的交易过程大致可以分为交易前的准备、交易谈判和签订合同、办理交易进行前的手续、交易合同的履行和索赔等 4 个阶段。

1. 交易前的准备

交易前的准备阶段主要指买卖双方和参加交易各方在签约前的准备活动。

卖方根据自己所销售的商品，召开商品新闻发布会，制作广告进行宣传，全面进行市场调查和市场分析，制定各种销售策略和销售方式，了解各个买方国家的贸易政策，利用互联网和各种电子商务网络发布商品广告，寻找贸易伙伴和交易机会，以期扩大贸易范围和商品所占市场的份额。其他参加交易各方，如中介方、银行金融机构、信用卡公司、海关系统、商检系统、保险公司、税务系统、运输公司，也都为进行电子商务交易做好准备。

买方根据自己要买的商品，制订购货计划，准备购货款，进行货源市场调查和市场分析，反复进行市场查询，了解各个卖方国家的贸易政策，修改购货计划和进货计划，确定和审批购货计划；再按计划确定购买商品的种类、数量、规格、价格、购货地点和交易方式等，尤其要利用互联网和各种电子商务网站寻找自己满意的商品和商家。

2. 交易谈判和签订合同

交易谈判和签订合同阶段主要指买卖双方对所有交易细节进行谈判，将双方磋商的结果以口头形式或以文件形式（即以书面文件形式和电子文件形式签订贸易合同）确定下来。电子商务的特点是可以签订电子商务贸易合同，交易双方可以利用现代电子通信设备和通信方法，经过认真谈判和磋商后，将双方在交易中的权利，所承担的义务，以及对所购买商品的种类、数量、价格、交货地点、交货期、交易方式和运输方式、违约和索赔等合同条款，全部通过电子交易合同做出详细的规定。合同双方可以利用电子数据交换（Electronic Data Interchange，EDI）进行签约，也可以通过数字签名等方式签约。

3. 办理交易进行前的手续

办理交易进行前的手续阶段主要指买卖双方签订合同后到合同开始履行之前办理各种手续的过程，也是双方贸易前的交易准备过程。交易中要涉及有关各方，即可能要涉及中介方、银行金融机构、信用卡公司、海关系统、商检系统、保险公司、税务系统、运输公司等。买卖双方通过网络与有关各方进行电子单证和电子票据的交换，直到办理完可以将所购商品从卖方按合同规定开始向买方发货的一切手续为止。

4. 交易合同的履行和索赔

交易合同的履行和索赔阶段是从买卖双方办完所有各种手续后开始的，卖方要备货、组货，同时进行报关、保险、取证、信用等，然后将商品交付给运输公司包装、起运、发货。买卖双方可以通过电子商务服务器跟踪发出的货物，银行和金融机构也按照合同处理双方收付款，进行结算，出具相应的银行单据等，直到买方收到自己所购商品，完成整个交易过程。索赔是买卖双方在交易过程中出现违约时，需要进行违约处理的工作，受损方要向违约方索赔。

不同类型的电子商务交易，虽然都包括上述 4 个阶段，但其流程是不同的。对于互联网商务而言，大致可以归纳为 3 种基本的流程：网络商品直销流程、企业间网络交易流程和网络商品中介交易流程。

1.3.2　网络商品直销流程

网络商品直销指消费者和生产者或者需求方和供应方，直接利用网络形式所开展的买卖活动，B2C、C2C 电子商务基本属于网络商品直销模式的范畴。这种交易的最大特点是供需直接见面，环节少，速度快，费用低。网络商品直销流程如图 1-20 所示。

由图 1-20 可见，网络商品直销流程可以分为如下 6 个步骤。

① 消费者进入互联网，查看在线商店或企业的主页；

② 消费者通过购物对话框填写订单；

③ 消费者选择支付方式，如使用信用卡，也可选用其他支付手段；

④ 信用卡公司通知银行，银行通知厂家汇款到位；

⑤ 厂家发货，给银行发回执；

⑥ 银行通知信用卡公司，信用卡公司给消费者发送收费清单。

为保证交易过程中的安全，需要有一个认证机构对参与网络交易的各方进行认证，以确认他们的真实身份，此时，图 1-20 演变为图 1-21。如图 1-21 所示为认证中心存在时的网络商品直销流程。

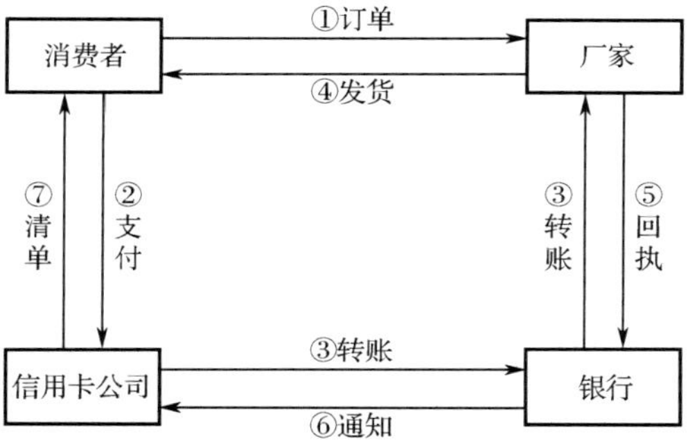

图 1-20　网络商品直销流程

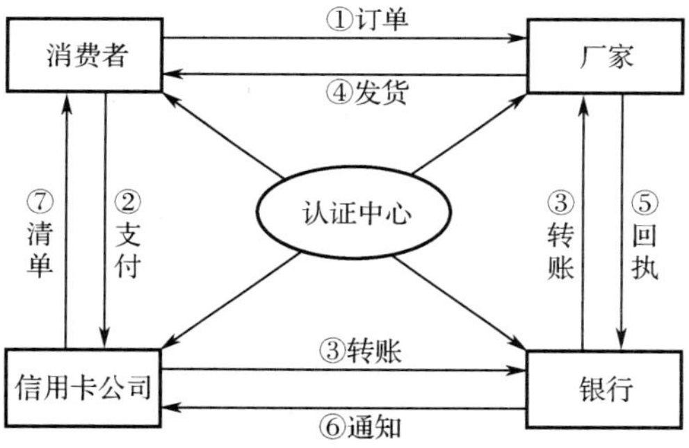

图 1-21　认证中心存在时的网络商品直销流程

网络商品直销的诱人之处在于，一方面它能够有效地减少交易环节，大幅度地降低交易成本，从而降低消费者所得到的商品的最终价格；另一方面，网络商品直销还能够有效地减少售后服务的技术支持费用。许多使用中经常出现的问题，消费者都可以通过查阅厂家的主页找到答案，或者通过在线客服或电子邮件与厂家客服人员直接交流。这样，厂家可以大大减少客户服务人员的数量，减少客户服务人员出差的频率，从而降低了企业的经营成本。

网络商品直销的不足之处主要表现在两个方面，①购买者只能从网络广告上判断商品的型号、性能、样式和质量，对实物没有直接的感知，在很多情况下可能产生错误的判断；而某些生产者也可能利用网络广告对自己的产品进行不实的宣传，甚至可能打出虚假广告欺骗用户。②购买者利用信用卡或电子支付工具进行网络交易，不可避免地要将自己的密码输入计算机或移动终端，由于新技术的不断涌现，犯罪分子可能利用各种高新科技的作案手段窃取密码，进而盗窃用户的钱款，这种情况不论是在国外还是在国内均时有发生。

1.3.3 企业间网络交易流程

企业间网络交易是不同企业之间利用电子商务手段进行的交易。B2B 电子商务是典型的企业间网络交易模式。企业从寻找和发现客户出发，利用自己的网站或网络服务商的信息发布平台发布买卖、合作、招投标等商业信息。借助互联网跨越空间的特性，企业可以方便地了解世界各地其他企业的购买信息,同时也有随时被其他企业发现的可能。通过商业信用调查平台，买卖双方可以进入信用调查机构申请对方的信用调查；通过产品质量认证平台，买方可以对卖方的产品质量进行认证，然后在信息交流平台上签订合同，进而实现电子支付和物流配送；最后是销售信息的反馈，从而完成整个 B2B 的电子商务交易流程。如图 1-22 所示为企业间网络交易流程。

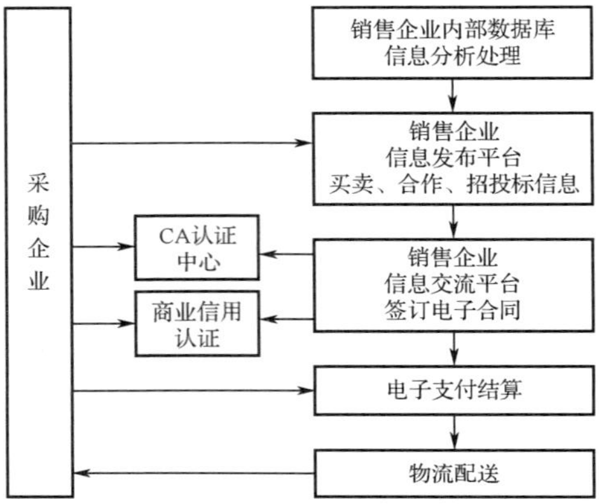

图 1-22　企业间网络交易流程

1.3.4 网络商品中介交易流程

网络商品中介交易是通过网络商品交易中心进行的商品交易，这是 B2B 和 C2C 电子商务常用的一种形式。在这种交易过程中，网络商品交易中心以互联网为基础，利用先进的通信技术和计算机软件技术，将商品供应商、采购商和银行紧密地联系起来，为客户提供市场信息、商品交易、仓储配送、货款结算等全方位的服务。网络商品中介交易流程如图 1-23 所示。

网络商品中介交易流程可分为如下几个步骤。

① 买卖双方将各自的供应和需求信息，通过网络，提交给网络商品交易中心，网络商品交易中心通过信息发布服务，向参与者提供大量的、详细准确的交易数据和市场信息；

② 买卖双方根据网络商品交易中心提供的信息，选择自己的贸易伙伴；

③ 网络商品交易中心从中撮合，促使买卖双方签订合同；

④ 买方在网络商品交易中心指定的银行办理转账付款手续；

⑤ 指定银行通知网络商品交易中心买方货款到账；

⑥ 网络商品交易中心通知卖方，将货物发送到设在买方最近的交易中心配送部门；

⑦ 配送部门送货给买方；

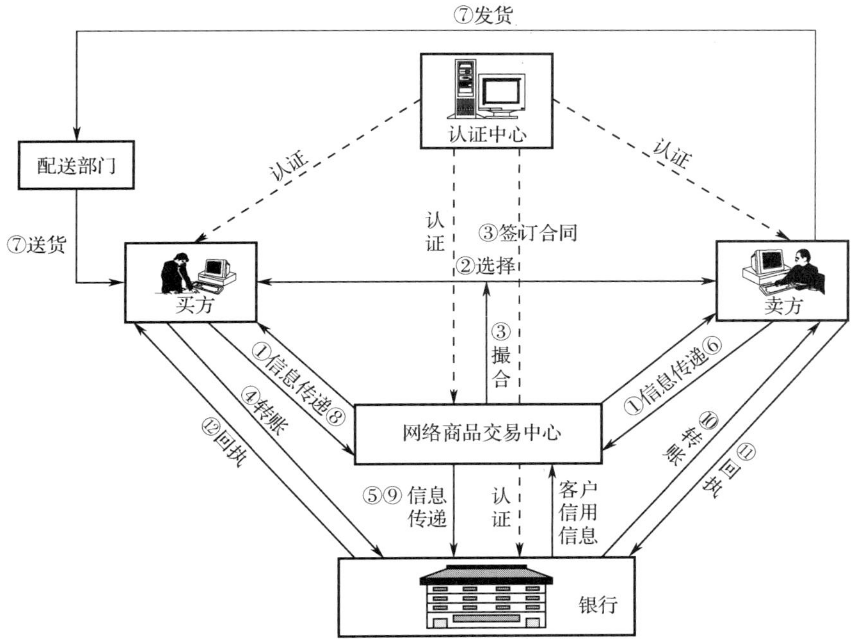

图 1-23　网络商品中介交易流程

⑧ 买方验证货物后，通知网络商品交易中心货物收到；

⑨ 网络商品交易中心通知银行买方收到货物；

⑩ 银行将买方货款转交卖方；

⑪ 卖方将回执送交银行；

⑫ 银行将回执转交买方。

通过网络商品中介进行交易，具有如下许多突出的优点。

第一，产品信息齐全。以天猫（TMALL）零售平台为例，该网站为买卖双方提供了翔实的产品信息，包括 15 万多种品牌产品的照片、视频或音频，产品简介，商品详情，价格，支付方式，包装和运费等方面的信息；同时，还通过网页为消费者提供有关服务承诺、消费者评价等方面的信息，通过在线咨询回答消费者希望了解的有关情况。

第二，有效地解决了传统交易中“拿钱不给货”和“拿货不给钱”两大难题。在买卖双方签订合同前，网络商品交易中心可以协助买方对商品进行检验，只有符合质量标准的商品才可入网，这就杜绝了商品“假冒伪劣”的问题。合同签订后便被输入网络系统，系统开始监控合同的履行情况。如果出现一方违约现象，系统将自动报警，合同的执行就会被终止，从而使买方或卖方免受经济损失。如果合同履行顺利，货物到达后，网络商品交易中心的交割员将协助买方共同验收。买方验货合格后，将货款转到卖方账户方可提货，卖方也不用再担心“货款拖欠”现象了。

第三，在结算方式上，网络商品交易中心一般采用统一集中的结算模式，即在指定的商业银行开设统一的结算账户，对结算资金实行统一管理，有效地避免了多形式、多层次的资金截留、占用和挪用，提高了资金的风险防范能力。阿里巴巴的支付宝、腾讯的微信支付都是这样的结算系统。

第四，网络商品交易仍然存在一些问题需要解决，如过渡到电子合同尚需解决有关技术问题；交易资金的二次流转所涉及的税收问题；交易系统的技术水平如何与飞速发展的网络信息技术保持同步等，这些都是需要经常考虑的问题。

网络商品中介交易也广泛应用于“大宗商品电子交易”中。这里的“大宗商品（Bulk Stock，BS）”是交易的标的物，它是可进入流通领域（但非零售环节），具有商品属性，用于工农业生产与消费使用的、大批量买卖的物质商品①。目前，我国的大宗商品电子交易主要交易钢铁、粮食、石油、建材等商品。

大宗商品电子交易主要有 8 种模式，即卖方挂牌、买方挂牌、在线竞买、在线竞卖、双向竞价、撮合交易（集合竞价）、在线招标、在线专场。其中，卖方挂牌模式的流程如图 1-24 所示。

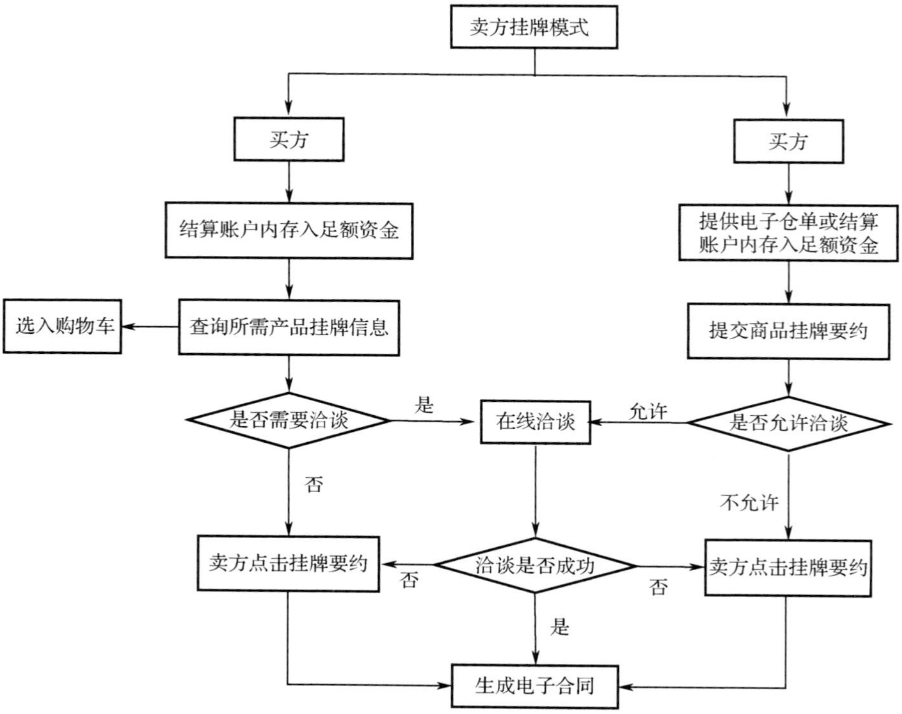

图 1-24　大宗商品电子交易卖方挂牌模式的流程

1.3.5　服务产品交易基本流程

服务产品主要是以非实物形态存在的劳动成果，包括但不限于第三产业部门中一切不表现为实物形态的劳动成果。服务产品是生产者通过由人力、物力和环境所组成的结构生产及交付的。

实物产品的生产、流通和消费通常在时间和空间上是分离的，服务产品的生产过程

① 国家质量监督检验检疫总局. 国家标准：大宗商品电子交易规范（GB/T 18769—2003）[EB/OL]. (2009-06-06) [2019-09-20].

则不同。劳动者和劳动资料作为提供服务劳动的前提，是事先准备好的，而生产过程往往要等劳动对象到来后才能确定。很多服务产品还具有边生产、边消费的特点，生产过程不能独立于消费之外，而是与消费过程结合进行的。

服务产品应用电子商务手段进行交易，大大节约了成本，提高了交易效率。例如，网约车通过“服务产品交易平台”搭建起了出租车司机和乘客之间的桥梁，降低了出租车 30%的空驶率，节省了乘客的时间和精力，更合理、更充分地运用了社会资源。

电子商务服务业的应用有多种形式，如旅游电子商务、餐饮电子商务、运输电子商务、交通电子商务（网约车）等。如图 1-25 所示为服务产品交易基本流程，大致可以分为如下 5 个步骤。

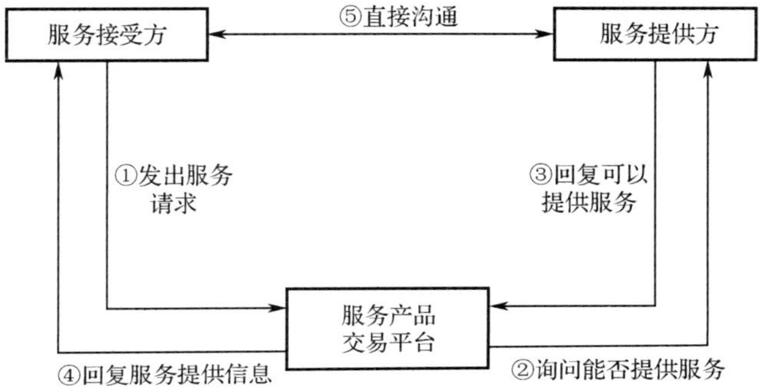

图 1-25　服务产品交易基本流程

① 服务接受方向服务产品交易平台发出服务请求；

② 服务产品交易平台接收并处理服务接受方的服务请求，询问服务提供方能否提供服务；

③ 服务提供方回复服务产品交易平台可以提供服务；

④ 服务产品交易平台将服务提供方能够提供服务的信息转发给服务接受方；

⑤ 服务接受方与服务提供方直接沟通，实现服务产品的交易。

1.4　现代市场中电子商务的地位与作用

1.4.1　电子商务在虚拟市场社会生产力发展中具有主导地位

电子商务在再生产过程中处于一种很特殊的地位，这种特殊地位一是由其本质决定的，二是信息时代所要求的。因为，电子商务的本质是进行商务或服务活动的全过程，这个过程不仅包括流通过程，还扩展至流通过程的两头，即生产过程和消费过程。此外，在信息时代，以信息产业为主的高新技术产业及以此为基础的服务业将蓬勃发展，并将在世界经济中占主导地位。而服务业的特点之一就是生产、流通和消费是同时进行的。总之，电子商务的兴起预示着传统经济的衰退和网络经济（也称知识经济或其他名称）的来临。

电子商务对社会生产力的推动作用突出表现在如下 3 个方面。

（1）大幅度降低信息成本，提高信息使用效率。作为一个极为重要的商务信息载体和运送平台，电子商务降低了信息来源成本；突破了行业和产品物理特性的限制，使交易范围急剧扩大；弥补了信息的不对称性，实现了交易信息互换和交易行为的虚拟市场化。

（2）大量减少中间环节，降低销售成本和购买成本。电子商务为买卖双方在网上直接交易提供了现实可能性，减少了许多中间环节，使得零库存生产成为可能。在批发领域，电子商务可以在很大程度上取代传统商业在商品流通渠道中的批发职能，使批发商的作用大大削弱。除农业生产资料要面对众多零星的农户以外，大多数生产消费者都有可能直接上网采购生产资料。而对于普通消费者，则可以通过网络购买，以降低购物成本。

（3）有利于形成高效流通的交换体制。电子商务构成了虚拟社会中整个商品交易的庞大网络，实体社会中商品的盲目实物移动转变为有目标的实物移动。借助电子商务的信息沟通和需求预测，企业可以组织有效生产，形成高效流通的交换体制。政府则可以通过电子商务，将市场、企业和个人连接起来，方便进行宏观调控和微观调控。

1.4.2 电子商务促进经济发展方式转变

面对全球需求结构的重大变化和国际市场环境的不断恶化，转变经济发展方式已经成为我国经济发展的必然要求。发展战略性新兴产业已经成为世界主要国家抢占新一轮经济和科技发展制高点的重大战略。

《国务院关于加快培育和发展战略性新兴产业的决定》（国发〔2010〕32 号）对战略性新兴产业做出了明确的定义：战略性新兴产业是以重大技术突破和重大发展需求为基础，对经济社会全局和长远发展具有重大引领带动作用，知识技术密集、物质资源消耗少、成长潜力大、综合效益好的产业。

电子商务是完全符合上述定义的一个产业，具体原因有如下几点。

（1）电子商务是以重大技术突破和重大发展需求为基础的新兴行业。互联网技术的开发是 20 世纪影响力最大的技术突破。但在其开发的前 30 年，一直被禁锢在军事和研究领域，没有在社会上得到很好的推广。20 世纪 90 年代，商业机构跻身于互联网世界，立即发现了它的巨大潜力，并在短短的 30 年间形成了巨大的社会需求。电子商务正是以现代网络信息技术为基础发展起来的一个新兴行业。

（2）电子商务对经济社会全局和长远发展具有重大引领带动作用。实体市场与虚拟市场两者并行的局面造就了 21 世纪世界市场的新格局。电子商务对经济社会的全局和长远发展产生了巨大的引领作用。2010 年，腾讯和奇虎 360 的争端曾经波及 10 多亿名网络用户，说明电子商务不仅影响到虚拟经济的秩序，甚至影响到整个社会的稳定；2011 年淘宝网的涨租事件，引起上千万中小卖家的强烈不满，一度引起部分地区的骚动。由此可见，这些电子商务事件所产生的影响力远远超过了其他战略性新兴产业。

（3）电子商务是知识技术密集、物质资源消耗少的产业。商业活动最显著的特点就是追求高效率和低成本。20 多年的实践证明，最先进的信息网络技术都是首先在电子商务领域找到用武之地的。也正是因为先进技术的广泛应用，使得电子商务的交易成本远远低于传统的实体市场交易成本，从而将全球最大家电零售商百思买从我国“挤”了出去，但也将最后一家传统书店从十里南京路“挤”了出去。可以预见，未来还有更多的传统产业将步传统书店的后尘。

（4）电子商务是成长潜力大、综合效益好的产业。相对于其他产业，电子商务的发展速度令人吃惊，成长潜力非常巨大，淘宝网、京东商城、拼多多等电子商务网站快速成长的历程清楚地说明了这一点。电子商务的发展同时带来了良好的社会效益。2020 年，我国电子商务从业人员达 6015.33 万人，同比增长 17%。电子商务企业数量从 2016 年的约 6.3 万家，发展至 2020 年的约 9.1 万家，增加了约 2.8 万家企业。电子商务服务业吸纳了大量就业人员，成为人员密集型行业；业务类型不断丰富，衍生出一大批新业态和新模式，如直播带货、内容电商、社交电商、品牌代运营、精准营销、在线医疗等[①]。

1.4.3 电子商务促进国内经济大循环

经济循环的本质是把经济活动连接起来，以形成对接机制和匹配结构，其核心是经济活动内部各部门“对接”和“匹配”的状况和水平。2020 年，突发的新冠肺炎疫情本身并不是特定行业和特定地区（国家）经济发生问题的原因，而是因为疫情的迅速扩散以及各国应对措施的不同，降低了原来产业链条的对接度和匹配度，使得产业内部循环出了问题，进而引发经济衰退现象。因此，中共中央十九届五中全会提出的“构建以国内大循环为主体、国内国际双循环相互促进的新发展格局”就是要解决这个核心问题，即通过加大国内经济循环，发掘国内巨大的消费潜力，让国内经济循环更加畅通。加大内循环需要通过持续深化改革，提升企业素质和创新能力，采取多种措施优化产业结构，进一步提升产品质量、档次和水平，使得我国社会经济能够走上持续、健康发展的道路。

造成国内经济循环不畅的主要原因有 3 点，一是重生产、轻消费的认识原因。人们长期以来形成了“非必要不消费”的观念，不会因为生活水平和收入水平的提升而很快改变。二是重城市、轻农村的历史原因。由于城乡二元结构的长期存在，以及农村公共服务领域覆盖仍然落后于城市，农村消费受到很大制约。三是重出口、轻内需的现实原因。在我国的经济增长结构中，出口一直占据着较高比例。2020 年，受全球新冠肺炎疫情的影响，国际贸易严重下滑，加大了经济内循环的难度。

随着互联网技术的日新月异，电子商务作为一种新型服务业，已经形成了以网络交易为代表，包括即时通信、搜索引擎、网络游戏、网络广告、交易安全等多种形式的电子商务服务群，在国内经济大循环中的作用越来越突出。电子商务在改善整个国内经济大循环中已经并正在发挥着越来越重要的作用。新一代的网民将新颖、时尚作为自己消费的第一选择；电商扶贫将亿万农民引入虚拟市场，极大地带动了农村消费；电商出口在新冠肺炎疫情环境下凸显了强大的生命力，成为整个外贸增长的亮点。

1.4.4 电子商务促进国际经济大循环

由电子商务所构成的虚拟市场是全球范围的。在这个市场中，除大部分商品本身是

---

① 商务部. 中国电子商务报告 2020 [R/OL](2021-06-11)[2021-06-27].

实体外，一切涉及商品交易的手续，包括合同、资金和运输单证等，都以虚拟方式出现。这种虚拟交易方式，一方面降低了交易成本，提高了交易效率；另一方面，也增加了竞争的强度，展现在人们面前的，是全球性的、全方位的竞争。全球性的竞争，意味着企业必须面对全球的企业，地域的局限、规模大小的局限都将消失；全方位的竞争，意味着必须将“实”的手段，即产品质量，与“虚”的手段，即网络营销技术恰当地结合起来，才有可能取得市场营销的成功。否则，必将被激烈的新型市场竞争所淘汰。

（1）作为一种服务业，电子商务已经成为国际服务贸易的重要内容之一。伴随着经济全球化的深入发展和产业结构的深刻调整，新兴服务业和服务贸易已成为推动世界经济和贸易增长的重要动力。2019 年，我国服务业增加值为 534 233 亿元，服务业增加值占国内生产总值比重为 53.9%，比上年提高 0.6 个百分点，比第二产业高 14.9 个百分点；服务业对国民经济增长的贡献率为 59.4%，比第二产业高 22.6 个百分点；拉动国内生产总值增长 3.6 个百分点，比第二产业高 1.4 个百分点，服务业在国民经济中的“稳定器”作用进一步增强[①]。

（2）作为一种高新技术的应用，电子商务是减少由各国或地区之间设置的某些非关税壁垒所带来的不利影响和促进贸易自由化的有效手段。例如，利用电子商务的信息双向沟通、交易手段灵活和达成交易迅速等特点，可以争取时间申领全球配额或进口许可证。此外，目前各国或地区对电子商务的活动尚未出台新的管制手段，同时，也普遍缺乏行之有效的管理措施，因而给少数利用电子商务从事非法活动的人带来了可乘之机。

（3）作为一种新的贸易方式，电子商务不仅已经成为国际贸易实务过程中不可分割的一部分，而且，它为国际贸易实务带来极大的便利，同时也对微观经济主体内部进行网络化管理起到了促进作用，具体表现在：第一，各国或地区政府要求采用电子商务方式报关，因为采用人工报关将延长放行时间，有可能错失贸易良机；第二，通过国际互联网或专门的网络，业务人员坐在办公桌旁就能寻觅到商业机会，有利于建立起更多的贸易伙伴关系；第三，简化了国际贸易程序，缩短了国际贸易成交时间，从而节省了人力、物力和财力。

近年来，受中美贸易摩擦加剧、贸易保护主义抬头、主要发达经济体货币政策收紧、地缘政治紧张局势升温等影响，我国外贸发展面临的外部环境更加严峻复杂。为此，我国政府采取了一系列的政策措施。2015 年 5 月，《国务院关于大力发展电子商务 加快培育经济新动力的意见》发布，明确提出：“推动电子商务走出去，抓紧研究制定促进跨境电子商务发展的指导意见[②]。” 2018 年 7 月 13 日，国务院常务会议决定新设一批跨境电子商务综合试验区，持续推进对外开放、促进外贸转型升级[③]。2018 年 11 月 21 日，国务院常务会议又决定延续和完善跨境电子商务零售进口政策，并扩大适用范围，扩大

① 杜希双. 服务业发展提质增效[EB/OL] (2020-01-19)[2020-08-27].

② 国务院. 国务院关于大力发展电子商务 加快培育经济新动力的意见[EB/OL]. (2015-05-04)[2016-04-20].

③ 中国政府网. 李克强主持召开国务院常务会 部署中央预算执行和其他财政收支审计查出问题整改工作等[EB/OL]. (2018-07-13)[2019-04-20].

开放，更大力度激发消费潜力[①]。上述措施不仅大大加快了跨境电商新业态的成长，也有力地促进了我国产品和企业通过电子商务渠道走向世界。

导入案例解析

我国数字经济的快速发展，首先对传统经济形态产生了较大的冲击，在相当程度上影响了传统经济形态从业者的利益；其次，互联网平台在技术和资金方面日益拥有明显的竞争优势，在形成行业进入壁垒的同时也产生了“数字垄断”的现象；再次，数据信息安全的问题日益凸显，在数字经济企业尽可能多地搜集各类数据信息的同时，用户对于个人隐私的保护意识亦不断提高。

因此，政府需要不断加强对数字经济的监管与调控，针对数字经济跨区域交易和多领域融合发展的特征，构建并不断完善包括事前、事中和事后监管在内的调控体系，除对金融、贸易等领域进行重点监管外，还需要重视协调数字经济企业与用户之间的关系，为数字经济的进一步发展营造良好的环境。

复习题

1. 试论述世界市场二元化形成的原因与发展的趋势。
2. 简述电子商务的概念与分类。
3. 简述电子商务的交易过程。
4. 试论述网络商品中介交易的流程。
5. 试论述现代市场中电子商务的地位与作用。

① 中国政府网. 李克强主持召开国务院常务会议 决定延续和完善跨境电子商务零售进口政策并扩大适用范围等[EB/OL]. (2018-11-21)[2019-04-20].

第 2 章 电子商务战略规划与实施

中国共产党第十九届五中全会明确提出要“加快构建以国内大循环为主体、国内国际双循环相互促进的新发展格局”[①]。以国内大循环为主体，是要通过发挥内需潜力，使国内市场和国际市场更好连通，实现更加强劲的可持续发展。在这一新发展格局的构建中，电子商务的地位和作用大大提升，成为国内大循环、国内国际双循环最有力的工具。人们需要从全局和战略高度准确把握电子商务的发展战略，并通过电子商务与跨境电子商务，促进双循环新发展格局战略构想的实现。

导入案例

网络时代波司登公司的数字化转型

2010 年，波司登羽绒服销售状况进入低谷，羽绒服销量连续 4 年同比负增长，原因在于网络零售使传统销售渠道陷入困境。随后的 5 年内，波司登关闭了近 9 000 家零售店；高价的“加拿大鹅”和低价的“优衣库”也进一步削弱了波司登的品牌影响力。

面对市场的巨大压力，波司登的决策者开始考虑整个企业的战略转型。一方面，企业着力开发界于高价和低价羽绒服之间的中档羽绒产品；另一方面，企业全面实行数字化转型，利用大数据应对外界快速变化的环境，驱动销售业务的快速增长。

在 2019 年“双十一”购物节中，波司登天猫旗舰店成为销售“黑马”，前 7 分钟销售额破亿元，78 分钟突破 2018 年全年销售额 4.14 亿元；全网销售额突破 8 亿元，全渠道销售额突破 10 亿元。2020 年“双十一”期间，波司登线上零售超过 15 亿元，较 2019 年增长 50%，蝉联天猫“双十一”中国服饰品牌销售第一名。

2017 年 9 月 6 日，波司登与君智竞争战略咨询公司签署战略合作协议，为波司登装上了竞争战略新引擎。君智项目组对波司登所处行业的发展趋势、竞争态势、企业运营、市场营销以及重要的客户认知等展开了全方位多角度的深度调研，发现 2017

① 新华网．中国共产党第十九届中央委员会第五次全体会议公报[EB/OL]．(2020-10-29) [2020-11-24].

年波司登面临 3 大难题：一是品牌远离主流人群；二是前有标杆，后有追兵；三是传统营销无法抓住用户的注意力。

在此基础上，君智项目组与波司登决策层共同确立了新的战略方向：重新集中资源聚焦羽绒服主业，对已有的产品进行取舍和优化，并在推广、渠道、门店、产品、活动、运营方面进行全方位升级。

2018 年，波司登启动了 6 次战略宣讲大会，上至总部下至基层，做到了全覆盖，并根据部门特点开展专项战略及配送培训工作，所有的一切动作都是围绕"羽绒服专家竞争战略"而展开。

在数据化运营方面，波司登主要进行了以下战略转型。

（1）运用新业态，提升品牌影响力。近年来，灵活运用新业态手段，大大提升了波司登在整个社会，特别是在中青年客户群中的影响力。2020 年"双十一"期间，在 11 月 6 日，波司登直播间观看用户数达到峰值，同时吸引 356.45 万人在线观看。淘宝直播数据显示，天猫"双十一"节点，商家自播商品交易总额（Gross Merchandise Volume，GMV）占比超六成，而波司登再次成为服饰商家自播排名全服饰行业第一名。其背后是波司登在线上与线下新零售方面的整合，全公司已实现线上与线下会员、数据、库存一体化的管理，有超过 100 家线下门店实现线上与线下直播同步。

（2）利用数据精准洞察用户需求。波司登将"客户关系管理"（Customer Relationship Management，CRM）通过移动互联网升级为"社交型客户关系管理"（Social Customer Relationship Management，SCRM），贯穿运营管理中心、会员俱乐部、互动中心、客服中心、营销中心、数据（交互）中心，以消费群体喜爱的方式进行品牌与消费者互动，将品牌传播移动化、互动化、游戏化、数据化，最终利用数据来准确分析市场，制作符合消费者需求的款式。

（3）构建数字化零售运营体系。波司登实现了库存中心、用户中心、交易中心和订单中心的联网运营，通过在线大数据监控供应链，实现智能补货，提高货品周转率，缩短交货周期。有了基于库存中心的自动补货系统之后，企业可以大胆地将库存"后移"，在试点区域取消经销商仓库，由系统自动为经销商门店和直营门店补货。此外，波司登还推进应用了门店客流与巡店、门店看板分析、无卡支付等系统，提升门店运营效能，降低门店缺货率，促进门店业绩同比增长。

导入案例思考题

传统企业的数字化转型面临什么难点？

2.1　电子商务发展战略研究的重要性

战略是一个组织为了参与竞争而制定出的内容广泛的规划与方案，包括组织的目标以及为实现这些目标所实施的计划和政策。在电子商务活动中，制定发展战略及实施战略的各项政策及措施，是组织机构顶层管理部门最重要的活动之一。通过对我国电子商务发展的现状和电子商务的应用情况的考察可以发现，电子商务战略的研究已经迫在眉睫。

从国家角度而言，迫切需要形成自有的电子商务发展战略主要有如下 3 个原因。

（1）电子商务是当今经济全球化和知识经济的最集中的表现形式，是决定一个国家在网络空间条件下国际竞争能力的重要标志之一，也是带动传统企业升级和实现企业技术跨越的重要推动力。着眼于 21 世纪的发展，各国政府都在积极寻找实现经济持续增长的新途径，并把电子商务作为有效实现信息化与工业化融合的理想切入点。

（2）结构性矛盾的存在，导致了国内市场供过于求矛盾的加剧，需要不断开拓国内和国际两个市场。推进电子商务有利于促进我国产业结构调整，推动经济增长方式由粗放型向集约型转变，提高国民经济运行质量和效率，形成国民经济发展的新动力，实现经济社会的全面协调可持续发展。为了适应经济结构调整和产业结构优化的要求，构建以国内大循环为主体、国内国际双循环相互促进的新发展格局，我国各级政府都需要认真考虑自有的电子商务发展战略，重新设计适应双循环新格局的各项政策。

（3）国际贸易市场交易方式发生了重大变化。虚拟市场出现后，电子商务通过网上虚拟的信息交换，开辟了一个开放、多维、立体的市场空间。信息流动带来的资本、商品、技术等生产要素的全球加速流动，促进了全球网络经济的发展。在这种网络环境下，各国间的经贸联系与合作得以大大加强，实体市场上的部分交易正在转到虚拟市场上来。因此，从整个国家的角度考虑，需要加强跨境电子商务策略的研究，以引导企业在虚拟市场上占据有利地位。

对于企业而言，电子商务发展战略也越来越重要，原因有如下几点。

（1）电子商务的推广使得行业间的界限日趋模糊，竞争不再只限于一个国家既定的行业内产品或服务的竞争，而更多的是超出行业边界和国家边界范围的商业机会的竞争。企业要在这种激烈竞争的环境中求得生存与发展，就必须从电子商务的角度考虑自身的发展战略，通过预测环境和竞争对手的变化趋势，形成新的竞争理念和战略规划。

（2）电子商务不仅仅是将企业业务简单地搬到互联网上，更重要的是对企业现有运营模式的变革。它涉及企业管理模式的改变、业务流程的调整、内部资源的重组等一系列问题。没有科学的、切实可行的电子商务发展战略，企业将很难形成新的核心竞争力。

（3）从本质上讲，电子商务战略是由商业驱动的。电子商务通过采用信息网络技术构造了新的商业价值链，其发展战略是建立在与传统企业战略不同的价值创造机理上的，有助于企业发现价值链上新的利润增长点，为企业提供网络环境下盈利的清晰思路。

（4）我国中小企业为了拓展国际市场，实施“走出去”战略，迫切需要寻找国外市场，也需要政府的协助。加强这方面的研究，将有利于解决中小企业在投资、人才等方面存在的问题，促进中小企业应用跨境电子商务，提高商务效率，降低交易成本。

2.2 电子商务的应用环境分析

电子商务在总体上具有开放性、创新性和易变性特点，这些特点使其受到诸多外部因素的制约。电子商务的发展战略必须建立在科学分析电子商务发展环境的基础上，这种分析一般包括电子商务发展现状分析、社会政治环境分析、资源环境分析、市场环境分析、安全环境分析、企业内部条件分析等。只有搞清楚跨境电子商务发展的有利因素和不利因素，才能为电子商务的战略决策提供科学依据。

2.2.1　电子商务发展状况分析

1. 电子商务发展的历史沿革

1）起步阶段

20 世纪 70 年代，电子数据交换技术的开发引起许多国家的注意。到 20 世纪 80 年代，美国、英国和西欧一些发达国家逐步开始采用 EDI 进行贸易，形成涌动全球的“无纸贸易”热潮。

20 世纪 90 年代以来，随着互联网在全球爆炸性地普及，一种基于互联网、以交易双方为主体、以银行电子支付和结算为手段、以客户数据为依托的全新商务模式——电子商务出现并发展起来。1996 年 12 月，联合国第 51 届大会通过决议，正式颁布了《电子商业示范法及其颁布指南》。1997 年 4 月，欧盟提出《欧盟电子商务行动方案》。同年 7 月，美国政府发表了《全球电子商务框架》。这些文件极大地推动了世界电子商务的发展。1997 年，通过互联网形成的电子商务交易额达到 26 亿美元，2000 年，世界电子商务交易额达到 3 549 亿美元。

2）危机阶段

进入 21 世纪，互联网经济遭到第一次沉重的打击。美国纳斯达克指数暴跌，网络股的价值严重缩水。尤其是作为电子商务典范的美国亚马逊公司经营状况的恶化，我国 8848 等电子商务公司的倒闭，更加大了人们对电子商务的恐惧心理，似乎电子商务已经走到崩溃的边缘。

面对电子商务发展的严峻形势，联合国有关组织加大了电子商务发展工作的力度。2001 年 11 月，联合国贸易和发展委员会发表了由联合国秘书长安南亲自作序的《2001 年电子商务和发展报告》①。该报告深刻分析了电子商务发展中出现的问题，提出了应对策略和举措。2002 年 1 月 24 日，联合国第 56 届大会通过了《国际贸易法委员会电子签字示范法》(简称《电子签字示范法》)②，这是联合国继《电子商业示范法》后通过的又一部涉及电子商务的重要法律。该法试图通过规范电子商务活动中的签字行为，建立一种电子商务交易的安全机制。2005 年 12 月，联合国第 60 届大会通过了《联合国国际合同使用电子通信公约》,对营业地址处于不同国家的当事人之间订立或履行合同使用电子通信做出了具体规定。

与此同时，各国政府也相继推出各种鼓励政策，继续支持电子商务的发展。电子商务逐渐摆脱了世界经济萎缩和 IT 行业泡沫破灭的影响，步入复苏回暖阶段。

---

① United Nations. E-commerce and Development Report 2001[R/OL]. (2001-11-30)[2020-08-20].

② United Nations. UNCITRAL Model Law on Electronic Signatures with Guide to Enactment 2001[EB/OL]. (2001-07-05)[2020-08-20].

3）爆发式发展阶段

2010 年以来，伴随着互联网 4G、5G 的普及，大数据、云计算、智能物流等先进信息技术广泛应用，世界电子商务进入爆发式发展阶段。

网络零售成为电子商务发展的热点。“双十一”“网购星期一”等大型促销活动引发了购物狂潮，B2C 电子商务的覆盖面进一步拓展，2020 年，我国“双十一”全网销售额达到 5 249 亿元人民币；美国“网购星期一”销售额达到 98 亿美元。

世界加速进入移动电子商务时代。移动电子商务继续高歌猛进，其中，餐饮外卖、网约车、在线旅游等细分行业移动端占比远高于传统的网络零售。非标准化的、个性化的商品涌现出较大的商业机会。特别是生鲜、农副产品市场潜力巨大，成为电商中的蓝海。数字内容、互联网医疗、互联网教育等新型服务类的电子商务呈快速发展势头，成为创业创新的热点。

2. 世界电子商务的发展现状

1）全球网络使用人数和网站数量持续增长

根据 Internet World Stats 的统计数据，截至 2020 年 12 月 31 日，全球共有网民 5 053 911 722 人，互联网普及率提高到 64.2%，较 2000 年增长了 1 300%①。如此庞大的网民人数，为电子商务的发展奠定了雄厚的交易基础。

根据 Netcraft 调查，2021 年 3 月，Netcraft 一共收到了来自 1 187 527 949 个网站和 10 847 682 个独立网站响应②。

全球移动宽带使用比例持续增长。国际电信联盟（ITU）2020 年统计数据显示，在全球范围内，4G 网络几乎覆盖 85%的人口。与 2015 年相比，2020 年全球 4G 网络覆盖范围扩大了两倍③。

2）全球网络零售交易额突破 4 万亿美元

2020 年，虽然全球遭受新冠肺炎疫情的严重影响，经济表现较差，但电子商务零售行业仍然表现出强劲的增长势头。2020 年全球网络零售额达到 4.280 万亿美元，同比增长 27.6%。这一交易额占到了全球零售总额的 18%，占比较上年提升 6.1 个百分点。网络零售作为社会零售行业的组成部分，逐渐成为全球民众零售消费的重要渠道④。

如图 2-1 所示为 eMarketer 对 2019—2024 年全球电商零售额及其在全球零售总额的占比与增速统计与预测。

3）部分国家电子商务发展情况

美国电子商务交易额约占全球电子商务交易额的 1/4。在美国零售总额持续增长的背景下，2020 年美国电子商务零售额达到 14 770 亿美元，同比增长 32.1%，电子商务在全部零售销售额中所占比例也提高到 14%。美国电子商务零售额占比情况（2011 第 1 季度

---

① Internetworldstats.Com. World Internet Users and Population Stats[EB/OL].(2021-03-20)[2021-04-20].

② Netcraft. March 2021 Web Server Survey[EB/OL].(2021-03-29)[2021-04-20].

③ ITU. Measuring Digital Development: Facts and Figures 2020 [EB/OL] (2020-01-25)[2021-06-20].

④ eMarketer. Global Ecommerce Update 2021[EB/OL].(2021-01-13)[2021-04-20].

至 2020 年第 4 季度）如图 2-2 所示[①]，仍然保持了强劲的增长势头。

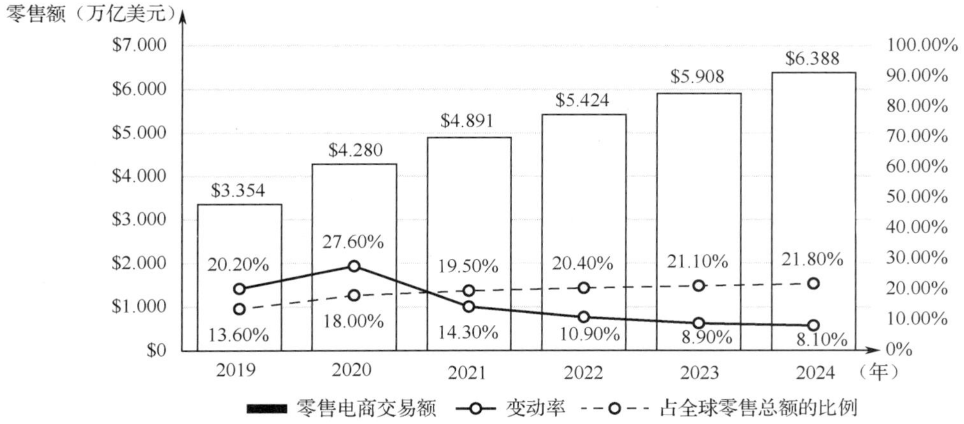

图 2-1　2019—2024 年全球电商零售额及其在全球零售总额的占比与增速

（资料来源：eMarketer）

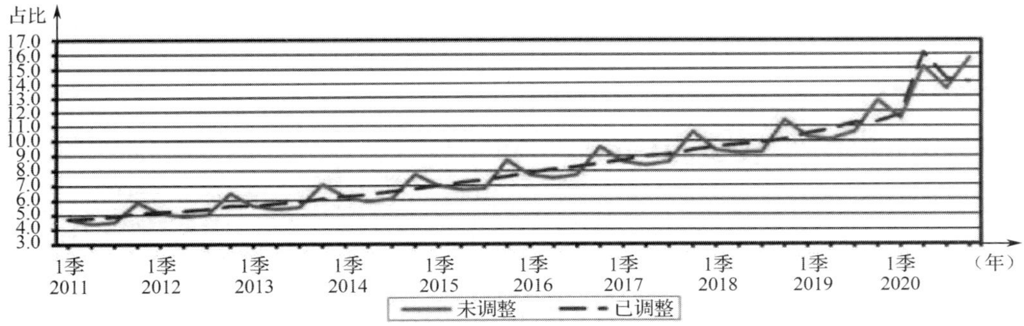

图 2-2　美国电子商务零售额占比情况（2011 年第 1 季度至 2020 年第 4 季度）

根据欧盟统计局（Eurostat）的数据，欧盟通过网络购买商品和订购服务的网民比例逐年上升，2020 年已经达到 65%。其中，英国达到 90%，丹麦达到 89%，荷兰达到 87%。2020 年欧洲部分国家通过网络购买商品的网民比例如图 2-3 所示[②]。

韩国的电子商务一直走在世界的前列。2020 年，韩国网络零售交易额达到 1 594 万亿韩元，比 2019 年增长 17.87%。其中，移动网络零售交易额达到 1 083 万亿韩元，增长 20.99%。移动网络零售交易额占到全部网络零售交易额的比例达到 67.91%，2020 年韩国网络零售交易状况如表 2-1 所示[③]。

---

① U.S. Census Bureau. Quarterly Retail E-commerce Sales 4th Quarter 2020[EB/OL] (2021-02-19) [2021-04-30].

② Eurostat. Internet Purchases by Individuals (2020 onwards)[EB/OL](2021-01-26)[2021-01-30].

③ South Korea National Statistical Office. Online Shopping[EB/OL](2021-02-05)[2021-02-30].

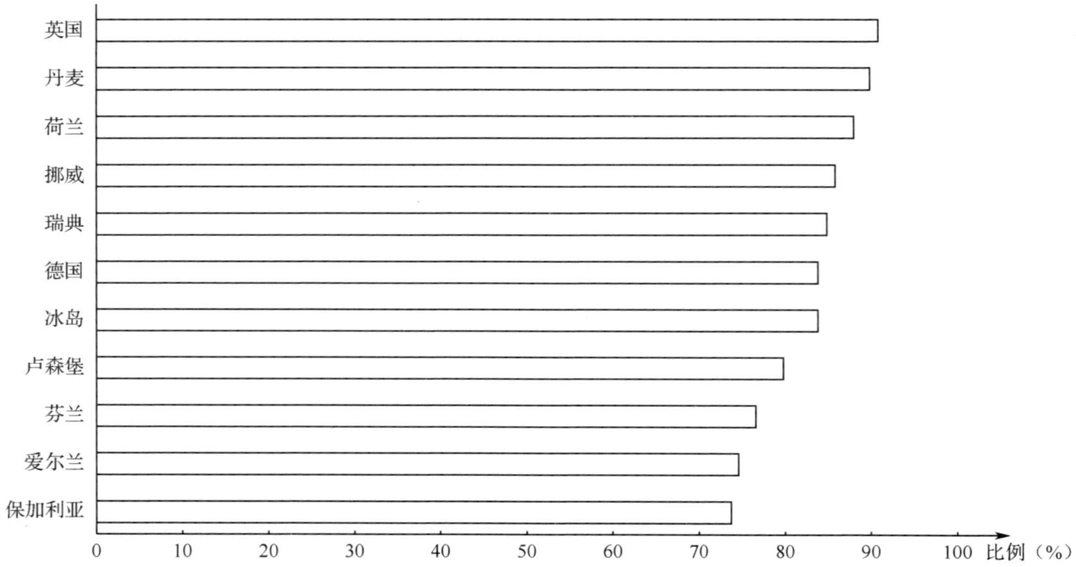

图 2-3　2020 年欧洲部分国家通过网络购买商品的网民比例

表 2-1　2020 年韩国网络零售交易状况

分　类	2019 年（10 亿韩元）	2020 年（10 亿韩元）	年增长（%）	
			交易额变化	增长百分比
全部网络零售交易额（A）	1 352 640	1 594 371	241 731	17.87
移动网络零售交易额（B）	872 736	1 082 664	18 421	20.99
%占比（B/A）	64.52	67.91	—	—

日本是继我国和美国之后的世界第三大电子商务市场。日本拥有 1.265 亿人口，93%的互联网普及率，75%的人在网上购物。在过去 10 年里，B2C 市场的规模扩大了一倍多。2019 年，日本企业对消费者电子商务市场的价值约为 19.4 万亿日元，比上一年 18 万亿日元的水平增加了 6.59%。

2020 年，印度互联网网民约为 5.66 亿人，互联网渗透率达到 41.8%，成为世界上第二个网民数量超 5 亿人的国家。印度政府十分重视数字经济发展，并于 2015 年推出“数字印度”计划。印度电商从 2014 年开始快速成长，2015 年呈爆发发展势头，2018 年网络零售交易规模达到 195 亿美元，2019 年电子商务购物者占印度互联网用户的 11%，占印度总人口的 3%，在联合国贸易和发展会议的 B2C 电子商务指数中印度跃升了 7 位。

澳大利亚电商市场是目前全球第十大电商市场，该市场正在蓬勃发展。2018 年澳大利亚人在网购方面的支出共计达到 286 亿澳元（约合 203 亿美元）。2020 年，澳大利亚的互联网普及率为 79.7%，有 1 830 万电子商务用户，电子商务交易规模为 272.85 亿美元，预计到 2025 年将增长到 350 亿美元。

巴西作为拉丁美洲最大的电子商务市场，2020 年拥有 1.5 亿网民，占 2.1 亿总人口的 70%。2018 年，巴西电子商务交易额达到 216.5 亿美元，比 2017 年增长 12.8%。

3. 我国电子商务发展的基本状况

1）电子商务应用进一步普及

截至 2020 年 12 月，我国网民规模为 9.89 亿人，互联网普及率达 70.4%，其中，使用手机上网的比例为 99.7%。蜂窝物联网终端用户 11.36 亿户，较 2019 年年底增加 1.08 亿户，其中应用于智能制造、智慧交通、智慧公共事业的终端用户占比分别达 18.5%、18.3%、22.19%。网民使用手机上网的比例占总网民人数的 99.7%[①]。与此同时，商务交易类应用保持稳健增长。我国网民各类互联网应用用户规模和使用率（2020 年 03 月、2020 年 12 月）如表 2-2 所示。

表 2-2　我国网民各类互联网应用用户规模和使用率（2020 年 03 月、2020 年 12 月）

应　　用	2020 年 3 月		2020 年 12 月		用户规模增长率
	用户规模（万人）	国民使用率	用户规模（万人）	国民使用率	
即时通信	89 613	99.2%	98 111	99.2%	9.5%
搜索引擎	75 015	83.0%	76 977	77.8%	2.6%
网络新闻	73 072	80.9%	74 274	75.1%	1.6%
远程办公	-	-	34 560	34.9%	—
网络购物	71 027	78.6%	78 241	79.1%	10.2%
网上外卖	39 780	44.0%	41 883	42.3%	5.3%
网络支付	76 798	85.0%	85 434	86.4%	11.2%
互联网理财	16 356	18.1%	16 988	17.2%	3.9%
网络游戏	53 182	58.9%	51 793	52.4%	−2.6%
网络视频（含短视频）	85 044	94.1%	92 677	93.7%	9.0%
短视频	77 325	85.6%	87 335	88.3%	12.9%
网络音乐	63 513	70.3%	65 325	66.6%	3.6%
网络文学	45 538	50.4%	46 013	46.5%	1.0%
网络直播	59 982	62.0%	61 585	62.4%	10.2%
网约车	36 230	40.1%	36 528	36.9%	0.8%
在线教育	42 296	46.8%	34 171	34.6%	−19.2%
在线医疗	-	-	21 480	21.7%	-

2）电子商务交易规模持续增长

国家统计局电子商务交易平台调查显示，新冠肺炎疫情加速了传统经济数字化转型进程，电子商务平台在助力抗击新冠肺炎疫情、拉动消费回补、畅通产业链和供应链等方面发挥了重要作用。2020 年，全国电商交易额为 37.21 万亿元，比上年增长 4.5%。商品类电商交易额为 27.95 万亿元，同比增长 7.9%。其中，对单位交易额为 18.11 万亿元，增长 3.7%；对个人交易额为 9.84 万亿元，增长 16.6%。2011—2020 年我国电子商务交

① 中国互联网络信息中心．第 47 次中国互联网络发展状况统计报告[R/OL](2021-02-03)[2021-03-23].

易额增长情况如图 2-4 所示①。

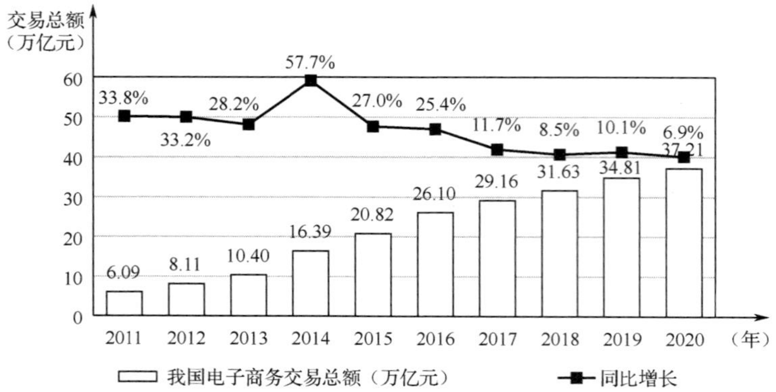

图 2-4　2011—2020 年我国电子商务交易额增长情况

（资料来源：根据国家统计局公布的数据整理）

3）网上零售额保持了高速增长的态势

2020 年，我国网上零售总额达到 11.76 万亿元，比上年增长 10.9%。其中，实物商品网上零售额 9.759 万亿元，增长 14.8%，占社会消费品零售总额的比重为 24.9%，比上年提高 4.2 个百分点。2011—2020 我国网上零售交易额增长情况如图 2-5 所示。②

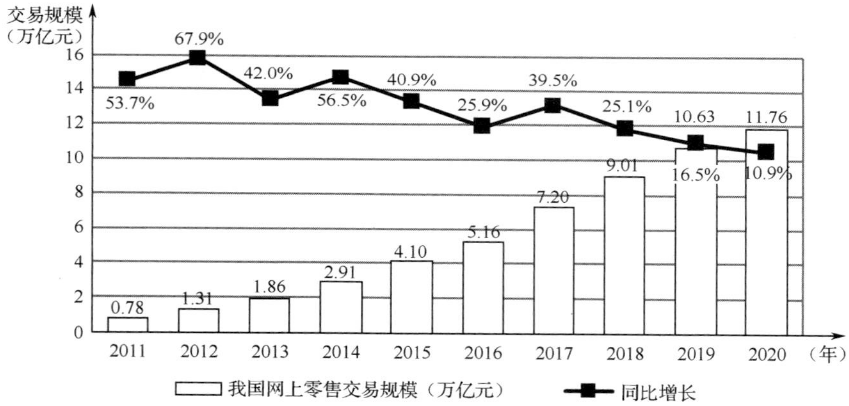

图 2-5　2011—2020 我国网上零售交易额增长情况

（资料来源：《中国电子商务报告 2020》）

4）电子支付业务高速增长

2020 年，我国银行业金融机构共处理电子支付业务③ 2 352.25 亿笔，金额 2 711.81 万亿元。其中，网上支付业务 879.31 亿笔，金额 2 174.54 万亿元，同比分别增长 12.46%

① 中国信息报.2020 年全国电商交易额 37.21 万亿元[EB/OL](2020-02-20)[2021-04-23].

② 国家统计局. 2020 年国民经济稳定恢复 主要目标完成好于预期[R/OL](2021-01-18) [2021-04-23].

③ 电子支付是指客户通过网上银行、电话银行、手机银行、ATM、POS 和其他电子渠道，从结算类账户发起的账务变动类业务笔数和金额。包括网上支付、电话支付、移动支付、ATM 业务、POS 业务和其他电子支付等 6 种业务类型。

和 1.86%；移动支付业务 1 232.20 亿笔，金额 432.16 万亿元，同比分别增长 21.48%和 24.50%；电话支付业务 2.34 亿笔，金额 12.73 万亿元，同比分别增长 33.06%和 31.69%①。

5）快递年业务量突破 800 亿件大关

2020 年，我国快递业务量完成 830 亿件，同比增长 30.8%，业务收入达 8 750 亿元，同比增长 16.7%②。快递业的快速发展，有力地支持了电子商务的发展。

2.2.2 社会政治环境：电子商务受到国际社会的高度重视

1. 国外情况

1997 年 7 月，美国政府发表了《全球电子商务框架》（A Framework for Global Electronic Commerce），将互联网及其对商务活动的影响和 200 年前的工业革命相提并论，表明了美国政府对电子商务建设的重视程度。2012 年，美国发布《网络空间国际战略》（International Strategy For Cyberspace），试图构建涵盖基础设施保障、经贸往来、政治与外交等诸多领域的复合网络安全战略。2019 年 4 月，美国政府又发表关于 5G 的声明，强调增加对 5G 基础设施的投资，降低部署的监管障碍，重点实施更高效的频谱管理，使美国能够充分发挥 5G 的潜力。

2019 年 4 月，欧盟发布的《关于确保欧洲数字未来的联合声明》认为，数字技术有潜力通过应对重要的经济、社会和环境挑战，以改善农村地区的生活质量，并有助于保护欧洲丰富的文化遗产；合力是欧洲建设数字未来的关键，欧盟需要在所有方面迅速采取行动，共同推动数码化和消除障碍，建立一个运作良好的数码单一市场。欧盟各国部长和代表确认，未来几年他们将致力于在数字技术产生重大影响的关键领域开展更紧密的合作。

2016 年，日本发布《第五期科技基本计划（2016—2020）》，提出在全世界率先建成“超智能社会（Society5.0）”的宏伟愿景，以人工智能、大数据、物联网等为代表的信息通信技术成为支撑这一愿景的关键基础性技术。其中，日本将“超智能社会”界定为“在合适的时间将合适的事物和服务准确提供给合适的人，精准应对各种社会需求，使所有人都能享受高品质服务，跨越年龄、性别、区域、语言等界限，每个人都能安居乐业的社会”。

2016 年，韩国发布《应对第四次工业革命的智能信息社会中长期综合对策》，将智能信息化社会定义为“ICBM（物联网、云服务、大数据和手机）与 AI（人工智能）相融合的社会”，要求紧抓第四次工业革命带来的重大机遇，加大对人工智能发展的支持力度，创造出顺应变革时代的新知识和新创意，抢占未来发展先机③。

为了规范印度电子商务业务，印度消费者事务部根据《2019 年消费者保护（电子商

① 中国人民银行. 2020 年支付体系运行总体情况[EB/OL](2021-03-24)[2021-04-22].

② 人民日报. 2020 年业务量达 830 亿件，2021 年预计达 955 亿件：快递跑出经济活力[EB/OL](2021-01-08)[2021-04-27].

③ 미래창조과학부. 제 4 차 산업혁명에 대응한지능정보사회 중장기 종합대책 [EB/OL]（2016-12-27）[2017-09-15].

务）条例》发布了一套实施细则，对电商企业公平竞争、消费者权益保护等领域做出了详细规定。该细则规定，电商实体不得直接或间接影响商品或服务的价格，并应保持公平的竞争环境；禁止电商参与者在促销、使用或提供任何可能影响消费者交易决策的商品或服务时，使用不公平或欺骗性做法；每一个电子商务实体，现在都必须显示他们和卖家之间关于退货、退款、交换、保证、交货、付款方式、申诉补偿机制等方面的合同条款，以便消费者做出明智的决定。

2020 年 11 月，《区域全面经济伙伴关系协定》（Regional Comprehensive Economic Partnership，RCEP）完成签署，成为目前世界上经济规模最大的自贸协定。RCEP 首次在亚太区域内达成范围全面、水平较高的诸边电子商务规则，包括促进各国电子商务合作、保护在线消费者权益、完善监管政策等，在为跨境电商提供重大利好的同时，将进一步促进形成国际国内开放的双循环格局。

2. 国内情况

我国政府对于电子商务的发展给予了极大的重视。

2011 年，商务部发布《商务部“十二五”电子商务发展指导意见》；2015 年，国务院发布《关于大力发展电子商务加快培育经济新动力的意见》；2016 年，商务部、中央网信办、国家发展和改革委员会三部门联合发布《电子商务“十三五”发展规划》（简称《规划》）。《规划》提出了电子商务发展的五大主要任务，包括加快电子商务提质升级，全方位提升电子商务市场主体竞争层次；推进电子商务与传统产业深度融合，全面带动传统产业转型升级；发展电子商务要素市场，推动电子商务人才、技术、资本、土地等要素资源产业化；完善电子商务民生服务体系，使全体人民在电子商务快速发展中有更多的获得感；优化电子商务治理环境，积极开展制度、模式和管理方式创新。《规划》确立了在 2020 年电子商务交易额达到 40 万亿元、网络零售总额达到 10 万亿元和相关从业者达到 5 000 万人 3 个发展指标。

2017 年 9 月，工业和信息化部印发《工业电子商务发展三年行动计划》，明确了未来 3 年工业电子商务的发展方向：工业电子商务应用进一步普及深化，建成一批资源富集、功能多元、服务精细的工业电子商务平台，工业电子商务支撑服务体系不断完善，发展环境进一步优化，线上线下融合水平逐步提升，形成开放、规范、诚信、安全的工业电子商务产业生态。

从 2015 年 3 月国务院同意设立中国（杭州）跨境电子商务综合试验区起， 2016 年 1 月、2018 年 7 月、2019 年 12 月，国务院又三次批复三批城市设立跨境电子商务综合试验区。至今，我国一共有 105 个跨境电子商务综合试验区。配套综合试验区的运行，有关部门相继发布了《关于跨境电子商务综合试验区零售出口货物税收政策的通知（2018 年 9 月）》《关于完善跨境电子商务零售进口税收政策的通知（2018 年 11 月）》《关于促进综合保税区高水平开放高质量发展的若干意见（2019 年 1 月）》等一系列文件，从政策层面为跨境电子商务的发展提供了新的动力和支撑。

2018 年 1 月，国务院办公厅发布《关于推进电子商务与快递物流协同发展的意见》，《意见》提出强化制度创新，优化协同发展政策法规环境；强化规划引领，完善电子商务快递物流基础设施；强化规范运营，优化电子商务配送通行管理；强化服务创新，提升快递末端服务能力；强化标准化和智能化，提高协同运行效率；强化绿色理念，发展绿色生态链。

2019 年 1 月 1 日，《中华人民共和国电子商务法》正式实施。该法的宗旨是保障电子商务各方主体的合法权益，规范电子商务行为，维护市场秩序，促进电子商务持续健康发展。在经历了 20 多年的增长后，我国电商迎来了有法可依、全面法治的时代，并逐渐走向成熟。

2019 年 10 月，国家外汇管理局发布《关于进一步促进跨境贸易投资便利化的通知》，简化小微跨境电商企业货物贸易收支手续，规定支付机构或银行办理货物贸易收付汇时，年度货物贸易收汇或付汇累计金额低于 20 万美元（不含）的小微跨境电商企业可免于办理“贸易外汇收支企业名录”登记。

2020 年 6 月，海关总署发布《关于开展跨境电子商务企业对企业出口监管试点的公告》，增列代码“9710”和“9810”两种海关监管方式，以充分发挥跨境电商企业对企业直接出口、推动海外仓建设，进一步促进跨境电商健康快速发展①。

2020 年 9 月，《国务院办公厅关于以新业态新模式引领新型消费加快发展的意见》发布，明确以新业态、新模式为引领，加快推动新型消费扩容提质，支持互联网平台企业向线下延伸拓展，加快传统线下业态数字化改造和转型升级，建立健全数字化商品流通体系，鼓励企业依托新型消费拓展国际市场，推动形成以国内大循环为主体、国内国际双循环相互促进的新发展格局。

2020 年 10 月，《国务院办公厅关于推进对外贸易创新发展的实施意见》发布，提出促进跨境电商等新业态发展，积极推进跨境电商综合试验区建设，支持建设一批海外仓，扩大跨境电商零售进口试点，支持企业利用线上展会、电商平台等渠道开展线上推介、在线洽谈和线上签约，推广跨境电商应用。

2.2.3　市场环境：电子商务的社会需求不断增长

1. 经济结构的转型要求电子商务发挥更大的作用

电子商务已经广泛渗透到国民经济的各个领域。2020 年，我国电子商务交易额（37.21 万亿元）已经占到国内生产总值（101.60 万亿元）的 36.62%。电子商务在拉动经济增长、有力地促进经济发展方式转变、加快我国经济增长等方面正在发挥越来越重要的作用。

2020 年，我国经济逐步克服了新冠肺炎疫情带来的不利影响，实现了逐步复苏。但疫情冲击的损失尚未完全弥补。疫情期间催生了很多新产业、新业态和新模式，如远程办公、在线教育、智能施工、无人配送等，有效地化解了现实生活中的一些堵点、难点；网络购物、无接触配送、直播带货、在线教育、在线医疗、在线文娱等新型消费实现了快速发展，传统商业企业加快数字化转型，大力发展送货到家、网上订餐等业务，线上线下加快融合。2020 年实物商品网上零售额增长 14.8%，占社会零售总额比重提高到 24.9%，高于美国、日本等国家。

① 有关增列代码“9710”和“9810”的具体内容请参见第 8 章 8.5 节。

以信息技术为核心的新技术，如云计算、大数据、人工智能等在电子商务领域的大规模应用，大大提升了企业的信息化水平，提高了企业管理、服务及流通等各环节的效率，采用先进的电子商务业务模式已成为企业发展的必然选择。

2. 虚拟市场的激烈竞争要求加速电子商务的发展

从技术本身的特性而言，互联网是无国界的。以互联网为技术基础的电子商务大大加剧了国际竞争的强度。速度、产品和服务质量成为企业生存的关键。一个公司在虚拟市场（网络市场）上的产品和服务，若被其他公司性能更好的产品和服务所取代，则它立即面临“死亡”的威胁。在“虚拟经济”下，企业间的竞争方式，不仅是打价格战，更重要的是打创新战、速度战、质量战、服务战。

19 世纪，资本主义国家瓜分了世界实体市场；21 世纪，虚拟市场的出现使世界经济的格局面临着又一次洗牌。每个国家都面临着如何在国际虚拟市场竞争中求得自身生存与发展的挑战。当前，我国已经具备了参与虚拟市场重新洗牌的能力。如何把握时机，努力实现电子商务技术和应用上的跨越，加速电子商务的推广普及，在国际虚拟市场竞争中占据有利地位，是一项带有战略性和全局性的重大课题。

3. 国际贸易的严峻形势要求加快电子商务的发展

2020 年，世界范围的新冠肺炎疫情导致了第二次世界大战以来最严重的经济衰退。我国外贸发展也面临着大量不确定、不稳定因素，如中美贸易摩擦、英国脱欧、美联储加息预期、地缘政治局势动荡、恐怖主义威胁等。这些因素影响了全球消费者和投资者的信心，抑制了国际间的经贸往来，我国国际贸易整体形势非常严峻，这种状况要求人们进一步加快跨境电子商务的发展。

2020 年 7 月，金砖国家第十次经贸部长会议举行。会议发布了《金砖国家第十次经贸部长会议联合公报》，强调加强国际抗疫合作，承诺共同提升供应链的包容性，促进成员国更好地融入全球价值链，降低新冠肺炎疫情的不利影响；支持多边贸易体制和世贸组织必要改革，反对单边主义和保护主义，保持市场开放，维护发展中成员权益。我国需要进一步推动金砖经贸合作走深做实，抓住数字经济发展机遇，在云计算、大数据、电子商务、平台经济等领域，加强信息交流与经验分享，实现共同发展。

4. 国内经济大循环要求电子商务提供更丰富的网络消费

对于现代消费者而言，其消费取向正在迅速向虚拟市场转移。2020 年，我国网络购物、网上支付、短视频等方面网络使用率都超过 70%；网上外卖、网络游戏、网络直播等方面的网络使用率也超过 50%。电子商务在旅游、教育、医疗、文化、求职等诸多领域的应用也越来越普遍。构建以国内大循环为主体的经济发展新格局，电子商务需要进一步加快技术更新和模式更新的步伐，降低应用成本，为人们提供用得上、用得起、用得好的商业服务，才能让亿万人民在网络空间有更多获得感和幸福感。在满足了这些需求的同时，也将催生一大批网络时代的新兴产业。

5. 应对突发性事件要求有更完善的电子商务服务

从世界整体情况看，不断有突发性事件产生。2001 年美国“911”恐怖袭击事件发生后，美国公众普遍感到缺乏安全感，人们这时发现，通过网络进行商业活动具有特殊的安全性和快捷性。2018—2019 年发生的中美贸易摩擦，对我国的进出口企业业务造成很大影响，但跨境电商的零售业务有效弥补了传统进出口公司的短板。2020—2021 年新冠肺炎疫情成为近百年来持续时间最长、影响最大的一次世界性的疫情，不仅网络购物成为人们购物的首选方式，网络教育、网上办公也成为了电子商务新的应用点。

应对连续不断的突发性事件，电子商务需要进一步提升整体服务能力，促进整个交易链条在非常状态下的调整；同时，需要利用大数据等先进信息技术，构建突发性事件管理模块，在突发性处理和控制中发挥更大的作用。

2.2.4　监管环境：监管措施不断改革

1.《全球贸易安全与便利标准框架》普遍实施

2005 年 6 月，世界海关组织通过了《全球贸易安全和便利标准框架》(以下简称《框架》)。截至 2019 年年底，世界海关组织的大多数成员都签署了实施意向书，显示了国际海关界保护合法贸易的安全与便利的决心。

《框架》的宗旨是制定全球范围供应链安全与便利的标准，促进稳定性和预见性；形成对所有运输方式适用的一体化供应链管理；加强成员海关之间的合作，提高甄别高风险货物的能力；加强海关与商界的合作，并通过保护国际贸易供应链的安全，促进货物畅通无阻地流动。

《框架》包括 4 个核心元素、两个支柱、17 项标准和关于这 17 项标准的技术性条款。

4 个核心元素包括：提前递交进出口及转运货物的电子信息；采用一致的风险管理手段；应进口国的合理要求，出口国海关对出口的高风险集装箱和货物进行查验；海关要向满足该标准的商界提供相应的便利。

基于 4 个核心元素，《框架》提出了保障供应链安全的两个支柱。第一个支柱即海关与海关之间的合作安排，包括“海关应遵照世界海关组织在综合供应链管理指南方面规定的海关监管程序进行操作”等 11 项标准，涉及供应链管理、查验权力和查验技术、风险管理和布控、电子信息交换、绩效和安全评估以及工作人员的廉政等海关监管工作的各个方面；第二个支柱即海关与商界的合作，包括 6 项标准，企业应执行以海关设定的安全标准为参数的自我评估程序、供应链经营者本身应采取的安全措施、授权认证的取得、新技术的采用、与海关的合作和交流及获取贸易便利的条件等。

围绕两个支柱，《框架》制定了 17 项标准，并提出了详细的实施细则（也称技术性规定）。

2. 网络信息安全保护提升到国家层面

我国政府十分重视信息安全保护工作，1994 年，国务院发布了《中华人民共和国计算机信息系统安全保护条例》。1999 年，国家正式发布了强制性国家标准——《计算机信息系统安全保护等级划分准则》(GB17859—1999)，将信息系统划分为 5 个安全保护等级，即用户自主保护级、系统审计保护级、安全标记保护级、结构化保护级和访问验证保护级。安全保护能力从第一级到第五级逐级增强。

2012 年，全国人大常委会通过了《关于加强网络信息保护的决定》，该决定从保护网络信息安全，保障公民、法人和其他组织的合法权益，维护国家安全和社会公共利益出发，规定“国家保护能够识别公民个人身份和涉及公民个人隐私的电子信息”。

2016 年 11 月，全国人大常委会通过了《中华人民共和国网络安全法》。这是我国第一部全面规范网络空间安全管理的基础性法律，是依法治网、化解网络风险的法律重器。该法首次提出了网络空间主权的概念，明确了网络空间治理目标，完善了网络安全监管体制，完善了网络安全义务和责任。

3. 网络信任体系的建立全面启动

网络信任体系是国家信息安全保障体系的重要组成部分，是电子商务运作的重要保证。2011 年，美国政府通过推出“网络身份证”构建网络生态系统，使每个网络用户都可以相互信任彼此的身份。2019 年，全球征信系统信息使用率提升，征信信息深度指数[①]达到 5.199，比 2018 年的 4.932 提高了 0.27[②]。从区域来看，北美仍是全球征信系统信息使用率最高的地区，而改善幅度最高的是撒哈拉以南非洲地区。我国是征信信息深度指数最高的国家之一，已经连续 4 年保持了满分 8 分的最高成绩[③]。

2019 年，我国已建立了全球规模最大的征信系统，在防范金融风险、维护金融稳定、促进金融业发展等方面发挥了不可替代的重要作用。目前，征信系统累计收录 9.9 亿多自然人、2 591 万户企业和其他组织的有关信息，个人和企业信用报告日均查询量分别达 550 万次和 30 万次[④]。

4. 监管措施改革步伐加快

世界各国已经认识到，监管的存在是为了保护劳动者、公共安全、企业和投资，但低效和不当的监管有可能扼杀创业活力和企业成长，影响营商便利度。繁重的规则可能驱使企业逃避监管和税收机构的监督，躲进非正规行业的阴影或者到国外去寻找更有利的营商环境。外国投资者可能会避开那些监管规则阻碍经济活动蓬勃发展的经济体。繁文缛节不仅阻碍单个企业或投资者，经济可持续增长的能力也可能受到影响。做生意的经济自由度与经济发展和蓬勃发展的私营部门息息相关，后者又反过来为消除贫困和促进共同繁荣提供基础。

---

① “征信信息深度指数”是世界银行用来反映一国从公共或私人征信机构获取信息的难易程度，以及所获信息的范围和质量的指标，最低分为 1 分，最高分为 8 分。分数越高表明一国的征信体系可以提供给授信机构的信用信息越多，对借款人的权益保护越完善。征信信息深度指数可以帮助世界银行决定对不同国家和地区放贷的次数和贷款金额的多少。

② 世界银行. 征信信息深度指数(1=低至 8=高)- World, China [EB/OL] (2019-10-24)[2020-07-23].

③ 该指数由世界银行统计计算，用来反映一国从公共或私人征信机构获取信息的难易程度，以及所获信息的范围和质量，最低 1 分，最高 8 分。

④ 人民日报海外版. 中国建立全球规模最大征信系统[EB/OL] (2019-06-19)[2020-07-23].

世界银行的《2020 年营商环境报告》衡量了 190 个经济体在 12 个领域的监管效率，评估每个经济体的营商环境。世界银行的经济体营商环境的评价指标（2019 年）如表 2-3 所示。《2020 年营商环境报告》是该系列年度报告的第 17 期，这一报告激励着世界各地的政府实施营商改革，目标是促进可持续的经济增长。

表 2-3　世界银行的经济体营商环境的评价指标（2019 年）

序　　号	名　　称	主 要 内 容
1	开办企业	手续、时间、成本、最低实缴资本
2	雇用员工	审查、面试、录用
3	办理建筑许可证	手续、时间、成本、建筑质量控制
4	获得电力供应	手续、时间、成本、供电可靠性和电费透明度指数
5	登记财产	手续、时间、成本、土地管理质量
6	获得信贷	合法权利力度指数
7	保护少数投资者	披露程度指数、董事责任程度指数、股东诉讼便利度指数、股东治理指数、所有权和管理控制指数、公司透明度与性别多样性指数
8	纳税	税率、程序、时间、总税率
9	跨境贸易	货物进出境在单证及手续上耗费的时间和费用
10	与政府沟通	手续、方式、次数、时间
11	执行合同	时间、成本、司法程序质量
12	破产处置	时间、成本、结果、回收率、破产框架力度

截至 2019 年 4 月 30 日，我国在之前的 12 个月中实施了创纪录的 8 项营商环境改革，全球营商便利度排名第 31 名，在满分 100 分中得分 77.9①。我国改革的亮点包括如下几点。

（1）将公司印章发放完全纳入企业注册登记“一站式”服务。

（2）通过要求控股股东对不公平关联方交易承担连带责任，明晰所有权和控制结构，加强了对少数投资者的保护。

（3）对小企业实行企业所得税优惠政策，降低某些行业的增值税税率，加强电子化纳税申报和缴纳系统。

（4）通过实行进出口货物提前申报、升级港口基础设施、优化海关行政管理和公布收费标准等措施，简化进出口程序。

（5）通过规定可给予的合同延期次数上限和将延期限于不可预见和例外情况，提升执行合同的便利度。

① The World Bank. Doing Business 2020–Sustaining the pace of reforms [R/OL] (2019-10-24) [2020-07-23].

2.3 政府电子商务发展战略

2.3.1 国际组织和各国政府电子商务发展战略

电子商务是全世界范围的商务活动，许多国际组织和各国政府都给予了高度的重视，相继推出了有关发展战略和促进政策，力求在较短时期内取得电子商务的实质性突破。

1. 经济合作与发展组织的《全球电子商务行动计划》

1998 年 10 月，经济合作与发展组织（Organization for Economic Co-operation and Development，OECD）成员国部长、非 OECD 会议发布了《全球电子商务行动计划》；1999 年 10 月，又发布了该计划的第二版。该计划提出了如下发展全球电子商务的 10 项基本原则。

（1）电子商务的发展应当以私营部门为主导，发挥市场的力量。

（2）发展电子商务应通过开放和平等的市场竞争来推动。

（3）如果需要政府干预，政府应当推动一个稳定的、超越国家的法律环境，允许平等的资源分配并保护公共利益。这样的介入应当仅仅是基本的、清晰的、透明的、客观的、不歧视的、均衡的、灵活的和技术中立的。

（4）应当促进私营部门投入与参与机制的政策制定，并在所有国家和国际领域广泛推广。

（5）电子商务具有全球性。影响电子商务的政府政策在国际间应当是协调和兼容的，应当有助于沟通，并在国际自愿、共识的环境下设计标准。

（6）相比应用非电子手段进行的交易，应用电子商务进行的交易应当使用中立的课税手段。电子商务的税收应当与已经建立的、国际间可接受的习惯和减少烦琐手续的做法相一致。

（7）必要时，基础电信设备的规范应当能够使参与者在一个开放和平等的市场中，进行全球性的竞争。

（8）消费者保护，特别是对于隐私、机密、匿名和内容控制应当能够追溯，通过政策允许的选择、个人授权、行业引导等方法来实现，并使之与适用法律相一致。

（9）电子商务应当使消费者或电子商务应用者，运用实践选择的手段实现隐私、机密、内容的控制和在适当环境下的匿名保护。

（10）全球信息设施-全球信息社会（Global Information Infrastructure-Global Information Society，GII-GIS）中高水平的信用机制应当继续推进，通过买卖双方协调一致、教育、未来技术创新，采用适当的争端解决机制和私人部门自我规范，加强安全性和可靠性。

2. 亚太经济合作组织的电子商务发展战略

2001 年 10 月，亚太经济合作组织（Asia-Pacific Economic Co-operation，APEC）文莱会议上，APEC 发布了《新经济行动议程》和《e-APEC 战略》。《e-APEC 战略》是一

项长期、前瞻和务实的行动计划，提出了推动新经济发展的三大支柱。

（1）完善市场结构。为促进经济的可持续增长，APEC 鼓励其成员在以下领域制定政策并付诸行动：建立良好的宏观经济政策框架，深化机构改革，创建有效的竞争机制，完善金融监管、公司治理和风险管理，建立高效的风险资本市场，健全知识产权法律体系，增加决策过程的透明度和劳动力市场的灵活性，制定有针对性的社会政策。

（2）促进基础设施投资和技术发展。APEC 鼓励其成员创造有利于竞争的投资政策环境，广泛采用先进技术。各成员有必要制定法律和法规框架，以鼓励商业投资，建立消费者信心；加强网络基础设施建设，以推动新技术在现代经营和社会服务中的应用；营造竞争性的价值链服务市场，以支持高效的电子商务。

（3）加强人力资源能力建设，弘扬企业家精神。企业家精神是产生新观念、创造新机遇的源泉。信息通信技术蕴藏着巨大潜能，有助于 APEC 成员经济体实现特定的经济发展目标。APEC 倡导其成员优先发展教育和培训服务，培育企业家精神，制定鼓励创新的政策，鼓励中小企业发展，号召中小企业广泛参与新经济活动，加强技术合作和信息交流，提高信息通信技术应用水平，努力缩小数字鸿沟。

3. 美国的《全球电子商务框架》

1997 年 7 月，美国发布了《全球电子商务框架》，该文件提出了 5 项基本原则，以指导针对发展电子商务的支持。

（1）私营企业应起主导作用。互联网应当发展成为一个受市场驱动的竞争市场，而不是一个受到限制的产业，私营企业必须在其中继续发挥主导作用。

（2）政府应当避免对电子商务作不恰当的限制。政府应当尽量减少对互联网上发生的商业活动的参与和干涉，不要增加新的、不必要的限制，增加烦琐的手续或增加新的税收和资费。

（3）在需要政府参与的情况下，其目标也应当是支持和加强建设一个可预见的、宽松的、一致的和简单的商业法制环境。

（4）互联网的成功可部分地归因于它的分散性和自下而上的管理模式。政府应根据互联网这种独特的结构相应地调整自己的政策。

（5）应当在国际范围内促进互联网上的电子商务。虽然各国法律制度各不相同，但应当始终遵循与买卖双方所在国度无关的原则。

4. 国外电子商务发展战略的启示

通过对国际组织和部分国家电子商务发展战略的研究，人们可以得到以下启示。

（1）发挥市场在资源配置中的作用。

（2）电子商务的快速发展需要政府的推动与协调。

（3）必须重视电子商务发展环境的建设，包括安全环境、标准环境、法律环境等，培育适合电子商务生长的土壤。

（4）鼓励企业积极参与，促使电子商务实现滚动式发展。

（5）重视电子商务人才的培养和建设。

2.3.2 我国电子商务的发展战略

1. 我国电子商务发展的指导思想

围绕统筹推进"五位一体"[①]总体布局和协调推进"四个全面"[②]战略布局，牢牢把握我国有望引领全球电子商务发展的历史性机遇，按照党中央、国务院战略决策和部署，坚持创新、协调、绿色、开放、共享发展理念，以适应经济发展新常态，壮大电子商务新动能，围绕全面建成小康社会目标创新电子商务民生事业为主线，加快全面深化改革，持续推进政策环境创新和信息基础建设步伐，充分释放电子商务创新创业活力，提升电子商务竞争水平和服务品质，促进电子商务与农林业、工业和服务业深度融合，及时发展电子商务要素市场，积极推动电子商务国际合作，建设统一开放、竞争有序、诚信守法、安全可靠的电子商务市场，引导电子商务全面服务国民经济和社会发展。[③]

2. 我国电子商务发展的基本原则

（1）发展和规范并举。坚持以新理念引领发展，激发电子商务市场活力，不断拓宽电子商务创新发展领域，积极营造宽松的电子商务创业环境，大力发展电子商务产业。坚持通过创新监管方式规范发展，加快建立开放、公平、诚信的电子商务市场秩序。

（2）竞争和协调并行。坚持推动市场公平竞争，防范和制止垄断行为及恶性竞争行为，最大限度减少对电子商务市场竞争的行政干预。坚持协调发展，促进电子商务与传统产业、线上与线下、城市与农村之间优势互补、一体化发展。

（3）开放和安全并重。坚持开放发展，鼓励电子商务企业积极参与国际市场竞争，加强对外交流、合作，形成物流便捷、标准互认、产能互补、市场共享的国际电子商务发展局面。坚持安全发展，建立健全电子商务交易保障机制，落实网络安全审查、风险评估等网络安全制度，妥善处理数据开放和信息共享风险，维护国家经济安全、社会安全和网络空间主权。

3. 我国电子商务发展的战略目标

根据我国《电子商务"十三五"发展规划》，到 2020 年年底，电子商务将全面融入国民经济各领域，发展壮大成为具有世界影响力的电子商务产业，推动形成全球协作的国际电子商务大市场。电子商务经济进入规模发展阶段，成为经济增长和新旧动能转换的关键动力。电子商务全面覆盖社会发展各领域，带动教育、医疗、文化、旅游等社会事业创新发展，电子商务成为促进就业、改善民生、惠及城乡的重要平台。

按照我国《电子商务"十三五"发展规划》，2020 年，电子商务交易额规划同比"十

---

① "五位一体"指经济建设、政治建设、文化建设、社会建设、生态文明建设的一体化，着眼于全面建成小康社会、实现社会主义现代化和中华民族伟大复兴。这是党的十八大报告对推进中国特色社会主义事业做出的总体布局。

② "四个全面"是党和国家各项工作的关键环节、重点领域和主攻方向，指全面建成小康社会、全面深化改革、全面依法治国、全面从严治党。

③ 商务部. 电子商务"十三五"发展规划[R/OL](2016-12-29)[2019-04-20].

二五”末翻一番，超过 40 万亿元，实际实现电子商务交易额 37.21 万亿元，完成规划目标的 93%，其主要原因是 B2B 电子商务水平有待进一步提升；网上零售额规划达到 10 万亿元左右，实际实现网上零售总额 117 601 亿元，完成规划目标的 117%；电子商务相关从业者规划超过 5 000 万人，实际实现从业人数达 6 015.33 万人，完成规划目标的 120%[①]。在我国电子商务取得历史性突破的同时，我国工业电子商务的发展还落后于商业和消费电子商务的发展。在“十四五”期间，我国需要加速工业电子商务的发展，通过行业应用和试点示范，提升工业企业数字化、网络化和智能化水平，形成工业电子商务的产业生态，打造我国在工业电子商务领域竞争的新优势。

“十四五”期间，我国电子商务发展的主基调是围绕服务构建新发展格局，牢牢把握我国电子商务的先发优势，以创建高质量电子商务产业体系为先导，进一步激发电子商务创新创业活力，更好地释放电子商务推动乡村振兴、发展智能制造、构建数字化生活的动力，充分运用电子商务推动高水平对外开放的能力，让电子商务在国民经济社会发展中发挥更大作用，开创全球电子商务深度协作新局面。

4. “十四五”期间我国电子商务发展的主要任务

（1）加快电子商务提质升级。以“创新和开放”引领发展，全方位提升电子商务市场主体竞争层次，加快电子商务商业模式、科技水平及市场组织方式创新，推动电子商务进入新一轮高速发展阶段。

（2）推进电子商务与传统产业深度融合。以“协调和创新”引领发展，促进电子商务经营模式融入传统经济领域，开创线上与线下互动融合的协调发展局面，加快形成网络化产业，全面带动传统产业转型升级。

（3）发展电子商务要素市场。以“创新、协调和共享”引领发展，进一步完善电子商务支撑体系，推动电子商务人才、技术、资本、土地等要素资源产业化，形成电子商务支撑体系与要素市场一体化发展的全新态势。

（4）完善电子商务民生服务体系。以“共享和创新”引领发展，推动电子商务广泛应用于社会发展领域，创新开展“电商扶贫”和“便民服务”，使全体人民在电子商务快速发展中有更多的获得感。

（5）优化电子商务治理环境。以“绿色、创新和协调”引领发展，积极开展制度、模式和管理方式创新，优化电子商务市场秩序，应对电子商务自身面临的环境保护挑战。

在具体操作上，我国将围绕“十四五”时期我国电子商务发展目标和主要任务，从打造一个支撑、突出两个重点、发挥三个作用入手，推动电子商务高质量发展。一个支撑即打造公共服务支撑；两个重点即突出下沉市场，突出国际合作；三个作用即发挥电商消费促进、创新引领和数字赋能作用。

5. 我国电子商务发展的保障措施

（1）加强组织领导。在促进电子商务发展部际综合协调工作组的统筹下，协调解决我国电子商务发展过程中出现的重大问题，协调政策资源和引导发展方向。

---

① 商务部. 中国电子商务报告 2020 [R/OL](2021-06-02)[2021-06-27].

（2）完善顶层设计。推动电子商务列入各地区国民经济和社会发展规划，做好电子商务发展规划与其他规划的衔接与协同。完善电子商务统计监测体系，及时掌握电子商务发展的总体情况、发展趋势和主要问题。成立电子商务专家咨询委员会，组织电子商务相关研究的专业人士，为相关政府部门制定和实施相关政策提供咨询参考。

（3）推进试点示范。深入推进跨境电子商务试验区、国家电子商务示范城市、国家电子商务示范基地、电子商务进农村综合示范、电子商务示范企业等试点工作，多层次、多领域组织试点示范，破解电子商务发展中遇到的困难和障碍。

（4）优化资金投入。积极支持电子商务基础设施、公共服务、科技提升、创新创业、农村电子商务等方面的探索实践。在政府采购中逐步加大电子商务采购比重，鼓励社会资本成立电子商务专项发展基金，探索政府股权投资或政府和社会资本合作（PPP）支持电子商务公共服务及基础设施建设。

（5）建立监督机制。加强政策执行工作监督，充分利用各级政府机构现有督办、审计、考核机制，加强电子商务监督考核工作。加强行业及市场自律，建立政策制定和执行的行业评估机制，充分发挥舆论监督和社会监督作用，倡导良性的市场氛围。

（6）增进国际合作。深入推进国际电子商务规则谈判和政策协同，营造有利于电子商务发展的国际环境。务实开展电子商务国际交流合作，在“一带一路”和主要贸易伙伴国家或地区等重点范围，积极搭建双边电子商务合作机制体系，推进“网上丝绸之路”经济合作试验区建设。引导电子商务企业、研究机构和行业组织参与国际电子商务产业合作与交流，支持设立国际性电子商务合作机构。

2.4 企业电子商务发展战略

2.4.1 影响企业电子商务战略的主要内部因素

企业电子商务战略的制定，一方面要考虑企业电子商务的外部环境，更重要的是要考虑企业电子商务的内部条件。外因只有通过内因才能发挥作用，企业电子商务战略的制定最终取决于企业内部的基本条件。

1. 管理者的态度

加快向电子商务转型，是推动我国商业和制造业高质量发展的根本要求，是传统产业实现质量变革、效率变革和动力变革的必然选择和有效途径。政府要加强引导，企业要发挥主观能动性，结合实际，选择合适路径，扎实开展电子商务应用转型。

电子商务需要得到企业最高决策者的理解，也需要财力上和组织上的支持，当遇到重大困难时，需要“一把手”亲自出来协调解决，并推动电子商务向前发展。

电子商务战略的实施，同样需要中层管理者的支持。中层管理者在企业基层和高层之间起着承上启下的作用。由于担心电子商务导致企业管理扁平化和中层管理地位的丧失，部分中层领导对电子商务的实施可能抱有暧昧态度。因此，在制定企业电子商务战略时，需要考虑调动中层领导的积极性，如果忽略中层领导的支持，可能会延误电子商务战略的推进。

2. 核心业务

任何一个企业，无论是制造业、商业，还是服务业企业，都有它独特的主营业务，即核心业务，而核心业务的运作过程就是企业的主导流程。对于大多数企业而言，电子商务的战略应当围绕企业的核心业务和主导流程展开。

2020 年，新品推广成为天猫的核心战略。用于新品推广的天猫小黑盒作了一系列调整。不仅新品发布的数量扩大，在商家的参与数量上也有大的提升；新品首发的品牌会从头部的“大牌”向腰部的中型品牌延伸；同时，通过新品首发链路将搜索链路、推荐链路等整合起来，多维度地推荐给精准用户。

核心业务是一个企业赖以生存的基础和竞争优势的核心所在，也是企业持续发展的根本动力。电子商务的实施可能有多种驱动力，如主管部门的驱动、信息化浪潮的冲击、外部环境的影响等，但真正推动企业电子商务发展的是企业业务和市场拓展的需要。

3. 企业规模

规模是影响企业电子商务战略的一个重要因素。规模大的企业，资金雄厚，技术力量强，生产管理、营销管理规范，实施电子商务具有较大的优势。但大企业管理流程比较稳定，实施电子商务面临流程重组的问题。中小企业虽然经营比较灵活，但却面临着资金和技术力量薄弱的问题。不同规模的企业，电子商务的实施方式会有较大区别。

特大型、大型企业可以实行完全自主开发。这种方式适用于比较复杂的专用信息系统，能够较好地适应企业自身的特殊要求，但对企业的要求比较高，需要有相对专业的信息技术开发队伍，开发周期也比较长；委托开发方式主要适用于中小企业，这些企业本身缺乏专门的信息部门和专业信息技术人员，采用委托开发方式开发周期比较短，见效快，但适用性较差，升级维护困难；合作开发的方式适用于具有一定规模的企业，企业有专门的信息部门和专业人员，开发成本比较低，也易于升级，但开发周期比较长，系统适用性一般。

4. 行业竞争状况

对行业竞争状况的研究，是企业制定战略时必不可少的步骤。在网络环境下，对本行业竞争状况的研究，除需要对实体市场的产品、购买者、供应者和新进入者进行分析外，还需要对虚拟市场中竞争者的竞争战略、网络营销状况、电子商务技术能力进行调查和分析。

相对于其他行业，电子商务行业内部竞争尤为激烈。以共享单车企业为例，2017 年，几乎同时涌现出十余家企业，“赤橙黄绿青蓝紫”多种颜色的自行车遍布大街小巷。但仅经过一年，就有 7 家共享单车企业“阵亡”。所以，在电子商务行业中，必须清楚了解两种截然不同的竞争战略，一是“牺牲利润，注重企业成长”的激进经营战略；二是“追求利润，重视客户体验”的稳重经营战略。前者追求网站的高流量与收入的高增长，并通过高增长吸引更多的风险投资。后者通过挖掘企业内部潜力，优化产品采购销售流程，改善企业的经营状况，维持企业的生存。所以，当一个企业计划涉足电子商务的时候，必须对电子商务行业存在的过度竞争状况有一个全面的了解，并对未来竞争的严酷程度有足够的思想准备。

5. 财务状况

用于电子商务的支出不是消费，而是一项投资，而且还需要长期投入资金。因为电子商务不一定能取得立竿见影的成效。战略制定人员应当全面了解企业财务状况，根据企业财务能力制定适合自身条件的电子商务战略。

6. 信息团队

企业在决定实施采取何种方式建设电子商务时，本企业的信息团队状况也是一个必须重点考虑的问题。对于一个规模不太大的企业而言，如果已有了自己的信息团队，就可以在分析成本效益的基础上，考虑有选择地将电子商务的部分功能由自己的信息团队完成；一些技术难度较高、实现和维护风险较大的功能，可以考虑采用合作开发的方式实现。如果本企业没有信息团队，并且准备在近期内开始电子商务建设的话，采用外包方式也是一种合适的选择。

2.4.2 企业电子商务的战略目标与战略框架

1. 企业电子商务战略目标

企业电子商务战略是企业战略的一个组成部分，它建立在企业总体战略基础上，明确地提出了企业在网络环境下的发展目标。在设计企业电子商务战略目标时，应注意以下几个问题。

（1）优先考虑电子商务系统的竞争力指标，即应该以建立一个高效的、有市场竞争力的电子商务系统，作为企业电子商务战略的目标。为此，企业必须考虑自身组织结构和业务流程是否适应这一目标，否则就有必要进行重组和改造。

（2）应基于全球化经济发展状况考虑系统需求。只有将全球贸易和国际商务需求融合到长远性的电子商务战略设计里，企业电子商务系统才能适应全球化的挑战。

（3）应把支撑企业运营目标作为核心要素之一。企业电子商务战略设计不能脱离企业的运营目标，以电子商务技术支撑企业经营策略和运营模式，是企业电子商务收到良好效果的重要途径。

（4）重视电子商务系统的价值衡量。电子商务战略设计必须能为企业带来增值服务，电子商务技术不仅应推动价值的产生，本身还应能够创造价值。

2018 年，拼多多的战略目标是在打击山寨货的同时，实现具有稳定质量商品的低价销售。为此，拼多多推出新品牌扶持计划，围绕供应链分 3 个阶段共扶持 1 000 家工厂品牌，首期试点 20 家企业。这些企业普遍以代工起家，有着高质量、规模化生产的能力，但没有在全国范围内打出品牌。借助这些工厂强产能、弱品牌的特点，拼多多给予流量和大数据上的支持，从而打造出价格低，但质量还不错的产品。这种合作方式不仅大大提高了企业的品牌知名度，也极大地提高了拼多多的销售能级。

2. 企业电子商务战略框架

企业电子商务战略框架主要包括下列子战略：电子商务技术战略、虚拟市场开拓战略、网络营销战略、网络广告战略、电子商务物流战略、电子商务售后服务战略、电子商务安全战略、电子商务人才战略等。企业电子商务战略框架如图 2-6 所示。

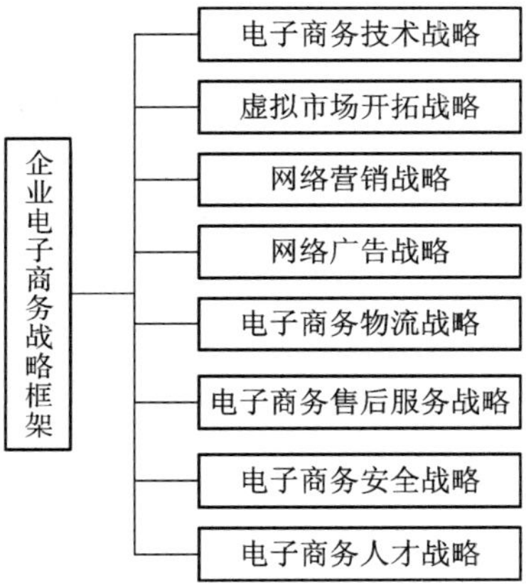

图 2-6　企业电子商务战略框架

2.4.3　企业电子商务战略实施

1. 企业电子商务战略实施的基本原则

电子商务战略的实施对任何一个企业而言，都是一项新的工作，常常会遇到许多在制定战略时未估计到或者不可能完全估计到的问题。因此，在实施企业电子商务战略时，需要遵守如下 3 个基本原则。

（1）满意原则。由于虚拟市场形成的时间不长，在这样一个市场上开拓创新，本身具有较大的风险，对电子商务战略的实施抱有过高的要求是不现实的。因此，只要在主要的战略目标上基本达到了战略预定的目标，就应当认为这一战略的制定及实施是成功的。

（2）统一指挥原则。由于电子商务的特殊性，电子商务战略通常首先是由业务部门起草的。在战略实施时，企业的高层领导人员必须对战略进行深刻的、全面的了解，并将战略的实施安排在高层领导的统一领导、统一指挥下进行，只有这样，才能协调、平衡各个业务部门，才能使企业为实现战略目标而卓有成效地运行。

（3）权变原则。企业电子商务战略实施过程是对新事物探讨的过程，其间必然遇到各种条件的变化。权变的理念要求识别战略实施中的关键变量，提出关键变量的限定范围。当变量的变化超过一定限定时，还要及时对原战略进行调整，以保证整个战略基本目标的实现。

2. 企业电子商务战略实施的驱动模式选择

电子商务战略实施需要驱动力量。在不同的企业、不同的时期以及电子商务发展的不同阶段，采用的驱动模式会有很大的不同。企业电子商务战略实施的驱动模式可以分为外部驱动模式和内部驱动模式；也可以分为行政驱动模式、市场驱动模式和技术驱动模式。电子商务驱动模式分析如图 2-7 所示，显示了上述各种驱动力量之间的关系。

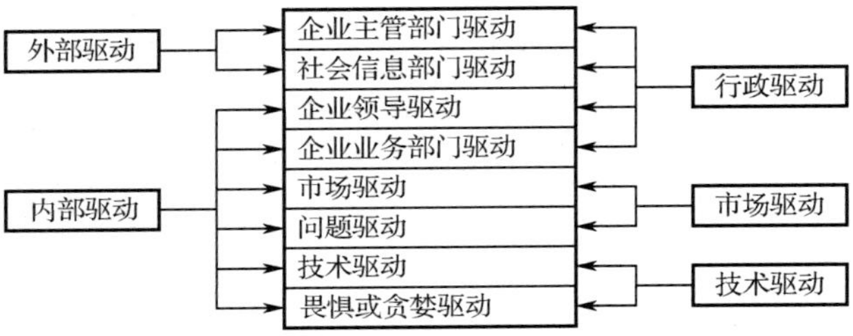

图 2-7　电子商务驱动模式分析

通常情况下，在电子商务发展的初级阶段，驱动模式相对单一，多为外部驱动或业务部门驱动等；当电子商务发展到一个相对成熟、相对完善的阶段，驱动模式多为混合驱动。在网络环境下，问题驱动、技术驱动、市场驱动和畏惧或贪婪驱动都有了新的内容。

（1）问题驱动。企业在供产销过程中往往碰到许多新的问题，这些问题用传统方法解决效果不好，于是采用电子商务方案解决问题。美国通用汽车在处理旧设备的时候碰到的问题就是很好的例子。该公司每年要处理大批旧设备，为此感到很头疼。后来企业网站人员提出电子商务解决办法，实践证明，通过网站进行旧设备拍卖是很好的解决途径。

（2）技术驱动。电子商务系统解决方案常常与传统运作流程产生矛盾，企业管理层的支持很难完成技术更新。电子商务人员通过电子商务技术的实施，改造现有流程，提高管理效率，从而调动企业管理层对电子商务的支持力度。

（3）市场驱动。在这种情况下，竞争者的成功做法成为企业效仿的典范。当一家或者多家竞争对手开始采用电子商务而且似乎进展顺利时，他们马上跟进。如凡客诚品仿效 PPG 开展网上衬衫的销售，当当书店仿效亚马逊书店开展网上售书，搜狐、新浪网站仿效游戏网站经营网络游戏等，都属于这种情况。

（4）畏惧或贪婪驱动。有的公司管理层担心如果不采用电子商务就会成为大输家，有的认为采用电子商务就能够赚大钱。这种情形下，他们生怕“误了车”，所以经常仓促地开展电子商务活动，开始不适当的冒险。

3. 企业电子商务战略实施切入点的选择

企业在实施电子商务战略时，需要根据企业所处的不同市场环境与市场地位，选择电子商务实施的最佳切入点。大部分企业在制定电子商务实施策略时，都充分考虑并利用了现有商务模式中的主导地位，主动开展能够直接为企业增加盈利的电子商务活动。例如，宝武集团充分利用其大批量物资采购的谈判优势，在买方市场中建立起自己独立的采购平台，拉动供应商上网，利用网络平台达到了降低采购成本、快速采购的目的；苏宁电器集团利用自己在实体市场上的销售优势，提出“云集苏宁，易购天下”的战略目标，成功实现了从传统电器销售到网络电器销售的战略转移。

多年以来，企业为在市场上找到适合自己的最佳切入点和最佳商业机遇，创造了许多行之有效的战略方法。其中最有名的是波士顿咨询集团的“金牛、新星、问题项目和狗”矩阵。2001 年，奇安借鉴这种方法，建立了一套适用于网络环境的电子商务战略方法①。在奇安的方法中，战略不是基于行业成长性和市场地位的，而是基于公司协调性和项目存续性的，适用于网络环境的电子商务战略方案如图 2-8 所示。

（1）协调性（Fit）。协调性可通过 5 条标准来衡量：与核心能力的协调、与其他公司项目的协调、与组织结构的协调、与公司文化和价值取向的协调以及技术实施的方便程度。每个电子商务项目都可以在 1 ~ 100 之间打分（或者按高、中、低定量评判），并

---

① Tjan A K.Finally. A Way to Put Your Internet Portfolio in Order[J]. Harward Business Review. 2001(2).

计算平均分。

（2）存续性（Viability）。存续性通过 4 条标准来衡量：潜在的市场价值、达到正现金流的时间、人员需求和资金需求。对于 B2B 采购网站、B2C 网店、儿童门户网站等电子商务项目，可以针对上述每条标准在 1 ~ 100 打分，然后计算各标准的平均得分（简单平均）。

图 2-8 中的表格显示了与一个电子玩具市场相关的多个应用的评级情况。在图 2-8 中，互联网矩阵被分为 4 个格，上述两个平均得分，可以将不同的战略切入点项目放到互联网组合矩阵上。如果存续性和协调性都很低，那么项目被否决；如果都很高，那么项目被接受；如果协调性高而存续性低，那么项目被重新设计；如果协调性低而存续性高，那么项目被卖给其他人或者被拆分。

电子商务应用	潜在的市场价值	达到正规资金流的时间	人员需求	资金需求	阴影平均存续性
电子玩具市场（A）	85	70	20	20	49
买方（B）	70	70	60	50	63
MRO采购（C）	80	60	80	90	78

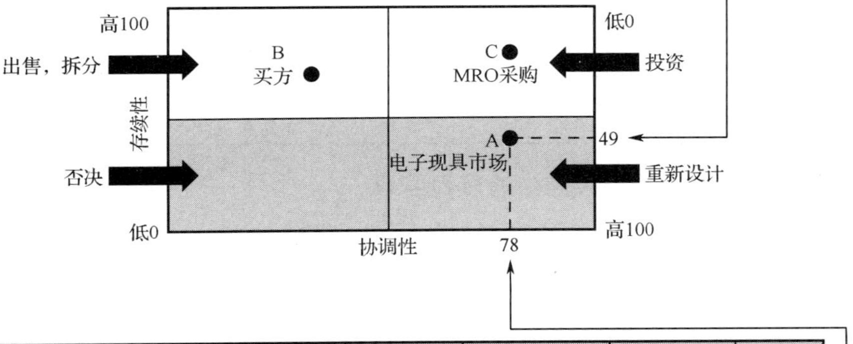

电子商务应用	与核心能力的协调	与其他公司项目的协调	与组织结构的协调	与公司文化和价值取向的协调	技术实施的方便程度	平均协调性
电子玩具市场（A）	90	60	90	70	80	78
买方（B）	10	30	30	40	60	34
MRO采购（C）	90	60	90	80	80	80

图 2-8　适用于网络环境的电子商务战略方案

4. 企业电子商务战略的实施阶段

企业电子商务战略的实施可以分为如下 4 个阶段。

（1）第 1 阶段为酝酿阶段。企业研究实施电子商务的条件，着手电子商务战略规划的启动。

（2）第 2 阶段为交易阶段。企业在互联网上开设自己的网站，或在第三方电子商务平台上创建网页，展示企业的交易信息，开始在网上进行网络营销、网络广告等电子商务活动。

（3）第 3 阶段为整合阶段。企业在虚拟市场上占据一定份额，电子商务开始渗透到企业多个业务部门，与电子商务配套的物流和售后服务不断完善。

（4）第 4 阶段为转型阶段。企业根据电子商务的要求，结合 ERP 等进行业务流程重组，形成新的网络经济理念。

电子商务的 4 个阶段与企业业务联系如表 2-4 所示。

表 2-4　电子商务的 4 个阶段与企业业务联系

企业业务	阶段			
	第 1 阶段——酝酿阶段	第 2 阶段——交易阶段	第 3 阶段——整合阶段	第 4 阶段——转型阶段
电子商务战略	起草电子商务战略	电子商务战略成为企业战略的一部分	电子商务战略在企业战略中占据重要地位	电子商务战略导致企业战略的转变
企业战略	电子商务战略与企业战略还没有发生联系	企业战略开始重视电子商务战略	企业战略开始酝酿对商务流程的调整	企业战略根据电子商务战略进行调整
涉及范围	涉及少数几个职能部门	涉及多个职能部门，特别是重要的供销部门	涉及内部多个职能部门和外部少数企业	涉及相互联系的供应商、客户和合作伙伴，有的企业形成跨企业联盟
收益状况	负收益	不明确，大部分没有盈利	交易成本降低，部分企业电子商务开始盈利	电子商务自身实现全面盈利
技术状况	开始使用网络收集信息	网站已经建立，能够进行双向沟通	形成完整的电子商务技术体系	能够跟踪电子商务新技术，不断更新技术设备
信息地位	主要用于企业战略	企业开始依赖网络信息	网络信息成为商务交易不可缺少的信息来源	企业战略依赖网络信息

5. 企业电子商务战略实施中的项目管理

企业电子商务战略的实施是一项复杂的系统工程。为了保证整个战略的成功实施，必须在企业中推行项目管理，向项目管理要效益，要速度。

项目管理是运用管理知识、工具和相关技术对某项工作的资金、时间、人力等资源进行控制的活动。项目管理分为 5 个阶段，即项目启动、项目计划、项目执行、项目控制和项目收尾。在西方发达国家，项目管理的应用已十分普及，因为它的理论与应用方法从根本上改善了管理人员的运作效率，所以，项目管理已从最初的国防和航天领域迅速发展到目前的信息产业、建筑业、制药业、金融业等行业甚至政府机关。

目前，项目管理已由适用对某个电子商务项目进行管理，扩展到采用项目管理的理论和方法，对整个电子商务活动进行管理。许多企业都采用项目管理运作电子商务，使自己的组织变得更有效、更敏捷、更易于控制。项目管理的内容也从主要关注的项目成本、进度（时间）和质量，扩展到集成管理、风险管理和沟通管理。

企业电子商务项目管理，需要重点考虑以下几个环节。

（1）定义电子商务项目成功的标准。在电子商务项目开始时，要保证各方对判断电子商务项目能否成功有统一的认识。通常，紧跟预定的进度是唯一明显的成功要素，但也要考虑增加市场占有率、获得指定的销售量或销售额、取得特定用户满意程度等要素。

（2）建立项目经理负责制。项目经理负责制为电子商务项目在企业的有效实施提供了可靠的保证。一个称职的电子商务项目管理专业人员必须具有相应的通用管理知识和经验、相关的业务知识背景以及精深的风险管理经验。总之，电子商务项目经理应当是具有丰富知识及合理知识结构的高级复合型人才。

（3）把握各种要求之间的平衡。每一个电子商务项目都需要平衡其功能、人员、预算、进度和质量目标等 5 个方面要求。每一个方面都是一个约束条件，项目实施人员一般应在这些约束中进行操作，或在规定的范围内进行调整，在 5 个方面要求之间做出最佳平衡。

（4）制订详细的实施计划。电子商务项目应当有详细的计划工作表和活动检查列表。这是一个具有相当难度的工作，需要认真地思考、沟通、权衡、交流、提问并且倾听意见。在制订计划时多花一些时间，就会减少以后项目实施中带来的意外。

（5）加强质量控制活动。电子商务项目实施时，需要逐步记录实施的过程，记录任务完成的情况，公开、公正地跟踪项目状态，发现质量问题应及时提出，并根据具体情况加以修改。

6. 企业电子商务战略实施中的战略调整

世界经济的复苏乏力、信息技术的加速更新和不同产业的相互渗透，迫使企业不断调整自己的发展战略。战略调整是一种特殊的决策，是企业在经营发展过程中，对过去选择的、目前正在实施的战略方向或路线的改变。

作为一家纯粹的计算机制造公司，美国苹果公司在音乐播放器 MP3 已经饱和的情况下，开发出 iPod 并通过 iTunes 及其后台的音乐库使播放器升级为音乐下载平台，开始了高度垂直整合产业链的战略调整。苹果公司通过垂直整合战略的实施营造了一个围绕它私有标准的封闭生态系统，实现了对产业链的高度控制。十几年前，苹果公司的市值还只有 100 亿美元，而到了 2019 年 4 月，其市值达到 9 700 亿美元，成为全球市值最大的公司。

作为一家电子商务领头公司，亚马逊一直在积极持续地进行战略扩张。它由网上书店扩张为包罗万象的网上综合零售店，如今已经发展成为横跨 5 个不同的大型行业的重要力量，其中包括零售、消费级技术、云计算、媒体和娱乐。亚马逊的发展战略不仅是跨行业的、有前瞻性的，而且在各项战略举措之间高度注意协调，也注意把握时机。在发展的前期阶段，亚马逊的资本性支出主要用于打造遍布全球的现代物流体系以及网站的研发上，主要业务集中在线上零售，扩大规模是其主要经营目标。在第二阶段，亚马逊由传统的线上零售公司向科技公司转型。2010 年以来，亚马逊网络服务（AWS）收入增长迅速，云计算业务成长为支柱业务，受益于 AWS 收入快速增长，亚马逊毛利率实现了跨越式提升。

在最近 10 年中，亚马逊高度关注传统零售业与电商数据相结合，优化资产配置，创造高效企业，引领消费升级。亚马逊创建了无人实体零售店等一系列新业态门店（Amazon Go）；同时，利用新科技加深了线下与线上高度融合（收购全食超市，开启从线上到线下的布局）。

国内电子商务企业同样高度重视战略调整。2013 年，阿里巴巴集团将原有的七大事业群调整为共享业务事业部、天猫事业部等 25 个事业部。搜狗将原有格局重新分配为四大业务部门，分别是桌面事业部、搜索事业部、营销事业部、用户平台事业部。2015 年，腾讯将所有业务划归到七大事业群，建立了有机的互联网生态。京东商城则将移动电子商务作为未来发展的重点，强调移动互联网不是传统电子商务的补充，而是一种彻底的颠覆，京东将来的发展方向要朝着移动的方向走，都要符合未来移动战略。

电子商务是当今所有行业中发展最快的行业，也是变化最多的行业。开展电子商务的企业需要不断地调整自己的战略方向，审时度势，利用技术创新和商业模式创新实现企业的成功转型。

2.5 农村电子商务发展战略

2.5.1 我国农村电子商务发展的现状与特点

1. 农村电子商务发展的现状

近年来，我国大力推动农村互联网建设，目前已初步建成融合、泛在、安全、绿色的宽带网络环境，基本实现“城市光纤到楼入户，农村宽带进乡入村”，农村地区互联网普及率达到 55.9%，贫困村通光纤比例达 98%。在农村电商方面，电子商务进农村已实现对 832 个贫困县全覆盖，支持贫困地区发展“互联网+”新业态、新模式，增强贫困地区的造血功能。

商务大数据监测显示①，全国农村网络零售额由 2014 年的 1 800 亿元，增长到 2020 年的 1.79 万亿元。“直播+电商”等网购新业态蓬勃发展，网络扶贫让新业态向农村地区延伸，手机成为新农具、电商成为新农活，既方便了消费者，又促进优质农副产品“走出去”，实现了多赢。

从品类看，零售额前三位的品类分别为服装鞋帽针纺织品、日用品和粮油食品，分别占农村实物商品网络零售额的 31.5%、18.6%和 8.3%；增速前三位的品类分别是烟酒、建筑及装潢材料和饮料，同比增速分别为 38.8%、37.7%和 34.9%。

从地区看，东、中、西部和东北地区农村网络零售额分别占全国农村网络零售额的 76.6%、12.0%、9.4%和 2.0%，同比增长分别为 19.8%、17.1%17.6%和 10.2%。

从省份看，浙江、江苏、福建、河北和山东农村网络零售额排名前五，合计占全国农村网络零售额比重为 73.6%，零售额前十位省份合计占比为 87.2%。从增速来看，福建、西藏、甘肃、江西、重庆零售额同比增速位列前五，增速均在 20%以上。

2. 农村电子商务发展的特点

（1）农村电商扶持政策力度不断强化。近年来，我国农村电商政策保持了较好的连续性和稳定性。2019 年 5 月，中共中央办公厅、国务院办公厅印发的《数字乡村发展战略纲要》中明确规定，数字乡村是乡村振兴的战略方向，也是建设数字中国的重要内容。2020 年中央一号文件《中共中央国务院关于抓好“三农”领域重点工作 确保如期实现全面小康的意见》强调，有效开发农村市场，扩大电子商务进农村覆盖面，支持供销合作社、邮政快递企业等延伸乡村物流服务网络，加强村级电商服务站点建设，推动农产品进城、工业品下乡双向流通。

（2）农村居民网购消费增速明显。随着互联网覆盖率的提高，我国农村居民网购消费增速明显快于城市，成为农村消费增长的重要因素。网络购物的便捷性激发了农村消

① 商务部. 中国电子商务报告 2020 [R/OL](2021-06-11)[2021-06-27].

费市场的潜力，2020 年，农村实物网络零售额达 1.63 万亿元，同比增长 10.5%；阿里巴巴、京东、拼多多等电商平台争相布局下沉市场，有力地促进了农村消费市场的扩容。

（3）农产品网络销售创新点突出。在农村电商的发展过程中，网络销售模式不断地创新，产品+网站+消费、地方特色馆等创新商业模式不断涌现，社交、直播等新型营销手段大量普及与应用，网上销售与实体体验相结合的 O2O 商业模式成为创新亮点。借助直播模式和电商平台的流量扶持，贫困地区农产品打通了上行销路，电商平台刮起了“县长直播潮”。拼多多推出“原产地直发”农货上行模式，助力区域公用品牌建设。

（4）农村电商在脱贫攻坚中发挥重要作用。自 2014 年商务部实施电子商务进农村综合示范工程以来，有力地推动了农村电商在多个地区，特别是贫困地区的蓬勃发展。据商务大数据检测，2020 年国家级贫困县农产品网络零售额为 406.6 亿元，同比增长 43.5%，增速较 2019 年提高 14.6 个百分点。截至 2020 年年底，国家级贫困县网商总数达 306.5 万家，较 2019 年增加 36.6 万家，增长 13.7%。2020 年，我国电子商务进农村综合示范实现 832 个国家级贫困县全覆盖，村级电商站点覆盖率达到 70%。

2.5.2　农村电子商务发展中存在的问题

（1）农产品电商平台创新能力不强，盈利能力较弱。在我国涉农网站中，大都是农产品网上展示销售，创新能力不足。很多农产品电商依附在京东、淘宝等大佬级电商平台上，知名度低、品牌营销能力弱，只能通过广告的手段获取流量和用户，大大增加了农产品电商平台的运营成本。

（2）农产品上行需要突破瓶颈制约。我国有 2 亿户左右的农业经营户，其中，规模经营户不足 400 万个。由于目前在网络上销售的农产品标准化程度比较低，品控能力较弱，冷链物流能力不足，缺乏上下游战略协同的长期稳定关系，农产品上行仍然遇到较大的困难。

（3）农村电商“最后一公里”仍存在薄弱环节。尽管农村快递业务在不断推进，但农村电商“最后一公里”仍存在薄弱环节。在农村地区，仍有约 70%的村没有农村电商配送站点，农村居民收发快递不方便、快递费用偏高，无法满足“家门口收发货”的基本要求。“最后一公里”配送阻碍了工业品下行和农产品上行。

（4）农产品自身不具独特性。农产品电商仅仅是农产品销售渠道的加持环节，没有发挥农产品电商的产品引领作用。由于传统农产品的附加值不高，甚至同质化严重，导致农产品难卖，消费者对农产品感知度较低。

2.5.3　我国农村电子商务发展的战略构想

1. 指导思想

以习近平新时代中国特色社会主义思想为指导，转变农业发展方式，深化农村流通体制改革，创新农村商业模式，培育和壮大农村电子商务市场主体，通过大众创业、万众创新，发挥市场机制作用，把农业生产与电子商务有机结合，使实体经济与互联网产生叠加效应，促消费、扩内需，推动农业升级、农村发展、农民增收。

2. 发展目标

到 2025 年，我国将建成统一开放、竞争有序、诚信守法、安全可靠、绿色环保的农村电子商务市场体系。农村电子商务将与农村一二三产业实现深度融合，在推动农民创业就业、开拓农村消费市场、带动农村扶贫开发等方面取得明显成效。

3. 战略任务

（1）加强政策扶持。深入开展电子商务进农村综合示范，优先在革命老区和贫困地区实施；制定出台农村电子商务服务规范和工作指引，指导地方开展工作；加快推进信息进村入户工作；加快推进适应电子商务的农产品分等分级、包装运输标准制定和应用；把电子商务纳入扶贫开发工作体系，以建档立卡贫困村为工作重点，提升贫困户运用电子商务创业增收的能力；鼓励引导电商企业开辟革命老区和贫困地区特色农产品网上销售平台，与合作社、种养大户等建立直采直供关系，增加就业和增收渠道。

（2）鼓励和支持开拓创新。鼓励地方、企业等因地制宜，积极探索农村电子商务新模式；开展农村电子商务创新创业大赛，调动返乡高校毕业生、返乡青年和农民工、大学生村官、农村青年、巾帼致富带头人、退伍军人等参与农村电子商务的积极性；开展农村电子商务强县创建活动，发挥其带动和引领作用；鼓励供销合作社创建农产品电子商务交易平台；引导各类媒体加大农村电子商务宣传力度，发掘典型案例，推广成功经验。

（3）大力培养农村电商人才。实施农村电子商务百万英才计划，对农民、合作社和政府人员等进行技能培训，增强农民使用智能手机的能力；积极利用移动互联网拓宽电子商务渠道，提升为农民提供信息服务的能力；有条件的地区可以建立专业的电子商务人才培训基地和师资队伍，努力培养一批既懂理论又懂业务、会经营网店、能带头致富的复合型人才；引导具有实践经验的电子商务从业者从城镇返乡创业，鼓励电子商务职业经理人到农村发展。

（4）创新农村流通服务体系。实施“互联网+”农产品出村进城工程，培育农村电商产品品牌；加快推动农村各类服务互联网化，推动人工智能、大数据赋能农村实体店，促进线上线下渠道融合发展；积极稳妥推动农资电商健康发展，促进农资电商与农村金融、农业科技的融合，减少农资采购、种植服务、农产品加工和销售的中间环节，降低农业生产和农产品销售成本。

（5）完善农村物流体系。加强交通运输、商贸流通、农业、供销、邮政等部门和单位及电商、快递企业对相关农村物流服务网络和设施的共享衔接，加快完善县、乡、村农村物流体系，鼓励多站合一、服务同网；鼓励传统农村商贸企业建设乡镇商贸中心和配送中心，发挥好邮政普遍服务的优势，发展第三方配送和共同配送，重点支持老少边穷地区物流设施建设，提高流通效率；加强农产品产地集配和冷链等设施建设。

（6）加强农村网络基础设施建设。加快农村宽带通信网、移动互联网、数字电视网和下一代互联网的发展，鼓励开发适应“三农”特点的信息终端、技术产品、移动互联网应用（App）软件；加快推动农村地区水利、公路、电力、冷链物流、农业生产加工等基础设施的数字化、智能化转型，推进智慧水利、智慧交通、智能电网、智慧农业、智慧物流建设。

（7）统筹推动农村电商与城市电商协同发展。强化城乡一体化设计，协同并进，融合创新，加快形成共建共享、互联互通、各具特色、交相辉映的城乡电商融合发展格局；鼓励有条件的城市规划先行，以城市带动县城，以县城带动农村，因地制宜发展“互联网+”特色主导产业，打造电子商务产业生态圈，辐射和带动乡村电商创业创新。

（8）加大金融支持力度。鼓励村级电子商务服务点、助农取款服务点相互依托建设，实现优势互补、资源整合，提高利用效率；支持银行业金融机构和支付机构研发适合农村特点的网上支付、手机支付、供应链贷款等金融产品，加强风险控制，保障客户信息和资金安全；加大对电子商务创业农民尤其是青年农民的授信和贷款支持；简化农村网商小额短期贷款手续，符合条件的农村网商，可按规定享受创业担保贷款及贴息政策。

（9）营造规范有序的市场环境。加强网络市场监管，强化安全和质量要求，打击制售假冒伪劣商品、虚假宣传、不正当竞争和侵犯知识产权等违法行为，维护消费者合法权益，促进守法诚信经营；督促第三方平台加强内部管理，规范主体准入，遏制“刷信用”等欺诈行为；维护公平竞争的市场秩序，推进农村电子商务诚信建设。

4. 保障措施

（1）加强组织领导。建立农村电商建设发展统筹协调机制，做好整体规划设计，研究重大政策、重点工程和重要举措，督促落实各项任务，形成工作合力；各地区要将发展农村电商工作摆上重要位置，抓好组织推动和督促检查。

（2）完善政策支持。各地区各有关部门要将农村电商建设融入“十四五”规划和乡村振兴重点工程，完善产业、财政、金融、教育、医疗等领域配套政策措施，持续推进落实；充分发挥财政资金与国家级投资基金的引导作用，撬动金融和社会资本支持农村电商战略的实施。

（3）开展试点示范。选择部分地区按照统筹规划、整合共享、集聚提升的原则，统筹开展农村电商试点示范工作，边试点、边总结、边推广，探索有益经验。

（4）强化人才支撑。开展农村电商人才培养活动，加强对农村中青年的电商知识普及和网络营销素质的提高，增强农村电商从业人员交易安全的意识和技能。

（5）营造良好氛围。创新宣传方式，及时宣传党的路线方针政策，营造全社会关注农村消费、农产品上行、农产品品质提升的浓厚氛围；充分发挥主流媒体和重点新闻网站作用，讲好农村电商故事，做好网上舆情引导，为全面实施乡村振兴战略汇聚力量。

导入案例解析

对于以波司登为代表的传统企业而言，数字化转型不仅仅需要领导层下定转型的坚定决心，还需要打破企业内部既有的利益格局，自上而下地将转型战略执行到位。同时，更需要在合作伙伴的配合下，依据市场反应及时调整转型策略与举措。

尽管波司登目前在数字化转型方面取得了较大成就，但其未来是否能继续保持在羽绒服市场上的领导地位，仍然取决于企业是否能够在数字化转型方面持续做出艰苦的努力。随着信息技术和数字经济的升级迭代和更新发展，数字化转型已不再是一个短期目标，而是一个长期的变革过程。

复习题

1. 简述电子商务发展策略研究的重要性。
2. 试述我国电子商务的应用环境。
3. 试述我国电子商务发展的总体策略。
4. 试述我国企业电子商务发展战略。
5. 试述农村电子商务发展战略。
6. 结合波司登公司案例，分析传统企业的数字化转型途径。

第3章 互联网技术与电子商务网站建设

电子商务的开展需要强大的网络技术支持。本章将对网络技术基础进行研究，包括互联网的概念与特点、互联网的构成、互联网的接入方法、互联网的基本服务、TCP/IP 协议、域名的基本知识及其申请等。在此基础上，讨论电子商务的网站建设问题，包括电子商务网站的总体设计思路、网站的软硬件环境建设和网站的内容建设。

导入案例

君乐宝乳业的电商平台设计

君乐宝乳业集团创立于 1995 年，多年来始终专注于奶业发展。2008 年，三鹿奶粉发生三聚氰胺污染事件，我国消费者对于国产婴儿奶粉的信任度降到历史冰点。2014 年，在酸奶行业领先的君乐宝乳业首次杀入婴幼儿奶粉市场，在质量最优、品牌最强、社会最放心、消费者最满意“四个世界级”战略思想指导下，君乐宝选择京东作为渠道伙伴，并于 2018 年建设了自己的销售网站（www.jlbry.com）。经过几年的努力，君乐宝在消费升级的大潮中闯出了一条品质推广之路。

君乐宝商城由商联达公司（www.slodon.net）承担建设。在商联达公司的电子商务网站设计中，重构了消费者、商品、场景关系，全面打通零售业 PC 端、移动端、线下门店端，真正帮助零售商企建设了前端和后端管理平台，构建了线上与线下合为一体的全渠道零售体系，实现了三维一体化管理。

（1）完美打通各渠道，实现全终端数据同步，达到全网营销的效果，并将所有管理统一于一个管理平台上，君乐宝商城的管理平台如图 3-1 所示。

（2）采用先进的可视化模板设计方式，让首页、导航、楼层、广告位、专题及移动端可以根据网站的需求随意变动装修。如图 3-2 所示为君乐宝商城的儿童奶粉界面。

（3）内置多种营销工具，如优惠券、团购、三级分销、限时折扣、满即送、优惠套装、产品组合、移动专享、积分商城、签到送积分、全民推手等，能够轻松帮助企业解决促销、复购等营销分销难题。

图 3-1　君乐宝商城的管理平台

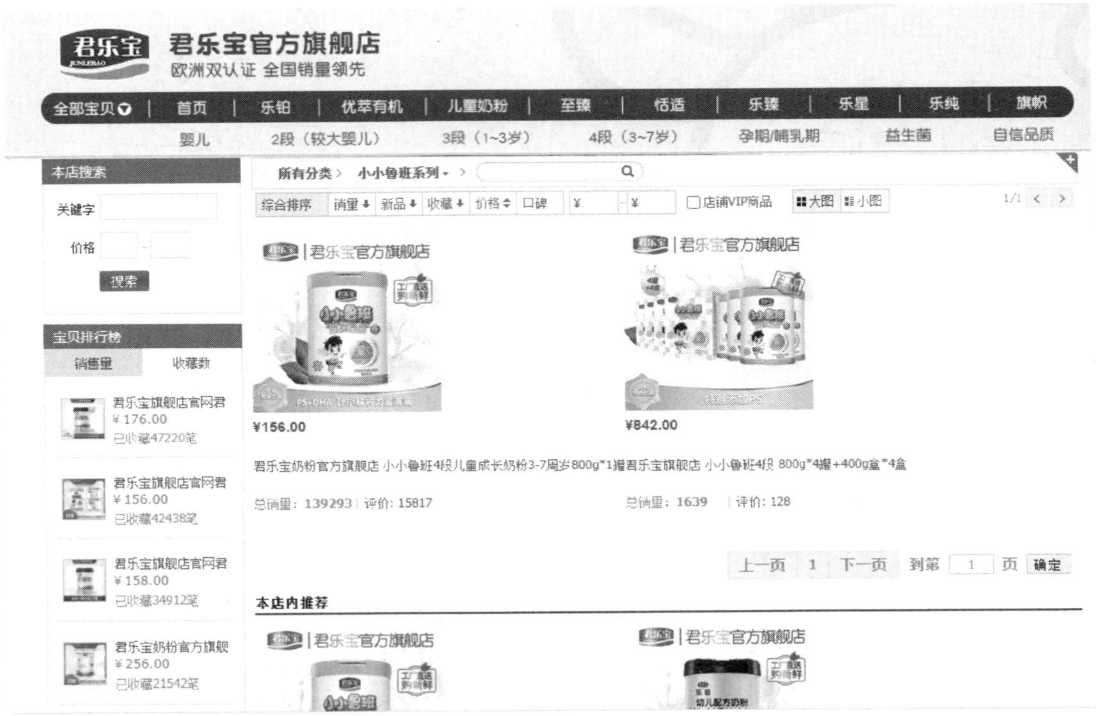

图 3-2　君乐宝商城的儿童奶粉界面

（4）全方位多维度提供数据分析，包括实时概况、核心指标、流量分析、商品分析、交易构成、地域分析、渠道来源、终端构成等，帮助企业精准做出运营决策。

（5）O2O 新零售模式。在 7 个主要的销售环节中，实现了 5 个环节的相互融通，君乐宝商城的 O2O 新零售模式如图 3-3 所示。

（6）多种支付与物流选择，满足不同客户的各类偏好。在支付方面，支持微信、支付宝、银联等多种主流在线支付工具，也支持预存款支付、会员余额支付、门店收银机等。在物流方面，支持快递配送、门店配送、上门自提、网点自提等形式。

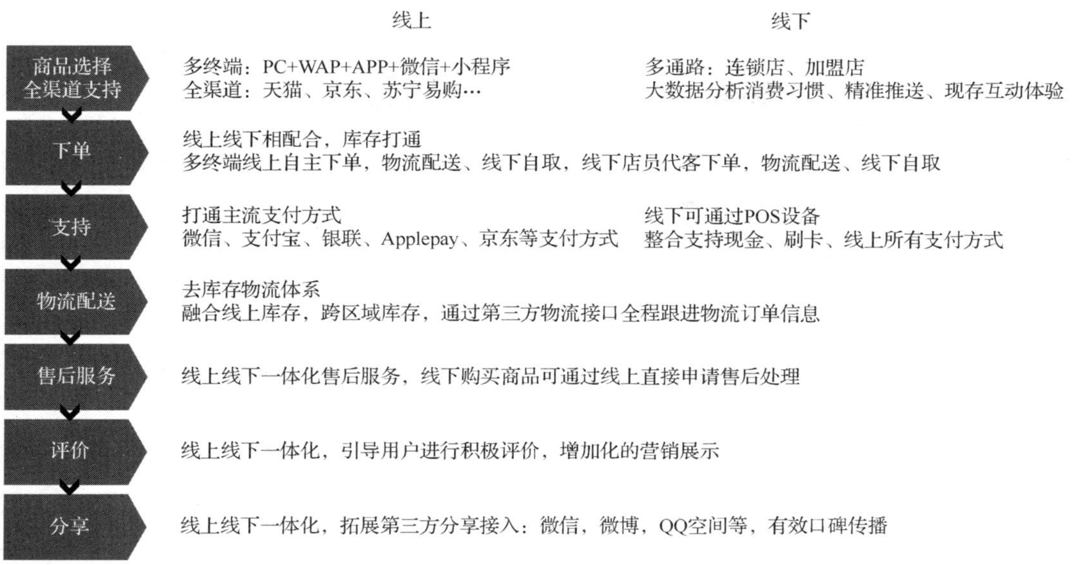

图 3-3　君乐宝商城的 O2O 新零售模式

导入案例思考题

成功的电商平台设计需要注意哪些方面？

3.1　互联网概述

3.1.1　互联网的概念与构成

1. 计算机网络与互联网

计算机网络指把若干台地理位置不同且具有独立功能的计算机，通过通信设备和线路相互连接起来，以实现信息的传输和资源的共享。

按网络覆盖的区域划分，计算机网络有如下几种类型。

（1）局域网（Local Area Network，LAN）。覆盖距离从几百米到几公里，这种网络多装在一栋或几栋办公楼内，属于部门和单位所有。

（2）城域网（Metropolitan Area Network，MAN）。覆盖距离在 10 ~ 50 公里，往往由一个城市的电信部门或政府机构控制。

（3）广域网（Wide Area Network，WAN）。广域网是在一个广泛地理范围内建立的计算机通信网，其范围可以超越城市和国家乃至全球，因而对通信的要求及复杂性都比较高。WAN 由通信子网与资源子系统两个部分组成：通信子网实际上是一个数据网，可以是一个以太专用网（交换网或非交换网）或一个公用网（交换网）；资源子系统是联在网上的各种计算机、终端、数据库等，不仅指硬件，也包括软件和数据资源。

（4）内联网（Intranet）。Intranet 是指在现有的局域网基础上，在企业内部所建立的网络系统。Intranet 的信息存取只限于企业内部，只有企业内部的人员可以使用，一般多设有防火墙程序，以避免未经授权的人进入。

（5）互联网（Internet）。互联网是由多个网络互联而成的一个单一而庞大的网络集合，是一个建立在计算机网络之上的网络。在组织结构上，互联网是基于共同的通信协议（Transmission Control Protocol/Internet Protocol，TCP/IP），通过路由器（Router）将多个网络联结起来所构成的一个新网络。它将位于不同地区、不同环境、不同类型的网络互联成为一个整体；在逻辑上，它既是独立的又是统一的。对所有用户而言，互联网是一个统一的网络，而对于每个用户而言，又可以独立操作。

（6）外联网（Extranet）。Entranet 使公司在远地的分支机构能够通过互联网链路合法访问存储在总公司服务器中的公司信息。Extranet 不再局限于单个企业内部，而是把相互合作的企业连接在一起。Extranet 采用 Internet 的技术和 Web 的应用系统，使各参与企业可以在权限范围内自由访问其他企业中的数据。

2. 互联网结构

相对于其他计算机网络，互联网有许多鲜明的特点，诸如全球信息传播、信息容量大、时效长、检索使用便捷、入网方式灵活多样等。如图 3-4 所示为一种常见的互联网结构。

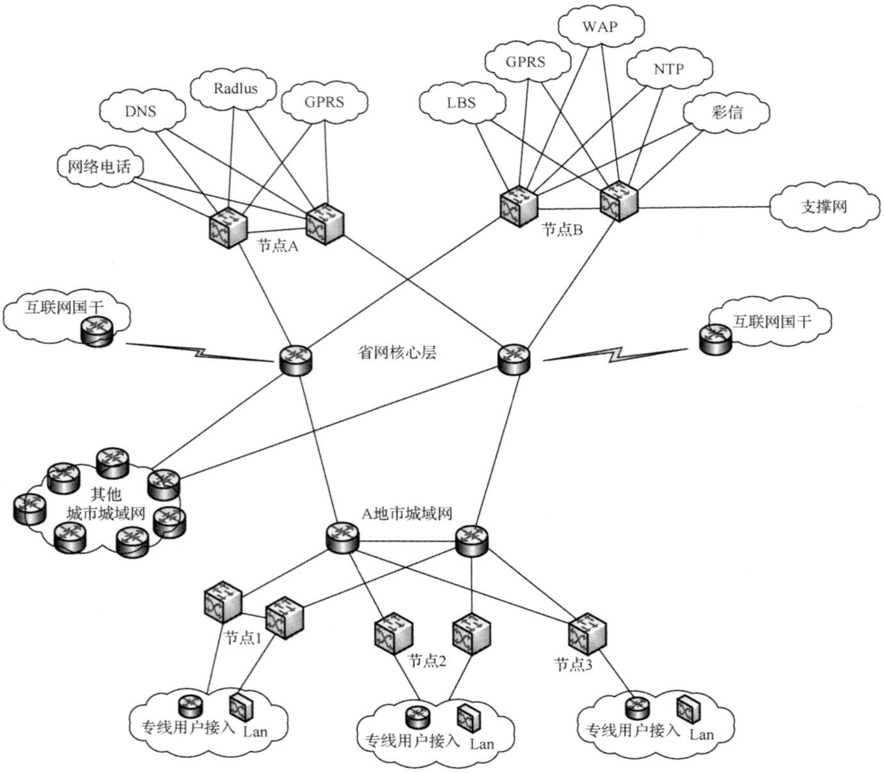

图 3-4　常见的互联网结构

近年来，随着网络技术的高速发展，出现了大量的新型网络，如 5G 网络、无线传感器网络、网状网等。如图 3-5 所示为 5G 网络的拓扑图。

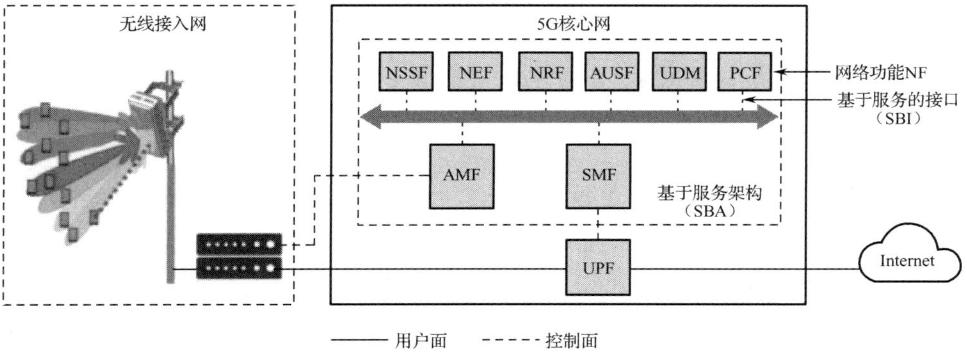

图 3-5　5G 网络的拓扑图

注：NSSF——网络切片选择功能，NEF——网络开放功能，NRF——网络功能库，AUSF——鉴权服务器功能，UDM——统一数据管理，PCF——策略控制功能，AMF——接入和移动性管理功能，SMF——会话管理功能，UPF——用户面功能。

3. 互联网系统

互联网是众多计算机网络的互联系统，这一系统从地域角度可以分成局域网和广域网；从使用角度可以分为核心层、边缘层和接入层。从技术角度来看，局域网和广域网基本相同，都是由路由器和光纤网组成的，所不同的是速率和容量。

核心层由核心路由器或 ATM 骨干交换机组成；边缘层由边缘路由器或 ATM 接入交换机组成；接入层由包括网关在内的接入服务器和公共交换电话网（Public Switched Telephone Network，PSTN）、综合业务数字网（Integrated Services Digital Network，ISDN）、数字数据网（Digital Data Network，DDN）等多种接入方式组成。如图 3-6 所示为互联网系统的基本组成。

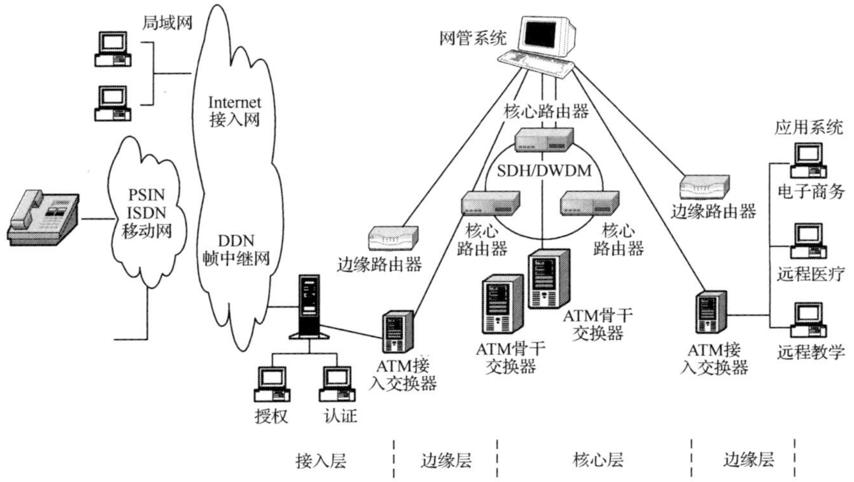

图 3-6　互联网系统的基本组成

3.1.2 TCP/IP 协议与互联网域名

1. TCP/IP 协议

TCP/IP 协议即传输控制协议/互联网协议。TCP/IP 协议是一个协议集合，包括传输控制协议（Transport Control Protocol，TCP）和互联网协议（Internet Protocol，IP）及其他一些协议。

TCP 可以为应用程序提供可靠通信连接。它能够自动适应网上的各种变化，即使在 Internet 暂时出现堵塞的情况下，TCP 也能够保证通信的可靠。IP 是国际网络协议，它提供了能适应各种各样网络硬件的灵活性，而对底层网络硬件几乎没有任何要求。任何一个网络只要可以从一个地点向另一个地点传送二进制数据，就可以使用 IP 加入 Internet。TCP 和 IP 是互补的，两者结合保证了互联网在复杂的环境下依然可以正常运行。

从体系结构来看，TCP/IP 处于开放系统互联参考模型（Open System Interconnect/Reference Model，OSI/RM）7 层模型中的第 4 层与第 3 层。开放系统互联参考模型如图 3-7 所示。

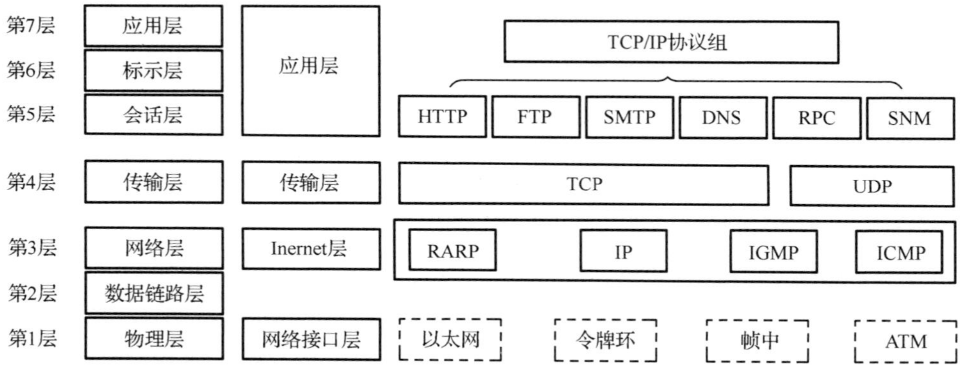

图 3-7 开放系统互联参考模型

2. IP 地址

互联网是由不同物理网络互连而成的，不同网络之间实现计算机的相互通信必须有相应的地址标识，这个地址标识称为 IP 地址。IP 地址提供统一的地址格式，通常意义上的 IP 地址是指 IPv4（由 32 位组成），共有 2^{32}（即 4 294 967 296）个 IP 地址。它由两个固定长度的字段组成，其中第一个字段是网络号（Net-id），标志着主机（或路由器）所连接到的网络，一个网络号在整个互联网范围内必须是唯一的；第二个字段是主机号（Host-id），标志着该主机（或路由器）。由于二进制使用起来不方便，用户使用“点分十进制”方式表示。IP 地址能够唯一地标识出主机所在的网络和网络中位置的编号。在互联网中，任何一个 IP 地址在整个互联网范围内是唯一的。

为了便于记忆，IP 地址被分为四组，每组由八位二进制组成，分别被圆点隔开，每组都是 0～255 的一个十进制数。如图 3-8 所示的电脑的 IP 地址是 192.168.1.66。

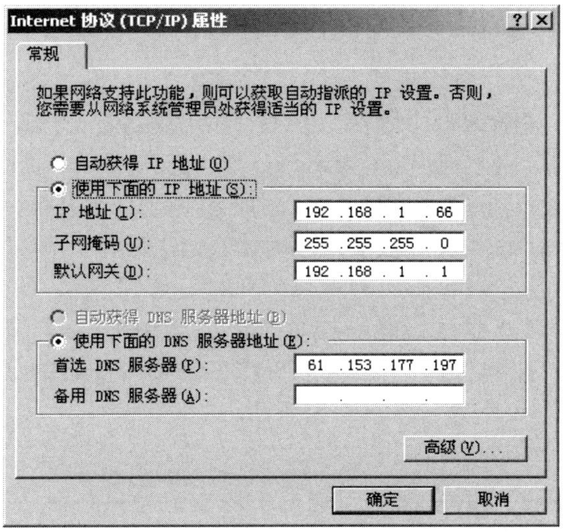

图 3-8　IPv4 地址样式

由于互联网用户以指数形式增长，现有的 IPv4 遇到了 IP 地址空间耗尽的问题。IPv6 应运而生。IPv6 把地址从 IPv4 的 32 位增大到 128 位，使地址空间增大了 2^{96} 倍。在 IPv6 的设计过程中，地址短缺问题得到了完全解决，同时还考虑了在 IPv4 中解决不好的其他问题，如点到点 IP 连接、服务质量、安全性、移动性、即插即用等。

3. 网关

网关工作在网络层。在一个计算机网络中，连接不同类型且协议差别较大的网络时需要选用网关（Gateway）设备。网关的功能体现在 OSI 模型的高层，它将协议进行转换，将数据重新分组，以便在两个不同类型的网络系统之间进行通信。

网关实质上是一个网络通向其他网络的 IP 地址。例如，有网络 A 和网络 B，网络 A 的 IP 地址范围为“192.168.1.1 ~ 192.168.1.254”；网络 B 的 IP 地址范围为“192.168.2.1 ~ 192.168.2.254”。在没有路由器的情况下，两个网络之间是不能进行 TCP/IP 通信的。而要实现这两个网络之间的通信，则必须通过网关。如果网络 A 中的主机发现数据包的目的主机不在本地网络中，就把数据包转发给它自己的网关，再由网关转发给网络 B 的网关，网络 B 的网关再转发给网络 B 的某个主机。网关工作原理如图 3-9 所示。

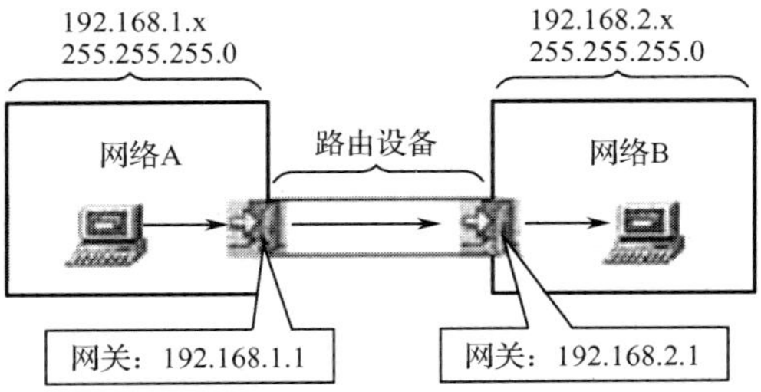

图 3-9　网关工作原理

4. 域名地址的通用格式

由于 IP 地址不便记忆，科学家又发明了域名（Domain Name）。“域”（Domain）是名字空间中一个可被管理的划分。域可以划分为顶级域、二级域、三级域等。在全世界，域名和 IP 地址对应，都是唯一的。

在语法上，每一个域名都由标号（Label）序列组成，而各标号之间用实点（.）隔开，如华东政法大学（https://www.ecupl.edu.cn）的域名结构由 3 个标号组成。其中，标号 cn 是顶级域名，标号 edu 是二级域名，标号 ecupl 是三级域名。

顶级域名往往是国家或地区代码，如中国的代码是 cn、英国为 uk、澳大利亚为 au 等。美国由于是互联网的发源地，一般将顶级域名省略。常见的顶级域名的含义如表 3-1 所示。

表 3-1 常见的顶级域名的含义

顶级域名	国家（地区）	顶级域名	国家（地区）	顶级域名	国家（地区）
uk	英国	cn	中国	it	意大利
fr	法国	jp	日本	ru	俄罗斯
de	德国	au	澳大利亚	hk	中国香港地区
ca	加拿大	kr	韩国	tw	中国台湾地区

二级域名往往表示主机所属的网络性质，如工商企业（.com）、各类非营利性组织（.org）等。三级域名可以是组织机构的名称，也可以是商标、各类名称。

5. 我国互联网络域名体系

2008 年 3 月，原信息产业部发布了《信息产业部关于调整中国互联网络域名体系的公告》①，对我国域名体系进行了调整和规范。

（1）我国互联网络域名体系中各级域名可以由字母（A ~ Z、a ~ z、大小写等）、数字（0 ~ 9）、连接符（-）或汉字组成，各级域名之间用实点（.）连接，中文域名的各级域名之间用实点或中文句号（。）连接。

（2）我国互联网络域名体系在顶级域名“cn”之外暂设“中国”“公司”“网络”“政务”和“公益”等中文顶级域名。中国——适用于在我国境内的单位；公司——适用于工商企业等营利性单位；网络——适用于拥有或利用网络设施提供服务的单位；政务——适用于党政群机关、政务部门等；公益——适用于非营利性单位。

（3）顶级域名 cn 之下，设置“类别域名”和“行政区域名”两类英文二级域名。“类别域名”7 个，说明域名持有者的属性，如表 3-2 所示；“行政区域名”34 个，适用于我国的各省、自治区、直辖市、特别行政区的组织，如 bj——北京市、sx——山西省、sn——陕西省等。

---

① 原信息产业部. 信息产业部关于调整中国互联网络域名体系的公告[EB/OL]（2008-03-19）[2020-12-23].

表 3-2　我国的类别域名

域　　名	意　　义	域　　名	意　　义
ac	适用于科研机构	mil	适用于我国的国防机构
com	适用于工、商、金融等企业	net	适用于提供互联网络服务的机构
edu	适用于我国的教育机构	org	适用各种非营利性机构等
gov	适用于我国的政府机构	—	—

（4）在顶级域名 cn 下可以直接申请注册二级域名，即企事业单位用户可以直接在 .cn 下注册二级域名。例如，原三级域名是 cnnic.net.cn，可以注册二级域名 cnnic.cn，从而使域名长度缩短，记忆起来更加容易。

6. 域名申请与管理

1）域名的商业价值

域名虽然与公司、商标和产品名称无直接关系，但由于域名在互联网上是唯一的，一个域名注册后，其他任何企业就不能再注册相同的域名了，这就使域名与商标、企业标识物有了相类似的意义，因此有人也把域名称为“网络商标”。事实上，企业在互联网上注册了域名、设立了网站，就可以被全球网络用户随时访问和查询，从而建立起广泛的业务联系，为自己赢得更多的商业机会。麦当劳曾经不惜花费 800 万美元买回被别人抢注的域名，阿里巴巴公司利用法律手段极力保护自己的域名权，都说明域名具有重要的商业价值。

目前，在互联网上注册域名的热潮方兴未艾。截至 2020 年 12 月，我国域名总数为 4 198 万个，其中“.cn”域名总数达到 1 897 万个，占我国域名总数的 45.2%①。

2）域名申请策略

正确注册域名和合理使用域名是开展电子商务的第一步。域名申请时可以考虑分散域名策略、单一域名策略和三级域名策略。

（1）分散域名策略。当企业的某种产品具有非常独特的个性，并拥有了相对较大规模的市场忠诚度的时候，有必要选择分散域名。例如，很多人知道“飘柔”洗发水，可要他们马上说出其生产公司的名称（宝洁公司）时却往往记不起来。所以，产品多样化或者产品个性强的时候，企业需要为某些品牌独立注册域名，以培养、尊重和强化客户的客户忠诚度。但使用分散域名可能导致建设强度增大和管理力度分散，从而造成域名维护成本增加。

（2）单一域名策略。把产品以目录的形式放在同一个域名之下是目前企业采用最多的域名运用决策。这样的网站首页一般主题不突出，但是内容丰富，也容易吸引人、唤起人们浏览的欲望。因为在同一个域名下面，企业网站不用考虑产品的不同定位和不同风格，可以节省站点建设开支，也便于统一推广和宣传。但单一域名策略的缺点在于缺

① 中国互联网络信息中心. 第 47 次中国互联网络发展状况统计报告[R/OL]（2021-02-03）[2021-03-23].

乏个性，难以强调某一独立品牌，难以细分不同层次的市场。而且，当公司的某一品牌商品在市场上搞砸了之后，企业的其他产品会因为这个产品的坏名誉而受到连累。

（3）三级域名策略。企业域名的一般形式为“产品名.企业名.com”，即所谓的“三级域名”。在技术层面上，这样使用域名的成本很低。“三级域名”最适合公司推出新产品时使用，既可以借助公司信誉推动新产品的市场推广，又可以表示产品的特殊性，以试探市场反应，然后再确定是否应该把某个产品品牌单独推出去。但对消费者而言，输入这样的域名就比较烦琐，记忆起来也不方便。

3）域名申请

根据《中国互联网络信息中心域名注册实施细则》①，域名注册由中国互联网络信息中心（China Internet Network Information Center，CNNIC）负责。通过 CNNIC 和其他域名注册代理机构，可以在我国注册英文域名、中文域名和无线网址。域名申请的一般步骤如图 3-10 所示。

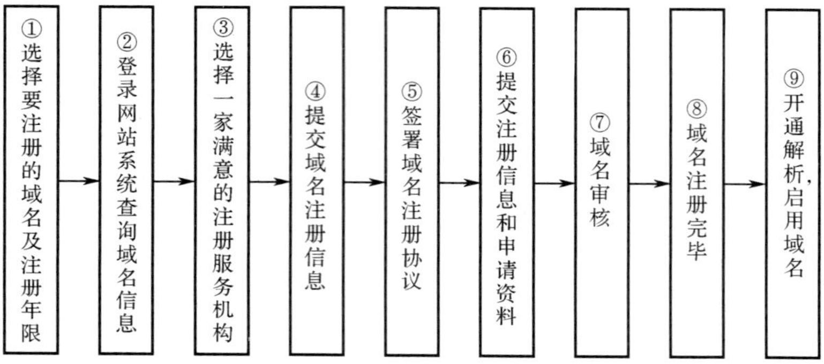

图 3-10　域名申请的一般步骤

无线网址是基于国家标准的无线网络地址资源。它是为满足手机用户快捷访问无线互联网的需求，融合传统互联网的关键词寻址技术和移动通信技术而推出的一种无线互联网关键词寻址服务。无线网址的基本形式是：中文或英文名称.wap.cn。

4）申请域名的注意事项

（1）申请资格。除另有规定外，任何自然人或者能独立承担民事责任的组织，均可在规定的顶级域名下申请注册域名。申请在“.gov.cn”下注册三级域名时，申请者应为行政机关法人或者法律、行政法规规定的行使行政职能的事业单位。

（2）域名的命名。任何组织和个人注册或使用的域名，不得含有下列内容：反对宪法所确定的基本原则的；危害国家安全，泄露国家秘密，颠覆国家政权，破坏国家统一的；损害国家荣誉和利益的；煽动民族仇恨、民族歧视，破坏民族团结的；破坏国家宗教政策，宣扬邪教和封建迷信的；散布谣言，扰乱社会秩序，破坏社会稳定的；散布淫秽、色情、赌博、暴力、凶杀、恐怖或者教唆犯罪的；侮辱或者诽谤他人，侵害他人合法权益的；含有法律、行政法规禁止的其他内容的。

① 中国互联网络信息中心. 中国互联网络信息中心域名注册实施细则[R/OL]（2012-05-28）[2020-12-20].

5）域名的转让与注销

（1）申请转让域名的，应当向域名注册服务机构，提交合法有效的域名转让申请表、转让双方的身份证明材料。审核合格后应予以变更持有者。

（2）申请注销域名的，申请者应当向域名注册服务机构，提交合法有效的域名注销申请表和身份证明材料。审核合格后应予以注销。

6）域名管理

为了促进我国互联网的发展，规范我国互联网域名系统的管理，保障我国互联网域名系统安全运行，2017 年，工业和信息化部发布《互联网域名管理办法》。该文件从域名管理、域名注册服务机构的管理、域名注册、域名争议等方面提出了管理办法①。

（1）工业和信息化部负责我国互联网域名的管理工作，制定互联网域名管理的规章及政策，制定国家（或地区）顶级域名 cn 和中文域名体系，管理域名注册管理机构和域名注册服务机构，监督管理域名注册活动，负责与域名有关的国际协调。

（2）域名注册服务机构应当自觉遵守国家相关法律、行政法规和规章，公平、合理地为用户提供域名注册服务。域名注册服务机构不得采用欺诈、胁迫等不正当的手段要求用户注册域名。

（3）域名注册服务遵循“先申请先注册”原则。

（4）域名注册申请者应当遵守国家有关互联网的法律、行政法规和规章，遵守域名注册管理机构制定的域名注册相关规定，并提交真实、准确、完整的域名注册信息。

（5）域名争议由域名争议解决机构、仲裁机构、人民法院处理。

3.1.3　网络硬件与操作系统

1. 网络硬件

构成网络的硬件主要包括数据终端设备（Data Terminal Equipment，DTE）和数据通信设备（Data Communication Equipment，DCE）。DTE 提供连接到网络中的用户端机器，主要有路由器、终端主机等。与此相对应，DCE 是指具有一定的数据处理能力和数据收发能力的设备，主要有集线器、网卡等。

（1）路由器（Router）。路由器是互联网的主要节点设备，通过路由决定数据的转发。路由器在工作时能够按照某种路由通信协议，查找设备中的路由表。如果到某一特定节点有一条以上的路径，则预先确定的路由准则基本是选择最优（或最经济）的传输路径。为了便于在网络间传送信息，路由器总是先按照预定的规则把较大的数据分解成适当大小的数据包，再将这些数据包分别通过相同或不同的路径发送出去。当这些数据包按先后次序到达目的地后，再把分解的数据包按照一定顺序包装成原有的信息形式。

（2）服务器（Server）。服务器是一种存储器共享型的多用户处理机，从多机的角度提供业务所需的计算、联网、数据库管理和各类接口服务。服务器可分为 Web 服务器、

① 工业和信息化部. 互联网域名管理办法[EB/OL]（2017-09-01）[2020-09-20].

E-mail 服务器、数据库服务器、DNS 服务器等。

（3）交换机（Switch）。交换机是连接路由器与服务器、客户机的设备。交换机中有一张路由表，如果知道目标地址在何处，就把数据发送到指定地点；如果不知道，就发送到所有的端口，通过过滤可以帮助降低整个网络的数据传输量，提高效率。交换机还可以把网络拆解成网络分支，分割网络数据流，隔离分支中发生的故障，这样就可以减少每个网络分支的数据信息流量而使每个网络更有效，提高整个网络的效率。

（4）集线器（Hub）。集线器是一种集成电路连接的网络部件，主要工作是担任某个区域的网络线集合中心，并且避免因为其中一条网络线出问题，而造成整个网络瘫痪。网络管理人员通过集线器可以使用网络管理软件得知网络问题所在（例如某个网络接口出现故障，或者资料传输冲突的问题），以便管理整个网络。

（5）网卡（Network Interface Card，NIC）。网卡又称网络适配器，其内核是链路层控制器，主要功能是提供固定的网络地址；接收网线上传来的数据，并把数据转换为本机可识别和处理的格式，通过计算机总线传输给本机；把本机要向网上传输的数据按照一定的格式转换为网络设备可处理的数据形式，通过网线传送到网上。

2. 网络操作系统

网络操作系统（Network Operation System，NOS）是网络用户与计算机网络之间的接口。用技术术语解释，网络操作系统是使网络上各计算机能方便而有效地共享网络资源，并为网络用户提供所需的各种服务的软件和有关规程的集合。在现今的互联网中，最流行的网络操作系统主要有 Windows、Linux 等。

1）Windows 操作系统

Windows 操作系统是美国微软公司开发的窗口化操作系统，是世界上使用最广泛的网络操作系统。2020 年 7 月，微软发布了 Windows Server 2020，这是微软迄今为止普及速度最快的服务器系统。Windows Server 2020 主要用于 VPS 或服务器上，可用于架设网站或提供各类网络服务。它提供了五大新功能：混合云、新的安全功能、存储迁移服务、超融合基础架构和服务监测。

对于桌面系统，2021 年 6 月，微软推出了 Windows 11 系统，更新了 Windows 10。Windows 10 已经覆盖了全球超过 13 亿台设备。相对 Windows 10，Windows 11 正式支持 Android 应用。Windows 11 引入了全新的多任务布局方式，会主动提供多种不同的多任务布局方式供用户选择。同时，Windows 11 全新引入了由 AI 提供驱动力的个性化信息流——Window Widgets。Windows 11 还引入了自动高动态范围图像（Auto-High Dynamic Range，Auto HDR)的功能，可以调整灯光和颜色，使图像更加生动，还支持直接存储，以此提升 PC 在游戏显示上的体验。

2）Linux 操作系统

Linux 是由芬兰的 Linus Torvalds 发明设计的。从一开始，发明者就确立了免费和公开源代码的原则。经过几十年的集体努力，其缺陷得到了不断修补，配套软件大量产生，终于成为一个相当完善的操作系统。到 2019 年，Linux 最新内核发布，此内核有大约 2500 万行代码。

作为 Linux 发行版中的后起之秀，乌班图（Ubuntu）系统在短短几年时间里迅速成长，成为世界最为领先的 Linux 开源操作系统，广泛适用于笔记本电脑、桌面电脑、服务器等多种设备。

Oracle Linux 是一个开放、全面的操作环境，提供虚拟化、管理、云原生计算工具和操作系统，通过一个统一的支持解决方案满足企业和个人的业务需求。

我国已经开发了红旗 Linux 桌面操作系统 V11.0 和红旗 Asianux 服务器操作系统 V8.0。这两款操作系统为云时代的到来引入了大量新的功能，包括用于配置管理、快速迁移框架、编程语言和很多开发者工具，已成功入围 2020-2021 年中央政府采购协议供货项目。

3.1.4　常用的互联网接入方式

互联网的接入方式有许多种，包括 PSTN 接入、ISDN 接入、DDN 接入、DSL 接入、ATM 接入、帧中继接入、光纤接入、无线接入等。下面介绍其中几种。

1. ISDN 接入

综合业务数字网（Integrated Service Digital Network，ISDN）是以综合数字电话网为基础发展而成的，能提供端到端的数字连接。它除提供电话业务外，还能够将传真、数据、图像等多种业务在同一个网络中传送和处理，并通过现有的电话线提供给用户。

ISDN 有窄带与宽带之分，分别称为 N-ISDN（Narrowband-ISDN）和 B-ISDN（Broadband-ISDN），无特殊说明，ISDN 指 N-ISDN。N-ISDN 以公用电话交换网为基础，而 B-ISDN 以光纤作为干线和传输介质。

企业局域网通过 ISDN 接入互联网的方案主要有 3 种：代理服务器、账号共享器、路由器。代理服务器由软件实现，不需其他硬件设备，但不太稳定；账号共享器由硬件实现，稳定性较好，但需要账号共享器与它兼容；路由器由硬件实现，速度快，稳定性好。通过 ISDN 接入互联网的路由器方案如图 3-11 所示。

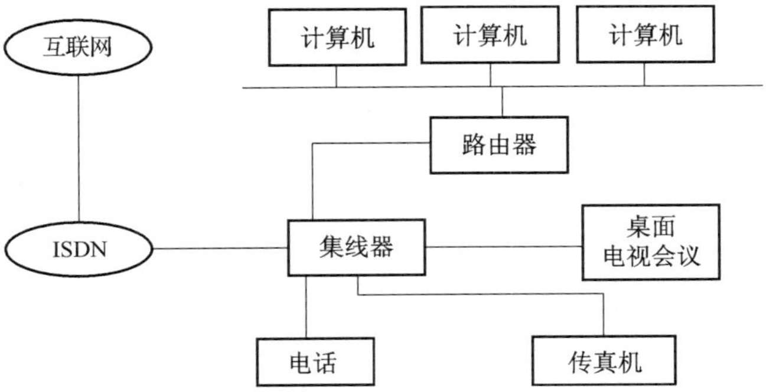

图 3-11　通过 ISDN 接入互联网的路由器方案

2. DDN 接入

数字数据网（Digital Data Network，DDN）是采用数字信道（如光缆、数字微波和卫星信道）传输信号的数据传输网，为用户提供全数字、全透明、高质量的网络连接和各种数据传递业务。DDN 可用于金融业、证券业、外资机构等各种固定用户的联网通信，并为多种电信增值业务（各种专用网、无线寻呼系统、可视图文系统等）及局域网间提供中继或用户数据通道，特别适用于业务量大、实时性强的数据通信用户使用。

DDN 传输质量高，时延小，通信速率可以自主变化，通信容量大，方便各种局域网的联网。通过 DDN 接入互联网操作简便，无须拨号，开机即可直接进入互联网。DDN 的接入费用比 PSTN 及 ISDN 都要高。

3. DSL 接入

数字用户线路（Digital Subscriber Line，DSL）技术可以分为非对称 DSL（如 ADSL）和对称 DSL（如 SDSL、HDSL）。

非对称数字用户线路（Asymmetric DSL，ADSL）是通过现有的普通电话线为家庭、办公室提供宽带数据传输服务的技术。所谓的非对称是指其上下行速率不等，即高下行（下载）速率和相对较低的上行（上传）速率。ADSL 特别适用于视频节目点播，在可视会议、远程办公、远程医疗、远程教学等方面也有广泛的应用。

4. 光纤接入

光纤接入方式是利用光纤传输技术，直接为用户提供宽带的双向通道接入方式。光纤接入方式具有频带宽、容量大、信号质量好和可靠性高等优点，能够有效缓解用户信息业务增长与网络信息传输速度不适应的矛盾，被认为是宽带用户接入网的发展方向。光纤接入方式对用户带宽不限制，这就为宽带业务进入家庭提供了带宽上的保证。另外，光纤直接到家，不受外界的干扰也无信息泄漏问题。

光纤接入过程中的主要设备有：光纤熔接包、光纤熔接盒、光猫、远端网络单元（ONU）设备。如图 3-12 所示为家庭宽带光纤接入拓扑图。

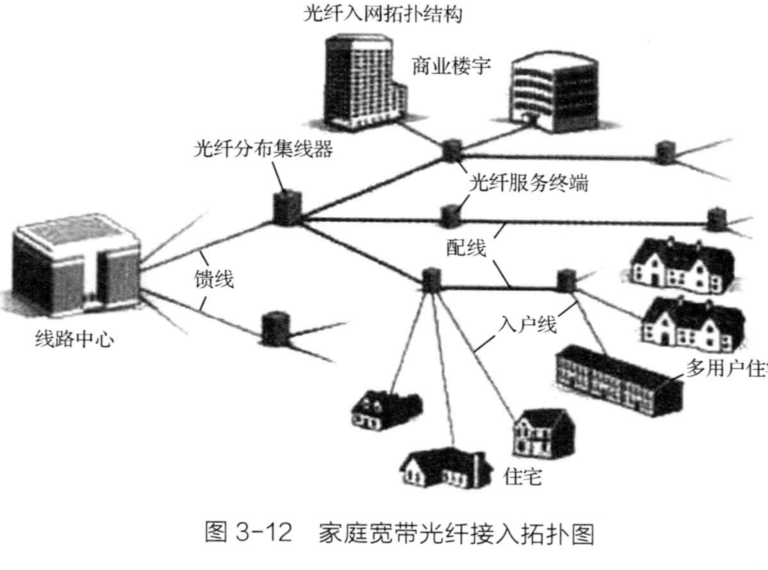

图 3-12　家庭宽带光纤接入拓扑图

5. 无线接入

无线接入技术（Wireless Access Technology，WAT）是以无线技术（主要是移动通信技术）为传输媒介向用户提供固定的或移动的终端业务服务，并可将个人电脑、手持设备（如 PDA、手机）等终端以无线方式互相连接的技术。无线接入技术能够使无线网络与有线公共网完全互联，并且具有应用灵活、安装快捷的特点，适用于移动人群。目前，无线接入技术正在向高速无线接入发展，多信路微波分配系统（Multichannel Microwave Distribution System，MMDS）接入、直播卫星业务系统（Direct Broadcasting Satellite Service，DBSS）接入等高速接入技术已经开发成功，成为网络接入技术的一个新领域。无线接入网在整个通信网中的位置如图 3-13 所示。

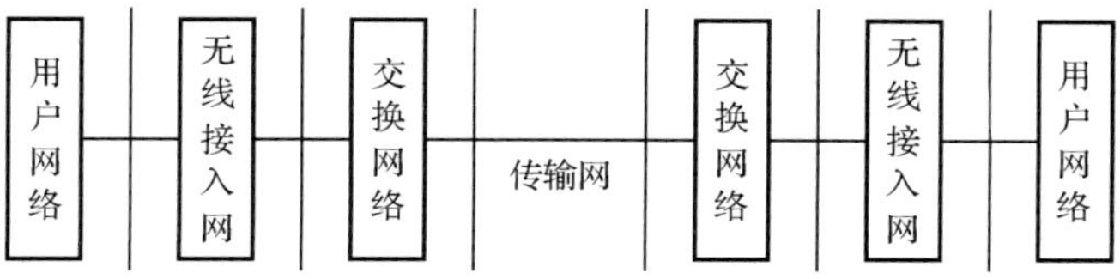

图 3-13　无线接入网在整个通信网中的位置

根据网络信息传输距离的长短，无线网络包括无线广域网和无线局域网。无线广域网（WAN）一般用来连接广阔区域中的 LAN 网络，它的覆盖范围可以遍布整个城市、国家，甚至全球。无线局域网（LAN）的覆盖是在一个有限的地理范围内（几公里或十几公里内），常用于一幢大楼、一个学校或一个企业。前者技术以 4G、5G 为代表；后者则以 Wi-Fi、蓝牙为代表。

Wi-Fi 是无线保真（Wireless Fidelity）的缩写，是一种可以将个人电脑、手持设备（如 PDA、手机）等终端以无线方式互相连接的技术，由 Wi-Fi 联盟（Wi-Fi Alliance）所持有。Wi-Fi 联盟于 2018 年 10 月正式确立 802.11ax 标准，并将其命名为 Wi-Fi6。如图 3-14 所示为 Wi-Fi 的总体拓扑结构。

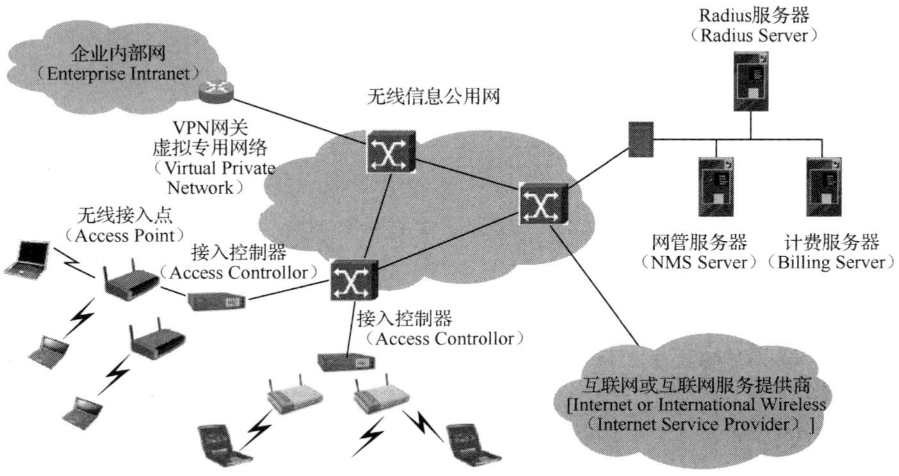

图 3-14　Wi-Fi 的总体拓扑结构

3.1.5 电子商务中常用的互联网服务

互联网所提供的网络信息服务基本上可以分为 3 类：①固定信息服务，包括电子邮件（E-mail）、文件传输服务等；②在线实时通信，包括即时通信、微信等；③检索服务，包括搜索引擎、万维网（WWW）等。

1. 电子邮件

电子邮件是互联网最重要和历史最长的互联网应用，其首要特点是快速而廉价的邮件发送和接收。即使在即时通信风行的今天，电子邮件在跨境电子商务中仍然保持很高的使用率。这主要是因为电子邮件的传输不受外界条件的限制，而且在邮箱中可以长久保存。

电子邮件地址格式是固定的，它的形式与通过的网络及目的网络都有一定的关系。通常互联网的电子邮件地址格式是：username@hostname.domain。其中 username 代表用户名或用户账号，hostname.domain 代表网络域名。

2. WWW

WWW（WorldWideWeb）即全球广域网，又称为万维网，是互联网的多媒体信息发布和查询工具，也是互联网应用最广的服务。

Web 1.0 是 WWW 的最早应用模式，其基本运作形式是向网民提供单纯的“阅读材料”，基本构成单元是“网页”，主要工具是互联网浏览器。Web 2.0 以 AJAX 和 Tagging 等信息交互技术为支撑，引入 Blog、RSS、TAG、SNS、Wiki 等新模式的应用，实现了交互式的“即时通信”。

Web 3.0 是基于语义技术的新的网络应用模式的统称，包括以移动网络为基础的各种应用模式、以感知网络（物联网）为主的各种应用模式和以云计算为工具的各种应用模式。网站内的信息可以直接和其他网站相关信息进行交互，能通过第三方信息平台同时对多家网站的信息进行整合使用；用户在互联网上拥有自己的数据，并能在不同网站上使用，用浏览器即可实现复杂系统程序才能实现的系统功能。

从 Web 3.0 开始，互联网就具备了即时获取各类知识的特性，但知识分配系统尚未成熟。Web 4.0 实现个性化的知识分配，利用人工智能技术分析用户的情况，告诉用户自己应当学习什么知识，怎样学习这些知识。Web 5.0 通过共生网络、大规模网络、同步网络和智慧网络获取个性化的知识，形成以兴趣、语言、主题、职业、专业进行聚集和管理的网络空间，具有高度的智慧化。Web 6.0 实现了物联网与互联网的结合，物体通过信息传播媒介进行信息交换和通信，使智能化识别、定位、跟踪、监管等成为可能。

3. 搜索引擎

搜索引擎是指根据一定的策略、运用特定的计算机程序从互联网上搜集信息，在对信息进行组织和处理后，为用户提供检索服务，将用户检索的相关信息展示给用户的系统。搜索引擎包括全文索引、目录索引、元搜索引擎、垂直搜索引擎、集合式搜索引擎、门户搜索引擎与免费链接列表等。搜索引擎是互联网的第二大应用，网民使用率达到

77.8%[①]，百度、360 和谷歌等是搜索引擎的典型代表。

4. 网络即时通信

网络即时通信（Instant Messaging，IM）指使用互联网技术进行的实时信息传递。它囊括了 E-mail 的所有功能，如文字、文件、图片的传输等，并且实现了信息的实时交互，在安装麦克风和摄像头之后还可以实现语音、视频聊天。

2020 年 12 月，即时通信在我国网民中的使用率达到 99.2%，用户人数达到 9.8 亿人，成为互联网的第一大应用。手机上网的进一步普及，尤其是智能终端的推广，以及手机聊天工具的创新，使得即时通信的地位更加稳固。

5. 社交工具

近年来，社交作为互联网应用的基本元素，与其他应用相融合，已经成为一种常态。网络购物、网上支付、网络游戏、网络视频、搜索等服务纷纷引入社交元素，通过借助社交关系对用户行为的牵引促进本身应用的发展。2020 年，社交应用持续发展，互联网平台实现泛社交化。一方面，综合性社交应用引入直播元素带来用户和流量的增长；另一方面，针对不同场景、不同人群、不同信息承载方式的细分社交平台进一步丰富，向创新化发展。

3.2　电子商务网站的总体设计

一个网络站点通常不可能包含所有的信息，面面俱到是不可能设计出一个优秀的电子商务站点的。因此，在网站建设初期，就应有明确的指导方针和整体规划，确定网站的发展方向和符合本企业特点的服务项目。

1. 网站建设目的确定

建设电子商务网站，必须首先确定网站建设的目的，也就是要回答为什么要建立电子商务网站。电子商务战略的制定，为电子商务网站的建设指明了方向，但具体应用的目的还需要认真考虑，因为针对不同的应用目的有不同的设计思路。

电子商务网站建设的目的，一般可以分为开展 B2B、B2C、C2C、C2B、G2B 交易，开展拍卖业务，开展中介服务，拓展企业联系渠道，用于企业形象建设等。

2. 网站客户定位

确定网站的客户群体对于电子商务网站建设非常重要。只有清楚地确定了网站客户的类型、需求和兴趣，才有可能留住目标客户。

网络客户群体具有多样性，网站的设计必须与之相适应。例如，同样的 B2C 网站，

---

① 中国互联网络信息中心. 第 47 次中国互联网络发展状况统计报告[R/OL]（2021-02-03）[2021-03-23].

针对青年客户的网站和针对老年客户的网站，在设计思路上有明显的区别。确定客户群体，也就是要创建一个客户兴趣圈，以便在目标客户中突出网站的价值。

大型企业网站必须进行客户需求分析，分析客户表面的、内在的、具有可塑性的各种需求，了解潜在客户在信息内容、表达方式、信息反馈等方面的要求，为客户提供最新、最有价值的信息。

3. 网站内容框架确定

确定建站目的和客户群体后，下一步工作是构建网站内容的框架，主要包括网站核心内容、主要信息、服务项目等。在内容框架里，还应注明网站内容建设的信息来源，哪个部门应该提供哪个方面的信息等。

确定内容框架后，就可以勾画网站建设的结构图了。结构图有很多种，如顺序结构、网状结构、继承结构、Web 结构等。网站设计图应依据自己网站的内容反复讨论后确定。多数复杂的网站会综合运用几种不同的结构图。画结构图的目的，主要是便于有逻辑地组织网站和链接，同时，可以根据结构图分配工作和任务。

4. 网站盈利模式设定

没有利润的企业网站肯定是不能长期维持下去的，因此，盈利模式的设定对网站十分重要。网站的经营收入目标与企业网站自身的知名度、网站的浏览量、网站的宣传力度和广告吸引力、上网者的购买行为及其对本网站的依赖程度等因素有十分密切的关系。因此，企业网站从建设之初，就应当通过上述因素的分析寻找自己网站的盈利模式。

我国著名的携程旅行网将网民旅游的网上预定作为网站运作和盈利的基础，在设计方案中，首先明确通过飞机票的预定、旅游景点客房的预定以及组团旅行 3 个主导产品获取收入；同时辅以会员制的方式收费，开展旅游景点、旅行社和宾馆网上展示和广告收费；逐步扩展到利用预定旅游景点门票、餐饮以及旅游纪念品和旅游书籍等收费。由此可以看出，携程旅行网在建设之初就有了相当明确的盈利点。

5. 主要业务流程设定

在很多电子商务网站中，上网者都可以找到“购物车”“收银台”“会员俱乐部”这样熟悉的词汇，实际上其中每一个概念的实现背后都隐藏着复杂的技术细节。必须明确的是，一个好的电子商务网站必须做到：不论购物流程在网站内部多么复杂，其面对用户的界面必须是简单、清晰和操作方便的。

如图 3-15 所示为北京信诺立公司（www.sinonets.com.cn）的客户购物流程，如图 3-16 所示为该公司的订单管理流程。

6. 网站开发形式选择

电子商务网站的开发有多种可选方案，主要包括购买、外包、租借和自建。

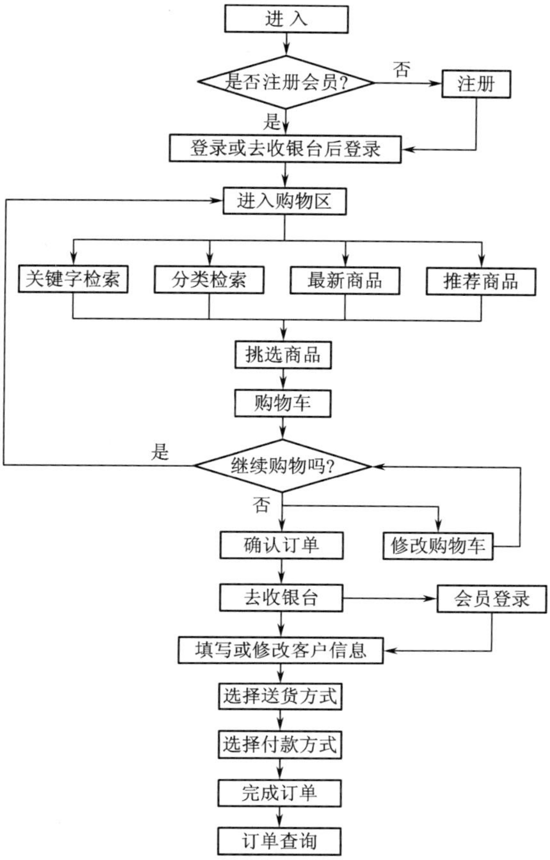

图 3-15 信诺立公司的客户购物流程

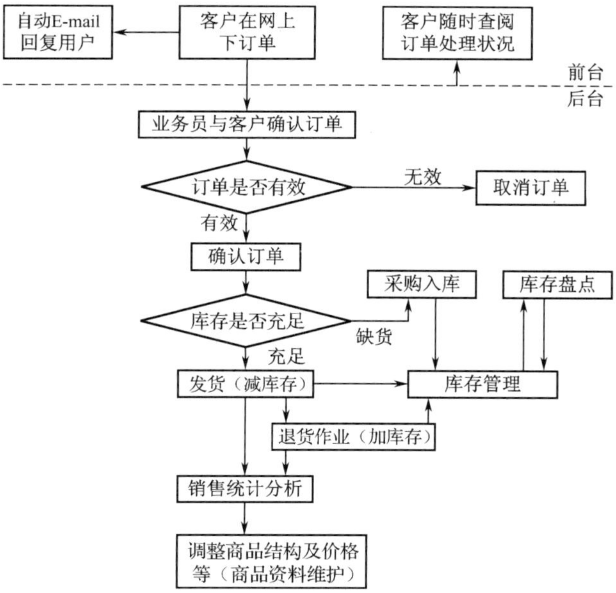

图 3-16 信诺立公司的订单管理流程

（1）购买。在目前市场上开发的商业化软件包中，可以找到电子商务应用所需要的标准模块。与自建相比，购买现成的软件包成本较低，开发时间短，需要的专业人员少。购买方式的主要缺点在于所购软件可能难以与现有的企业信息管理系统整合，无法满足企业全部电子商务的需求；另一个问题是所购买软件的设计已经成型，运作中发现问题修改起来非常困难，小企业或个体户常常选用这种方式。

（2）外包。外包与购买有较多的相同之处，但外包可以要求供应商在已有软件的基础上根据企业情况进行修改。开发商与企业的沟通，可以将开发商的技术优势与企业电子商务的需求密切结合，可以大大提高整个电子商务网站开发的成功率。

（3）租借。与购买和自建相比，租借更能节省时间和开支。虽然租借来的软件包并不完全满足企业应用的要求（这与购买方式一样），但是大多数电子商务需要的常用模块通常都具备了。在需要经常维护或者购买成本很高的情况下，租借比购买更有优势。对于无力大量投资于电子商务的中小型企业而言，租借很有吸引力。大公司也倾向于租借软件包，以便在进行大规模的电子商务投资前，检验一下电子商务方案。

（4）自建。与前面几种方式相比，自己建立电子商务网站的主要缺点是开发时间长，网站（特别是大型网站）的运行可能出现这样或那样的问题，但是这种方式通常能更好地满足企业的具体要求。那些有资源和时间去自己开发的公司或许更喜欢采用这种方式，以获得差异化的竞争优势。然而，自己开发电子商务系统是极具挑战性的，因为无论是从技术方面，还是从应用方面，都会遇到大量的新问题，同时，还要考虑企业外部的使用者。

3.3 电子商务网站软硬件环境建设

3.3.1 网站网络环境的搭建

1. 互联网服务提供商的选择

互联网服务供应商（Internet Service Provider，ISP）是向广大用户综合提供互联网接入业务、信息业务和增值业务的电信运营商。ISP 是经国家主管部门批准的正式运营企业，享受国家法律保护。截至 2020 年 12 月底，我国国际出口带宽为 11 511 397Mbps，主要有中国电信、中国联通、中国移动、中国科技网、中国教育和科研计算机网等五大骨干网提供相关的经营服务。

在网站建设的准备阶段，需要对网络接入提供商（Internet Access Providers，IAP）进行认真的筛选。

（1）考虑 IAP 的出口带宽。出口带宽指 IAP 本身以多高的速率连接到互联网或其上级接入提供商，是体现 IAP 接入能力的关键参数。目前，国内所有互联单位都必须使用五大骨干网的国际出口线路。

（2）考虑 IAP 提供的服务种类、技术支持能力。首先，要注意接入提供商提供信息的能力，因为获取信息是浏览互联网的基本功能；其次，要考虑是否具有足够的技术实力，电子商务是通过互联网开展实时的交易业务的，对时间性、安全性要求很高，提供该项服务的 IAP 需要具备较强的技术能力；再次，要注意是否有备用线路，若某 IAP 在某个城市只有单线连接而无备用线路，则一旦发生线路故障，对电子商务经营可能产生难以弥补的负面影响；最后，要考虑是否有升级扩容能力，IAP 接入能力能否随着用户数量和通信量的增长而提高。

（3）考虑 IAP 的服务费用。接入提供商提供互联网上网服务，同时收取一定的费用，即网费。不同的 IAP 收费的标准不同，形式也有差异。网费是网站建设必须考虑的一个重要因素，要根据使用互联网的时间和时段的情况，决定向哪个 IAP 申请账户和选择何种收费服务。

2. 网络服务器的选择

网络操作系统主要驻留在服务器上。因此，网络服务器的性能直接影响网络的性能。网络服务器可以是高性能的微型机、中小型机或大型主机。不管选用哪种设备，服务器都必须具备一定的通信处理能力、快速访问能力和安全容错能力。

1）Web 服务器

在网络上提供资源并对这些资源进行管理的计算机称为服务器。服务器可分为 Web 服务器、E-mail 服务器、数据库服务器和 DNS 服务器等。常用的 Web 服务器软件有 Microsoft IIS、Oracle X86、IBM WebSphere、HP DL 系列等。

Web 服务器软件与 Web 浏览器是配合使用的，WWW 服务器软件安装在服务器端，Web 浏览器安装在客户机端。对于客户机用户而言，可能无须知道 Web 服务器在什么地方，更无须知道 Web 服务器的原理，只需知道如何使用就可以了。

2）虚拟主机

网络站点的建设可以分为两种，一种是自己建立网站，另一种是外购整体网络服务。网络站点投资选择的主要问题是资金问题。如果一个企业规模较大，资金充足，而且需要和外界交流大量信息，自己利用独立服务器建立网站接入互联网是比较理想的选择；如果企业与外界没有太多的信息交流，资金有限，则选择外购整体网络服务比较合理。外购整体网络服务又分两种形式：虚拟主机与服务器托管。

虚拟主机是使用特殊的软硬件技术，把一台完整的真实主机的硬盘空间分成若干份，每一个被分割的硬盘称为一台虚拟主机。虚拟主机都具有独立的域名和 IP 地址，但共享真实主机的 CPU、RAM、操作系统、应用软件等。虚拟主机之间完全独立，在外界看来，一台虚拟主机和一台独立的主机完全一样，用户可以利用它建立完全属于自己的 WWW、数据库和 E-mail 服务器。虚拟主机可以租给不同的用户。

采用虚拟主机的拓扑结构如图 3-17 所示。

虚拟主机到互联网的连接一般采用高速宽带网，用户到虚拟主机的连接可采用 ISDN 和 ADSL 等。

采用虚拟主机技术的用户只需对自己的信息进行远程维护，而无须对硬件、操作系统及通信线路进行维护。因此，虚拟主机技术可以为广大中小型企业或初次建立网站的企业节省大量人力、物力，并可简化一系列烦琐的工作，是企业发布信息较好的方式。

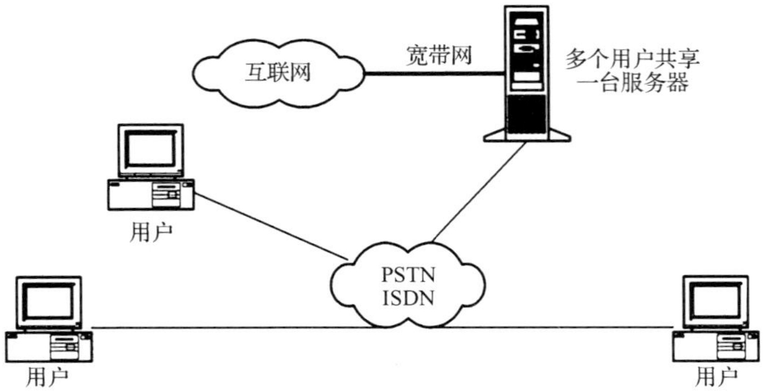

图 3-17　采用虚拟主机的拓扑结构

采用虚拟主机方式建立电子商务网站，具有投资小，建立速度快，安全可靠，无须软硬件配置及投资，无须拥有技术支持等特点。

3）服务器托管

虚拟主机由多个不同的站点共享一台服务器的所有资源，是入门级的站点解决方案。如果服务器上运行了过多的虚拟主机，系统就容易过载，从而直接影响网站浏览的效果。当企业对服务器有较高要求时，可以选择服务器托管。

服务器托管指用户将自己的独立服务器寄放在互联网服务商的机房，即租用 ISP 机架位置，日常系统维护由互联网服务商提供，用户可以独立进行主机内部的系统维护及数据的更新。这种方式不计通信量和访问次数，也不需申请专用线路和搭建复杂的网络环境，因此可以节省大量的初期投资及日常维护的费用。这种方式特别适用于有大量数据需要通过互联网进行传递，以及有大量信息需要发布的单位。服务器托管的拓扑结构如图 3-18 所示。

图 3-18　服务器托管的拓扑结构

选择主机托管服务时应考虑以下几个因素。

（1）可靠性因素。为了保持竞争力，企业服务器必须每时每刻都处于在线状态。如果一个设施遇到问题，其功能可以由另一个设施来承担。

（2）安全因素。一个良好的主机服务设施可以提供一个安全基础设施，这个基础设施可以确保一个没有黑客入侵、没有故障和病毒的安全环境。所选择的托管主机设施既要不断地监控硬件设施，又要不断地监控进入硬件设施中的数据和软件。身份证明和一些其他的访问控制可以对进入指挥中心的访问进行严格的控制。

（3）功能需求因素。托管主机设施应可以提供潜在的功能，特别是具有较高的带宽。同时，所有这些服务器和管道都有实时的监控。指挥中心能够及时发现问题和解决问题，为客户提供高质量的服务。

4）独立服务器

虚拟服务器和托管服务器都是将服务器放在互联网服务商的机房中，由互联网服务商负责互联网的接入及部分维护工作。独立服务器则是指用户的服务器从互联网接入到维护管理完全由自己操作。企业自己建立服务器主要考虑的内容有硬件、系统平台、接入方式、防火墙、数据库、人员配备等，其拓扑结构如图 3-19 所示。

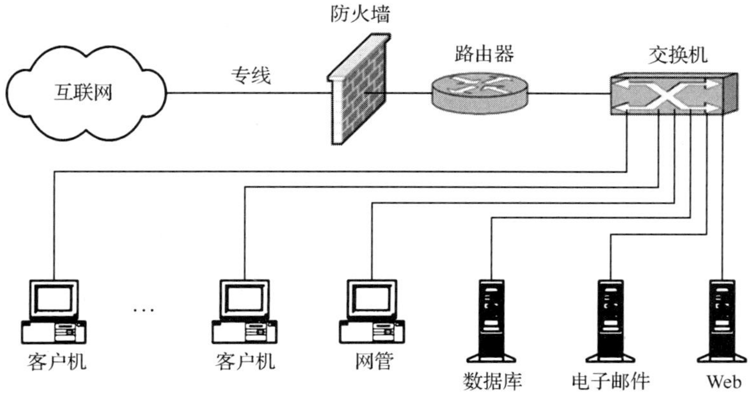

图 3-19 独立服务器的拓扑结构

中型规模网站自备主机的数据量在 30 ~ 100MB，日访问量在 20 000 人次以上，需要独立的 DNS、E-mail、Web 和数据库服务器，其中 Web 和数据库服务器可以根据情况扩充，并分担不同的任务。

大型电子商务网站自备主机的构造相对复杂，除 DNS、E-mail、Web、数据库服务器以外，还需要配置防火墙设备、负载均衡设备、数据交换服务器等，并使用较好的网络设备，采用网络管理软件对网站运行情况进行实时地监控。

独立服务器需要专用的机房、空调、电源等硬件设施，也需要操作系统、防火墙、电子邮件等运行软件。这些软硬件都需要专职人员加以维护，因此，对企业而言，使用独立服务器需要有较多的支出。

3. 网络数据库的选择

网络数据库（Network Database）是在网络上运行的数据库。一个用途广泛的动态网站必须依靠数据来支持，简单的网站中的数据只能供用户浏览，先进的网站则可以实现网站和用户之间的互动，这就需要即时对网站数据进行添加、删除和修改。网络数据库数据存储量大、修改方便，能够进行动态数据组合，是为电子商务网站提供交互式服务的主要手段。

选择数据库管理系统时，应从以下几个方面予以考虑。

（1）易用性。数据库管理系统的管理语句符合通用标准，便于维护、开发和移植；有面向用户的开发工具，能支持多媒体数据类型。

（2）分布性。数据库管理系统支持分布式应用，即支持数据透明与网络透明。数据透明指用户在应用中不需指出数据在网络中的什么节点上，数据库管理系统可以自动搜索网络，提取所需数据；网络透明是指用户在应用时无须指出网络所采用的协议，数据库管理系统自动将数据包转换成相应的协议数据。

（3）并发性。在多任务分布环境中，可能有多个用户点在同一时刻对同一数据进行读或写操作，为了保证数据的一致性，数据库管理系统应具有并发控制功能。

（4）数据完整性。数据完整性指数据的正确性和一致性保护，包括实体完整性、参照完整性、复杂的事务规则等。

（5）可移植性。可移植性指垂直扩展和水平扩展能力。垂直扩展要求新平台能够支持低版本的平台，数据库客户机/服务器机制支持集中式管理模式，以保证用户以前的投资和系统；水平扩展要求满足硬件上的扩展，支持从单 CPU 模式转换成多 CPU 并行机模式。

（6）安全性。安全性包括安全保密的程度，如账户管理、用户权限管理、网络安全控制、数据约束等。

（7）容错性。容错性指在异常情况下，系统对数据的容错处理能力。评价标准包括硬件的容错，即有无磁盘镜像处理功能；软件的容错，即有无软件算法异常情况的容错功能。

3.3.2 软件系统的选择

电子商务网站的软件系统比较复杂，与传统的管理信息系统有着较大的差别。传统的管理信息系统着重考虑功能，而电子商务网站则对系统安全、运行速度、运行效率等方面的要求非常高。在软件系统的结构方面，电子商务网站需要考虑的问题主要有数据输入、数据管理、数据导出、智能与个性化设计及安全控制等。

软件系统的选择应当依据网站设计的整体方案，为电子商务网站设置一系列的功能，软件系统一定要与网站的设计要求相吻合，并与网站的硬件配置相匹配。目前，电子商务网站常用的操作平台有 Windows Server、UNIX、Linux 等。其中 Windows Server 搭建的网站对硬件设备要求比较低。

很多软件系统在网站的运行效率和数据处理能力等方面并没有太大的差异，但对于技术人员而言，则存在一个熟悉与否的问题。比较熟悉的软件系统较易于控制，而对不太熟悉的系统，则需要有一个实践和了解的过程。

随着电子商务的迅速发展，许多电子商务解决方案的开发平台应运而生，如 IBM 公司推出的 WebSphere 电子商务软件平台、Akopia 公司的 Tallyman、Ilog 公司的 Ilog、Microsoft 公司的 Site server 等电子商务系统。这些 IT 公司提供的电子商务解决方案，可以方便地协助企业构建功能强大而且具有经济效益的网站。

3.3.3 网站安全建设

为建设一个高效、可靠的 Web 商业服务网站，必须事先制定一套全面的 Web 服务安全策略和措施。Web 服务安全策略应覆盖所有相关的组织单元，包括获取信息、组织营销、电子合同与支付、物流配送等；安全措施则应覆盖所有的 Web 系统、网络、数据库和软件。

如果采用虚拟主机方式建设网站，大部分安全问题（尤其是物理安全问题和黑客攻击问题）可以由虚拟主机提供商负责；如果采用独立服务器方式建立网站，那么，所有安全问题都必须由自己操心。但不管采取哪种形式，对网站的内容安全、人员的操作管理都必须高度重视。

1. 系统安全建设

网站的安全问题可以归结为两个大的方面：网络安全和数据安全。

网络安全指网络系统的安全，包括组成网络硬件的安全和防止非法用户进入网络。硬件的安全性涉及物理介质的安全性，安全的网络硬件应该为信息的传输提供可信赖的安全通道，为信息的保存提供安全可靠的介质。网络安全的另一个方面是应该能够有效地防止传输途中的信息被窃听，防止非法用户进入网络，以及防止黑客以其他方式进行恶意攻击，这是信息安全保护的第一道屏障。实现网络安全的设备有多种，如防火墙、安全网关、安全路由器、物理隔离设备等，某些操作系统和网络服务器软件也具有网络安全的防护作用。如图 3-20 所示为电子商务系统中的防火墙设置图。

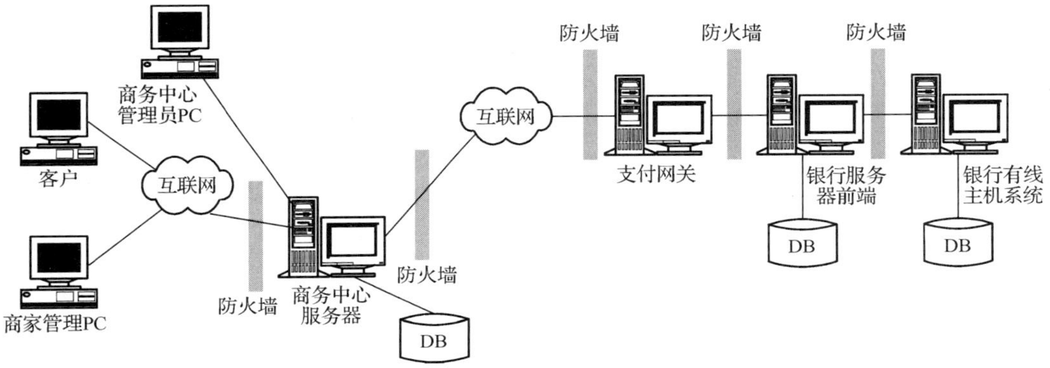

图 3-20　电子商务系统中的防火墙设置

数据安全指对存放在网络中的数据的安全保护。常用的数据保护技术包括身份验证、权限控制、数据加密、病毒防范等。此外，为保证数据的绝对安全，还应配备数据备份和恢复处理设备，如双硬盘、镜像站点等。

对于网站的整体安全性，需要定期地进行危险性与脆弱性分析，在危险性评估的基础上，改进网站的安全建设。

2. 安全管理制度

网站安全保护是一个系统工程，既涉及技术问题，又涉及管理问题。企业在网站开始建立时，就应当高度重视安全管理制度的建立，但这一工作常常被忽视，从电子商务运作的情况看，70%～90%的安全问题来自内部管理的漏洞。所以，加强网站安全管理制度的建设，加强对网站工作人员的监督，对保证网站高效、正常地运作具有极为重要的意义。

网站安全管理制度应包括网站工作人员管理制度，保密制度，跟踪、审计、稽核制度，网站日常维护制度，用户管理制度，病毒防范制度，应急措施等内容。

3.3.4 电子商务网站建设中应用的新技术

近年来，互联网技术发展很快，大量新技术在电子商务网站建设中得到应用。

1. 云计算

云计算（Cloud Computing）是一种基于互联网的计算方式，通过这种方式，共享的软硬件资源和信息可以按需求提供给计算机和其他设备。云是网络、互联网的一种比喻说法。按照美国国家标准与技术研究院的定义，云计算是一种按使用量付费的模式，这种模式提供可用的、便捷的、按需的网络访问，进入可配置的计算资源共享池（资源包括网络、服务器、存储、应用软件、服务），这些资源能够被快速提供，只需投入很少的管理工作，或与服务供应商进行很少的交互。

2020 年，我国云计算市场规模达 1922.5 亿元，同比增长 25.6%[①]。由于新冠肺炎疫情对线下服务造成明显冲击，私有云市场规模增速明显下降；但云直播、云游戏、云医疗、云课程等云应用规模高速增长，带动公有云高速增长。

2020 年，我国大型云服务商阿里云、腾讯云已经跻身全球市场前列；浪潮在政府、电信等主要私有云应用领域占据一席之地；华云、UCloud 等作为专业的云计算厂商，已成为云计算领域重要的挑战者。

目前，我国云计算发展呈现以下 4 个特点。

（1）X86 服务器成为云计算硬件平台的主流选择，硬件在平台整体投入和营收中的占比较高。

（2）国内云计算服务商积极助力企业数字化转型。Cloud 2.0（云+5G+AI）的出现，加快了产业的数字化转型。2020 年，国内云计算服务商积极开发混合云产品，形成了公有云、私有云融合的云部署模式，如华为集团与深圳机场通过华为云 Stack 打造“机场智能体”，浪潮集团帮助王府井百货打造智慧零售标杆等。

（3）安全问题虽然已经引起云计算服务商的高度重视，但安全事故仍旧频发，安全风险管控能力亟待进一步加强。

（4）边缘计算与云计算的协同，将极大地提升对海量数据的及时处理能力、数据存储能力和深度学习能力，从而促进物联网的进一步发展。

2. 移动互联网技术

目前，移动互联网技术的发展和运用日益成熟，电子商务企业均已开始自觉地运用移动互联网技术和概念拓展新的业务方向。新型的移动互联网技术主要包括如下几种。

（1）HTML5。HTML5 逐渐成为新一代网络标准。该技术具有一次开发全平台部署的跨平台特性，对于提供跨多个平台应用的移动运营商而言是一个重要的技术。

（2）新的 Wi-Fi。新的 Wi-Fi 标准，如 802.11ac、11ad、11aq 和 11ah，将提高 Wi-Fi 性能，使 Wi-Fi 成为移动应用更重要的技术部分，并且使 Wi-Fi 能够提供新的服务。

（3）增强现实技术。智能手机将成为增强现实（Augmented Reality，AR）技术主流

---

① 赛迪顾问. 2020—2021 中国云计算市场报告[EB/OL](2021-06-21)[2021-06-23].

消费应用平台。与移动应用沟通，应用增强现实技术可以将商品效果叠加真实场景，使用户直接获得现实消费中的感觉。

（4）无线通信与感知一体化技术。无线通信与感知一体化技术利用高速率、低时延无线通信系统的信息交互能力，实现通信与感知的协同，达成无线通信与感知一体化系统超高速率、超低时延、超强可靠性等通信需求，对于网络营销的体验性具有极大的帮助。

（5）高精确度移动定位。移动互联网技术的发展将大大提高目前的定位精度，准确的定位技术与移动应用的结合，将产生新一代非常个性化的服务。

3. 大数据技术

大数据（Big Data）指在 10TB（1TB=1 024GB）规模以上的数据量，并且这样的数据量无法用传统数据库工具对其内容进行抓取、管理和处理。大数据技术是综合运用采集、导入/预处理、统计/分析、挖掘等技术，通过对海量数据进行系统分析，以获得具有指导意义的数据结果。

大数据技术主要包括如下 5 个方面。

（1）可视化分析。可视化分析能够直观地呈现大数据的特点，同时能够非常容易地被读者所接受，就如同看图说话一样简单明了。

（2）数据挖掘算法。各种数据挖掘的算法通过不同的数据类型和格式，深入数据内部，挖掘出公认的价值。

（3）预测性分析。从大数据中挖掘出特点，通过科学地建立模型，之后便可以通过模型带入新的数据，从而预测未来的数据。

（4）网络数据挖掘。利用数据挖掘，可以从网络用户的搜索关键词、标签关键词或其他输入语义，分析、判断用户需求，从而实现更好的用户体验和广告匹配。

（5）数据质量和数据管理。高质量的数据和有效的数据管理，无论在学术研究还是在商业应用领域，都能够保证分析结果的真实和有价值。

4. 物联网技术

顾名思义，物联网（The Internet of things）就是物物相连的互联网。这里有两层意思：其一，物联网的核心和基础仍然是互联网，是在互联网基础上的延伸和扩展的网络；其二，其用户端延伸和扩展到了任何物品与物品之间，进行信息交换和通信，也就是物物相联。

在物联网应用中有如下 3 项关键技术。

（1）传感器技术。国家标准 GB7665-87 对传感器下的定义是："能感受规定的被测量件，并按照一定的规律（数学函数法则）转换成可用信号的器件或装置，通常由敏感元件和转换元件组成。"传感器的作用是把模拟信号转换成数字信号，以便计算机处理。

（2）RFID 标签。这也是一种传感器技术。无线射频识别（Radio Frequency Identification，RFID）技术是融合了无线射频技术和嵌入式技术为一体的综合技术，RFID 在自动识别、物流管理方面有着广阔的应用前景。

（3）嵌入式系统技术。这种技术是集计算机软硬件、传感器技术、集成电路技术、电子应用技术为一体的复杂技术。以嵌入式系统为特征的智能终端产品随处可见，小到人们身边的 MP3，大到航天航空的卫星系统。

5. 人工智能技术

人工智能（Artificial Intelligence，AI）是研究、开发用于模拟、延伸和扩展人的智能的理论、方法、技术及应用系统的一门新的技术科学，主要研究自动推理和搜索方法、机器学习和知识获取、知识处理系统、计算机视觉、智能机器人、自动程序设计等内容。在电子商务中，人工智能主要应用在以下几个方面。

（1）客服机器人。京东开发的 JIMI 客服机器人通过大数据的分析，能够自主判断出用户的需求、品位、脾气等特点，可以实现即时的个性化应答，主动地进行关怀交流，从售前到售后对用户体验给予改善。

（2）动态定价智能系统。线上电商平台的商品品种和存量远远超过线下超市，调整商品价格工作非常复杂。利用动态定价智能系统，可以从多维度进行综合分析，对库存量、价格变化、销售状况等各环节进行智能控制，并根据企业的运营策略随时调整商品的定价。

（3）精准营销智能系统。利用人工智能的个性化推荐，不再是通过编程设定好的筛选结果，而是通过学习算法让机器自主学习，然后做出精准的推荐和预测。从发展趋势看，人工智能的精准营销具有广阔的前景。

（4）智能征信体系。普惠金融的发展对征信提出了越来越高的要求，快速授信已经成为社会的需求。依靠人工智能和大数据新技术，征信覆盖了更广泛的人群，提供了更及时的服务触达、更精确的需求洞悉和更强大的风险防控。

（5）快件分拣机器人。分拣机器人（Sorting Robot）是一种具备了传感器、物镜和电子光学系统的机器人，可以快速进行快件分拣。

6. 区块链技术

区块链（Block Chain）技术是一种按照时间顺序将数据区块以顺序相连的方式组合成的一种链式数据结构，并以密码学方式保证的不可篡改和不可伪造的分布式账本。区块链是分布式数据存储、点对点传输、共识机制、加密算法等计算机技术的新型应用模式，本质上是一个去中心化的数据库。作为互联网 2.0 的底层技术，区块链技术天然具有信用、发币和流通能力。

我国区块链技术在票据、电子存证、食品供应链、跨境支付、电子政务等领域取得了一系列成果。2018 年，首张区块链电子发票在深圳问世，成为我国首个“区块链+发票”的落地应用；北京互联网法院推出“天平链”平台，用于存储案件证据，保证数据的真实性和隐私性；蚂蚁金服、京东相继使用区块链推出生鲜食品从生产到超市的溯源服务平台，以提升食品供应链透明度，保护消费者权益；中国银行通过区块链跨境支付系统，成功完成河北雄安与韩国首尔两地间客户的美元国际汇款；济南高新区上线试运行智能政务协同系统，利用区块链技术实现电子政务外网与各部门业务专网的互联互通、在线协同，提高了政府的工作效率。

为了规范区块链信息服务活动，维护国家安全和社会公共利益，保护公民、法人和其他组织的合法权益，促进区块链技术及相关服务的健康发展，2019 年 2 月 15 日，我国开始施行国家互联网信息办公室颁布的《区块链信息服务管理规定》。

3.4　网站内容建设

3.4.1　网站内容资源管理

1. 域名申请

在确定企业电子商务网站域名的命名时，应注意以下几个方面的问题。

（1）符合规范。国内的商用域名一般以 com.cn 结尾，也可以注册 .com 或 .cn 结尾的域名。

（2）短小精悍。在已注册的以 .com、.net 等为后缀的域名中，可以发现许多字母少并有一定字面含义的单词或者由单词组合形成的域名，如 dragon.com，也可以利用一些单词的缩写，或者在缩写字母后加上一个有意义的简单词汇，组成比较短小的域名，如 cnnews.com。

（3）不要与其他域名混淆。例如，网易的“163.com”与 TOM 公司的 VIP 邮箱的“163.net”两个域名，后缀分属不同人所有，很容易造成混乱。

（4）与公司名称、商标或核心业务相关。人们看到“ibm.com”，就会联想到这是 IBM 公司的域名，看到“travel.com”或“auctions.com”的域名就会想到分别是在线旅游或者拍卖网站，这无疑是一笔巨大的财富。所以，域名注册要考虑与本公司的核心业务关联。

（5）尽量避免文化冲突。2000 年，最大的中文网站新浪网的域名“sina.com.cn”受到质疑，甚至被要求改名，其原因在于“sina”在日语中和“支那”的发音相同，而“支那”是日本右翼势力对我国的蔑称，因此，新浪网的域名引起了一些在日本的华人的不满，此事被炒得沸沸扬扬，虽然新浪网最终没有因此改名，但是，人们都应该引以为戒。

2. 相关资料的收集与发布

一个好的站点需要大量的、有针对性的信息和资料。刊登的信息必须经常更换，网站才有生命力，其中的工作量是巨大的。因此，网站建设初期就应有明确的指导方针，对信息的收集和整理工作做出统筹规划。

为 Web 准备信息的工作通常需要多人来完成。许多网站设立文本管理员、Web 管理员、内容管理员和其他职务，以流水线方式完成信息的收集、转换、发布和维护等工作。

文本管理员负责收集信息，需要经常浏览网页，下载适合本网站的资料，也需要收集印刷刊物的宣传材料。在某些时候，还需要与来自产品市场、信息资源、市场通信、法律及其他部门的代表接洽，了解市场或企业的最新动态。

最新消息管理应提供对网站最新公告事项的相关管理功能，包含新增、删除、修改等功能，使得电子商务管理者能很方便地发布要告知客户的各项最新消息。

为了保障电子商务网站的健康运行，网站内容的审核和实时监控极为重要。电子商务网站需要建立多维度的网站内容审核制度，包括文本审核、图像审核、语音审核、视频审核等，要推广智能监控与人工监控相结合的监管方式，特别是在直播带货逐渐普及的大趋势下，人人都是信息源，内容监管显得更为重要。

3. 账号管理

电子商务网站管理系统负责整个网站所有资料的管理，因此，管理系统的安全性显得格外重要。系统账号管理应该限制所有使用电子商务网站管理系统的人员与相关的使用权限，给予每个管理账号专属的进入代码与确认密码，以确认各管理者的真实身份。此外，要有账号等级的设定，依据不同的管理需求设定不同的管理等级，让各管理者能分工管理自己分内的工作，且不会改动其没有权限去改动的其他资料。其他如密码有效天数、账号有效期限的设定等，让管理账号的安全性大大提高。而账号权限设定则可让拥有不同管理账号等级的人员看到不同的管理页面样式,使用不同操作界面的管理页面，让其管理工作更为方便。

电子商务网站对于客户通常采用会员制度，要求客户注册为会员，以保留客户的基本资料，除可据此了解客户并与客户取得联系外，还可以记录下客户的相关资料，有需要时可直接从资料库取出，不需客户重复输入很多繁杂的资料。管理系统也应提供相关的功能，让网站管理者能够简单地管理会员资料，随时查询会员资料，了解客户的消费需求等资料，以便作为销售商品的参考。

4. 商品及订单资料管理

网站及商品资料管理部分的功能应该提供网站管理者对于网站各商店与商店内的商品的管理功能，让管理者可以很方便地新增、删除与修改各项资料，并可针对各商店不同的需求提供不同的商品属性与商品管理功能，还应有对于特价商品的管理功能，使得网站内特价商品能在特别明显的位置出现，让客户在选购时更为便利。

订单资料管理的功能应包含所有对于网站订单的相关管理功能。该功能可以统计出目前网站中各项商品的销售情况，依据销售数量与销售金额等进行排名，使得结果一目了然；也可以查询网站中各订单目前的处理状态，有多少新订单进来；还可以打印出订货单，设定订单出货，以及进行线上清款与客户退货等相关交易行为。

3.4.2 网站主页和页面的特色设计

网站的整体风格如同电视广告一样，具有特色的主页和页面能给访问者留下深刻的印象，同时也代表公司的形象，增强了公司在信息时代的竞争力。如何把握网站的整体风格，使网站呈现的形式能很好地为内容服务，需要反复思考并改进。

1. 依据内容确定网页风格

无论是什么类型的网站，都必然有它的主题内容，网站的风格必须与它的主题相符合，同时还应考虑浏览人群的性格特征。这就如同人们的衣着服饰，必须与他的年龄、身份、出席的场合，甚至与同行人的身份相符合。反之，如果一个电子商务网站选择了与其主题不相符的风格，不论它运用了多少先进技术和复杂形式，也会使人产生不协调的感觉。通常，电子商务类的网站比较适合简明大方的风格，而生活服务类的网站则选用温暖亲切的风格较好。

例如，戴尔公司创建的 www.dell.com 网站，其主页以简洁的图形突出企业产品主题，以白色为该网站的基本色，无论是主页还是其后的链接页面都以白色为基调，给人以朴素明快的感觉。戴尔公司网站的主页如图 3-21 所示。

图 3-21　戴尔公司网站的主页

2. 合理安排网页内容元素的位置

网页内容元素的位置安排就是对网页的排版。一个网站往往由多个网页组成，而每个网页又由一些元素组成，如图标（Logo）、旗帜条幅（Banner）、导航条、文字内容、图片内容、联系方式、版权信息等。对这些网页内容元素进行合理的排版设计非常重要，目标是使每张网页都能重点突出、层次分明、错落有致、井井有条，切忌把网页搞得主次不分、杂乱无章。

主页是企业在互联网上的重要宣传阵地，代表公司的形象。因此在主页中应有企业的标志物，使浏览者一眼就能判别出主页是谁的。网站的所有内容都应能在主页中找到其链接。网页的设计应以醒目为上，一目了然为本，切勿堆砌太多不必要的细节，或使页面过于复杂。企业电子商务网站的主页中，应包含 3 项要点，即机构名称、提供的产品和服务及主页内容。

3. 网页中色彩的运用

网页的色彩要为主题内容服务，一个网站应该而且只能有一种主色调。由于色彩富于感性，因此会对浏览者产生一定的心理效应。

除主色调外，一个网站的颜色一般不宜超过 5 种（不包括图片的颜色）。如果网站用色太多，会让人觉得杂乱花哨，同时有不专业的感觉。在新浪商城的网页中，在主色调外，还选用了其他 4 种颜色：用蓝紫色和墨绿色作为栏目的分割，这两种颜色和主色调为同一基色，使页面显得和谐自然；同时选用橙色作为网站导航，以起到突出的效果，从而形成层次感。网页上无论选用哪种颜色，能够很好地为站点的主题内容服务才是根本。

除颜色的心理效应外，在进行网页设计时还应注意颜色的可读性，要确保挑选的颜色在通用颜色调色板中存在，同时确保浏览者在阅读时不会感到吃力。

4. 网页中图片的运用

网站的网页制作不能只用文字，过长的文字篇幅会使网页显得单调，在网页中插入图片可以令网页生色不少。但图片也不能用得太多，简单的图片堆砌会让人觉得累赘，而且影响网页的下载速度。所以网站中的图片既要美观、符合网站的内容，又要少而精，放在最需要的地方，起到画龙点睛的作用，增加网站的吸引力。例如，在新浪商城的网页中，只是在重点推销的商品中增加了商品的图片。图片“减肥”也是网站图片运用的一个重要方面，在保证质量的前提下要尽可能地减少图片的大小，这里的“大小”不是指尺寸的大小，而是指字节数的大小，图片减肥有利于缩短下载时间。

网页中合理地运用动画会使网页更加增添生气，常见的动画格式有 GIF 动画和 Flash 动画。Flash 动画通常可以很精彩，变化效果可以更加复杂美观，而且图片大小还可以控制在相对较小的范围内，但它需要安装插件方可浏览；GIF 动画的兼容性更好，但它的颜色和帧数不能太多，否则图片文件会很大且很难“减肥”。同样，动画图片在一个网页中也不宜出现太多。

5. 网页中的背景音乐

多媒体的应用对网页的多姿多彩起到了相当重要的作用，在个人网站中，应用背景音乐的网页较多。但一般对于企业的电子商务网站的主页而言，背景音乐建议少用，因为背景音乐会增大网页文件的大小，延长下载时间，也可能分散浏览者的注意力，使真正重要的内容得不到完全仔细的阅读。但是，若在进行产品介绍的过程中，加入背景音乐，在上网者进入本网站时，采用一些语音技术播出欢迎词等，就会产生较好的效果。

综上所述，决定企业电子商务网站风格最重要的出发点，就是要为网站的主题服务，切实准确地传达网站的信息，方便浏览者阅读。因此，在网页的制作过程中，要综合平衡各方面的因素，呈现给用户一种完整、统一的风格。

3.4.3 常用网页编辑工具

网站内容建设离不开网页制作工具。虽然一般软件也可以进行一般的网页制作，但要制作或编辑美观、实用的网页，还必须使用专业的网页编辑软件。

1. Adobe Photoshop

Adobe Photoshop 是目前最流行的平面图形设计软件之一。它的功能完善，性能稳定，使用方便，所以，很多网站的制作都选用 Photoshop。2019 年，Adobe 公司推出了最新的版本 Adobe Photoshop 2019。Photoshop CC 是一款集图像扫描、编辑修改、图像制作、广告创意、图像输入与输出于一体的图形图像处理软件，在界面设计、窗口布局、功能和性能上都有较大的改进，具有复杂图形选择、写实绘画和修饰智能等功能。它引入强大的新标准，提供数字化的图形创作和控制体验，包括：处理常用图片问题；允许用户在图形不失真的情况下，测量和变换图片和矢量图；创建嵌入式链接复制图；支持非破坏性编辑；创建和编辑 64 位 HDR 图片、3D 渲染；支持在电视监控器前浏览；重新设计的工作流程；支持多种初始文件修改；简化 Photoshop 界面；加快编辑速度，等等。

Adobe Fireworks 是专业的网页图片设计、制作与编辑软件。它不仅可以轻松地制做出各种动感的 GIF、动态按钮、动态翻转等网络图片，还可以轻松地实现大图切割，让网页加载图片时，显示速度更快。用户能够很快地制做出精美的矢量和点阵图、模型、3D 图形和交互式内容，直接应用于网页和移动应用程序而无须编码。最新版的 Fireworks CS6 利用 jQuery 技术，支持制作移动主题，从设计组件中添加 CSS Sprite 图像，为网页、智能手机和平板电脑应用程序提取简洁的 CSS3 代码，利用适用 Mac OS 的增强重绘性能和适用 Windows 的内存管理，大大提高了工作效率。

Adobe Flash 是一种集动画创作与应用程序开发于一身的创作软件。Flash 为创建数字动画、交互式 Web 站点、桌面应用程序及手机应用程序开发，提供了功能全面的创作和编辑环境。Flash 包含了丰富的视频、声音、图形和动画功能，广泛用于创建吸引人的应用程序。通常，使用 Flash 创作的各个内容单元称为应用程序，即使它们可能只是很简单的动画，也可以通过添加图片、声音、视频和特殊效果，构建包含丰富媒体效果的 Flash 应用程序。

2. SharePoint Designer

SharePoint Designer 是微软公司推出的网站创建工具，用来取代 Frontpage，SharePoint Designer 的最新版本是 SharePoint Designer 2019。该软件将设计、程序代码、预览 3 种模式结合于一体，与 Microsoft Office 各软件无缝连接，继承了 Microsoft Office 产品系列良好的易用性。

（1）视频预览功能。视频预览功能包括新媒体和 Ribbon 界面，可以为网站添加丰富的多媒体和互动性体验。

（2）创建 SharePoint 内容结构。通过浏览器页面可以创建多个子站点、存储内容的列表，显示信息的页面、创建网站栏、列表内容类型。

（3）社区功能。加入了类似 Facebook 社区的功能，配置文件涵盖了同事、兴趣爱好或专业知识、社区标记和评级，以利于社区参与者内容的分享。

（4）支持 AJAX 功能。AJAX 指异步 Asynchronous 及 JavaScript，在基于数据的应用中，用户需求的数据如联系人列表，可以从独立于实际网页的服务端取得，并且可以动态地写入网页中，使 Web 应用体验像桌面应用一样方便。

（5）工作流程可视化。操作人员可以更准确地掌握在 Microsoft Visio 中编辑工作的进展情况，还可以添加更多的管理员用户，更好地控制网页上资源的分配。

（6）配置网站权限。操作人员可以直接通过 SPD 创建 SharePoint 组，指派权限级别，添加用户等操作，并管理网站资产。

（7）创建强大的可重用的工作流。新增了许多功能强大的工作流（Activities），能够对更复杂的业务逻辑和流程进行建模，并将工作流方便地附加到列表、库或内容类型。

3. Dreamweaver

Dreamweaver是美国Macromedia公司开发的集网页制作和网站管理于一身的网页编辑器，是一套针对专业网页设计师特别开发的视觉化网页开发工具，利用它可以轻而易举地制做出跨越平台限制和跨越浏览器限制的充满动感的网页。Dreamweaver 以其优秀的功能、开放的插件（Plug）接口及良好的兼容性迅速占领了市场。

Dreamweaver 的最新版本是 Dreamweaver Creative Cloud（CC）。该版本更新简化了使用者界面、链接工具，新增了视觉化功能；改进了 CSS 设计工具，可使用户透过直观方式更有效地编写程序代码；更新了流变格线版面，以用于建立多方互动的网页设计。

3.5 电子商务交易平台建设的特殊要求

3.5.1 电子商务交易平台的概念与特征

电子商务交易平台是在电子商务活动中，为交易双方或多方提供交易撮合及相关服务的信息网络系统总和，是一个为企业或个人提供网上交易洽谈的互联网虚拟环境。电子商务交易平台是一个网上信息流、货物流、资金流整合的重要场所，企业、商家可充分利用其提供的网络基础设施、支付平台、安全平台、管理平台等共享资源，有效地、低成本地开展自己的商业活动。电子商务交易平台具有以下特征。

（1）商务性。电商平台为买卖双方提供可以进行买卖交易的场所及机会。电商平台具有相当多的产品数量和客户数量，买卖双方都可以通过平台找到自己交易的对象和交易的物品或服务。

（2）功能性。电商平台凝结了最先进的互联网技术，提供多种专业化的应用功能，简化了原来烦琐复杂的交易手续，使“一网通办”“一键交易”成为可能。

（3）服务性。电商平台的服务不仅覆盖了成年人，也覆盖了儿童和老年人；电商平台涉及的领域，也已经从单纯的商品交易拓展到服务交易。在出行、医疗、教育、旅游等诸多领域都能够发现电商平台的活动。

（4）全球性。互联网是全球性的，这也决定了电商平台同样具有全球性。不管客户在何时、何地，只要所在的地方有网络，能够上网浏览这个电商平台，就可以实现“买全球、卖全球”。

3.5.2 电子商务交易平台建设应注意的问题

一个电子商务交易平台的建设需要重点考虑 6 个方面的问题：系统、数据、人员、网络、硬件和软件。其中网络、硬件和软件与电子商务网站建设的差别不太大，可以参照电子商务网站开展工作，但在系统、数据、人员方面，则有一些明显的差别。

1. 系统架构

由于第三方（中间商）的参与，电子商务交易平台的系统架构需要考虑买卖双方、卖方与第三方、买方与第三方之间的交易关系，同时，还要兼顾支付、物流等方面参与者的关系。

例如，我国农谷大宗农产品电子商务交易平台将该交易系统结构划分为电子交易服务系统、代运营商管理系统、加盟运营商管理系统、数字仓储及物流系统建设、客户端及终端客户维护系统等五大子系统。通过五大子系统的相互支持、协作，大宗农产品电商交易平台可以实现交易、交收与结算功能，交易管理功能，交易监控功能，财务管理功能，行情分析功能，统计查询功能和系统管理功能等七大系统功能①。

电子商务交易平台还需要设置网上交易争议解决子系统，以解决网上交易中大量的争议问题。

相对于电子商务网站，电子商务平台对设施及运行环境的维护要求更高。平台经营者应按照国家信息安全等级保护制度的有关规定和要求建设、运行、维护网上交易平台系统和辅助服务系统，落实互联网安全保护技术措施，依法实时监控交易系统运行状况，维护平台交易系统正常运行，及时处理网络安全事故。

2. 数据准备

数据准备是很大的一个范畴，需要耗费大量的人力、物力和财力，其主要表现形式就是文本和图像的采集和制作，这将成为整个平台的重要支撑要素。

文本的采集和制作就是将企业资料和产品参数，按照平台提供的格式和规范提交，虽然不需要过多的技术手段，但对产品参数的把握则要十分准确，最好选择了解产品信息的技术人员进行详细系统的编写，以免造成错发类目和参数、表现不专业而影响客户下单。

电子商务的最大弊端在于缺乏客户的直接感官，而图像的应用却极大地降低了这一不利因素。但受到网络和客户体现因素的影响，图像文件的清晰度问题一直困扰着电子商务平台。改善图像的质量，提高图像拍摄制作的水平，还需要进行较多的工作。

文本和图像的采集都存在一个真实性核对的问题。电子商务网站由于销售的是自己的产品，这个问题不太严重。而电子商务平台面对的是成千上万的中小卖家，针对产品的质量和真实性问题，却需要电子商务平台从技术和监管两个方面加强工作。

平台经营者应当妥善保存在平台上发布的交易及服务的全部信息，采取相应的技术手段保证上述资料的完整性、准确性和安全性。站内经营者和交易相对人的身份信息的保存时间，应自其最后一次登录之日起不少于两年；交易信息保存时间自发生之日起不少于两年。

3. 人员配备

人员是整个电子商务平台的核心要素，电子商务平台的正常运转和日常维护，都需要由特定岗位的人员实现。

（1）平台功能设置人员。平台功能设置人员主要针对整个平台设置进行工作，对整

① 郭梦菲，游鸽，田龙坷. 大宗农产品电子商务交易中心的分析与建设[J]. 北京：农村经济与科技，2016（13）：98-101.

个平台功能的有效性负责。该角色应具有全局观念和营销思想，能够发现平台功能模块的问题，并协调有关技术人员进行调整。

（2）数据更新人员。数据更新人员针对数据准备内容开展数据的收集和制作工作，并负责卖家信息对外发布和信息修改。

（3）客户服务人员。客户服务人员是直接与客户对话的，其服务态度和专业知识将影响买卖双方的交易效果。虽然智能客服可以代替一部分人工服务，但产品质量和价格、支付配送和售后服务等方面的争议问题仍然离不开人工服务。所以，电子商务平台客服体系必须适应多种方式的不停询问和被询问，最大程度地沟通买卖双方，将平台的流量转化为实际的购买量。同时，还需要鉴别基于互联网的诈骗行为，以免买卖双方蒙受损失。

3.6 电子商务网站建设投资概算

3.6.1 互联网接入费用

接入互联网的所有费用大体上由 4 部分组成：设备费、通信费、信息费和维护费。

1. 设备费

设备费包含以各种方式接入互联网所必需的各种设备的费用和使用互联网时所要使用的各种类型的终端、微机、工作站、服务器等的费用。接入互联网的方式不同，设备费差别很大。

如图 3-22 所示，如果采用局域网专线入网的方式，设备费包括路由器，需要 2 000 ~ 3 000 元。如果网络比较大，采用最简单的以太网拓扑结构，敷设 5 公里的多模光纤需要 10 万 ~ 13 万元；一台普通的交换机的价格为 1 万 ~ 2 万元；每台中档微机的价格是 6 000 ~ 9 000 元；16 个双绞线接口的 10 兆集线器单价也需要几百元；1 台 Windows 服务器的价格为 2 万 ~ 4 万元。如果网络中有 20 台微机、1 台 Windows 服务器、1 台交换机，加上敷设光纤，费用将是 10 万 ~ 20 万元。

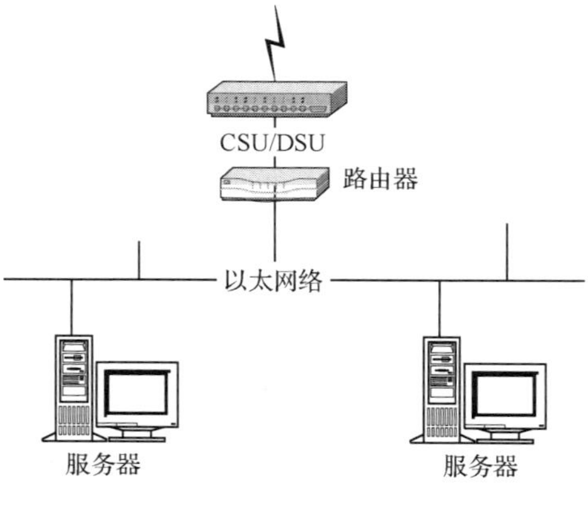

图 3-22 局域网专线入网的方式

2. 通信费

通信费是为传输信息所付的资费（网络设备租用费或网络设备占用费）。通信费分为两种，即网络经营者向信息提供者（IP）收取的通信费和向信息使用者（用户）收取的通信费。由于通信信息服务是基本电信业务的延伸或增值，因此使用者（用户）所支付的通信费是以基本电信业务资费为基础的，即

入网费（或初装费）+月租费 + 通信使用费

信息提供者向网络经营者支付的通信费一般为

入网者（或初装费）+ 每年（或每月）租用费 + 其他服务费

随着电信业务市场的开放，应用各种网络的通信信息服务相继出现，用户和 IP 向网络运营者所支付的通信费可能差别很大。

3. 信息费

信息费是经营者为了购买或生产信息所付出的费用。这是信息服务所包含的几项费用中最复杂、最不确定，也是最核心的一项。

这里所指的信息费指信息提供者（IP）将收集到的原始消息进行加工、编辑、整理（并建成数据库）后，提供给用户使用的（或数据库内）信息的费用，因此，IP 向用户索取的信息费应为

信息费 = 成本 + 利润 + 税金

其中：

成本 = 信息编辑处理加工费 + 所需设备占用费 + 信息自身价值+
向 IP 网络经营者支付的通信费和其他服务费

4. 维护费

网络维护费是一个不确定因素，很多意想不到的原因会使维护费急剧上升。网络管理员和站点设计人员的工资以及其他消耗品的费用等称为正常的维护费。网络设计和维护人员的工资按每月 8 000 元/人计算，一年需要 96 000 元/人，如果加上各种补贴、奖金，将达到 12 万元/人，两个人则总共需要 24 万元。一个中等规模的网络，其软硬件设备维护费一年大约需要 15 万 ~ 20 万元。

3.6.2　网络站点建设费用

1. 自有服务器与虚拟服务器的利弊比较

网络站点的建设可以分为两种，一种是自己建立网站，另一种是外购整体网络服务。自己建站一般采用自有服务器，外购整体网络服务一般采用虚拟服务器，自有服务器利弊如表 3-3 所示，虚拟服务器利弊如表 3-4 所示。

2. 自己建站费用

由于计算机技术的发展，现在自建一个网站的费用已经大大降低。自有服务器费用核算表如表 3-5 所示。

表 3-3　自有服务器利弊

有 利 因 素	不 利 因 素
易于经常实现新技术	需要全天候系统管理员
对网址安全性有更大的控制力	费用可能昂贵（安装及每月花费）
能出租 Web 空间	要负责管理服务器
拥有自己的系统管理员	需要更多的安装时间
对内容完全控制	安全性挑战（特别是需要将服务器连到大型机上去）
提供到大型机的直接数据库连接（可能有安全性问题）	通用网站接口（Common Gateway Interface，CGI）设置困难
可用作企业内部网	需要更多职员

表 3-4　虚拟服务器利弊

有 利 因 素	不 利 因 素
廉价	别人控制安全性
无须服务器维护	有时必须应付不友好的主机
易于改换	可能要支付潜在的额外费用
能较快地实现上网	依赖于维护服务
额外服务（CGI、访问日志等）	几乎没有软件程序适应性
无须系统管理员	对日志的直接访问变得更困难

表 3-5　自有服务器费用核算表

费 用 名 称	价　格
1U 服务器	10 000 元/月
1U 服务器托管，共享 100MB/s 带宽	3 000～5 000 元/月
网站维护人员	6 000 元/月

一个中等规模的网站，花费在高速网络专线、服务器通信设备、安全设备等方面的资金大约需要 15 万元，每年还要支出 5 万元左右的信息和通信费用。另外，还需要至少 2～3 名网络管理人员，每人每年 12 万元左右的工资。其中尚未包括因缺乏网络系统安全维护技术与经验，所造成的难以估算的损失。

3. 外购整体网络服务费用

外购整体网络服务时，企业只需负担以上费用的小部分，且整体网络服务提供专业设计与维护，长期人事费用亦可降低，其总成本将远低于自建网站费用。外购整体网络服务无须考虑庞大的通信架设费用，仅需考虑电脑网络管理、维护费用与专属网络空间租金，并且无须担忧电脑网络系统安全维护技术问题。外购整体网络服务主要有虚拟服务器和服务器托管方式。这两种方式全国各 ISP 的收费标准不太统一，如图 3-23 所示为 2019 年 6 月时代互联云服务器的租用价格。2019 年 6 月，时代互联云服务器托管珠海电信数据中心的价格如表 3-6 所示。

图 3-23　时代互联云服务器的租用价格①

表 3-6　时代互联服务器托管珠海电信数据中心的价格②

服务报价			
[1U]托管价格	[2U]托管价格	[4U]托管价格	[整柜]托管价格
520 元/月　5 200 元/年	550 元/月　5 500 元/年	1 050 元/月　10 500 元/年	8 288 元/月　82 880 元/年

（1U 服务器高度为 44.5mm，2U 服务器高度为 89mm）

导入案例解析

对于一个电商平台而言，在建设之前，就需要对自身定位、竞争对手、行业动态等进行详尽的市场调研分析，并梳理整合公司的各项资源，明确平台建设的目标与功能定位，进而选择平台建设的技术方案，是自建服务器，还是租用虚拟主机；是托管主机、自行开发平台系统，还是采用知名公司提供的企业电子商务平台建设解决方案；如何保障网站安全等。

在此基础上，企业需要对平台的内容进行精心规划。除公司简介、主要产品、服务介绍、价格信息、联系方式、网上注册与下单、售后服务系统等常规模块外，还需要依据自身特有的交易流程，设计个性化的平台模块；在网页的美术设计上应充分考虑主要目标客户群体的地域分布、年龄阶段、文化水平、浏览习惯等因素，并依据市场变化及时调整更新。此外，企业还需要对包括互联网接入费用和网站建设费用在内的建设成本进行详细测算，做好平台建设资金预算规划。

① 时代互联. 时代互联为您提供稳定的互联网服务[EB/OL]（2020-06-30）[2019-07-10].

② 时代互联. 电信机房机柜托管[EB/OL]（2020-06-30）[2019-07-10].

复习题

1. 试述网络的基本分类。

2. 简述互联网的接入方式。

3. 试论述电子商务网站的总体设计。

4. 比较电子商务网站开发不同方案的优缺点。

5. 根据北京信诺立公司的客户购物流程，试找出该公司订单管理流程中的关键环节。

6. 试述建设电子商务平台应注意的问题。

第 4 章 电子商务市场调研与开拓

2020 年，面对世界性的经济衰退和新冠肺炎疫情的影响，我国经济下行压力加大，对外贸易增速下滑。深入进行电子商务的市场调研，以便有针对性地开拓国内国际市场，已经成为电子商务企业的重要选择。本章内容主要论述国内电子商务市场，同时兼顾国际市场的调研与开拓。

导入案例

新冠肺炎疫情下唯品会的市场开拓

2020 年，针对新冠肺炎疫情的重大冲击，唯品会市场开拓动作频频，在持续深耕品牌特卖的基础上，不断尝试开辟新业务。在业务上，唯品会继续做好品牌特卖业务，同时在线下业务有进一步发展，开设唯品仓、城市奥莱等；在营收上，唯品会市值突破百亿元，第三季度营收达 231.80 亿元，净利润达 12.52 亿元。

（1）聚焦下沉市场，布局唯品仓。2020 年 5 月 14 日，唯品会宣布旗下唯品仓已悄然布局，开店选址多为二三线城市与乡镇市场，这是唯品会应对抗疫环境，聚焦下沉市场，提高配送效率的重大举措。唯品仓的合作品牌依托于唯品会合作的 6 000 多个品牌，同时也会根据代购的需求进行逐步调整布局。

（2）实现直播常态化，渗透中青年销售群体。2020 年 6 月 29 日，唯品会正式开通“直播”频道，以吸引更多的中青年消费者。该频道页面已上线部分品牌直播专场，在当日 16 点 20 分的一场美特斯邦威直播专场，有 3 575 人观看了直播。唯品会直播是在“6·18”大促期间上线的，当时只在小范围内进行了直播尝试。

（3）建设线下商场，深化线上线下融合。2020 年 9 月 3 日，唯品会在合肥举行城市奥莱装修改造工程开工仪式，这是唯品会第一家城市奥莱项目，其目的是促进线上线下的融合发展。唯品会合肥奥莱项目建筑面积约 13.7 万平方米，定位为名品折扣、美食、流量主力店的城市标杆购物中心。

（4）加大促销力度，办好特卖大会。2020 年 12 月 1 日 10 点，一年一度的唯品会“12·8”特卖大会正式拉开帷幕，为期 14 天。这是唯品会全年力度最大的一次促销，共投入亿元补贴，以加大抗疫期间的市场影响力。

（5）试水社区团购，入股“蔬东坡”。2020 年 12 月 2 日，唯品会入股北京木屋时代科技有限公司（简称木屋时代）。木屋时代是一家专业的生鲜供应链管理与社区团购系统技术服务提供商，其核心品牌“蔬东坡”垂直于 B2B 生鲜配送领域 SaaS 系统的服务，建立社区团购平台 2.0 模式——“精选当地生活服务”。此次投资木屋时代是唯品会进军社区团购领域的一次新尝试。

如图 4-1 所示为 2020 年唯品会经营活动的九大动向。

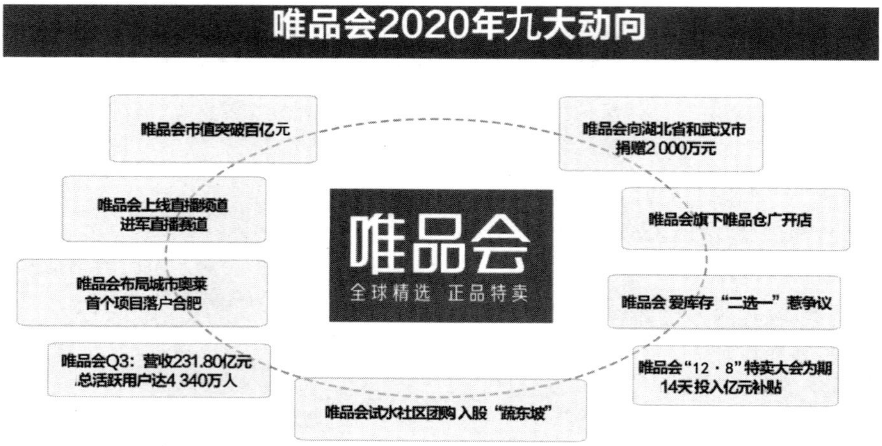

图 4-1　2020 年唯品会经营活动的九大动向

导入案例思考题

电子商务市场开拓需要注意哪些问题？

4.1　电子商务市场调研策略

从虚拟市场的角度看，电子商务市场调研主要包括市场环境调研、市场商品情况调研、市场营销情况调研、客户情况调研等。

4.1.1　电子商务市场调研的内容

电子商务市场调研主要包括电商市场环境调研、电商市场商品情况调研、电商市场营销情况调研、电商客户情况调研等。

1. 电子商务市场环境调研

（1）经济环境，包括经济结构、经济发展水平、经济发展前景、就业、收入分配等。

（2）政治和法律环境，包括政府的重要经济政策，政府对跨境电商实行的鼓励和限制措施，如关税、配额、国内税收、外汇限制、卫生检疫、安全条例等。

（3）文化环境，包括教育水平、宗教、风俗习惯、价值观念等。

（4）其他，包括人口、交通、地理等情况。

2. 电子商务商品情况调研

（1）电商市场商品的供给情况，包括商品供应的渠道、来源，生产厂家、生产能力、数量及库存情况等。

（2）电商市场商品需求情况，包括网络市场对商品需求的品种、数量、质量要求等。

（3）电商市场商品价格情况，包括不同国家和地区市场商品的价格、价格与供求变动的关系等。

3. 电子商务市场营销情况调研

（1）电商商品销售渠道，包括销售网络的设立、批发零售商的经营能力和经营利润、跨境电商网站的引流能力、售后服务等。

（2）电商广告宣传，包括跨境电商广告内容、投放网站与时间、跨境电商广告效果等。

（3）电商竞争分析，包括跨境电商竞争者产品质量、价格、政策、广告、分配路线、占有率等。

4. 电子商务客户情况调研

（1）客户政治情况，主要了解客户的政治背景、与政界的关系、公司企业负责人参加的党派等。

（2）客户资信情况，包括客户拥有的资本和信誉两个方面。资本指企业的注册资本、实有资本、公积金、其他财产及资产负债等情况；信誉指企业的经营作风。

（3）客户经营业务范围，主要指客户的公司经营的商品及其品种。

（4）客户经营能力，指客户业务活动能力、资金融通能力、贸易关系、经营方式和销售渠道等。

5. 电子商务消费者情况调研

（1）线上消费的接受度。爱尔兰、以色列跨境线上消费的热情非常高；中东对线上消费的接受度相对而言也比较高；但日本的接受度相对比较低。

（2）线上消费行为的完成方式。北美的加拿大在移动端跨境线上消费比例很高，但有很多国家还是通过传统 PC 桌面端进行跨境线上消费的。

（3）线上消费的品类。从比重方面看，服装类、饰品类占比较高；其次，一些发展中国家对 3C 认证类的商品和 3C 配件类需求依然强劲。

（4）线上消费的主要驱动力。用户首先关注商品的质量和成本；其次是物流配送；最后是售后服务。

4.1.2 电子商务市场调研的基本策略

电子商务市场调研的目的是收集网上采购者、购物者和潜在客户的信息，加强与用户的沟通，改进营销方式，并更好地服务于客户。因此，只有让更多的用户访问企业的站点，接受企业的调研询问，才能使调研人员了解和掌握更多翔实的信息。但网络市场调研中最复杂的一个问题，就是调查人员从来都不能确切知晓谁是本公司站点的访问者。调研人员必须采取适当的策略识别访问者，因为在互联网上要求访问者回答有关问题不是一件容易的事，特别是当人们花时间和金钱在与市场调研无关的站点上冲浪的时候更是如此，访问者肯定不会填写一份问及他们喜欢什么或不喜欢什么的调查问卷。

进行电子商务市场调研时应注意以下几个问题。

（1）调整调研问卷内容组合以吸引访问者。网络市场调研的最大优势是可以方便地随时调整、修改调研问卷上的内容，可以实现不同调研内容的组合，如产品的性能、款式、价格及网络订购的程序、如何付款、如何配送产品等。时期不同、产品不同，访问者的兴趣也不同。调研人员应通过不同的因素组合的测试，分析判断何种因素组合对访问者是最重要、最关键、最关心和最敏感的，进而调整调查问卷的内容，使调研主页对访问者更具吸引力。同时，调研的主题要明确、简洁，方便被调查者正确理解和回答。而且，调查问卷也应该方便调研人员和数据统计人员的工作，便于调查结果的处理。

（2）采取适当的激励措施以吸引访问者。采取适当的激励措施是必不可少的，有些用户参与调查的目的可能只是获取奖品，在网站上同一个用户多次填写调查表的现象常有发生，即使在技术上给予一定的限制条件，也很难杜绝。因此考虑吸引更多网民的同时，也要尽量减少不真实问卷发生的可能性。必要时可以与访问量大的网站合作，以增加参与者。

（3）有针对性地跟踪目标客户。调研人员在互联网上或通过其他途径获得了客户或潜在客户的电子邮件地址，可直接使用电子邮件向他们发出有关产品和服务的询问，请求他们反馈回复，也可以在电子调查表中设置让客户自由发表意见和建议的板块，请他们发表对企业、产品、服务等各方面的见解和期望。通过这些信息，调研人员可以把握产品的市场潮流及用户的消费心理、消费爱好、消费倾向的变化，根据这些变化来调整企业的产品结构和市场营销策略。

（4）用多种调研方式相结合的方法进行市场调研。在进行调研时，可以运用网络市场调研与传统市场调研相结合的方法;使用一手数据调研与二手数据调研相结合的方法。通过将不同调研取得的数据进行对比，还要对数据进行必要的修正和调整，以获得有价值的市场数据。

4.2 电子商务市场调研的主要方法

4.2.1 电子商务市场调研方法概述

电子商务市场调研的方法从总体上可分为两大类：直接调研法和间接调研法。

直接调研法指在网上进行一手数据的收集。一手数据也称原始数据，是第一次收集的信息，通过收集一手数据可以解决特定问题。一手数据的检索方法可分为电子邮件问卷法、在线焦点小组访谈法，以及在网站上设置调研专项的方法。

间接调研法指在网上进行二手数据的收集和整理，二手数据指以前为其他目的收集的数据。有些二手数据是从公司内部获得的，如公司年报、股东大会报告、供新闻媒体使用的产品测试结果、公司为了同员工和客户及其他人员沟通而编制的公司期刊等资料，这些信息往往已编入了公司的内部数据库。二手数据还有许多的外部获得渠道，主要形式是政府部门和机构汇编及出版的经济数据汇总；一些贸易团体、行业联合会也会提供经济数据。但是，大多数数据都源于定期发布的关于经济行情、专门行业甚至个别公司情况研究文章的期刊和新闻媒体，还有一些未公开发布的二手信息，如内部报告、备忘录或专门分析，这些资料只在有限的范围内流通。

二手数据的检索方法主要有 3 种：①利用搜索引擎；②访问专业信息网站；③用相关的网上数据库查找资料。

4.2.2　电子商务市场的直接调研法

1. 直接调研法的主要形式

（1）电子邮件问卷。电子邮件问卷调研法是以较为完整的电子邮件地址清单作为样本框，随机抽样，直接发送到被访问者的电子邮箱中。被访问者回答完毕后，在规定的时间内将问卷回复给调研机构，这种调查方式较具定量价值。在样本框较为全面的情况下，可以将调查结果用以推论研究总体，一般用于对特定群体网络用户的多方面的行为模式、消费规模、网络广告效果、网上消费者消费心理特征的研究。这种调研方法要求建立被调查者的电子邮件地址信息库。

（2）在线焦点小组访谈。在线焦点小组访谈调研法是直接在上网用户中征集与会者，并在约定时间利用网上会议系统举行网上座谈会。该方法适合需要进行深度或探索性研究的主题，通过座谈获得目标群体描述某类问题的通常语言、思维模式及理解目标问题的心理脉络。该方法属于定性调查方法，也可与定量电子邮件调查配合使用。

（3）在网站上设置调研专项。在一些访问率高的网站或自己的网站上，设置调研专项网页，访问者按其个人兴趣选择是否访问有关主题，并以在线方式直接在调研问卷上进行填写和选择，完成后提交调研表，调研即可完成。此方式所获得的调研对象属于该网页受众中的特殊兴趣群体，可以反映调研对象对所调研问题的态度，但不能就此推论一般网络用户的态度。调研专项所在网页的访问率越高，调研结果反映更大范围的上网用户意见的可能性越大。

在实施网上调研时，应充分利用多媒体技术，在调研问卷上附加多种形式的背景资料，可以是文字、图片、视频或音频资料。例如，对每个调研指标附加规范的指标解释，便于调研对象正确理解调研指标的含义和口径，这对于市场调研是一项十分重要的功能。

2. 网上调查问卷的形式

网上调查问卷的形式有如下 3 种。

（1）简单方式。网上调查问卷应该简单明了，因此，一般情况下，网站在对热点新闻和突发事件进行调研时，通常会采用简单方式。

（2）组合方式。由于简单方式过于简单，不能充分反映网友对一个问题多方面的态度和判断，因此可以运用组合方式进行调查问卷的设计。组合方式是将调查主题分为若干方面，使被调查者可以从多个方面进行回答，从而使调查能够更全面、更深入。

（3）方式。完整问卷方式在网页上呈现的是一份完整问卷的形式。经常包含单选、多选及自由回答项等内容，要求被调查者填写较多的相关信息。

如图 4-2 所示为天会调研宝网站首页，提供包括市场调查、客户满意度调查、人力资源调查、员工满意度调查、产品满意度调查、教育培训调查等。

图 4-2　天会调研宝网站首页

3. 网上调查问卷应注意的问题

（1）要明确调查的目的和内容，这是问卷设计的前提和基础。调查的目的是什么，在进行问卷设计的时候必须清楚。对调查问题的说明应尽可能清晰，让被调查者正确理解问题的含义。

（2）调查问卷上的问题应该简明扼要，问题的数量应该合理化、逻辑化、规范化，而且合理地排列问卷问题次序。为了使被调查者能够更容易地回答问题，可以对相关类别的题目进行分类，使被调查者一目了然，在填写的时候自然就会比较愉快地配合。

（3）问卷设计的语言措辞选择得当。调查问卷要避免使用导向性的语句，例如，“××牌的电视机价格适中，质量一流，您会选购它吗？”这样的问题容易使被调查人简单地得出结论，结果可信度低。用词不要生僻或过于专业，以方便被调查者精确地作答。避免在调查内容上有使被调查人难以回答的问题，同时，不要把两种及以上的问题放在一个问题中，例如，“你对该产品的价格和服务满意吗？”这样的问题使被调查者很难回答。

（4）调查问卷中不要过多地收集被调查者的个人信息及没有实际价值的数据。在调查问卷中过多地要求被调查者填写自己的个人信息，会遭到拒绝，或者填写虚假信息，这样就可能使问卷的回收率降低，影响在线调查的效率，并且可能影响调查结果的可信度。

（5）在设计问卷的时候，就应该考虑数据统计和分析是否易于操作，同时调查表设计不要遗漏重要的选项，例如，在一些调查选项中，经常会设置一个“其他”选项，但如果最终的调查结果中选择“其他”的比例较高，那么就说明对这个问题的选项设置不尽合理，甚至有可能遗漏了一些重要问题。同时在设计问卷时，还要充分考虑后续的数据统计和分析工作。

4. 国内外可以提供调研服务的网站

国内一些网站上提供市场信息的调研服务，例如，中国市场调查网调查业务主要涉及机械、能源、化工、金融、消费品、IT 产品等 100 多个行业。该网站提供一些专项调查，如图 4-3 所示为该网站竞争对手调查的介绍。该网站还提供英文调研报告，对电商营销有很大帮助。

图 4-3　中国市场调查网的竞争对手专项调查

在国际上，比较著名的商业调研公司是爱尔兰研究和市场公司。该公司成立于2002年，其目的很简单——将企业与市场洞察力和分析联系起来，从而实现智能决策。该公司的客户遍布世界各地，包括450名《财富》500强客户，提供800多个行业的调查，主要涉及医疗保健、药品、化工、材料、能源、汽车、电信、食品、消费品等。如图4-4所示为研究和市场公司的主页。如图4-5所示为研究和市场公司消费品调研的细目网页。

图 4-4　研究和市场公司网站主页

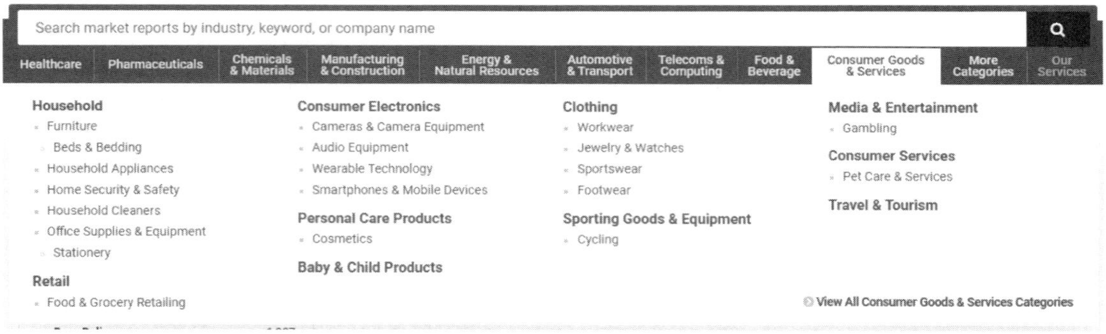

图 4-5　研究和市场公司消费品调研细目网页

4.2.3　电子商务市场的间接调研法

网上间接调研指网上二手数据的检索，是一种有目的、有步骤地从各个网络站点查找和获取信息的行为。一个完整的跨境电子商务市场信息收集系统，应包括先进的网络检索设备、科学的信息收集方法和业务精通的网络信息检索员。

1. 电子商务信息检索的基本步骤

1）明确检索目标

要完成一个有效检索，首先应当明确检索的目标。检索目标指要检索的主要内容及对检索深度和广度的要求。

例如，安徽特酒集团是我国特级酒精行业的龙头企业，伏特加酒是其主打产品。1998 年，该集团试图通过互联网进行伏特加酒类市场信息的检索，开辟欧美市场。为此，集团确定了信息搜集的 3 个目标。

（1）价格信息，如生产商报价、批发商报价、零售商报价、进口商报价。

（2）关税、贸易政策及国际贸易数据，如关税、进口配额、许可证等相关政策、进出口贸易数据、市场容量数据。

（3）贸易对象，即潜在客户的详细信息，如贸易对象的历史、规模、实力、经营范围和品种、联系方法等。

检索的深度与需求的针对性有关。如果需求的针对性较强（如伏特加酒），且涉及大量的特定领域和专业词汇，就要进行较为深入的检索。检索的广度指信息所涉及的方面和领域。对市场一般供需状况信息的检索，在深度上不必要求太高，但是在信息的广度上应该有比较高的要求。

2）选择查询策略

不同目的的查询应使用不同的查询策略，这主要取决于是想得到一个问题的多方面信息还是简单的答案。搜索引擎的统计表明，很多用户只输入一个词来进行查询，这会带来很多不需要的匹配。要进行有效的搜索，最好输入与主题相关的、尽可能精确的词或词组。提供的词组越精确，检索结果就越好。同时，应通过不同词组的检索，逐渐缩小搜索范围。

检索概念较广，尚未形成明确的检索概念时，或者仅需对某一专题进行泛泛地浏览时，可先用主题指南的合适类目进行逐级浏览，直到发现相关的网址和关键词，再进行扩检。

当用户已知检索词，但对独立搜索引擎不熟悉或想节省在多个独立搜索引擎之间的转换时间时，可选用元搜索引擎进行试探性的起始检索，了解网上是否有相关信息以及在哪里可找到这些信息，然后再利用独立搜索引擎进行更全面、更深入的检索。在多数情况下，要想得到相对全面的检索结果，最好熟练掌握一两个主要的独立搜索引擎，充分运用其检索功能，以提高检索质量。

3）分步细化，逐步接近查询结果

如果想查找某一类信息，但又找不到合适的关键词，可以使用分类式搜索逐步深化，这样也可以得到较为满意的结果。雅虎的主页上已经将所有的信息分为 39 类，再根据各个大类分为各个小类，如在“Mobile Apps”中又细分为“Yahoo Mobile、Yahoo News、Yahoo Mall”等。在 Yahoo Mobile 栏目中，可以看到很多 Mobile 的信息，确定购买意向后，可以在 Yahoo Mall 中直接购买。

2. 价格信息的收集

价格信息的收集是至关重要的，是制定价格策略和营销策略的关键。如图 4-6 所示为价格信息检索的途径。

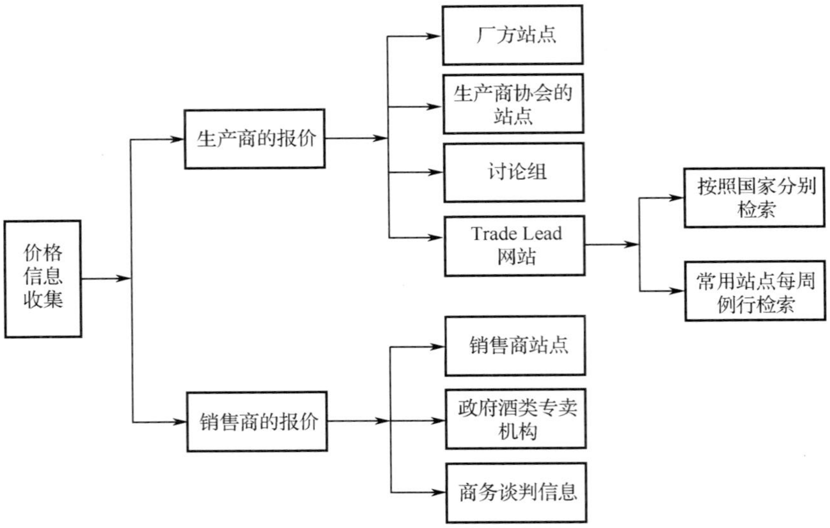

图 4-6　价格信息检索的途径

1）生产商的报价

仍以安徽特酒集团为例。由于安徽特酒集团是生产企业，因此来自其他生产企业的伏特加酒价格可比性很强，参考价值很高。特别是世界知名的伏特加酒生产企业的报价，更具有参考价值。这是因为世界著名的伏特加酒在国际贸易中占的比例很大，其价格能左右世界市场的价格走向。

生产商的报价从以下几个方面入手。

（1）搜索厂方站点。这种方法的关键是如何查找到生产商的互联网站点，找到了厂商的站点，也就找到了报价。有的站点还提供最新的集装箱海运的运价信息，也有很高的参考价值。

（2）利用生产商协会的站点。生产商协会的站点也可通过搜索引擎查询到。通常，生产商协会的网站上都列出了该生产商协会所有会员单位的名称及联系办法，但是一般都没有列出这些会员单位自己的网站，主要原因是这类协会的网站建立时，绝大部分的协会会员还没有建立网站。此时，向这些机构发出请求帮助的电子邮件，一般都会得到满意的结果。

（3）利用讨论组。我国的讨论组现在大都采用微信、钉钉等群讨论方式。国外大都采用 MSN、推特等群讨论方式，其中的报价大多是生产企业的直接报价，从事国际贸易的企业一般是加入 Business 中的 Import-Export（进出口）组。在这类专业的讨论组中，可以发现大量的关于进出口贸易的信息，然后输入关键字进行查询，就可以找到所需要产品的报价。

（4）利用 Trade Lead 网站。许多免费的 Trade Lead（供求信息）和专业的进出口网站专门提供国际贸易的机会和投资信息，类似于国内的供求信息，如美国国际贸易协会的网站（见图 4-7）和 TRADEKEY 的网站（见图 4-8）等。

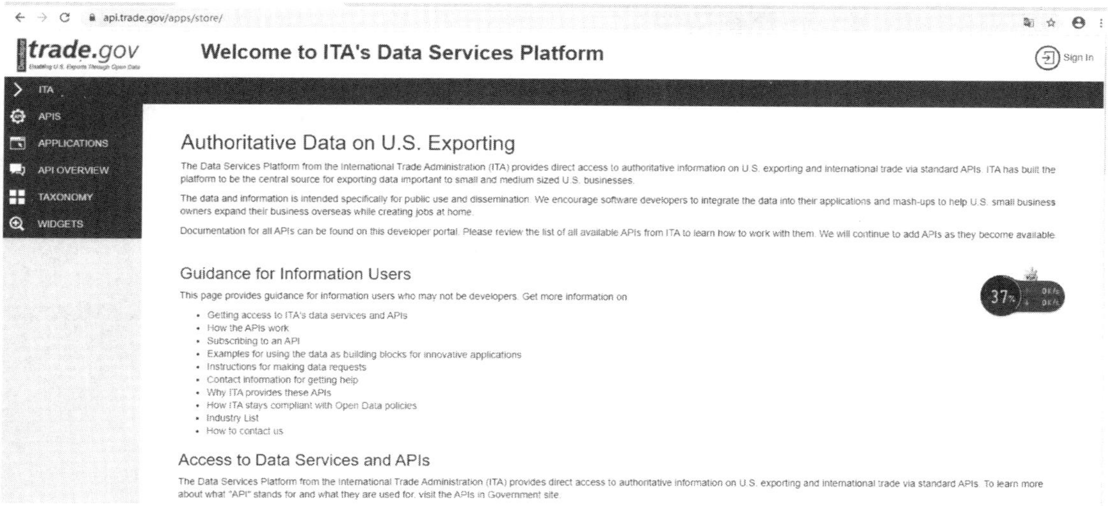

图 4-7　美国国际贸易协会的网站

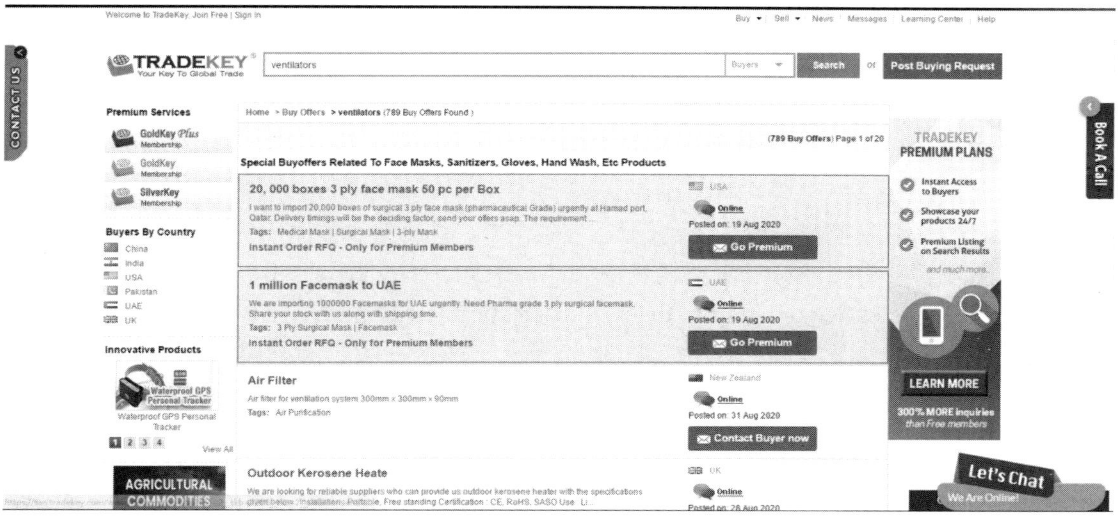

图 4-8　TRADEKEY 的网站

通常情况下，运用 Trade Lead 要注意 3 个方面的问题。首先，根据要收集信息的特点，选择相应的站点。例如，要收集瑞典的伏特加酒的价格信息，就应该选择欧洲有关国家的 Trade Lead 站点，如瑞典的进出口贸易网站（见图 4-9）。北欧国家烈酒的生产及消费量都很大，这些国家的站点上关于伏特加酒的供求信息就多一些。其次，选择有代表性的站点作为常用站点，每周进行例行检索。这些站点的界面都比较友好，而且信息量都很大，反馈回来的搜索结果也较多；最后，要特别注意一些收费网站，虽然信息的查询、登录是有偿的，但反馈的结果会让人非常满意，不仅收费较低、可以承受，还能提供一个相对安全的贸易环境（核查客户的身份）。

图 4-9　瑞典的进出口贸易网站

2）销售商的报价

销售商包括进口商和批发商。他们报出的价格都是国内价格，一般都含有进口关税。对生产企业而言，可比性不是很强。但是他们所提供的十几甚至几十种产品，都来自不同的国家，参考价值很高。厂商可以据此确定每种产品的档次，确定不同档次产品的价格水平，还可以对不同国家的关税水平有一个大概的了解。收集销售商的报价可以从以下几个方面进行。

（1）销售商站点上的报价。找到销售商的站点，也就找到了他们的报价。也可利用各种搜索引擎搜索关键词的方法查找销售商站点。例如，（vodka or spirits or alcohol or liquor or wine）和（wholesales or agent or distributor or import or importer or imported or trade）。

（2）政府的酒类专卖机构价格。在某些国家或地区，政府的酒类专卖机构是唯一的进口商和批发商。这些机构中酒类品种多达上百种，价格准确度高，所以参考价值很高。如图 4-10 所示为美国加州的酒类专卖机构的网站，如图 4-11 所示为加拿大安大略省的酒类专卖机构的网站。

（3）商品的最终价格往往要通过商务谈判才能确定，这种方式非常复杂，耗费的时间和金钱也最多，但它是现阶段商业定价的最重要方法，也最能体现供需双方的信息。然而，商务谈判中的定价极其难以获得，有的企业甚至视其为高度的商业机密，如安徽特酒集团在实践中发现，搜索各种博览会、交易会的信息公告及经济类媒体的报道，可以发现一些有用的蛛丝马迹。

对从生产商、销售商及商务谈判得到的价格信息，应该再加以整理、分析，才能确定它们之间的相互关系，最后得出完整的价格体系。

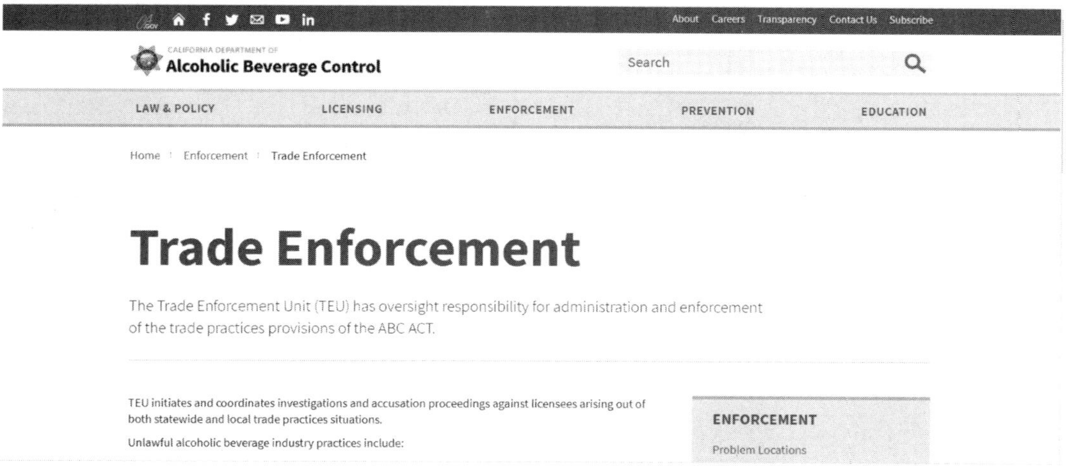

图 4-10　美国加州的酒类专卖机构的网站

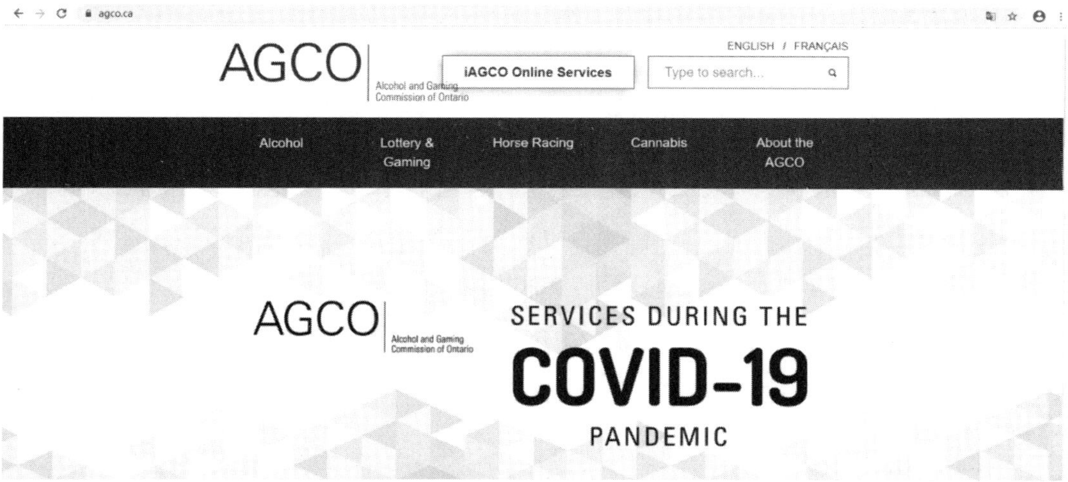

图 4-11　加拿大安大略省的酒类专卖机构的网站

3. 交易对象信息的收集

收集进出口商的信息是跨境电子商务的一个重要环节，其目的是建立一个潜在客户的数据库，从中选出真正的合作伙伴和代理商。如图 4-12 所示为利用各种搜索工具进行交易对象信息收集的途径。

1）利用资源型搜索工具

（1）环球资源网。环球资源是一家 B2B 线上线下平台。该公司的核心业务主要是通过贸易展览会、环球资源网站、贸易杂志及手机应用程序，为全球专业买家和供应商、亚洲及我国的高新技术领域专家、我国商界决策人士和我国内贸买家和全球供应商服务。如图 4-13 所示为环球资源网为买家和供应商提供的电子贸易服务。

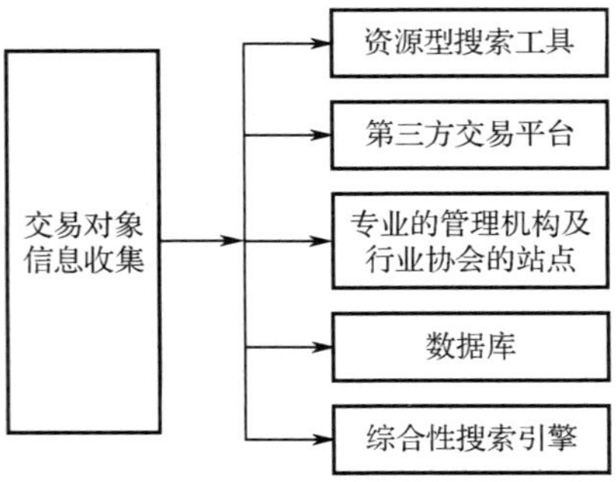

图 4-12　交易对象信息收集的途径

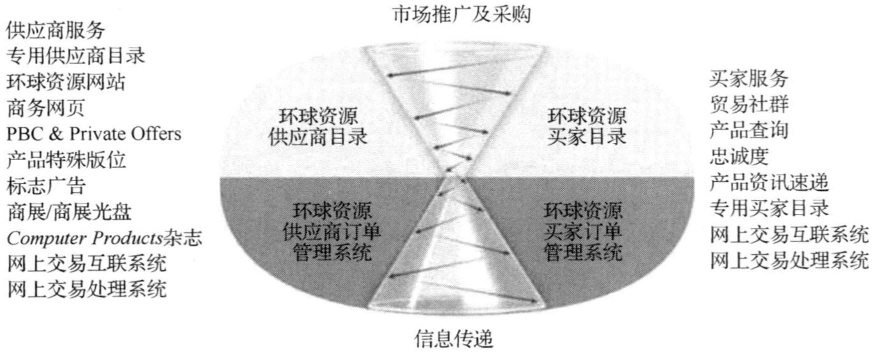

图 4-13　环球资源网为买家和供应商提供的电子贸易服务

（2）Europages。在传统的电话号码簿上，商业机构用黄色纸张，因而得名商业黄页（Yellow Page）。Europages 是欧洲一个著名的商业黄页服务网站。如图 4-14 所示为在 Europages 上查到的车辆保养进出口产品。

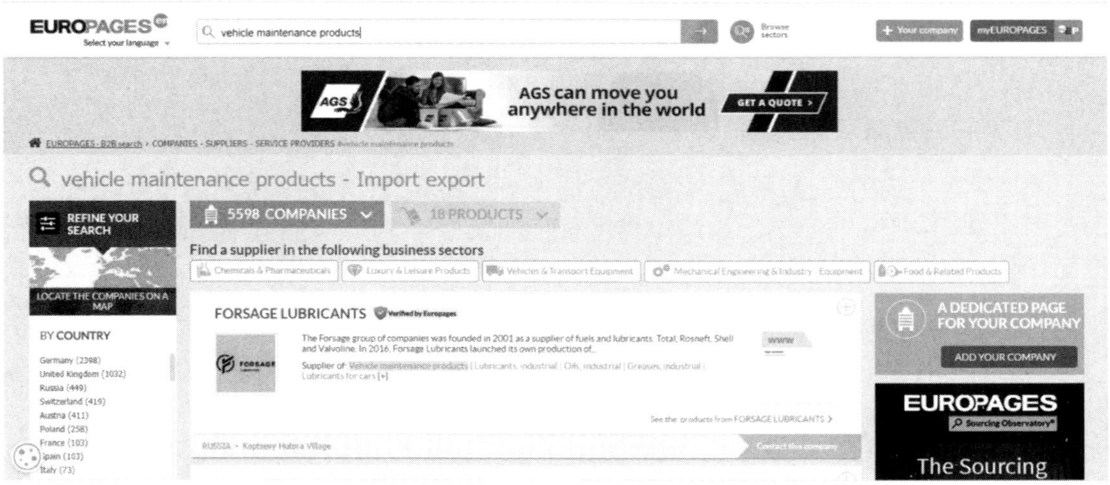

图 4-14　在 Europages 上查到的车辆保养进出口产品

2）通过第三方交易平台

第三方交易平台的出现为企业信息化和电子商务提供了一个公共的服务平台。通过第三方交易平台，企业可以发现大量的供求信息，其信息检索效率可以成倍提高。

（1）阿里巴巴网站。阿里巴巴网站是世界上最大的 B2B 平台。平台上的供应商以中小企业为主。如图 4-15 所示为通过阿里巴巴网站检索到的意大利红酒供应商名单。

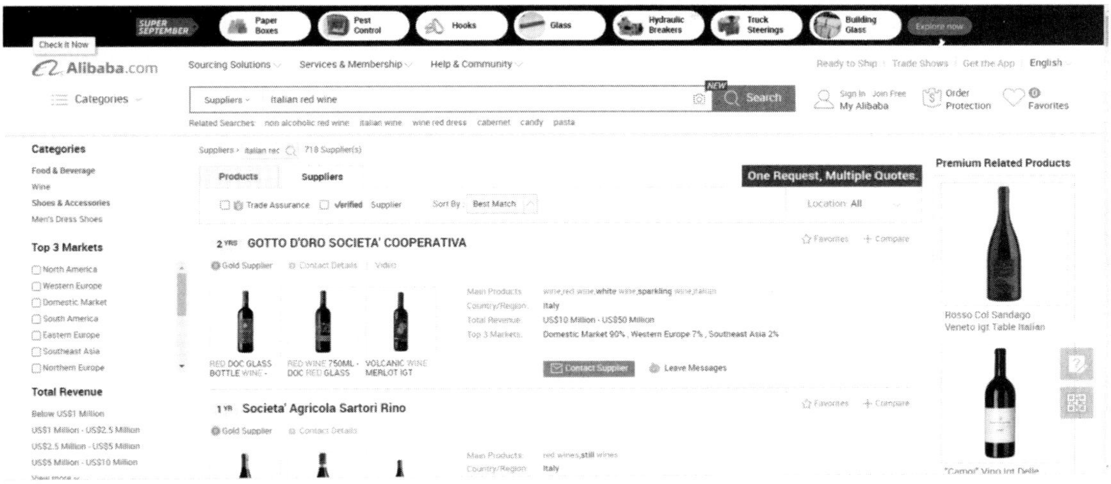

图 4-15　通过阿里巴巴网站检索到的意大利红酒供应商名单

（2）eBay。eBay 不仅是一个针对个人的拍卖网站，B2C 和 B2B 的交易也相当活跃。eBay 的每个分类里都有一个批发专区，可以刊登批发信息，而且 eBay 中的不少大买家采购量大得惊人，他们经常在 eBay 里采购，然后在 eBay 中零售，规模一点不亚于环球资源网中的国际买家。通过 eBay 首页底部的全球站导航，可以进入并检索 26 个国家的批发信息。

3）通过专业的管理机构及行业协会网站

这是一种高效快捷的查询手段，不但命中率高，而且信息的利用价值也很高，应当受到高度重视，如安特集团在收集美国的生产商及进口商信息时，利用这种方法就收到了奇效。

在美国的酒类管理体制中，酒基本上被分成啤酒、葡萄酒和烈酒 3 类，而且每种酒的进口或批发都需要专门的许可证或执照。这就带来了很大的麻烦，因为无法确定一家公司到底是经营葡萄酒的，还是经营伏特加酒的，到底是进口商还是批发商，在商业黄页中查询到的最小分类是酒（Liquor），而没有更细的分类。当找到美国加州酒类专卖机构的网站时，这些问题就迎刃而解了。这里不仅按酒的类别、字母的顺序、不同的地域对每个公司进行了分类，而且对每个公司的信息都有详尽的记录，包括公司名称、地址、申请人姓名，许可证的种类、使用期限，经营历史，电话号码等。

4）通过数据库

大型数据库常常包含丰富的市场信息。除世界百科信息库外，其他比较著名的商业数据库包括 Europages（欧洲最大的公司数据库，有来自 25 个国家的 500 000 个公司的信息)、欧洲进出口公司数据库、南非的公司数据库 Yellowpages、澳洲贸易网、日本 JETRO 公司数据库、美国国内公司数据库等。

5）利用综合性搜索引擎

（1）Google。Google 是目前世界上最大的搜索引擎，拥有上百亿张网页和图片资源。界面可用 100 多种语言表达，检索结果所采用的语言达 30 多种。Google 采用新一代的 PageRank™检索技术。该技术通过对超过 50 000 万个变量和 20 亿个词汇组成的方程的计算，能够对网页的重要性做出客观的评价，可以将最相关、最可靠的搜索结果放在首位。

（2）百度。百度是中文信息检索与传递技术供应商。在我国所有提供搜索引擎的门户网站中，超过 80%都由百度提供搜索引擎技术支持。百度每天响应来自 100 余个国家和地区的数十亿次搜索请求。百度的移动生态是我国最大的以信息和知识为核心的移动生态。百度知道、百度百科、百度文库等六大知识类产品累计生产超 10 亿条高质量内容，构建了我国最大的知识内容体系。

（3）Yahoo!。Yahoo! 的优势在于其分类目录，把信息按主题建立分类索引，按字母顺序列出了 14 个大类，可以按照类别分级向下查询。Yahoo! 共汇集了 30 万个左右的分类 URL，信息充沛，准确率高。但由于其建立的主页数量有限，查询反馈的结果也较少。例如，查询伏特加酒（Vodka）的进口商，其分级目录为 Yahoo/ Businessand Economy/ Companies/ Trade/ Beverage/ Liquor。这类进口商很容易找到，但它们是几乎不可能同检索者做生意，因为这些著名的大公司早已是某家著名的伏特加酒品牌的全国独家代理商，而独家代理的协议规定它们不能再经营其他的伏特加酒品牌。不过这类站点也可以给出一些有益的帮助，如可以发现一些世界著名的品牌及其价格。

4.3 我国企业利用电商进入互联网市场的基本思路

1. 通过自建的电子商务平台

很多企业，特别是大中型企业在实施电子商务战略时，可以充分利用自己在产业链中的主导地位，通过自建的电子商务平台，直接为企业寻找新的市场。例如，中国石油、宝武集团、海尔集团等企业利用其大批量物资采购的谈判优势，在买方市场或卖方市场建立自己独立的采购销售平台，拉动供应商或采购商商务，利用自建平台达到直接盈利的目的。

2. 借助第三方电子商务平台

利用第三方电子商务平台实现企业电子商务的起步，借助这些平台提供的各种技术支持和服务是开展电子商务的企业可以选择的一条捷径。例如，天猫、京东、速卖通、环球资源网、中国制造网、敦煌网等第三方平台，都能够提供国内或国际贸易中商品的展示、商家寻找、商务谈判、草签合同等方面的服务；菜鸟、圆通、顺丰等配送公司已经实现了全球超 200 个国家和地区的送达；支付宝、微信支付、银联在线等都可以即时完成国内外在线支付。利用第三方电子商务平台不仅可以降低进入电子商务市场的前期成本，而且可以提升企业品牌的知名度，借力快速发展。

3. 委托代运营电商服务商销售

根据《中国电子商务报告 2020》，电子商务代运营服务①经历 20 多年的积累摸索，逐步走向专业化、集中化。2020 年，我国电商代运营市场交易规模达 1.3 万亿元，增速达 15%②。在这种模式下，企业与专门从事跨境电商的代运营机构建立长期合作关系，企业只需注重生产优质的产品，其他复杂的业务如平台建设、市场营销、国际物流等，都交给专门从事跨境电商的代理机构负责，从而解决了订单难、客户难的问题。

4. 采用线上线下结合的模式

企业采用电子商务新模式的同时，不能忽略传统市场，要把两者有机地结合起来，充分发挥每种模式的优势，例如，北京天竺综合保税区发挥北京市场优势和综保区的优势，以快捷通关、直营等形式吸引企业；以线下体验促进线上交易为原则，鼓励企业开设综保区进口商品展示店，引导支持企业 B2B 业务和进口商品国内销售对接。同时，综保区内还通过智能云技术实现商品库存管理、下单、支付、配送等，实现消费者可在下单 30～60 分钟内拿到商品。

Captain 平台深入实施本土化战略，吸纳沙特当地卖家入驻执御平台，将当地卖家在品牌、选品、发货时效等方面的优势与执御平台的品牌与流量优势充分结合，发起线上线下融合项目，拓展了与当地零售商及供应链的合作空间。

Fordeal 平台在中东市场完成了本地化升级，建设本地仓，并与当地物流商合作升级物流干线和“最后一公里”配送服务。速卖通与国内通讯零售连锁企业迪信通合作，在西班牙开设了第一家线下门店。

5. 入驻跨境电商综合试验区

截至 2020 年 7 月初，我国已经设立了跨境电商综合试验区 105 个，覆盖了 30 个省、自治区、直辖市。开展跨境电子商务的企业可以就近入驻跨境电商综合试验区，不仅可以获得启动资金的支持，而且可以在技术标准、业务流程、信息获取、渠道开拓、营销推广、品牌培育、人才培养等方面获得具体指导和帮助，不断提升自身实力，加强企业在海外市场的开拓能力。

---

① 电子商务代运营服务是指为企业提供全托式电子商务服务的一种服务模式，即指传统企业以合同的方式，委托专业电子商务服务商，为企业提供部分或全部的电子商务运营服务。

② 商务部. 中国电子商务报告 2020 [R/OL](2021-06-11)[2021-06-27].

4.4 利用企业自有网站开拓互联网市场

4.4.1 企业自有网站的市场拓展优势

1. 提升企业形象

企业网站最基本的功能之一就是全面、细致地介绍企业和企业产品，并通过演示让用户了解更多有关企业和产品的信息。

企业网站具有广告功能，很多时候自有网站的宣传效果还好于报纸和电视。不同的是，企业网站的容量大，创意新，可以跟上时代前进的步伐，企业可以把用户想知道的任何内容放在网站上，投入和支出远低于广告投入。

2. 与客户保持密切联系

大多数企业都把所有的产品和服务信息放到了网上，并定期在网上发布企业的新闻。当消费者用惯了某种产品，遇到问题或希望重新购买此种产品时，就会习惯性地进入企业自有网站。当消费者想了解新产品或新服务时，也常常会想到相关企业的自有网站，企业就可以利用自有网站优势，始终与客户保持密切的沟通。

3. 建立业务联系

通过对合作客户的回访表明，企业可以通过自有网站与客户建立业务联系。企业自有网站稳定，信息来源可靠，联系方法直接，比较容易引起客户的重视。利用企业自有网站可以建立与客户的业务联系，并保持业务联系的持续性。

4. 提供最专业的客户服务

企业自有网站的一个重要功能就是为客户提供专业的服务。企业自有网站可以直接回答客户的问题，解决客户的问题；也可以将常见问题汇总起来，供其他客户查询，让客户随时随地从公司获得答案。

5. 捕捉市场机会

现在全世界的经销商已经习惯通过互联网寻找新产品，这就为中小企业的发展提供了很好的市场机会。企业自有网站需要不断地从访问者的统计中，挖掘可能存在的市场机会，帮助决策者下定拓展新市场的决心。

4.4.2 利用多种方式提高自有网站流量

1. 加强内容建设，增加网站流量

内容是吸引企业自有网站流量的主要来源。自有的网站编辑部是专业的内容生成团

队，其工作就是生成内容（PGC）[①]。

例如，浏览者进入上海汽车集团网站，会发现该网站内容全面，更新及时。浏览者不仅可以及时看到上海汽车最新的款式，还可以看到每个月的销售情况。通过网络宣传资料,客户可以了解更多有关公司和产品的介绍。特别是 2020 年抗击新冠肺炎疫情期间，上汽产品和销售网络宣传力度不断加大。

2020 年 12 月，上海汽车集团的雪佛兰品牌携手品牌挚友 VaVa 推出新一代创酷真橙限量版汽车，从潮酷座驾、智能发动机、智联系统、智能安全、智能驾控、智能互联、娱乐社交、车主及车辆服务等多方面对该款汽车在网站上全面宣传。12 月 7 日起，用户登录雪佛兰天猫官方旗舰店后，就可以将这款限量版新车加入购物车；12 月 12 日零点准时开抢，最终成功购车的消费者即可获得三重好礼。这种"'橙'意发售"的宣传和配套的激励政策，使雪佛兰品牌汽车在"双十二"网络购物节中，收到了不菲的销售业绩。

2. 综合运用网站促销手段，拓展客户来源

综合运用网站促销手段，拓展客户来源，例如美的公司充分发挥企业自有网站的作用，为拓展网站客户来源，该公司做了大量工作。

美的公司的美的商城专门为网民设立了会员福利社，在 2020 年"双十一"网络购物促销节期间，该公司通过网站网页、网络视频、系列病毒广告等形式，向消费者输出"会员福利、价保抢先、现货抢购"的理念，启动了"美的商城 价保抢先对对对""懂你的智慧生活"两个主题活动，曝光量分别达到 9 千万次和 1 亿次。美的商城的"双十一"大促信息几乎渗透到消费者娱乐、生活、工作的方方面面，真正完成了一次与消费者的深度互动。

总结美的商城"双十一"营销的成功，其原因要归功于美的商城不盲从、不跟随老牌电商的玩法，洞悉消费者的真正需求，以最简单直接的会员福利，以及"双十一"价保、全场现货吸引消费者。在网站传播上全线紧扣主题，不玩无脑的"复读机"式传播，而是以当下流行的无厘头鬼畜形式，对消费者对症下药，最终实现引流商城、靠实力圈粉的目的。在这样一个营销环境下，其返璞归真的网站宣传活动获得了消费者的青睐。

2020 年 8 月 8 日，海尔集团的"随手拍"2.0 活动于巴基斯坦正式开启。自 2019 年海尔集团第一次发动全球网友启动"随手拍"以来，就陆续获得了超过 100 多个国家的近百万网友参与，一张张照片记录着海尔智家在全球各地的品牌故事。为应对"后疫情时代"，海尔品牌 AQUA 积极探索销售转型之路，在日本第一时间加大了线上销售的力度以及与网上社区的用户交互，联动多个社交媒体，打造沉浸式用户体验。AQUA 联合 YouTube 平台的视频博主发布了一系列 AQUA TZ 冰箱从送货上门至使用体验的全流程视频，对 AQUA TZ 的超薄、大容量冷冻、外观设计等特点进行了详细展示，并在视频下方加入了 Amazon 购物链接，从而实现了销售引流。2020 年 1—6 月，海尔 AQUA 超

---

① PGC（Professionally Generated Content）是互联网术语，指专业生产内容，即内容设置及产品编辑工作。PGC 工作的好坏直接关系到网站的流量大小。

大型冰箱销量逆势增长 25%。在泰国，2020 年 5 月 9—19 日，海尔在泰国联动线下 10 家家电门店，开启连续 10 天的线上交互活动。通过线上直播的形式吸引了广大用户的热情参与。

3. 探索企业网站的双语化营销，大力拓展国外市场

我国外贸份额较大的企业已经充分认识到双语种网站在国际贸易活动中的重要性。许多企业积极开展双语种网站的构建，并利用双语种网站拓展世界市场。

例如，格力集团成立于 1985 年 3 月，经过 30 多年的发展，形成了工业、房地产、石化三大板块综合发展的格局，主体资信评级达 AAA 级。2020 年格力电器凭借突出的综合实力再次上榜《财富》世界 500 强名单。2019 年，该公司实现营业总收入 2 005.08 亿元人民币，位列榜单第 436 位，延续了一如既往的发展韧性和发展活力。

格力在英文网站的海外拓展方面主要开展了以下工作。

（1）详细展示世界各地的销售站点。从格力英文网站可以看到，格力集团的海外销售网络遍布全球，包括北美、拉美、欧洲、中东、非洲、亚洲和大洋洲。单击每个洲的图标，就可以看到当地的销售网店和相关的联系信息。

（2）详尽的产品和服务介绍。在 Products & Services 栏目中，包括 Residential Air Conditioner、Commercial Air Conditioner、Air to Water Heat Pump、Home Appliances、Refrigerator、Gree Smartphone、Industrial Products、Download Center 等内容。格力集团英文网站的系列产品介绍如图 4-16 所示。

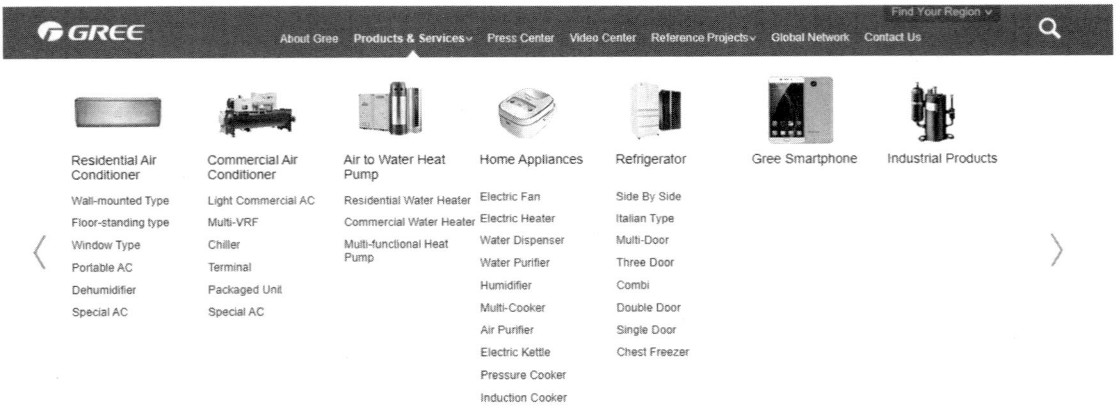

图 4-16　格力集团英文网站的系列产品介绍

立讯精密为了解决自有新闻更新迟缓和网站网络营销的功能发挥不充分的问题，采取了两项措施，一是配备专门人员维护英文网站，以保证英语网站与中文网站同步更新；二是在企业网站中把产品和开发放到重要位置，而把有关企业介绍、新闻等放到隐蔽框中。这样，客户在访问企业网站时，首先接触到的是有关网络营销的内容，从而真正将外贸业务在网上开展起来。

如图 4-17 所示为立讯精密英语网站推广的产品。

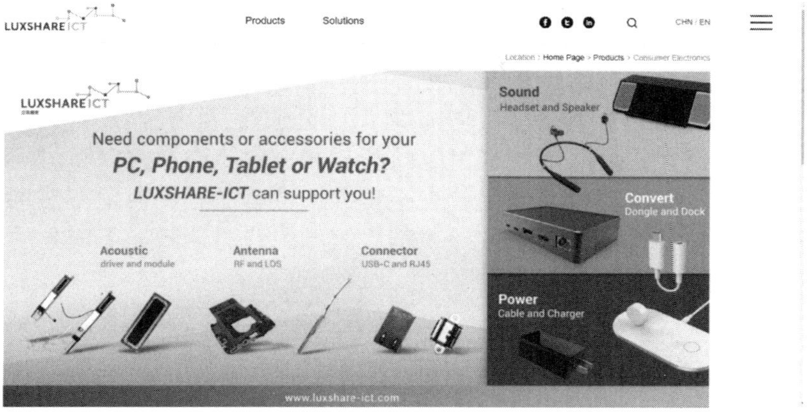

图 4-17　立讯精密英语网站推广的产品

4.5　利用电子商务第三方交易平台开拓网络市场

4.5.1　电子商务第三方交易平台模式

根据服务形式的不同，电子商务第三方交易平台（简称电商第三方平台）大致可以分为 3 种不同的类型。

（1）简单信息服务提供型。此类平台只提供外贸交易中各方的需求信息，而不提供交易服务，如环球资源网、中国石油和化工网、中国贸易网等。此类平台信息量大，信息覆盖面广，针对会员企业有专门的信息提供，非常适合产品品种多，并有较强网络营销能力的企业使用。

（2）线上撮合线下交易型。此类平台在提供交易信息的同时，通过技术和人工手段帮助买家寻找卖家，帮助卖家寻找买家，提高买卖双方交易撮合成功的概率，如中国制造网。此类平台不仅为买家和卖家提供相互沟通的联系方式，而且提供一系列辅助交易工具，如信用服务、采购服务、销售服务等。

（3）全方位服务提供型。此类平台不但提供信息服务，而且提供全面交易的服务，包括信息撮合、网上结算和配送服务等，如淘宝网、敦煌网。这类站点要求电商平台有比较全面的驾驭网络交易的能力。

4.5.2　电商第三方平台的优势

（1）信息来源广泛。电商第三方平台最大的优势是能够为买卖双方之间的交易活动提供丰富的信息。参与外贸电子商务的企业可以在平台上发布自己的产品信息，或者从平台上发现国外的买家，并可以根据不同平台的信息选取自己企业潜在的客户。很多平台还提供附加信息服务，即为企业提供交易需要的相关经营信息，如市场行情、消费者的需求情况、竞争者动态等。

（2）交易撮合便利。电商第三方平台集中了买家和卖家的大量信息，并提供了各种交易撮合手段，使交易撮合的成功率大大提高，为企业，特别是中小企业提供了销售的便利。而平台提供的客户管理功能，包括企业的合同、交易记录、企业的客户资料等信息的托管服务，也为企业的交易活动提供了很多方便。

（3）营销费用大幅度降低。选用电商第三方平台使交易方只需访问基于互联网的平台界面，节省了大量的时间和费用；大量卖方通过第三方平台发布信息，可以吸引更多的买方访问平台，从而降低了卖方寻找销售信息的费用，增加了卖方的商业机会。超低佣金+年费激励的收费模式，也吸引了企业进入电子商务领域。

4.5.3 电商第三方平台上的网店建设

在商务部 2017—2018 年度电子商务示范企业名单中，京东、阿里巴巴速卖通、敦煌网榜上有名；国际市场上，eBay、Amazon、Wish 等网站也是网店建设的首选。

1. 京东

京东集团于 2004 年正式涉足电商领域。2014 年 5 月，京东集团在美国纳斯达克证券交易所正式挂牌上市，2020 年 6 月，在香港联交所二次上市。其核心业务为零售、数字科技、物流、技术服务四大板块，电商第三方平台业务是在 B2C 零售业务上发展起来的。

1）入驻京东需要完成 4 个操作阶段

（1）阶段一：入驻前准备如图 4-18 所示；

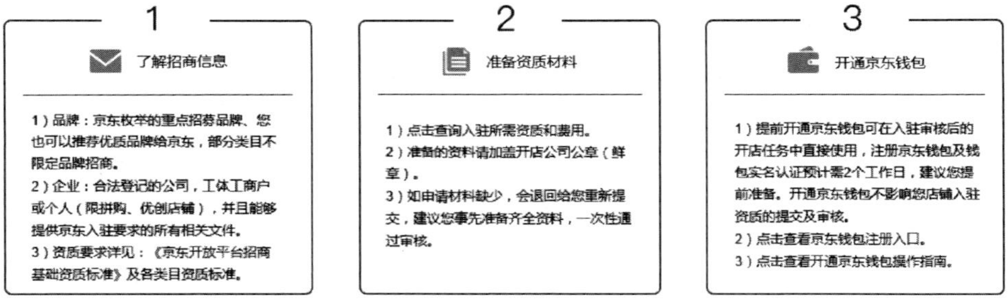

图 4-18 入驻前准备

（2）阶段二：入驻申请，操作步骤如图 4-19 所示；

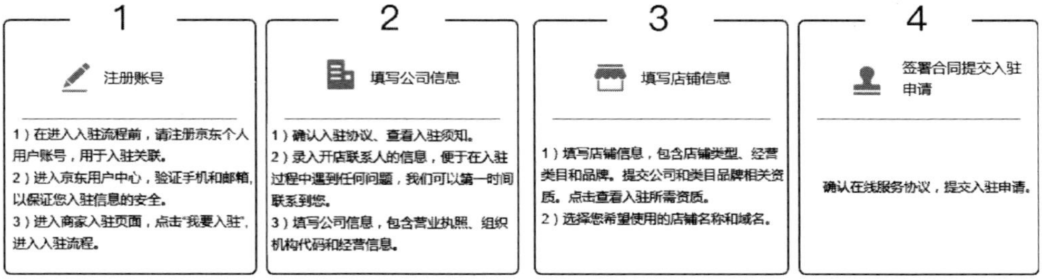

图 4-19 入驻申请的操作步骤

（3）阶段三：审核，操作步骤如图 4-20 所示；

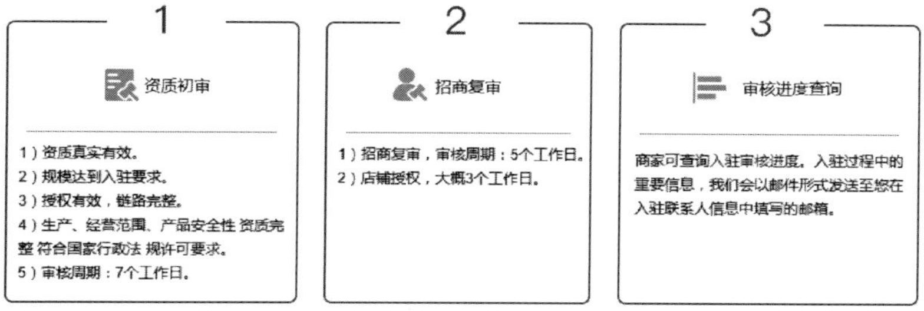

图 4-20　审核的操作步骤

（4）阶段四：开店任务，操作步骤如图 4-21 所示。

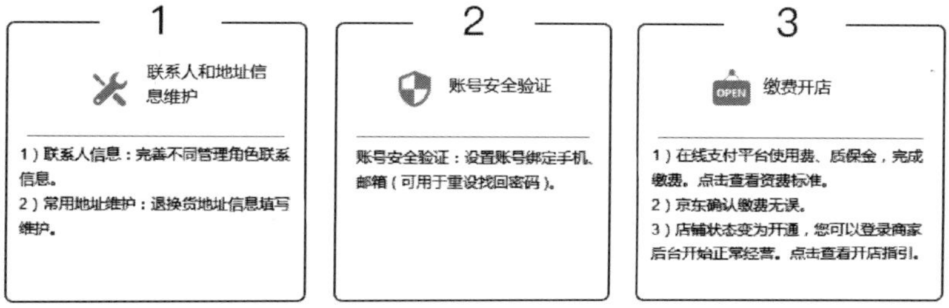

图 4-21　开店任务的操作步骤

2）开店注意事项

入驻京东仅仅是网络市场开拓的第一步，接下来还有很多工作。京东的帮助中心一共列出了 33 类问题，详细阐述了利用京东电子商务第三方平台开拓市场的具体方法。如表 4-1 所示为京东帮助中心 7 个主要项目及其核心内容。

表 4-1　京东帮助中心主要项目及其核心内容

项　　目	核 心 内 容
我的店铺	京营保、店铺管理、店铺装修、品牌管理、二级域名申请、运费险管理、京东好店、保险服务、店铺上新
商品管理	定制中心、在售商品管理、添加新商品、待售商品管理、商品资质管理、关联版式设置、库存管理、属性管理、商品回收站、商品评价管理、商品上架、商品下架、删除商品、预售商品、视频管理、质量标准、AR/VR 新视觉、商品搜索看板
订单管理	订单查询与跟踪（SOP）、删单申请、开通订单备注、订单信息
我的配送	物流公司管理、设置快递单模板、发货地址管理、运费模板、电子面单服务、承诺配送时效、物流履约、仓储服务、货到付款、退货服务、商务合作
售后客服	取消订单管理、自主售后、赔付管理、交易纠纷管理、400 热线管理、备件库退货地址、自主售后退货地址、退货管理、退换货申诉管理、工商举报投诉、服务监控、售后审核、评价管理、售后客服答疑、JIMI 客服机器人、商家咚咚、京东放心购
结算管理	账目名词解释、操作指南、常见问题
用户营销	评价有礼、签到有礼、店铺礼包、购物车红包、收藏有礼、爆品红包、买家秀

2. 阿里巴巴速卖通

阿里巴巴速卖通又称全球速卖通，是阿里巴巴帮助我国卖家接触海外消费者、终端零售商，快速销售、拓展利润空间而全力打造的融合订单、支付、物流于一体的外贸在线交易平台。该平台于 2010 年成立，经过 10 多年的高速发展，目前，该平台的业务范围已经覆盖全球 220 个国家和地区，支持世界 18 种语言站点，支持全球 51 个国家的当地支付方式，海外成交买家数量突破 1.5 亿人。

1）阿里巴巴速卖通开店流程

阿里巴巴速卖通开店分为两个阶段，一是意向准备期，包括注册申请和审查通过后 2 日；二是新店上路期，包括开店第 1 周、开店 2～3 周、开店 3～4 周。

（1）注册申请页面如图 4-22 所示。

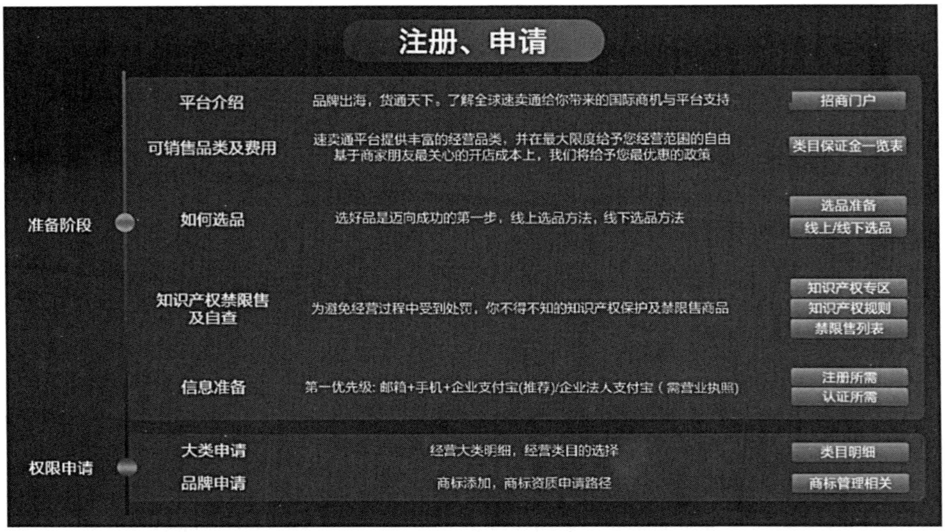

图 4-22　注册申请

（2）审查通过后 2 日页面如图 4-23 所示。

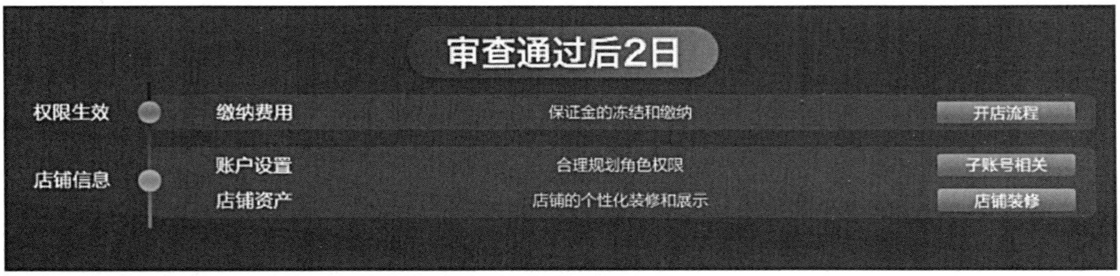

图 4-23　审查通过后 2 日

（3）开店第 1 周页面如图 4-24 所示。

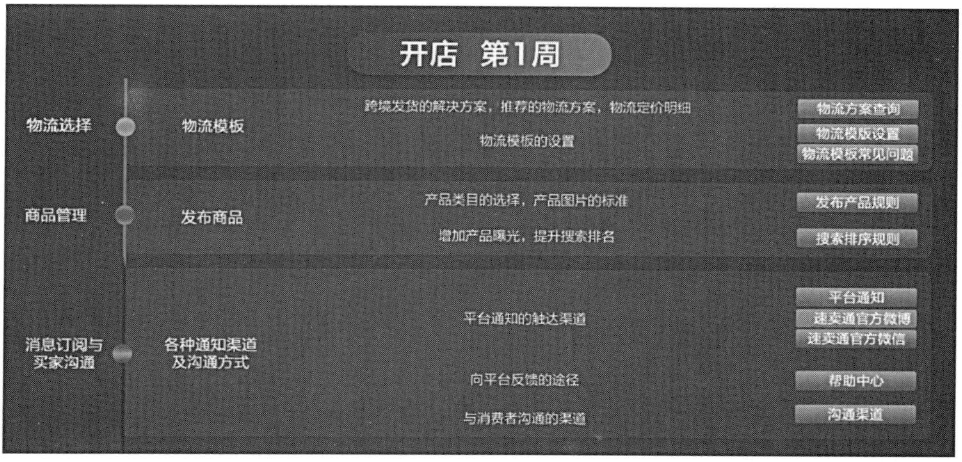

图 4-24　开店第 1 周

（4）开店第 2～3 周页面如图 4-25 所示。

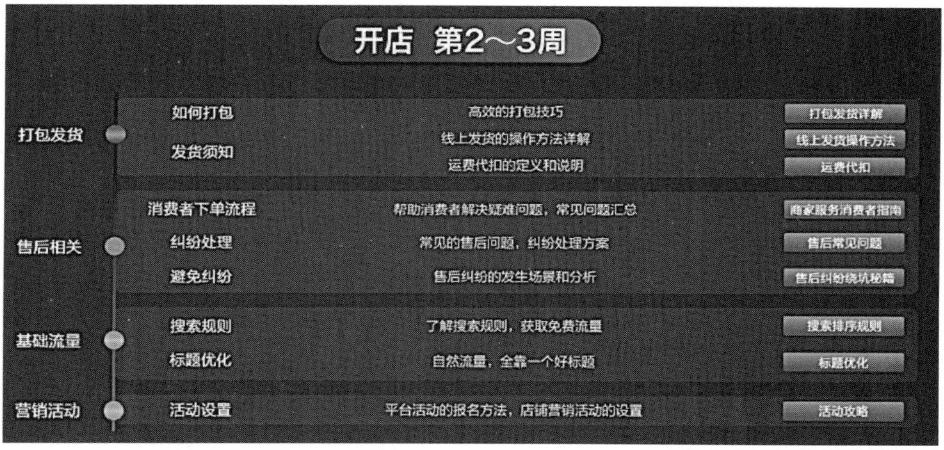

图 4-25　开店第 2～3 周

（5）开店第 3～4 周页面如图 4-26 所示。

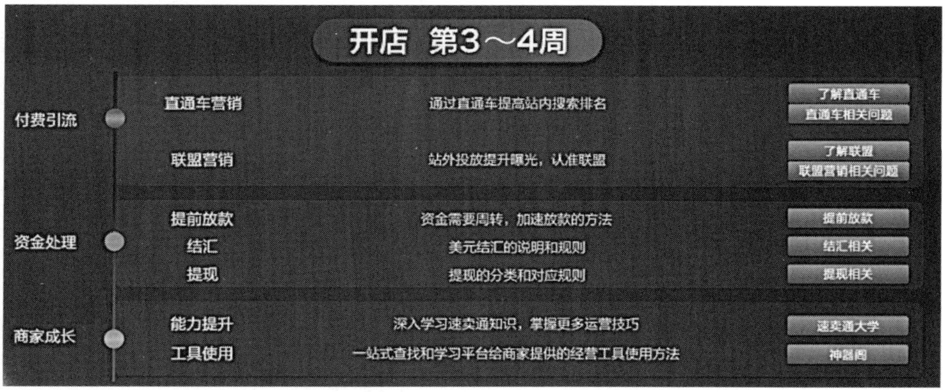

图 4-26　开店第 3～4 周

3）阿里巴巴速卖通管理规范

阿里巴巴速卖通网站设立了商家服务市场规则中心，收集了 4 个方面的管理规范，包括平台管理规范、公告/通知、平台协议、类目管理规则。

（1）平台管理规范，包括服务市场管理规范、服务市场的安全违规处理规范、服务市场争议处理规则。

（2）公告/通知，包括对各种管理规则变更的公示，如《电子发票类目接入规则》变更公示通知；新增管理规则的通知，如新增《阿里巴巴农村淘宝项目服务商管理规定》公示通知等。

（3）平台协议，包括技术服务协议（内购服务商）、阿里巴巴商家服务市场服务协议、商家服务市场各类目保证金缴纳标准等。

（4）类目管理规则，包括大数据应用类目管理细则、翻译服务类目入驻管理规范、代运营服务类目管理细则、阿里巴巴速卖通服务市场争议处理规则等。

3. 敦煌网

敦煌网是一个国内领先的专业跨境电子商务平台，汇集了我国众多中小供应商的产品，为国外众多的中小采购商有效提供采购服务的全天候国际网上批发交易。目前已经拥有 220 万个以上的累计注册供应商，在线产品数量超过 2 300 万个，累计注册买家超过 2 800 万人，覆盖全球 222 个国家及地区，拥有 50 多个国家的清关能力，200 多条物流线路，以及 17 个海外仓。

创建敦煌网店铺有如下几个步骤。

（1）添加产品到橱窗。单击“我的 DHgate”→“产品”→“店铺”菜单命令，就会出现店铺创建页面。创建店铺的前提条件包括：①通过了 DHgate 认证；②通过了审核的在线产品必须大于 10 件；③至少在橱窗中设置一个产品。如果通过系统自动检测满足了以上要求，单击“创建店铺”按钮，完成填写商户信息和激活账户后，就可以创建店铺。

（2）添加产品到橱窗。店铺创建成功后，可以选择产品添加到橱窗，如图 4-27 所示。橱窗内分为：“New、Arrivals”“Hot、Items”“Free、Shipping” 3 个选项。单击页面上方的标签进行各分类产品设置，可以添加产品到当前橱窗，批量修改产品有效期，批量移除产品。

图 4-27 添加产品到橱窗

在产品添加页面，系统列出的是卖家所有上架且通过审核、尚未加入任何橱窗的产品。选择产品后，单击“添加”按钮，完成产品加入橱窗的操作。对于“Free、Shipping”橱窗，添加的产品同时还要满足免运费产品的定义。“New、Arrivals”橱窗中的产品，是平台“New、Arrivals”的产品展示的重要参考，因此，很好地应用“New、Arrivals”，可以大大提高产品的曝光率。产品加入橱窗后，可以调整产品的显示顺序。卖家自己定义的产品顺序，就是买家访问店铺时看到的产品显示顺序。

（3）预览店铺。设置好“New、Arrivals”“Hot、Items”“Free、Shipping”3 个特色橱窗后，就可以预览店铺并查看店铺的效果。装修好的店铺预览如图 4-28 所示。

图 4-28　装修好的店铺预览

（4）开放店铺。卖家可以通过单击“开放店铺”按钮，自行开放或关闭店铺。只有店铺状态为“开放”时，买家才可以浏览到您的店铺。

4. eBay

eBay 是在线销售式电子商务平台的鼻祖，2020 年 9 月在全球综合排名是第 41 位①，连接着全球数百万的买家和卖家，为各种规模的个人、企业家、企业和组织创造经济机会，在全球 190 个市场运营，在世界电子商务 C2C 领域占据统治地位。其销售模式有固定价格，也有拍卖形式。

在 eBay 上开店有如下几个步骤。

（1）创建账号。

eBay 虽然是全球最大的电子商务平台，但其运作流程非常简单，花两三分钟就可以创建一个交易账户，每个交易账户都可以在 eBay 全球 38 个交易平台上使用。

（2）启动外贸流程，一般有 3 个步骤，一是创建 eBay 交易账户；二是创建 PayPal 资金账户；三是绑定交易账户与资金账户。

---

① Alexa.ebay.com 网站 Alexa 排名[EB/OL]（2020-09-01）[2020-09-20].

（3）缴纳费用。以 eBay 美国站为例，一般 eBay 会向平台卖家收取 4 种类型的基础费用：一是创建 Listing 刊登时，会收取刊登费（Insertion Fee）；使用 Listing 的升级功能会增加相应的费用；二是产品售出时，会根据产品的售价收取成交费（Finalvalue Fee）；三是如果订购了 eBay 店铺（Store Subscription），需要为店铺支付店铺费用；四是选择 eBay 的 Promoted Listing 的广告服务，需要支付相应费用。

（4）诚信与安全政策。国外电子商务网站有一些特殊的诚信与安全政策。正式开始在 eBay 销售物品前，需要了解这些政策，包括 eBay 信用评价体系、eBay 物品刊登与销售政策，以及 eBay 对卖家表现及买家满意度方面的要求等。

（5）开放店铺。卖家可以通过“单击开放店铺”按钮自行开放或关闭店铺。只有店铺状态为“开放”时，买家才可以浏览到您的店铺。

5. Wish

Wish 于 2011 年成立于硅谷，是一家高科技独角兽公司，有 90%的卖家来自我国，也是北美和欧洲最大的移动电商平台。Wish 主要是基于 App 的跨境电商平台，其移动用户有 3 亿多人，日活跃用户超过 1 000 万人，日均订单量可达到 200 多万单。

Wish 上开店比较简单，填写注册资料，通过审核后，就能即刻开店。新开店铺按照 Wish 的指导添加商品，获取流量，妥投订单商品，就可以进行线上货款的结算了。Wish 网站的开店流程如图 4-29 所示。

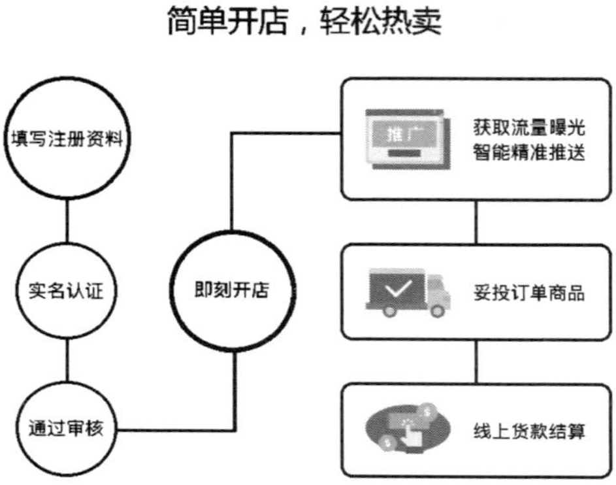

图 4-29　Wish 网站的开店流程

4.6　网络市场拓展中应当注意的几个方面

随着互联网大面积普及，电子商务市场竞争越来越激烈。阿里巴巴提出“新零售”的概念、拼多多下沉农村市场等反映出企业在寻找新的市场、开发新客户方面所做的努力。电商企业需要认真考虑这些现状，并在网络竞争中采用正确的市场拓展策略。

4.6.1　引流线下客源

“新零售”是 2016 年 10 月由阿里巴巴集团提出的，指以互联网为技术载体，通过数据分析和人工智能等方法，重构商品的制造、流通和向最终消费者运输的环节，实现线上、线下和物流的高度整合，建立新型的商业模式和完整的生态链条。

在传统的 B2C 电商购物模式下，用户与商品处于分离状态，无法感受商品带来的直观体验。因此，随着电商平台竞争的白热化，体验式购物成为各个互联网平台建立持续竞争力的有效砝码。网络营销开始改善潜在消费者与商品的互动形式，由产品试用、线上 AR 技术到逐渐与线下平台联手，依据用户的流量数据进行个性化的产品推荐与定制服务，不断丰富商品或服务的体验环节，推动线上线下购物一体化。

盒马鲜生是阿里巴巴新零售线下拓展的一个典型。盒马鲜生凭借线下的实体体验店快速拉近与消费者的距离，真正做到“所见即所得”，消费者可以在周边的体验式门店亲自挑选新鲜的生鲜食品，从而快速消除纯生鲜电商“摸不着”的信任危机，为线上带来真正的流量。

4.6.2　深耕农村市场

2020 年，我国农村电商交易规模持续扩大，农村网上零售额达到 1.79 万亿元①，占我国网上零售额的 15.26%。

2020 年以来，直播带货、社交电商、短视频等电子商务新模式、新业态取得快速发展，有效满足了农村用户多层次、多样化的需求，激发了农村地区网购消费潜力，形成了电子商务的“下沉市场”。阿里、京东、拼多多等多家电商企业争相布局下沉市场。2020 年春节期间，在原地过年的情况下，大量城市的礼物通过快递寄到农村的父母身边，而大量的农产品，特别是特色美食，也通过电商渠道快递到城市的儿女身边，形成了在网上晒年货的热潮。

农村电商赋能传统农产品流通，推动更多农户和合作社上网销售农产品。新一代农民已经从单纯的生产者逐步变化为生产经营者。但由于我国农业总体上具有小生产、大市场的特点，农业生产的标准化、规模化程度不高，农产品产地初加工的能力不足，品牌化短板问题越发突出，农村电商供应链体系有待完善，部分地区，特别是深度贫困地区的“最初一公里”物流成本仍然较高，在一定程度上制约了农产品上行的效率。

2020 年 3 月，淘宝天猫公布“春雷计划”的助农新目标，将再造 100 个 10 亿级品牌农业产业带，提升农业产业带的品牌化和数字化水平。2020 年 12 月，京东成立主攻下沉市场的京喜事业群，全面升级“京心助农”计划，推动生鲜农产品上行可持续发展。拼多多以市场为导向，完善覆盖产区的产品结构，以技术为支撑，打造契合新消费需求的“农货中央处理系统”，创新了以农户为颗粒度的“山村直连小区”的农货上行模式。

农村下沉市场为电子商务的发展提供了新的机会。当一二线城市已经变成一片电商红海后，电商创业者在利基市场②找到了新的增长机会。

4.6.3　开拓服务新市场

近年来，在服务行业出现了多个网络营销新领域，如生鲜商品、网上订餐、共享单

① 商务部. 中国电子商务报告 2020 [R/OL](2021-06-02)[2021-06-27].

② 利基（Niche Market）指那些被市场中的统治者/有绝对优势的企业忽略的某些细分市场，也称为缝隙市场。

车、生活服务业、网络教育等，这些服务领域各具独自的特点。

从京东平台2020年的各月生鲜活跃用户的占比数据可以看出，生鲜消费者已经逐渐形成了惯性购买，各月活跃用户数趋向稳定，生鲜商品成为了用户日常生活不可或缺的必需品。在生鲜电商渗透率较高的一二线城市，用户追求是从深度上提升品质，三四线城市则是在广度上拉宽生鲜品类。网络营销需要合作联动“线上线下”，推动全渠道营销，坚持将用户的行为、需求、习惯等因素作充分的大数据分析和画像，从而有针对性地提供商品与服务，有效提升用户体验。

2020年，网上订外卖已经占到网民使用率的42.3%。办公白领群体的刚性需求推动外卖市场持续发展。外卖营销的重点已经从在线平台运营转向对餐品质量监控以及直供模式的推广；外卖企业的营销视角也瞄准了二三线中小城市的潜在市场。同时，外卖企业的新业务布局全面展开，生鲜食品、鲜花、医药等新品种的订单量及商户数量也明显增加。

共享单车在经过了一番激烈对决后，以各自不同的方式收场。原本深耕三四线城市的哈啰出行却胜利突围，从共享单车的硝烟中走了出来。作为一个成功的逆袭者，哈啰出行调整了营销策略，免除了抵押金，调高了使用租金，并开始拓展两轮电动车租用业务，从而使哈啰逐步从单一的共享单车平台，变成出行大平台，并以此链接整合上下游资源，形成超级流量平台。

上述这些服务领域仅仅是几个典型的新领域，更广阔的新领域包括居家生活、教育、医疗、养老、文体、助残等领域。这些领域各具独自的特点，营销方法和模式都有很大的不同，需要电商企业在实践中不断探索。

4.6.4 综合运用多种方式开发新市场

2020年，“双十一”购物节电商平台销售数据再创新高。在整个购物节中，拼多多的异军突起引起了业界很大的关注。

拼多多的异军突起绝非偶然，与传统电商、传统商业相比，其运营模式和效率已经发生了革命性的变化。分析其中的原因，主要有如下4点原因需要格外注意。

（1）购买渠道的变化。智能手机的普及，网络条件的改善，大量用户开始从传统电商的搜索入口转向了社交入口，导致用户的购买渠道发生了巨大变化。拼多多通过拼团模式，精准地连接商品和用户，颠覆了传统电商的搜索型购物模式。

（2）流量来源的变化。移动互联网在我国的广泛普及，使三四甚至五线的城镇居民成为互联网流量的新来源。当电商的一二线城市人口红利逐渐消失、获客成本越来越高的时候，拼多多瞄准了更广泛的流量来源人群，借助社交平台迅速提升了自己的关注度，使自己成为互联网历史上访客增长最快的网站。

（3）进一步减少中间环节。相对于传统电商，拼多多直接对接生产者，特别是农民，直接将农产品从地头送到消费者手中，又减少了农产品收购的环节，因此，销售的商品更有竞争力。

（4）打造自己的网络品牌。经过几十年的努力，一大批“中国制造”风靡世界，但很多都是在帮国外品牌代工，我国企业要做出自己的品牌，仍然面临着营销资源和能力不足的限制。拼多多利用网络优势，解决了品牌影响力与生产制造能力不匹配的问题，如重庆百亚、家卫士等。在传统品牌影响力不断减弱的现状下，利用电子商务和网络营销提升品牌的影响力是正确的选择。

中国电商经历了 20 多年的高速发展，以阿里巴巴、京东为代表的电商生态已经日趋完善，很多人认为不可能再有新形式的电商平台出现。然而，电商营销渠道的变化反映出电子商务新企业对营销渠道的新探索。随着 5G 技术的推广，必将产生新的风口，电子商务的经营者一定要准确把握电子商务发展的新动向，抓住创新机会，赢得新一轮竞争中的新优势。

导入案例解析

在电子商务市场开拓时，必须首先有一个清晰明确的市场定位与目标。这就意味着企业需要设计并执行周密的电子商务市场调研，明确自身的目标客户群体和拓展电商市场的具体手段。尤其对于初创的电子商务公司而言，管理者需要明确知晓公司所面对的市场形态和目标客户特征，并制订详细的市场推广和宣传方案。

在此基础上，还需要组建专业的市场拓展团队进行此项工作，把市场推广和宣传方案真正执行到位。尽管大量的市场拓展工作可以外包，但网站设计、网页制作与美工渲染、流量转化等具体工作还是应由公司内部组建的专业团队协作完成，以最大程度地利用最新的互联网工具及平台，形成自身独特的市场拓展模式。

复习题

1. 简述电子商务市场调研的内容。
2. 如何利用互联网开展电子商务市场的直接调研？
3. 试论述利用互联网开展电子商务市场间接调研的主要方法。
4. 简述我国企业利用自有网站进入网络市场的途径。
5. 试比较不同电商第三方平台开店方法的异同处。

第5章 网络营销与客户关系管理

网络营销（E-marketing）指以互联网为媒介和手段而进行的各种市场营销活动。按照美国市场营销协会2007年10月给出的定义：“所谓营销，是指为客户、合作伙伴以及整个社会创造、宣传、传递、交换物有所值的产品和服务，它是一系列活动、制度、流程的综合”[①]。对于开展网络营销的企业而言，正确的营销策略是保证网络营销成功的关键。企业通过宣传产品，寻找潜在市场，管理客户关系，为自己和相关利益者创造最大收益。在网络营销环境下，传统的市场营销策略被赋予了新的内容，成为独特的网络营销策略。本章主要介绍网络交易的行为、网络营销策略、网络促销方法、客服服务方法等方面的内容。

导入案例

快手网站的直播带货

快手网站在直播带货中提出了“人立方”模式（见图3-1），将直播带货的参与人分为3类。一类是宣传的人，如明星大V、带货强V，他们具有很强的传播力；第二类是裂变的人，包括种子用户、社群主、品牌经纪人，这些人具有扩散力；第三类是渠道的人，如柜姐、小批发商等，他们可以开展渠道运营和线下引流，如百雀羚公司在推广一款面膜新产品时，就采用了快手网站的“人立方”的模式。

对于宣传的人，百雀羚公司没有选择人们熟悉的美妆博主，而是选择了一些网红达人，他们的粉丝同样也有美妆的需求。网红达人通过账号发布短视频，号召粉丝们参与品牌话题活动。各路带货强V则制作与品牌话题相关的创意视频，为粉丝们提供参照模板，从而激发了更多的人参与互动。

---

① American Marketing Association. Definition of Marketing (Marketing is the activity, set of institutions, and processes for creating, communicating, delivering, and exchanging offerings that have value for customers, clients, partners, and society at large). Approved October 2007[R/OL]. (2008-06-01)[2010-01-20].

对于裂变的人，百雀羚公司选择了全国各个销售渠道的员工。每个员工都需要在线上各自的快手账号、朋友圈发布带有品牌原创话题的互动内容。

对于渠道的人，百雀羚公司动员线下门店配合相应的运营活动，线上活动参与者可以到店参与体验和产品相关的一条龙服务。

最后的营销效果是线上活动有近 900 万人参与，点赞数超过 20 万个，UGC 上传作品超过 2 000 个，线下“美轮美奂”化妆品门店每天业绩 60%以上都是百雀玲贡献的，而平时只有 30%左右。

如图 5-1 所示是快手的传播组网“人立方”生态示意图。由图可见，“人立方”由宣传的人、裂变的人、渠道的人组成，“宣传的人”以自身的影响力，为品牌商家拓展传播广度，实现更大的曝光；“裂变的人”依托于自身在特定圈层中的号召力，促进品牌商家信息在社交网络中的深层渗透与下沉扩散；“渠道的人”突出的分销能力可以提升品牌商家的销售效度，其服务能力则有助于品牌商家与用户持续沟通与连接。

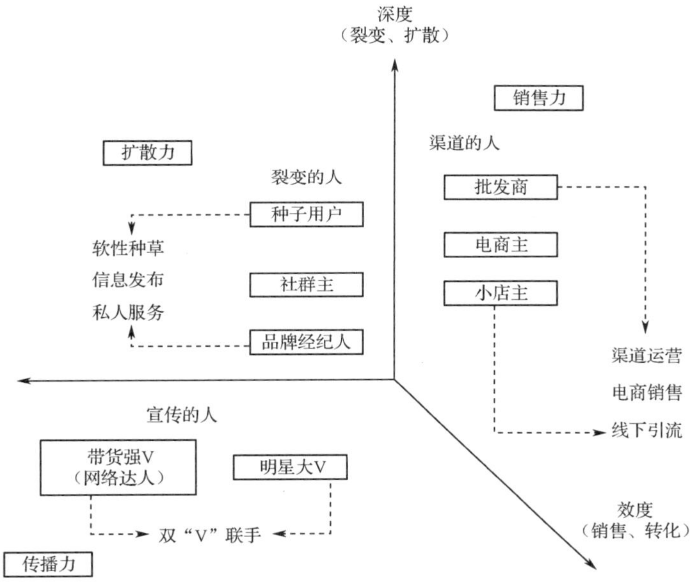

图 5-1　快手的传播组网“人立方”生态示意图

导入案例思考题

成功的网络营销需要具备哪些要素？

5.1　网络交易行为分析

网络市场与实体市场类似，可以分为消费者市场、生产者市场和政府市场 3 类。消费者市场是由网民构成的市场；生产者市场是拥有自己域名，建立了自己的网站或者拥有网络页面的各类企业参与的市场；政府市场主要是已经上网的政府机构或非营利组织开展电子化政府采购活动的市场。与此相对应，网民、上网企业和政府组织机构构成了不同的网络交易集合体。本章主要从上述 3 类市场对网络交易行为进行深入的研究。

5.1.1 网络消费者的购买行为

网络消费者的购买行为是影响网络营销的重要因素。与传统商务活动不同，在网络营销中，每一个消费者是一个活跃在不断变化的虚拟网络环境中的“冲浪者”，他一方面扮演着个人购买者的角色，另一方面则扮演着社会消费者的角色，起着引导社会消费的作用。因此，网络消费者的消费行为是个人消费与社会消费交织在一起的复杂行为。

1. 网络消费者的购买动机

动机是推动人进行活动的内部原动力、内在驱动力，即激励人行动的原因。网络消费者的购买动机是在网络购买活动中，驱使网络消费者产生购买行为的某些内在的驱动力。

对于企业促销部门而言，通过了解消费者的动机，就能有依据地说明和预测消费者的行为，采取相应的促销手段。而对于网络促销而言，动机研究更为重要。因为网络促销是一种不见面的销售，网络消费者复杂的、多层次的、交织的和多变的购买行为不能被直接观察到，只能够通过文字或语言的交流加以想象和体会。

网络消费者的购买动机基本上可以分为两大类：需求动机和心理动机。前者指人们由于各种需求，包括低级的和高级的需求而引发的购买动机；而后者则指由人们的认识、感情、意志等心理过程而引发的购买动机。

在传统的营销过程中，需求层次理论被广泛应用。美国心理学家马斯洛（Abraham H. Maslow，1908—1970 年）把人的需求划分为 5 个层次：生理的需求、安全的需求、社交的需求、尊重的需求、自我实现的需求。

（1）生理的需求是人类生活和生存的基本需求，如吃、穿、住、行等，这些需求必须得到起码的满足。能够上网购物的人多数已经解决了基本生活用品的购买问题，因此，只有购物的便利和价格的优势，才能引起他们的注意力重新回到这一层次的需求中。

（2）安全的需求是人们在满足了生理需求后，希望自己的人身安全、财产和生活条件能够得到一定程度的保障，并为此购买相应的产品或服务。网络消费者也不例外，他们能够通过网络的查询，寻找最适合自己需求的产品。2020 年，由于新冠肺炎疫情的流行，网上购物出现了前所未有的火爆场面，其主要原因是出于安全的需求。

（3）社交的需求是人们在社会生活中产生的一种交流的需求。互联网不仅能够提供信息传输，而且提供了言论发布和相互沟通的条件和场所，所以，对消费者产生了巨大的吸引力。近年来网民对网络直播、电子红包的追捧也反映了消费者对社交的强烈需求。

（4）尊重的需求涉及自我尊重和受别人尊重两个方面。前者包括自主、自由、自尊、自豪等，后者包括地位、荣誉和被尊重等。在这一层次，人们要求网络市场提供各种高品位的饰品和化妆品的销售，提供婚礼服务、会议服务以及涉及旅游方面的综合服务，对于购买者和消费者给予一定的荣誉，如 VIP 客户、钻石买家等。

（5）自我实现的需求。人总是希望自己在事业上有所成就，随着大部分人基本需求的满足，以及人们文化教育水平的提高，这种需求变得越来越重要。人们对网络信息服务商提出了更高的要求。网上商店蓬勃发展、网络创业风起云涌正是这一需求的真实反映。

在上述 5 个层次的需求中，第 1、第 2、第 3 层次的需求属于低级需求，而第 4、第 5 层次的需求则属于高级需求。

2. 网络消费的特点

网络消费是一种新型消费形式，与传统的消费形式相比，有类似的地方，也有独有的特点。

（1）网络消费仍然具有层次性。网络消费本身是一种高级消费形式，但就其消费内容而言，仍然可以分为由低级到高级发展的不同层次。需要注意的是，在传统的商业模式下，人们的需求一般是由低层次向高层次逐步延伸发展的。而在网络消费中，人们的需求是由高层次向低层次扩展的。

（2）网络消费者的需求具有明显的差异性。不同的网络消费者因所处的时代、环境不同而产生不同的需求，不同的网络消费者在同一需求层次上的需求也会有所不同。因此，从事网络营销的厂商要想取得成功，必须在整个生产、销售、运输过程中，认真思考这种差异性，并针对不同消费者的特点，采取有针对性的营销方法和措施。

（3）网络消费者的需求具有交叉性。在网络消费中，各个层次的消费不是相互排斥的，而是紧密联系的，需求之间广泛存在交叉。例如，在同一张购货单上，消费者可以同时购买最普通的生活用品和昂贵的饰品，以满足生理的需求和尊重的需求。这种情况的出现是因为网络虚拟商店可以囊括几乎所有商品，人们可以在较短的时间里浏览多种商品，由此产生交叉性的购买需求。

（4）网络消费者需求的超前性和可诱导性。电子商务构造了一个世界性的虚拟大市场，在这个市场中，最先进的商品和最时髦的商品会以最快的速度与消费者见面。具有创新意识的网络消费者必然会很快接受这些新的商品（包括国内的和国外的），从而带动周围消费层新的消费热潮。从事网络营销的厂商应当采用多种促销方法，启发、刺激网络消费者的新需求，唤起他们的购买兴趣，诱导网络消费者将潜在的需求转变为现实的需求。

3. 网络消费者的心理动机

网络消费者购买行为的心理动机主要体现在以下 3 个方面。

（1）理智动机。这类购买动机是建立在人们对在线商场推销商品的客观认识基础上的。网络购买者大多较为成熟，具有较高的分析判断能力，他们的购买动机具有客观性、周密性和控制性等特点。在理智购买动机驱使下的网络消费购买行为，首先注意的是商品的先进性、科学性和质量，其次才注意商品的经济性。

（2）感情动机。感情动机是由于人的情绪和感情所引起的购买动机。这种购买动机还可以分为两种形态，一种是低级形态的感情购买动机，由喜欢、满意、快乐、好奇引起。这种购买动机一般具有冲动性的特点，如在 2014 年元旦和春节期间，腾讯微信推出名为“微信红包”的送礼服务，既新颖又方便，短短两周内，使微信支付的用户数突破上亿用户；还有一种是高级形态的感情购买动机，由人们的道德感、美感、群体感引起，具有稳定性的特点。而且，由于在线商场提供异地买卖送货业务，因而大大促进了这类购买动机的形成，如通过在线商场为网友购买礼品，为外地父母购买老人用品等，都属于这种情况。

（3）惠顾动机。惠顾动机是基于理智经验和感情之上，对特定的网站、图标广告、商品产生特殊的信任与偏好而重复地、习惯性地访问并购买的一种动机。搜索引擎的便利、图标广告的醒目、站点内容的吸引等都可以形成惠顾动机。具有惠顾动机的网络消费者，往往是某一站点的忠实浏览者，例如，参加“秒杀”①的消费者，他们不仅自己经常光顾某一站点，而且对众多网民也具有较大的宣传和影响能力。

4. 影响消费者网上购物的外在因素

（1）商品价格。网上购物之所以具有生命力，重要的原因之一是网上销售的商品价格普遍低廉，网络营销渠道能够帮助企业和客户大大降低流通费用。网络即时通信可以迅速地沟通买卖双方的信息；零售商与生产商联手，减少了许多中间环节；全球性的网络市场竞争，使得商品价格大大低于传统流通渠道中的商品价格，从而对消费者产生越来越大的吸引力。

（2）购物时间。这里所说的购物时间包含两方面的内容：购物时间的限制和购物时间的节约。网络虚拟商店一天 24 小时营业，没有任何时间限制，这是传统商店无法比拟的。现代社会大大加快了人们的生活节奏，人们已没有时间像过去一样去逛商场，他们迫切需要快速方便的购物方式和服务，网络购物满足了人们的这种愿望，在人们对网络商店和网上购物的安全性、可靠性有了充分的认识之后，将会越来越多地选择这种新型购物形式。

（3）商品挑选范围。在网络购物中，“货比三家”已不足为奇。人们可以“货比百家”“货比千家”，甚至“货比万家”，商品挑选的余地大大扩展。而且，消费者可以从两个方面进行商品的挑选，一方面，网络为消费者提供了众多的检索途径，消费者可以方便快速地搜寻全国乃至全世界相关的商品信息；另一方面，比价网站的出现，提供了最新的产品经销商报价比较。消费者可以通过比价选择性价比最高的产品。在这样大的选择余地下，网络购物的优势就非常明显了。

（4）商品的新颖性。追求商品的时尚和新颖是许多消费者，特别是青年消费者重要的购买动机。这类消费者特别重视商品新的款式、格调和社会流行趋势，而对商品的使用程度和价格高低不太计较。这类消费者的经济条件比较好，青年人居多，他们是新式高档消费品、新式家具、时髦服装的主要消费者。最新产品全方位的文字、图片和声音介绍，对这类消费者的吸引力越来越大。

5. 网络消费者的购买过程

网络消费者的购买过程是网络消费者购买行为形成和实现的过程。这一过程不是简单地表现为买或不买，而是一个较为复杂的思维与行动的过程。

---

① 秒杀（SecKill）原意是以压倒性优势在极短时间（比如 1 秒）内解决对手，最早用来形容一场足球赛事最后阶段的进球。在网络交易中，秒杀是网上竞拍的一种新方式。网络卖家发布一些超低价格的商品，所有买家在同一时间进行网上抢购。由于商品价格低廉，往往一上架就被抢购一空，有时只用 1 秒。

与传统的消费者购买行为类似，网络消费者的购买行为早在实际购买前就已经开始了，并且延长到实际购买后的一段时间，有时甚至是一个较长的时期。从酝酿购买开始到购买后的一段时间，网络消费者的购买过程可以粗略地分为 5 个阶段：唤起需求、收集信息、比较选择、购买决策和购后评价。这 5 个阶段及其相互关系如图 5-2 所示。

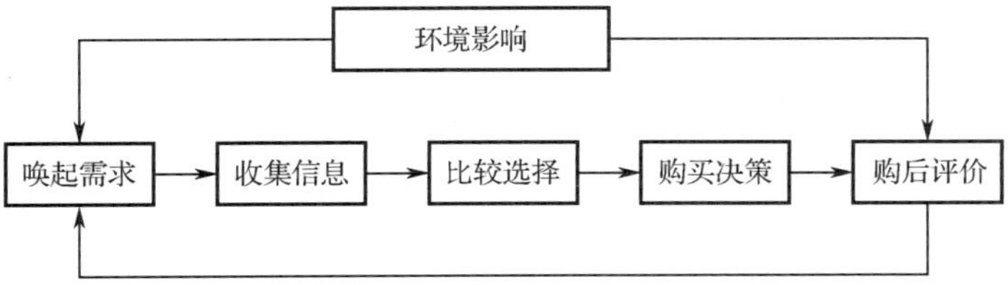

图 5-2　网络消费者购买过程的 5 个阶段及其关系

5.1.2　企业的网上交易行为

企业的网上交易行为包括组织购买和销售。组织购买是各类企业为了确定购买产品和劳务的需要，在可供选择的品牌与供应者之间进行识别、评价和挑选的决策过程。尽管销售商总希望发现组织机构的购买行为中存在的一致性，以便改善其营销战略计划，但是，绝无两家企业的购买行为是相同的。因此，作为卖方厂家，必须了解购买者的需要、资源、政策和购买过程。

1. 企业的业务购买类型

由于企业对产品的需求都是生产或工作的需要，因而他们购买大量产品时的行为受兴趣类因素的影响非常低，因此，其在虚拟市场中的购买行为与在实体市场中的购买行为没有大的区别。其购买活动仍可分为 3 类：直接再采购、修正再采购和新任务采购。

（1）直接再采购。直接再采购描绘了采购部门根据惯例再订购产品的购买情况（如办公用品、固定生产资料）。购买者根据以往购买的满意程度给予不同的供应商以一定的权数，按照“供应者名单”选择供应商。名单内的供应商将尽力保证产品质量和服务质量；名单外的供应商会试图提供新产品或某种满意服务，以便使采购者考虑从他们那里购买产品。名单外的供应商会首先设法以少量订单涉足入门，然后再逐步扩大其“采购份额”。

（2）修正再采购。修正再采购指购买者修改产品规格、价格、供应商或其他条件，以提高采购质量的购买情况。修正再采购通常扩大了决策参与者的人数。修正再采购对“名单”内的供应商压力很大，必须尽全力保住其客户，“名单”外的供应商则把修正再采购看成是一次机会，可以得到一些新业务的机会。

（3）新任务采购。当一名采购者首次购买某一产品或劳务时，他便面临着新任务，例如，建设办公用房，购买新式设备。新任务对营销人员是一个严峻的挑战，他们必须设法尽可能多地接触到主要的采购影响者，并向他们提供有用的信息。由于新任务中涉及复杂的推销问题，因而许多公司采用一种特殊的推销队伍（人们称其为访问使团推销队伍），它由最好的推销人员组成。新任务购买过程需要经历几个阶段，大致可分为知晓、兴趣、评价、试用和采用。就最初的知晓阶段而言，大众媒体最为重要；而在兴趣阶段，销售人员的影响甚大；评价阶段，技术来源最为重要。

2. 企业购买行为的影响因素

企业的业务购买行为，从决策到交易，都是由一定的人员实施完成的。因此，在企业的采购行为中，人员的组成和行为情况成为决定采购业务能否正常运作和达到目标成本的关键性因素。

对业务采购人员行为的各种影响分为 5 个主要方面：环境、组织、人际、个人和网络（主要是 B2B 网站）。影响业务购买行为的主要因素如表 5-1 所示。

表 5-1 影响业务购买行为的主要因素

环境	组织	人际	个人	网络
需求水平	目标	利益	年龄	采购信息
经济前景	政策	职权	收入	产品信息
利率	程序	地位	教育	供方信息
技术变化率	组织结构	神态	工作单位	
政策与规章制度	制度	说明力	个性	
竞争发展			风险态度	
社会责任心			文化	

（1）环境因素。业务购买者受当前经济环境或预期经济环境诸因素的影响较大，如基本需求水平、经济前景及成本等。在电子商务时代，网络环境的影响作用更加凸显，市场上的产品更替、供求状况等消息都会以最快的速度公布于众。企业必须抓住这个特点，根据网上信息查询制订前瞻性的采购和销售计划，以适应网络环境的要求。

（2）组织因素。每一个采购组织都有其具体目标、政策、程序、组织结构及系统。采购组织的组织结构和系统是采购组织能否进行正常高效购买行为的前提，是购买组织运作的基础性条件。业务采购者的购买行为必须在购买组织的组织机构工作制度的约束下进行，必须以组织所规定的目标、政策等为购买原则。

（3）人际因素。采购中心的购买决策必然受到其成员个性特点及其相互关系的影响，但同时还要受到与购买行为无关的人之间的交往和意见的影响。因此，购买决策不仅仅只是解决购买问题，满足需要者的诉求，同时也需要使与购买任务无关的人感到满意。企业要想高效完成购买任务，就必须处理好里里外外的诸多人际因素。

（4）个人因素。购买决策过程中每一个参与者都带有个人动机、直觉与偏好，这些因素受决策参与者的年龄、收入、教育程度、专业、个性以及对风险的意识和文化的影响。网络采购业务的完成要求网络营销人员能够克服个人因素的影响，特别是直觉的影响，以做出科学的购买决策。

（5）网络因素。在传统商务条件下，企业所获得的原材料卖家的情况很少，也就很难通过比较挑选出最适合自己情况的卖家，不能获得较低价格的原材料。但是在电子商务条件下，这一状况已经大大改善。企业可以通过多方比较，从中发现既满足需要，价格又比较适合的产品。

3. 企业网上采购过程

企业的网上采购是以采购商的买方交易系统或供应商的卖方交易系统为基础，或者以第三方交易平台为基础而完成采购行为的一种交易方式。由于这一过程对很多老采购员都是一个新课题，很多企业为此制定了网上采购流程手册，或指定了网购专员。

企业网上采购过程大致可以分为以下 3 个阶段：交易前、交易中和交易后。

（1）交易前。交易前阶段主要进行采购前的准备工作，包括根据企业情况确定需求，拟订招标采购计划、利用企业原有的采购资料，并在网络上寻找采购货物的各类信息，进行市场调查和分析。

（2）交易中。交易中阶段主要进行交易谈判、签订合同和办理发货前的手续等工作。

（3）交易后。交易后阶段所进行的活动包括交易合同的履行、售后服务和索赔等。这一阶段是从买卖双方办完所有交易手续之后开始的。

如图 5-3 所示为企业网上购买行为过程示意图。

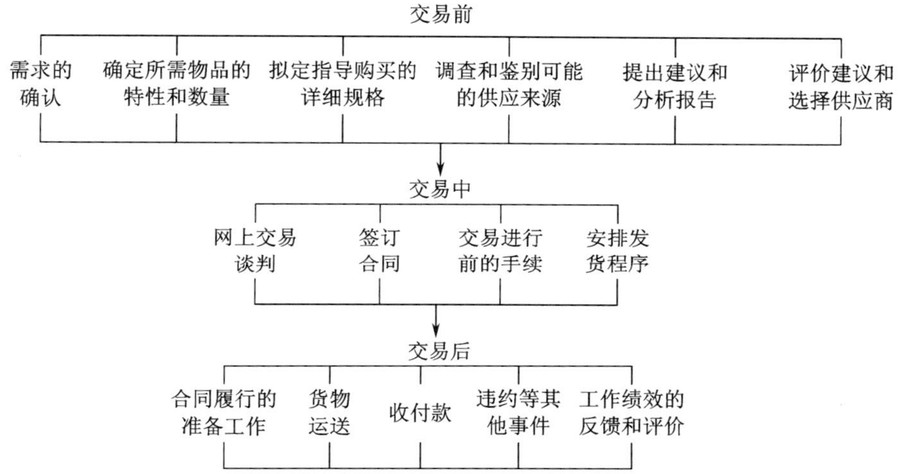

图 5-3　企业网上购买行为过程示意图

5.1.3　电子政府的采购行为

自 2002 年《中华人民共和国政府采购法》颁布以来，随着采购制度的不断完善，我国政府采购的范围和规模不断扩大，2019 年，全国政府采购规模为 33 067.0 亿元，占全国财政支出和 GDP 的比重分别为 10.0%和 3.3%[①]。

1. 电子政府采购的概念

政府采购是各级国家机关、事业单位和团体组织，使用财政性资金采购依法制定的集中采购目录以内的或者采购限额标准以上的货物、工程和服务的行为[②]。电子政府采购指利用计算机网络和通信技术，通过基于国际互联网的电子采购平台进行政府采购活动的全过程，包括采购委托、需求委托、招标投标、竞争性谈判、询价、单一来源采购、电子集市协议采购和定点采购、采购合同签订、网上办理验收以及电子化政府采购过程

① 中国政府网. 2019 年全国政府采购简要情况[EB/OL]（2020-08-27）[2021-04-23].

② 全国人大. 中华人民共和国政府采购法（2014 修正）[EB/OL]（2014-08-31）[2019-06-20].

的监督和管理等[①]。

虽然政府采购已经有几百年的历史[②]，但电子化政府网上采购的实行仅仅才有 20 多年的时间。1998 年 11 月，美国宣布自 1999 年起美国政府的公务用品采购一律实行网上招标和投标。德国于 2002 年全面实行网上采购。我国于 2015 年 3 月颁布《中华人民共和国政府采购法实施条例》，大规模实施电子政府采购。

经过几年的努力，我国已建成"一网三库五个系统"的电子化采购服务平台。"一网"是中央政府采购网。"三库"是采购中心建设的 3 个数据库，其中，"采购人库"拥有所有中央采购单位的详细采购信息；"供应商库"包括所有参与中央政府采购活动的各类供应商的详细信息；"商品库"则搜集了门类齐全、数量庞大的商品信息。截至 2018 年 5 月，全国建设各级政府采购电子商城（部分地区网站称为电子集市、电子超市、电子卖场、网上商城的也在统计范围内）共计 85 个；成交项目总数约为 74 万个，成交总金额约为 83 亿元，约有 5.9 万采购人通过电子商城形式进行采购[③]。

2. 电子政府采购的特点

（1）采购合同要求严格。招标方在电子政府采购网上招标，要求供应商投标，并与出价最合适的人签订合同。政府需要通过协议合同进行采购，政府单位需要准确地制定投标供应商的资质和信誉要求，并严格按照合同实施。

（2）采购信息的检索要求高。由于政府采购的信息量非常大，且各类信息存在于不同的政府网站中，因此，采购信息的检索成为一项非常困难的工作。为政府采购提供商品的企业，需要了解政府采购政策、采购项目、采购限额标准、采购程序、采购过程和结果等。

（3）政府采购活动中存在寻租行为。政府采购中的"租"是由政府采购特权产生的。对于供应商而言，获得了供应权，就获得了提供产品带来的利润；对于政府采购人员而言，掌握着采购权就掌握了交易的控制权。这里的寻租主体或许是供应商（为获得供应权向政府采购人员进行寻租活动），或许是政府采购人员（为获得更多的采购特权或寻求保护向上一级政府采购人员寻租），即可以是此过程中的任何利益主体。

（4）政府采购积极采用最新技术。政府采购电子商城是"互联网+政府采购"深度融合的典型，价格监测、电子发票、场景采购、TMS 物流管理系统等技术的应用，使采购效率进一步提质增效；参与电商化采购的供应商在竞争日益激烈的环境下，清晰认识到服务的重要性，不断完善自身售前、售中、售后服务体系，让广大采购人感受到了不断创新的采购体验。

---

① 上海市财政局. 关于印发《上海市电子政府采购管理暂行办法》的通知[EB/OL]（2012-12-26）[2019-06-20].

② 政府采购也称政府购买。美国早在 1761 年就颁布了《联邦采购法》。英国政府在 1782 年设立了文具工用局，专门负责对政府部门所需办公用品的采购工作。我国于 2003 年 1 月正式实行了《中华人民共和国政府采购法》。

③ 公共资源网. 2017—2018 年度全国电子商城交易数据报告[EB/OL]（2019-03-12）[2019-06-20].

3. 政府网上采购程序

政府采购有多种形式，如公开招标、邀请招标、竞争性谈判、单一来源采购以及询价等其他采购方式。公开招标是政府采购的主要方式。在网络环境下，政府采购的公开招标主要包括以下 4 个步骤。

（1）准备招标。招标人需按照所审核的行政事业单位采购计划，核实采购要求、技术标准及各项条件，按照《中华人民共和国政府采购法》《财政部政府采购管理暂行办法》及其他相关法规和国际惯例制作标书。招标文件应当包括采购项目的商务条件、采购需求、投标人的资格条件、投标报价要求、评标方法、评标标准以及拟签订的合同文本等。

（2）在网上发布竞标公告。招标人筛选招标网站，在招标网站上注册，并将本单位的资信材料（营业执照复印件、税务登记证复印件）提交给招标网站。审查合格后，招标人可以在这些网站上发布招标公告。我国已经建立了以国家政府采购网为核心，以各省、市、自治区政府采购网为分支机构的政府采购网络。同时，还有大量的电子商务网站提供公开招标服务。

（3）投标。投标人浏览招标网站，根据招标条件，在规定的投标截止时间前上传标书（也可通过传真和邮寄方式传递标书），并按照要求递交有关证明文件（营业执照副本复印件、产品代理协议等相关证件），缴纳投标保证金。投标人提供的产品质量和服务应能满足采购文件规定的实质性要求。

（4）开标与评标。政府网络采购通常使用两种方法进行开标与评标，一是通过网络竞价即时开标。投标人可以全程监控网上招标竞价过程，并通过 E-mail 方式将投标人应价信息即时通知招标人；二是通过评标确定中标人。评标委员会、竞争性谈判小组或者询价小组成员应当按照客观、公正、审慎的原则，根据采购文件规定的评审程序、评审方法和评审标准进行独立评审。

如图 5-4 所示为国家粮食交易中心（NGTC）（www.grainmarket.com.cn）的网上招标流程。

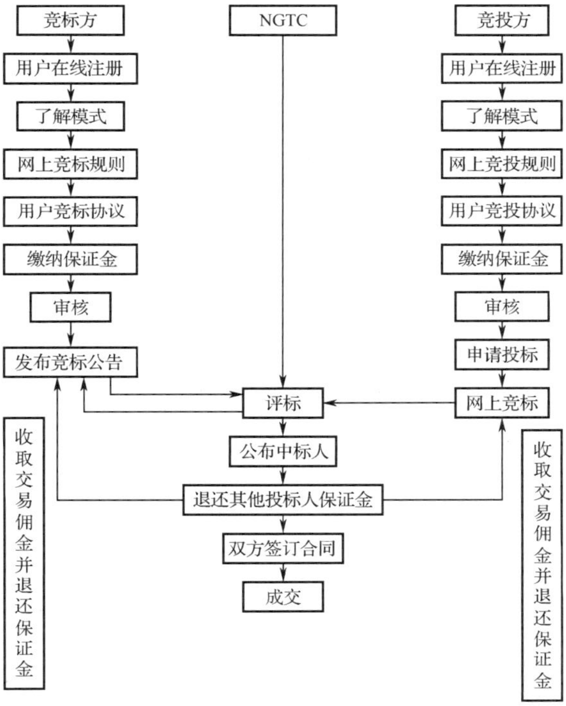

图 5-4　国家粮食交易中心（NGTC）的网上招标流程

5.2 网络营销策略

5.2.1 网络营销的品牌策略

虽然网络营销和传统营销在产品的销售方面有很大的不同，但二者都需要注意产品营销策略。与传统营销相比，网络营销有很多不利之处，产品的质量、包装、直观感受都不易觉察到，这就决定了网络营销的品牌策略在网络交易中，有更重要的作用。

1. 网络品牌的开发

品牌营销是市场经济高度竞争的产物，经过多年实践，已经发展得相当成熟。互联网所具有的交互、快捷、全球、媒体特性等优势，对于提高企业知名度、树立企业品牌形象、更好地为用户服务等，都提供了有利的条件，这些网络本身固有的特性，对于每一个企业都是公平的。因此，企业应该根据自身的产品与服务特点，利用网络资源，创建自己的网络品牌。

（1）在调查市场、了解消费者需求的基础上，开发网络品牌。不管是实体市场品牌，在网络市场上的创新，还是网络新品牌的推出，都需要有明确的需求指向，避免出现品牌开发出来，却因缺少需求支持而销售不畅的情况。

（2）有意识地利用电子商务建立网络品牌。2019 年 5 月，在上海市商务委和上海老字号协会的共同推动下，拼多多联合光明乳业、冠生园集团、回力鞋业、豫园珠宝、上海凤凰、美加净等多家品牌，携手推出“上海老字号新电商计划”。拼多多联合老字号品牌蜂花，持续探索更契合消费者需求的新品牌，从而推出了专供拼多多平台的定制化产品“Delighted Time 大家乐”，从而促使蜂花的销量持续增长，月环比超过 30%。更重要的是，拼多多为蜂花带来了宝贵的需求数据，为产品线升级提供了方向。

（3）通过网络品牌，使原有品牌的内涵得到扩充。品牌的内涵已经延伸到售后服务、产品分销、相关信息与服务等多个方面。如加拿大亨氏公司（婴儿营养学的权威）曾经为了建设亨氏产品的品牌，设立了 800 免费客户服务热线，支持赞助“宝贝俱乐部”等活动。而现在，该公司通过在站点中给用户提供丰富的婴幼儿营养学知识、营养配餐、父母须知等信息，开展网络营养知识的传播与营销。

（4）借鉴传统手段宣传网络品牌。新兴的电子商务网站在利用网络广告进行品牌宣传时，也要注意使用电视、杂志、报纸、户外等传统广告形式，树立品牌形象，以使那些还没有接入互联网的用户，在上网前就接受他们的品牌宣传，同时也增强那些上网用户在离线（Off-line）状态下，对品牌认知的程度。

2. 网络品牌的经营管理

品牌有着重大意义，品牌代表着一个网民的喜好和品位。通过品牌，网民去认知网站、区分网站、享受网站所带来的服务，甚至和网站产生情感。品牌是经验，是网民登录的保证，一个优质品牌是客户信心的再保证。例如，当人们需要拍卖自己的商品时，首先想到的是淘宝网和“拍拍”网；当人们购买图书时，首先想到的是当当网和亚马逊网；当人们购买电器产品时，首先想到的是京东商城和苏宁易购。品牌形象会在消费者心目中，巩固、发展、延伸和完善，为网络公司创造不断增长的访问量及商务销售额。网站必须建立长期品牌策略，而短视的品牌策略，却很可能将电子商务企业送上绝路。

一个著名品牌的崛起，往往得益于其内在精神与当时社会的整体时代精神，及人们生活方式的深层次需求的高度契合。从 20 世纪 90 年代开始，这一特征在网络商业活动中，表现得越来越明显。阿里巴巴将塑造新商业文明作为企业品牌发展的切入点，通过新商业文明核心范式[①]的宣传，在网商和网民中树立自己的品牌形象，收到了很好的效果。

苏宁易购作为著名的电器销售商苏宁电器旗下的商务网站，并没有完全依赖于原有的品牌资源，而是彻底颠覆了传统品牌打造的理念，提出了符合互联网的品牌整合方案。通过地面广告、微博互动、微电影冠名、参与电视节目、捐赠公益活动、设立“打捞基金”，多渠道拓展了品牌的影响力。苏宁易购不仅创造了新的网络营销模式，也树立了苏宁新的企业形象。

3. 网络品牌的保护

网络品牌主要指企业网络域名与企业网上销售的商品商标，网络品牌是企业重要的无形资产。网络品牌保护（Online Brand Protection）是对品牌的所有人、合法使用人的品牌实行资格保护措施，以防范来自网络上的侵害和侵权行为。

传统的企业产品商标已经有比较健全的法律保护机制。在商标法中，如果两家公司属于不同的行业，即使使用相同的名称，也不会造成产品和服务来源的混淆。因此，拥有相同的商标名称是合法的。但互联网是全球性的，而且允许商标注册为域名，使用范围的交叉导致了新问题的产生。例如，一个国内互联网用户，想以其在外国注册的商标作为域名，就可能因该域名已被一个使用同样商标的外国公司抢注而无法实现。因此，域名对商标权的侵犯在网络上是相当严重的。侵权者不仅盗用了他人的商标，而且还限制了商标权人，在网络上用其商标作为域名的权利。

面对虚拟市场环境，企业应当更加珍惜自己历经几年甚至几十年培植起来的产品名牌，可以从以下 3 个方面加强网络品牌的保护。

（1）企业必须清楚地认识到，网络商标也是商标，同样也要依照商标法，向商标局申请商标注册，取得商标专用权。

（2）企业注意商标作为域名的可能性，将必要的商标注册为域名。同时，也应注意与企业相关的一些名称和领导人姓名的域名注册。例如，苹果公司创始人乔布斯逝世后，许多乔布斯相关域名被注册，直到 2012 年，苹果公司向法院提起诉讼请求，通过法律途径，才最终获得了乔布斯域名 Steve.Jobs 的合法使用权利。

（3）对于新成立的企业，一旦确定了公司名称，第一时间应建立自己的域名防御注册表单，即列出与自身品牌相关的域名，包含通用网址和一些主流后缀，诸

① 阿里巴巴提出的新商业文明的核心范式包括：人与自然的关系特点；新商业文明形成了以网商为主体、网货为客体的新财富体系；人与人的关系特点；新商业文明推动以诚信为标志的社会资本所有制变革，以分享为标志的分配制度变革，以责任为标志的管理制度变革；人与自然、人与人的关系；新商业文明复归直接以人为本、生态和谐的发展方式。

如.com/.net/.cn/.cc 等，建立一套完整的域名保护系统。

5.2.2 网络营销的定价策略

价格无疑是企业销售最重要的因素。在 4P（Product、Price、Place、Public）理论中，只有价格是收入，其他都是成本。新浪网对电子信箱收费是为了弥补收益上的不足；网易的电子邮箱坚持不收费，是为了吸引了更多的浏览者，从而获得了更多的广告收益。所以，电子商务网站在营销中，需要对产品的销售价格做出选择。

1. 选择定价目标

在传统的营销体系中，遵循的是一对一的价格体系，即一个产品通常在进入同一市场时，也采取单一的价格，而且价格由商家制定；而在网络营销中，由于信息空前透明，鼠标一点，所有的产品及其价格都会出现在同一个页面上，用户拥有绝对的主动权。因此，价格应当定在用户愿意支付的水平上，也就是说，用户掌握了定价的主动权。

网站经营的目的是盈利，但在不同时期，却表现为不同的目标。最大当期利润是传统市场的首选目标，可是目前的电商企业很少有这么做的，主要是因为对市场占有率的考虑。其次有最大当期收入，即追求营业额的最大化。目前，电商企业都看重这一点。另外，还有最高销售增长、最大撇脂①和质量优先等目标。

2. 低于进价销售策略

低于进价销售策略这种定价方式，听起来有些不可思议，但在网络销售中这是一种常用的定价策略，因为采取此种定价方式能够吸引更多的消费者。弥补价格亏空一般有 3 个方面的考虑。第一，供货商乐于在流量大的网上商店做广告，网站可以靠广告收入抵销开支；第二，网站将销售的商品按功能细分，对背负着不同功能的产品，实行不同的定价策略，以弥补整体的亏损；第三，以迅速增长的市场占有率吸引更多的风险投资。

2009 年开始兴起的“秒杀（SecKill）”，就是低于进价销售策略最典型的应用。“秒杀”是网络卖家发布一些超低价格的商品，公开邀请所有买家在同一时间在网上抢购。由于带动流量效果明显，经过几年的发展，“秒杀”已经开发出多种形式，并从一般商品拓展到贵重商品。淘宝网甚至推出“淘宝一元秒杀”。

在服务产品的定价上，“免费”成为最重要的打败竞争对手的武器。淘宝用摊位的免费，打败了易趣；360 用杀毒软件的免费，打败了瑞星、卡巴斯基等软件；腾讯用微信的免费，打败了 MSN 等通信软件；阿里巴巴的“快的”和腾讯的“滴滴”打车软件，更是用免费和补贴手段，将大黄蜂等所有的打车软件挤出市场。

需要注意的是，在使用低价手段时，必须遵守《中华人民共和国价格法》《中华人民共和国反不正当竞争法》的相关法律规定。

---

①“撇脂”指从鲜奶中撇取乳酪，用来比喻高价策略的应用。撇脂法的意思是：将产品以最高的价格卖给市场中最有钱的客户，等这一部分客户买得差不多了，再减价卖给中档客户，最后以低价甩卖占领市场，处理旧型号产品。通常情况下，产品的成本低于中档甚至低档定位的价格。

3. 差别定价策略

差别定价策略是希望鱼与熊掌兼得，一方面，要让消费者觉得商品很便宜，要抢市场，要扩张；另一方面，又要赚钱，维持利润率。差别定价策略在旅游网站上，得到了充分的利用。在携程旅行网，客户可以看到机票购买的种种限制，包括机票预订时间、航程往返、热门城市、退改签规定等。这些限制成为携程旅行网差别定价的主要手段，在稳定客运量的同时，也争取到一些愿意支付较高价格机票的客户，增加销售收入。

4. 高价策略

由于网上商品价格的透明度比传统市场要高，所以，网上商品的价格通常会比传统营销方式的价格低。不过，有时也有部分商品价格高于传统营销方式的价格，这主要指一些独特的商品，或对价格不敏感的商品，如艺术品，在传统营销方式中，由于客户群相对很小，因而价格上不去；而在网上，却可能面向全球的买主销售，就能卖出好价钱。再如鲜花，因为属于情感消费，客户在一定范围内，对价格并不敏感（目前国内网上花店的价格，普遍与传统零售相比不具优势），他们愿意为方便而支付较高的费用。

5. 竞价策略

早期的网上竞价主要应用于商品的拍卖。随着网上商品交易模式的日益成熟，网上竞价逐渐转移到产权交易、项目交易和大型设备转让等领域。委托人可以只规定一个底价，然后通过拍卖网站让竞买人竞价。采用竞价策略，委托人所花费用极低，甚至免费。

金马甲网（www.jinmajia.com）就是一个专门从事资产与权益交易的交易平台。该网站采用集中竞价方式、动态竞价方式、一口价竞价方式和一次报价方式，开展竞价交易[①]。2009 年 3 月 16 日，90 个特殊编号的“奥运缶”在金马甲竞价大厅以总价 1 283.65 万元人民币成交，单缶成交均价达到 14.26 万元。这是集中竞价方式应用的一个成功案例。

6. 集体砍价

集体砍价是网上出现的一种团购业务。随着每一个新的购买者（竞标者）的加入，原定价格就会下跌一些，竞买的人越多，价格越低，呈滑梯曲线。集体砍价示意图如图 5-5 所示。这种由于购买人数的增加，价格不断下降的趋势，正是典型的网络需求趋势。齐家网（www.jia.com）在家装行业就采用了这种团购方法。

京东商城在团购业务中，针对中低收入的消费者对特定产品的需求，使用阶梯价格的定价形式。例如，消费者在京东商城购买某件产品的单价为 50 元，同样的产品一次购买两件需要 90 元，而一次购买 3 件则只需 120 元。

---

① “集中竞价方式”是一种竞买人在竞价开始前，在规定的时间内履行注册报名、申请竞价、资格审核、交纳保证金、账户激活等程序，然后集中参与竞价的方式。“动态竞价方式”是一种在整个竞价过程中，竞买人可随时注册报名并参与竞价的方式。“一口价竞价方式”是一种设定了竞价标的最高成交价的竞价方式，在整个竞价过程中，竞买人可随时注册报名并参与竞价。“一次报价方式”是一种在规定时间内，各竞买人只允许进行一次有效报价的竞价方式。

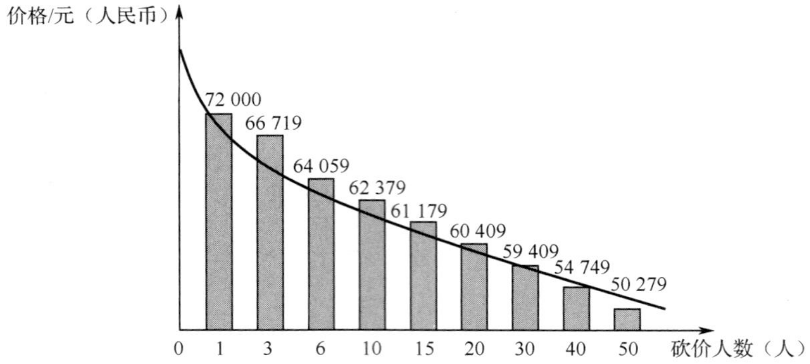

图 5-5　集体砍价示意图

产品品牌知名度较高的产品，也可以采用固定价格的团购模式。例如：韩都衣舍的一款加绒卫衣，其团购活动价格为 136 元，活动期间商品限量 100 件，100 件商品售完，则活动结束。此次团购活动中，无论 100 件商品是否售完，无论参与人数多少，无论单个消费者购买商品数量多少，单件商品的价格都是 136 元。

5.2.3　网络营销的渠道策略

本书第 1 章 1.1 节已经讨论了传统营销渠道与网络营销渠道的概念及异同点。本节将讨论网络营销渠道的具体运作，即怎样利用最有效的渠道，把产品及时送到客户手中，同时扩大销售，加速物品和资金的流转速度，降低营销费用。

1. 网络直销渠道

网络直销指生产厂家通过网络直接分销渠道，直接销售产品，目前常见的做法有两种，一种做法是企业在自己独立的网站上销售产品；另一种做法是委托信息服务商，在其网点上发布信息，企业利用有关信息与客户联系，直接销售产品。虽然在这一过程中有信息服务商参加，但主要的销售活动仍然是在买卖双方之间完成的。

网络直销的优点是多方面的，第一，网络直销促成产需直接见面。企业可以直接从市场上搜集到真实的第一手资料，合理地安排生产；第二，网络直销对买卖双方都有直接的经济利益。网络营销大大降低了企业的营销成本，消费者也能够买到大大低于现货市场价格的产品；第三，营销人员可以利用各种网络工具，随时根据用户的愿望和需要，开展多种形式的促销活动；第四，企业能够通过网络，及时了解到用户对产品的意见和建议，有针对性地提供技术服务，解决疑难问题，改善经营管理。

戴尔公司（Dell）的分销渠道是典型的网络直销。戴尔公司按照客户需求来生产计算机，并直接向客户发货。一对一的直销方式抛弃了中间渠道，建立了良好有效的“零库存”机制。戴尔公司的这种网络直销模式，在计算机匮乏的年代，经实践证明行之有效，它帮助这个公司成为了那个时代全球 PC 生产厂商的霸主。

网络直销也有自身的缺点。由于越来越多的企业和商家在互联网上建站，将用户置于无所适从的尴尬境地，面对大量分散的企业域名，网络访问者很难有耐心一个个去访问制作平庸的企业主页。这个问题的解决，必须从两方面入手，一方面，需要尽快组建具有高水平的专门服务于商务活动的网络信息服务站点；另一方面，则需要从网络间接分销渠道中寻找出路。

2. 网络间接销售渠道

为了克服网络直销的缺点，网络商品交易中介机构（电商第三方交易平台）应运而生。这类机构成为连接买卖双方的枢纽，使得网络间接销售成为可能。阿里巴巴、中国制造网、拼多多等都是这类中介机构。虽然这些中介机构在发展过程中，仍然有很多问题需要解决，但其在虚拟市场中的作用，却是其他机构所不能代替的。

网络间接销售简化了市场交易过程，有利于交易规模化和交易活动常规化，也便利了双方信息收集过程，电商第三方交易平台机构扮演着网络交易中，商品与信息的集中、平衡和扩散的功能。其知名度、客流量及所能提供的服务，直接影响了企业营销活动的效果。因此，电商第三方交易平台的选择，对企业开展网络营销起着十分重要的作用。

在筛选第三方交易平台时，必须考虑成本、信誉度、覆盖面、交易特色和连续性五大要素，这五大要素是网络间接营销的 5 个关键要素，也称“5C”因素。

（1）成本（Cost）。第三方交易平台的收费是有差别的，选择交易平台时，需要考虑投入与产出的情况。

（2）信誉度（Credit）。推销产品的企业应查看平台的营业执照以确认其真实性；了解平台建立的时间和社会影响力，考察平台信誉程度。

（3）覆盖面（Coverage）。综合性交易平台覆盖面广，影响力大，收费较高；专业性交易平台覆盖面窄，但针对性强，收费相对较低。企业可以根据自己的实际情况，选择适合的交易平台。

（4）交易特色（Characteristic）。选择交易平台时需要考虑该平台的特色，挑选适合自身的交易品种、交易模式和营销手段等。在有特色的交易平台上，自己的产品才比较容易崭露头角。

（5）连续性（Continuity）。连续性是第三方交易平台稳定运行的基本保证。电子商务交易平台的竞争非常激烈，淘汰率很高。连续运行的交易平台，才能拥有稳定技术人员和业务人员，并能不断提高服务水平。

3. 双道法——企业网络营销渠道的最佳选择

在众多企业的网络营销活动中，双道法是最常见的方法。双道法指企业同时使用网络直接分销渠道和网络间接分销渠道，以达到销售量最大的目的。在买方市场的现实情况下，通过两条渠道推销产品比通过单一渠道更容易实现“市场渗透”。

企业在互联网上建站，一方面为自己打开了一扇对外开放的窗口；另一方面，也建立了自己的网络直销渠道。随着电子商务的普及，企业的新老客户逐渐认识了企业的网络直销渠道，也学会了利用它，如美国的 IBM 公司、国内青岛海尔集团的实践，都说明企业上网建站大有可为，建站越早，收益越大。而且，一旦企业的网页与信息服务商链接，如与百度搜索引擎链接，其宣传作用是不可估量的，不仅可以波及全国，而且可以波及全世界。这种优势是任何传统广告宣传都不能比拟的。

在现代化大生产和市场经济的条件下，企业在自己建立网站的同时，还应积极利用网络间接渠道，销售自己的产品，通过中介商的信息服务、广告服务和撮合服务，扩大企业的影响，开拓企业产品的销售领域，降低销售成本。天猫零售平台在成立的前 6 年中，已经吸引了约 15 万家品牌企业入驻，反映了企业对于这一新的间接营销渠道的认可。

4. 线上线下融合的销售渠道

在新零售模式下，商品沿供应链运营和流转过程的数字化程度加深，越来越多的零售企业探索线上线下渠道的整合和重构。这种线上线下融合的销售渠道，突出表现出如下 3 个特点。

（1）销售渠道一体化。线上线下渠道的整合，使得过去的多渠道营销融合成为“全渠道”营销，网上冲浪、实体观光、电子支付、物流配送等都成为营销的渠道，并且在这些购物环节中，都嵌入了娱乐、学习等多元化功能，实现了各种渠道销售的深度融合。这样，不管消费者出现在网上商店，还是实体门店，零售商都能迅速捕捉到客户，最大程度地为客户提供满意的服务。

（2）信息渠道高度整合。传统营销渠道的最大优势是产品形象直观、产品解释清晰、服务贴心到位。在新零售模式下，网上商店为客户提供了丰富、全面的购物信息，同时帮助线下零售商，应用各种智能工具和大数据技术，全方位抓取客户购物和消费过程的所有行为数据，用于优化后续的信息服务和订单执行服务。

（3）服务渠道灵活多样。除线上购物快递配送外，新零售模式还提供了到店自提服务和产品售后服务。到店自提服务使得客户有了更多的挑选商品的机会，而产品售后服务，不仅为客户提供了免运费的退货，还提供了换货、修理、使用引导等服务。

5.3 网络营销方法之网络广告

5.3.1 网络广告的概念

网络广告是以数字代码为载体，采用先进的电子多媒体技术设计、制作，通过互联网广泛传播，具有良好的交互功能的广告形式。

根据美国互动广告管理署推荐的网络广告尺寸表①，互联网上旗帜广告的宽度一般在 400 ~ 600 像素②之间，相当于 8.44 ~ 12.66cm；高度一般在 80 ~ 100 像素之间，相当于 1.69 ~ 2.11cm。随着网络技术的发展，728 × 90 像素、1 280 × 720 像素等也都成为展现效果较佳的常见尺寸。

为了适应移动通信的发展，2015 年，中国广告协会互动网络委员会颁布了《中国移

① IAB（Interactive Advertising Bureau）. Ad Unit Guidelines[EB/OL]（2009-11-12）[2021-01-25].

② 为了能用计算机进行图像处理，先要把连续图像取样为离散图像，取样点便称为“像素（pixel）”。像素有不同的坐标以及灰度（参见辞海编辑委员会. 辞海. 上海：上海辞书出版社，1989：685）。

动互联网广告标准》[①]，对互联网广告形式、广告尺寸等，进行了统一的定义和规范。

网络广告按照其表现形式，主要分为以下几种形式。

（1）平面广告。平面广告是利用直观的二维视觉角度所表现出来的广告，是传统的报纸广告、杂志广告在网络上的延伸。旗帜广告、全屏广告、漂移广告、跳出广告等是最普遍的网络平面广告。

（2）富媒体广告（Rich Media）。富媒体广告是综合了动画、声音、视频或交互性的广告信息传播方法，包含下列常见的形式之一或者几种的组合：流媒体、声音、Flash 以及 Java、Javascript、DHTML 等。

（3）开屏广告。开屏广告是在 App 启动时展示的、展示时间短暂的全屏化广告形式，一般可以手动跳过。很多 App 都会有开屏广告，这种广告展示在应用刚刚开启时，用户的注意力非常集中，特别适合广告主进行品牌曝光宣传。

（4）信息流（Feeds）广告。信息流（Feeds）广告是在资讯媒体和视听媒体内容流中，或在社交媒体用户好友互动中出现的广告。这是一种穿插在内容流中的广告，用户体验相对较好，广告主可以利用用户的标签进行精准投放。

5.3.2　网络广告构思

一个经过精心设计的横幅广告和一个创意平淡的横幅广告，在点击率上会相差很大。在构思概念上，人们必须对网络广告所链接的目标站点内容有通盘的了解，找出目标站点最吸引访问者的地方，转换为网络广告设计时的销售理念（Selling Idea）。

1. 引起注意

消费者对网络广告的认识离不开对其的注意。网络广告能不能引起消费者的注意，这是网络广告成功的第一步，也是网络广告设计的基本要求。因为有了注意，人的认识才能够离开周围的其他事物，而集中精力到虚拟社会的网络广告上来。因此，要使本网络广告成为消费者注意的中心，就必须采取措施，增强人们对这一网络广告的注意程度。

注意程度的大小与刺激的强弱成正比。突出的目标、移动的画面、鲜艳的色彩都会引起人们不同程度的注意，如燕京啤酒在 2008 年北京奥运会期间在搜狐网上投放的广告，利用“奥运金牌 0 突破”吸引网民的注意力，提升企业品牌。燕京啤酒在搜狐网上投放的奥运赞助广告（旗帜广告）如图 5-6 所示。

图 5-6　燕京啤酒在搜狐网上投放的奥运赞助广告（旗帜广告）

① 中国广告协会互动网络委员会. 中国移动互联网广告标准[EB/OL]（2015-03-15）[2021-01-25].

但在有限的手机屏幕内，广告位面积不宜设计过大，否则，可能因占据太多位置，而“喧宾夺主”，从而造成不良的用户视觉体验，并产生厌烦心理。

2. 主旨明确

一个专业的、有营销意识的网络广告，应该能让访问者很快理解广告的含义及其业务。如果网络广告缺乏主旨，没有连贯性，没有完整性，那么这个网络广告就没有灵魂。

网络广告的文案是实现网络广告经营战略的主要手段之一，要求配合图片、用简洁的文字，准确反映产品的规格、价格、销售网站等信息。如图 5-7 所示为网易严选在网易网站上做的促销广告。

图 5-7　网易严选在网易网站上做的促销广告

3. 内容新颖

客户最终掏出钱购买商品要经过货类和货主两个选择，前一种选择指究竟购买什么样的商品，后一种选择指究竟购买谁的商品。企业在掌握了需求信息和消费信息的基础上，开发出一种新产品，还只是满足了第一种选择。要满足第二种选择，必须使客户了解企业的新产品，这就需要进行商品销售中的广告宣传。根据心理学原理，旧的东西已经产生心理疲劳，只有独到的、新颖的刺激，才容易留下深刻的记忆痕迹。所以，广告宣传要求构思别具一格，内容新颖。

4. 与产品特点和企业精神的结合

网络广告构思不仅仅只是一句口号、一条标语或一个画面，而是经过深思熟虑后，提炼出来的企业理念和精神与宣传方式的完美结合。

如图 5-8 所示为伊利公司在腾讯网上做的营养舒化奶广告（全屏广告）。该广告将产品形象、功能特点、受众利益点等信息，潜移默化地向目标消费者渗透，而左上角鲜明的伊利公司图标，又使人们对该公司印象深刻。

图 5-8　伊利公司在腾讯网上做的营养舒化奶广告（全屏广告）

5.3.3　网络广告的投放

网络广告投放指在各类不同的网站或不同的终端上发布广告。

1. 网络广告投放的类型

从广告主的角度出发，网络广告的投放主要有如下两种类型。

（1）直接投放。大多数中小企业的广告主会选择此类方式，投放的对象主要是搜索引擎和部分门户网站。

（2）通过代理商投放，投放对象主要是搜索引擎、门户及部分大型的垂直网站。

2. 网络广告投放的时间

网络广告投放的时间需要考虑广告发布的时机、时序、时限等。

投放时机强调在有利时机发起网络广告攻势。一些重大文体活动，如奥运会、亚运会、进博会，都是举世瞩目的网络广告投放良机。订货会、展览会、重要纪念日、重要人物的光临等，都可能成为网络广告宣传的良机。

为了让更多的目标受众点击或浏览网络广告，需要进一步考虑网络广告的时段安排。例如，对于大城市的工作人群而言，有一个在家和工作单位之间的往返过程，移动设备是这些人群在路上上网的主要途径，在安排网络广告时段时，必须意识到这一点。

网络广告时限指在一次网络广告宣传中，确定网络广告宣传时间长短和频率。网络广告时限分为集中速决型和持续均衡型两种。集中速决型广告是在短暂的时间里，向目标市场大量投放广告，广告刊播的频率高，对目标公众的刺激性强，适用于新产品投入期或流行商品引入市场期。持续均衡型强调不断地给消费者以信息刺激，以保持消费者对产品的持久记忆，适用于产品的成长期和成熟期。

3. 网络广告投放的网站

从目前网站的功能来看，能够提供网络广告投放的网站，基本有如下 4 种类型。

（1）网络门户站点（如新浪网、搜狐网）。由于网络门户站的访问者较多，所以有较高的广告价值，但门户网站所能提供的广告位有限，因此，近年来广告位价格显著飙升。

（2）专业网站（如中国化工网、我的钢铁网）。由于这类网站专业性强，受众集中，所以很受客户欢迎。如图 5-9 所示为我的钢铁网网站上刊登的钢铁类广告。

（3）搜索引擎（如百度、360）。这类网站主要的推广手段是竞价排名。竞价排名价格较低且效果明显，成为众多企业广告宣传的首选，搜索引擎网站也成为收入最好的网站。

（4）网络广告联盟。网络广告联盟是通过聚合网络媒体广告资源（门户网站、垂直网站和其他中小网站等）形成的投放平台，是一种帮助广告主实现多个媒体资源组合投放的投放形式。

图 5-9　我的钢铁网刊登的钢铁类广告

5.4　网络营销方法之直播带货

4G 的普及和 5G 的推广，使直播视听效果进一步提升，信息传输更加流畅，主播和用户之间，有了更多形式的互动，大大推动了直播带货这一新的营销方法的应用。2020 年，由于新冠肺炎疫情的影响，企业直播服务市场强势爆发，全国市场规模达到 38 亿元，增长率约达到 158%①。在 2020 年 6 月的年中大促活动中，近 100 万俄罗斯人在线观看了速卖通平台直播，速卖通平台直播商家的退货率，已经从 5%降到不及 2%。

5.4.1　直播带货简介

1. 直播带货的概念

直播带货是通过互联网平台，使用直播技术进行商品线上展示、咨询答疑、导购销售的新型服务方式。

直播带货适用于多种产品的推销，特别是日用品的推销。从消费者喜好的货品类型进行分析，直播前 5 项的类目为手机通信、美容健康、消费电子、家居、家电；从直播场次进行分析，直播中出现最多的商品类目前 5 项为女装、家居、珠宝配件、运动，以及美容健康；从直播场热卖的商品维度进行分析，近期较为火爆的是手机品牌新机的直播发布，包括小米和优米等品牌；同时，假发、婴儿手推车及服饰鞋包，也是在直播中

① 艾瑞网. 2021 年中国企业直播服务行业发展研究报告[EB/OL]（2021-03-08）[2021-03-23].

成交不错的类目。

2. 直播带货的主要模式

目前，直播带货主要有两种模式，一种是抖音、快手、微信等社交媒体网站提供的直播模式；另一种是速卖通、天猫、京东等电商交易平台提供的站内店播模式。

站内店播模式可分为如下 4 种主要形式。

（1）商家直播。由商家自行发起的直播；平台会提供全套的相关教程和一定的流量扶持；直播整个流程由商家自己设计，商家在过程中无须向平台支付任何费用，主播可以是商家自己的员工，或者是自己的主播资源。

（2）达人直播。通过速卖通平台寻找的达人主播进行直播，商家需要根据与达人的沟通情况，支付一口价或者 CPS 佣金进行直播。商家需要提供样品的寄样和达人的直播成本（不同达人的专业度以及粉丝的量级不同）。

（3）机构直播。通过速卖通平台合作的一些国内外机构，进行专场或者多品牌的混播；该类直播适用于店铺的特殊活动（如上新、新品发布或者店铺周年庆等），或者平台营销节点的活动直播。

（4）平台直播。在大促或者平台营销节日中，由电商平台官方发起，并由专业制作团队承接直播。该类直播由平台官方设计主题，提供信誉支持，面向商家定向招商参与，入选的商家仅需提供商品样品。

3. 直播带货的优缺点

直播带货作为一种社会化营销方式，对促进消费扩容提质、形成强大国内市场起到了积极作用。

（1）大量带货主播的存在，为商家提供了广阔的选择，整个直播带货领域的成本，从金牌主播到大众主播，被多级分层，使得各类商家都可以很容易地选择自己的带货渠道。

（2）由于直播带货直接面对网民，一件好的商品如果确实物美价廉，即使品牌力较弱，也可以得到迅速曝光，这给不少中小企业带来巨大的商业机会。

（3）直播渠道可以实现产品的优胜劣汰。带货主播的成功，不仅需要建立在其特定的形象和与粉丝的联系上，更重要的是必须建立在产品的优良品质和合理价格上。产品的质量需要通过主播选品进行推介，而产品的价格则需要通过主播带货的议价权实现。

直播带货行业的快速膨胀，也产生了一定的负面效应。

（1）一些从业人员的低诚信水准，伤害了部分消费者的合法权益。由于直播审核标准不明确，假冒伪劣产品不时出现。由于消费者缺乏投诉渠道，导致不法直播的行径难以得到有效遏制。

（2）行业内一些主播机构，对商家制定高额的入场费和佣金比例，却又无法保证销量，最终导致一些商家亏损。另有一些主播机构通过刷单，雇佣水军伪造直播数据，已经造成事实上的商业欺诈行为。

4. 直播带货的行为规范

网络直播营销活动的诸多要素，带有明显的广告活动功能和特点。自 2020 年 7 月 1 日起，中国广告协会制定的《网络直播营销活动行为规范》实施，重点规范直播带货行业刷单、虚假宣传、消费者权益保护不到位等情况。

（1）网络直播营销主体不得利用刷单、炒信等流量造假方式，虚构或篡改交易数据和用户评价。

（2）在网络直播营销中发布商业的广告，应当严格遵守《中华人民共和国广告法》的各项规定。

（3）商家应当依法保障消费者合法权益，依法提供退换货保障等售后服务。主播在直播活动中做出的承诺，应符合其与商家的约定，保障消费者合法权益。

5.4.2 直播带货基本操作流程

直播带货在电商第三方平台（如淘宝、拼多多）和短视频平台（如抖音、快手）上都有应用。直播带货的基本操作流程包括如下 4 个步骤。

1. 直播前准备

（1）确定直播的目的和直播内容。直播选题要从用户的需求、吸引人的角度出发，设置主播与用户的互动、优惠活动等，还需要谨慎完成选品，即决定一个产品是否适合直播带货。

（2）确定直播带货的合作网站。表 5-2 列举了站内店直播服务和达人直播代理服务合作的基本步骤。

表 5-2 站内店直播服务和达人直播代理服务合作的基本步骤

站内店直播服务		达人直播代理服务	
1	注册买家账号	1	向平台提出直播申请
2	将买家账号与店铺后台绑定	2	加入专属直播群
3	申请直播权限，试播 1 分钟，并提交审核	3	了解方案与价格后，选择直播达人
4	申请直播权限审核通过后，即可以直播	4	与直播达人商定直播细节

（3）确定主播。主播是直播带货成功的关键，可以是企业自己的员工，例如，格力集团就选择了格力董事长董明珠作为主播，收到了意想不到的效果。也可以根据产品的品牌知名度、推广预算来选择明星或者网红直播带货。企业可以在直播平台上观看不同主播的表现，通过直播平台与自己选择的主播联系。若企业的产品对主播有吸引力，就可能达成合作意向。

（4）确定其他参与人员与职责（包括后台和互动人员）。

（5）确定直播时间。直播时间一般控制在 4 小时左右，如果是新主播，可以尽量避免高峰时间。有一定粉丝量的主播可以尝试某时段的固定直播。这时，需要根据直播流量统计数据和用户画像做出决定。通常早上 6:00—10:00 是圈粉的好时段，晚上 6:00—12:00 是直播的黄金时段。

（6）准备直播工具。根据每次直播内容调整和购置相应物料。

2. 直播现场

（1）准备并检查拍摄道具，布置场景，调节灯光，安排商品摆放和摄像头位置等；最后进行彩排，发现可能存在的问题。

（2）主播需要提前半小时到场，整理妆容，厘清当天直播思路，根据直播现场调整商品摆放位置。在开场前，主播还需要测试影像、声音效果。

（3）直播过程中需要一直保持微笑，聊天时要有亲和力。对于直播下面的用户评论，尽量每一条都要回复，并不时提醒粉丝点赞。整个过程中不要间断，去卫生间或者换衣服也要尽量缩短时间。

（4）直播一般分为两轮，第一轮需要把销售的商品全面介绍一遍，然后开始互动活动，如发红包、抢答问题、唱歌等。第二轮开始详细介绍主推商品。例如，在服装直播带货中，主播可以试穿主推服装，展示服装的美感。

3. 直播中

（1）主播。主播是直播带货的主角，应充分了解商品、服务的讲解流程，直播时，应注重引导用户，合理安排各阶段的直播时间。

（2）其他参与人员。直播时，参与人员应留意直播现场及直播间内状况，配合主播的各种活动，如商品链接、优惠活动、秒杀商品的演示；同时，应注意进入直播间的人数，记录即时粉丝量；关注观众提出的问题，做好记录，为主播提供问题解答。若时机允许，应积极参与互动，以调动活跃气氛。

4. 直播后复盘

每次直播后，都应当总结直播的经验教训，整理运营数据（包括点赞率、评论率、转发率、完播率、关注率等）。如果发现问题，就要调整脚本，优化程序，以便沉淀引流量大或带货量大的直播方法。

5.4.3 直播带货的脚本设计与操作

脚本是为直播的效率和结果服务的，重点是提前统筹安排好主播的工作和每一步要做的事情。脚本可以帮助主播梳理直播流程、管理货品分类、优化主播话术、选择福利手段，提高直播带货的效果。

1. 脚本框图

直播脚本一般是分几部分去做的，从开始引入到后面的结尾，包括什么人讲，讲什么商品，商品怎么摆放，怎么调价格，怎么演示，都需要预先设计好。所以，制作好直播框架非常重要。图 5-10 所示为一个直播带货的脚本框架图。

2. 操作步骤

（1）热场阶段。此阶段的主要工作是吸引粉丝的注意，一方面，可以通过拉家常，拉近与用户的距离；另一方面，可以采用渲染商品的产地、历史、口碑、销量等数据吸引眼球，或通过卖关子勾起用户的好奇心；还可以宣布促销利好政策，如抽奖、抢红包、让利或折扣等，以增加用户的黏性。

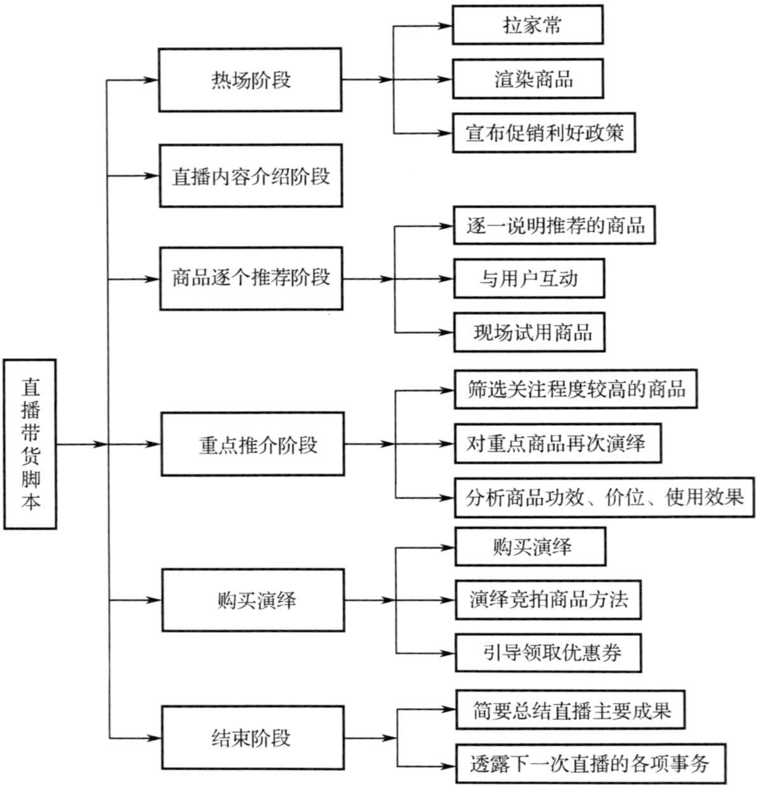

图 5-10　直播带货的脚本框架图

（2）直播内容介绍阶段。简要说明本次直播的主要带货方式和主推的商品。

（3）商品逐个推介阶段。此阶段需要做好三方面的工作，一是主播口头逐一说明推荐产品的款式、功效，并与其他渠道对比价格优势，让用户感觉“用得上，可以买”；二是根据提前规划好的商品使用场景，对主推款以提问的方式与用户互动，让用户自己说出商品使用的体会；三是现场试用商品，并分享使用体验与效果，以验证产品功能，从而激发用户的使用需求与购买欲望。

（4）重点推介阶段。此阶段需要注意三方面的工作。一是直播助手根据用户在直播阶段的反馈情况，及时在所有推荐商品中，筛选出关注程度较高的商品，并推荐给主播；二是对重点商品再次或多次进行演绎，并通过与用户多次互动，调动用户的热情，激发用户的购买欲望；三是对商品功效、价位、使用结果等方面进行分析，与其他竞品对比，明确产品的卖点，帮助用户坚定现场下单购买的决策。

（5）购买演绎。此阶段需要关注三方面的工作，一是演绎购买详细路径；二是教会用户竞拍商品的方法；三是引导用户领取优惠券或其他奖励。

（6）结束阶段。此阶段需要考虑两方面的工作，一是简要总结本次直播的主要成果；

二是透露下一次直播的时间、推荐商品的亮点、购买的福利等。

5.4.4　直播带货中需要把握的三个关键点

直播带货已经成为电子商务中一个新的突破点。欲在直播带货中取得成功，需要把握人、货、场三个关键点。

1. 直播带货的关键点——人

（1）主播。主播是直播带货的主角。对主播的选择可以从三个方面考虑，一是形象要端正，给消费者以美的、向上的、可信任的感觉；二是具有较强的口头表达能力和肢体表现能力，以适应产品宣传的要求；三是有一定的销售能力，能够掌握一定的销售技巧。

（2）商家。商家是希望通过主播销售货物的企业。商家需要和主播有深入的沟通，通过主播的表述把商家的意图传达给消费者。有条件的商家可以自己发现、自己培养直播带货的主播人才。通过向直播平台租借主播的商家，则需要向租借的主播详细介绍自己的企业情况、企业精神和产品特点。

（3）消费者。消费者是最后购买产品的群体。商家和主播都要认真思考消费者需要什么样的产品，期待什么样的优惠活动，有什么方法可以激发消费者在直播中的消费冲动并引起羊群效应。这些都是作为直播带货在选品、互动、后续服务过程中需要注意的地方。

2. 直播带货的关键点——货

货指商品或产品，其质量与新颖程度直接决定了直播带货的成败。好的时尚新商品在直播带货中具有很大的竞争优势。因此，商家或企业需要时刻关注当下的流行趋势和消费热点，并保证商品的进货渠道正规，质量有保证。

销售商品的方法也很有技巧。有的低价款商品是为了引流，可以限定若干件促销；有的设计为组合装或套装，成套购买可以打折或赠予礼品；还有的是为了稳定粉丝，对老粉丝提供折价优惠。

3. 直播带货的关键点——场

习惯上把主播直播过程中所处的环境笼统地称为直播间，但这个直播间里面包含了很多场景。

（1）直播间布置需要考虑把主播放在一个什么样的场景中，突出什么样的形象，会对交易产生哪些潜移默化的影响。

（2）由于采用的是网络直播，在直播过程中可以插入多个场外情景，如工业品生产线、农产品产地等，也可以插入各种短视频、活动预告等。

（3）直播互动也是在直播间进行的。互动也有多种形式，其目的都是吸引流量，留住粉丝。如抢红包能够引起粉丝的狂热；嘉宾助阵可以带给粉丝新奇的感觉；答疑解惑能够消除消费者的疑虑等。

由于直播带货是一个新事物，平台和企业都在探索之中。因此，直播团队在直播带货开播前后都要提前筹备和复盘，以总结直播的经验并尽快形成自己的带货模式。

5.5 其他网络营销方法

5.5.1 大数据营销

1. 大数据营销的概念

大数据库营销是数据库技术和市场营销有机结合后，形成的一种营销方法，也称网络环境下的“一对一营销”或“精准营销”。一对一营销的概念是 20 世纪 90 年代提出来的，主要是强调针对每个客户创建个性化的营销沟通，但由于通信手段的局限性，始终没有形成大范围的应用。随着互联网与数字化信息的迅速发展，人类产生和储存的数据量呈现爆发式增长①，大数据系统日益成熟，一对一营销从而得以方便、快捷地实现。

大数据营销是基于用户与商家，与社会互动时产生的数据而施行的营销。用户每一次搜索网页、每一次消费、每一次评价，都会留下重要的、能够反映自身行为习惯的数据。商家搜集这些数据，并对其进行分析关联，就能了解用户的行为习惯，并对用户群体进行细分，最终实现精准营销。

大数据营销可以从社交类平台、网络零售平台、搜索引擎及其他来源中获取数据。

2. 大数据营销的步骤

大数据营销一般有如下 4 个步骤。

（1）数据采集。大数据营销的数据采集包括一手数据和二手数据的采集。电子商务网站的交易数据是主要的一手数据的来源；而客户的调查、社交网站的数据是主要的二手数据的来源。两个方面数据的汇总可对网民的行为总结得更加全面而准确。

（2）预处理。将收集来的模糊数据进行预处理，主要是将来自前端的数据导入一个集中的大型分布式数据库，或者分布式存储集群，并且可以在导入基础上，进行一些简单的筛选和归类。也有一些用户在导入数据时，对数据进行流式计算，以满足部分业务的实时计算需求。

（3）统计分析。统计分析是从已经获得的数据中，提炼出有重大营销机会的信息。利用统计分析方法，可以更好地了解公司的客户和潜在客户，了解企业产品的销售情况和地区分布，以便促进产品的销售，并发现新的市场营销机会。现在的许多跨境电商网站都提供方便的统计分析工具。例如，阿里巴巴的客户通就有全店的客户分析/客群分析。

（4）挖掘。在现有数据上进行基于各种算法的计算，从而实现一些高级别数据分析的需求，如用户行为与特征分析、竞争对手监测与品牌传播、企业重点客户筛选、发现新市场与新趋势等。

---

① 全球的总数据存储量的量级已突破艾字节（EB），甚至泽字节（ZB）（1ZB=1024EB，1EB=1024PB，1PB=1024TB）。

3. 大数据营销的应用

亚马逊网从首创网上售书开始，就颠覆了从图书行业开始的很多行业的市场规则及竞争关系。亚马逊取胜的根本原因，在于通过对获取的极其丰富的用户行为信息，进行深度分析与挖掘，为客户提供个性化的贴心服务，从而实现精准营销。

阿里巴巴拥有的数据主要是交易数据以及信用数据，其特点在于数据覆盖了从浏览到购物到支付的整个行为链，对于电子商务营销具有较强的针对性和指导性。阿里巴巴对于大数据的应用，在营销方面陆续推出数据魔方、淘宝指数、聚石塔等数据产品，从不同维度，对数据进行挖掘和分析，其最终目的是使阿里巴巴成为数据集散中心。

在大数据背景下，网络营销突出表现出 3 个方面的优势。

（1）受众精准。大数据技术为营销找到更能满足业务需求的受众。通过对数据的整合分析，企业可以得出清晰的用户画像，了解用户的个性与需求，从而实现一对一的精准投放和服务。如拥有强大的数据管理平台（DMP）的 TalkingData，能对超过 20 亿移动受众人群的数据进行汇聚、筛选、萃取，结合一系列算法模型，输出人群分类标签数据体系和目标受众分析工具。由此，企业可以更加精准地找出目标受众，进行有针对性的广告投放。

（2）成本精准。大数据技术使广告投放更加精准，提升了广告的转化率和回报率，大大节约了成本。在大数据的支持下，企业能挖掘大量与消费者相关的数据信息，从中分析出消费者的基本属性、兴趣爱好、消费习惯、消费需求等，更加准确地定位目标受众并进行细分，再运用人群定向技术，精准地向受众投放有针对性的广告。这样的精准投放，改变了以往大范围无目的的广泛投放模式，可以大大节约广告投放成本，如北京七言餐饮利用百度大数据营销投放网络广告，点击率由 1.46%升至 3%，成本稳定至原成本的 1/4 ~ 1/8 之间。

（3）效果精准。运用大数据对消费者的需求进行筛选和聚合，使精准营销的层次得到了进一步提高。在大数据技术的支撑下，企业可以得到清晰的目标受众定位，有效细分人群，提供针对性较强的个性化聚合服务，进而改变了以往精准营销提供综合化服务的局面，大大提高了营销的效果。例如，卓战科技通过对用户线上线下的数据进行职能筛选，为不同的使用情境构建了不同的推荐机制，使推荐引擎从以往的综合化服务转向个性化聚合服务。因此，商品导购更加智能化，消费者好感度增强，从而有效地提高了产品和服务的销量，增强了营销的效果。

5.5.2 社交营销

1. 社交营销的概念与特点

社交营销指利用社交网络进行的营销活动。社交营销是基于人际关系网络，利用互联网社交工具（如微信、Twitter、抖音、快手等），通过分享、沟通、讨论以及互动等方式进行商品营销活动，是一种电子交互手段和社交元素融合后，形成的营销新模式。社交营销具有如下 3 个显著特点。

（1）转化率高。借助社交平台发表文章或图片，并在文章或图片中，放入产品购买链接，可以引导消费者进入网站。研究表明，社交营销本身可达到 6% ~ 10%的转化率，尤其社交平台上的顶级网络达人的电商转化率可达到 20%，而传统电商营销转化率却不超过 1%。

（2）黏性大。社交营销与社群经济有着密切的联系。社群经济的 4 个关键要素是场景（Context）、社群（Community）、内容（Content）、连接（Connection），都在 SNS 营销中得到了充分的展示。网上购物环境的绚丽多彩（场景），吸引了网民的驻留浏览；特定的购物群体成员（社群）相互感染；具有传播力的广告、短视频和直播（内容），吸引着圈子里的每一个成员；而网络信息的快速转发（连接），可以使信息获得有效扩散。因此，SNS 营销的黏性远远大于社群经济，而这种黏性正是社交营销快速发展的重要原因。

（3）互动性强。互动搭建在社交场景上，根植于网民黏性中。如果没有场景，用户就产生不了购买激情，没有黏性，也产生不了购买体验的共鸣。而通过互动，用户才能够形成真正的购买行动。社交营销为用户提供了非常方便的互动渠道，良好的互动氛围影响了每一个用户的购买决策。

2. 社交营销的主要模式

1）B2C 模式

B2C 模式指社交营销针对公司产品或服务的最终用户，直接进行营销活动。这种营销通过向客户提供额外折扣，鼓励客户在社交媒体上发布其产品链接。目前，大量的电商平台正在以此模式开展经营活动。

如图 5-11 所示为社交营销的 B2C 模式。在实际应用中，平台成为整个社交和交易的中心。

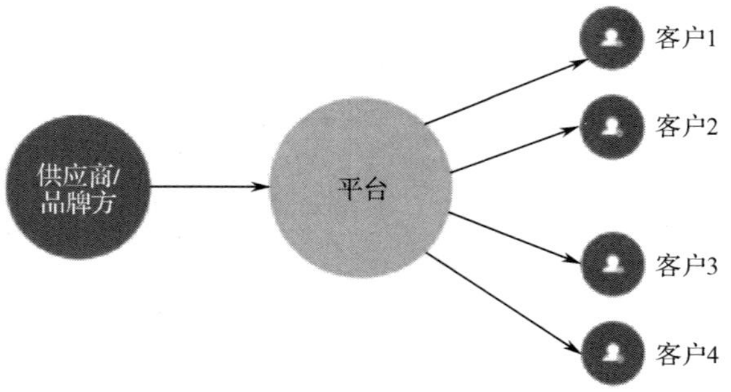

图 5-11　社交营销的 B2C 模式

2）S2B2C 模式

S2B2C 是一种相对较新的社交营销模式。在这种模式中，电商公司作为供应链平台，与合作商家（商业合作伙伴）利用 SNS 营销方法，共同服务于最终客户。

按照 S2B2C 模式，电商公司需认真选择供应商，为供应商提供全面服务（如培训、物流和客户服务）；商家则应定期与客户亲密互动，并为电商公司收集客户反馈。

由于商家无须投入大量资金就可以开展业务，所以不会产生大量营销及推广开支，也无须维持大量存货，故 S2B2C 模式为商家提供了低风险、轻资产的大众创业新模式。

由于这些因素对商家颇具吸引力，许多经营此类模式的公司，也可能向商家收取加盟费。

如图 5-12 所示为社交营销的 S2B2C 模式。

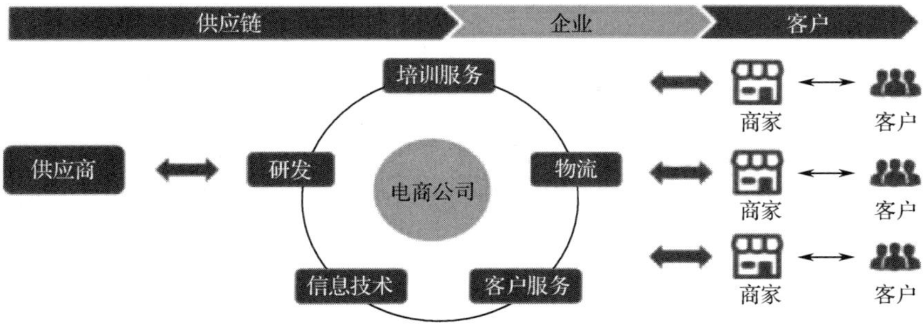

图 5-12　社交营销的 S2B2C 模式

3）开展社交营销的主要方式

（1）选择合适的社交网站发布广告。电子商务企业根据产品以及企业形象的特点，可选择合适的社交网站投放网络广告。目前，比较著名的社交网站国外有 Twitter、Instagram、Pinterest 等，国内有微信、钉钉等。这些网站的主要用户群体也各不相同，例如，Pinterest 主要面向女性，Instagram 主要面向喜欢照相的人。电商企业可以根据产品特点选择合适的平台，并且在平台中选择合适的圈子。在社交网站上投放的广告，因为其目标群体的特征十分清晰，企业可以最大限度地降低网络广告的无效投放，因此，其网络广告的投资收益率，较一般门户网站会高出很多，可以将网络营销的效力发挥到极致。

（2）在社交网站上，建立自己的关系网络，进行关系型营销和病毒式营销。电商公司可以选择合适的营销人员，在不同的社交网站上，注册成为会员，并有意识地建立自己的关系网络。因为社交网站上的会员都是真实的，而且往往每个会员都有一些简单的个人资料，营销人员可以根据企业产品的特点选择合适的对象交流，并尽量与他们建立起长期的联系，使他们成为营销人员关系网络中的成员。

因为社交网站具有强大的人脉扩展功能，营销人员只要采取合适的策略，就可以迅速建立起一个庞大的而且用户群体特征明确的社会关系网络，这为企业的关系营销打下了基础。然后，营销人员可以利用社交网站的个人关系管理功能，不断维持和促进与用户的关系，逐渐建立用户与营销人员之间的信任关系。同时，营销人员要不断地将企业的产品信息，通过“软文广告”的形式传递给这些用户，以扩大企业品牌的影响力，达到病毒式营销的目的。在营销人员成功地将他们个人关系网络中的部分成员转化为企业的消费者后，还可以利用社交网站维护和巩固企业与消费者之间的关系，培养用户的忠诚度，并让用户成为企业产品的口碑营销者。

（3）建立品牌企业专区。对于一些比较知名或者有一定影响力的电商公司而言，在社交网站上建立专门的企业专区是一种很好的营销手段。品牌企业专区能吸引特定的人群（往往是品牌的忠实消费者或者爱好者）的关注，并使他们积极参与到这个专区中，成为专区的成员。这些对企业品牌具有特殊个人喜好或者共同用户体验的用户群体，可以通过这个虚拟社区，建立起某种经常性的联系。当虚拟社区的参与者分享个人喜好或者共同体验，并通过网络跟帖或发表新帖表述意见时，浏览信息所获得的用户体验就可以得到提高。这种用户体验分享的方式，达到的效果已不仅仅是单个的累加，而是几何级数的增长。

5.5.3 短视频营销

1. 短视频营销的概念与特点

短视频是一种集视频拍摄与社交功能于一体的、基于智能移动终端的应用程序，其视频长度以秒计数，依托移动智能终端完成快速拍摄和编辑上传，通过多种网络社交媒体平台实现分享与互动的社交功能。短视频营销指以娱乐、时尚、热点等形式为基础构成的、以短视频媒体为载体的营销活动。通过短视频营销，受众可以在获取视频内容和信息的同时，对其附加的宣传内涵给予快速注意，最终形成偏好，从而促进消费行为的形成。

截至 2020 年 12 月，我国短视频用户规模为 8.7 亿人，较 2020 年 3 月增长 12.9%。2020 年上半年，受新冠肺炎疫情影响，网络视频应用的用户规模、使用时长均有较大幅度提升，以优质内容为基础的付费模式，逐渐获得了用户的认可①。据艾瑞网统计，2018 年，短视频营销市场规模达到 140.1 亿元，同比增长率高达 520.7%②。短视频营销的特点主要表现在以下 3 个方面。

（1）社会化。移动短视频具备天然的社交属性，新媒介技术的进步，改变了人类的消费偏好及习惯。用户在手机上看到一段感兴趣的短视频，很自然地按下转发键，就可以发给自己的亲朋好友。随着 4G 和 5G 网络的全面覆盖，网络速度不断提升，为短视频的广泛传播和分享，提供了充分的外部条件。而视频制作，特别是移动视频制作技术的普及，又使得普通用户都能够成为短视频内容的制作者。制作者与用户融为一体的优势，使短视频成为全社会关注的焦点。

（2）内容化。在传统的电视中，内容与广告是分离的。而在短视频中，二者可以很好地结合起来。只要经过精心的策划，就可以在一个很短的时间里，将娱乐、知识或资讯与企业营销信息很好地结合，从而引发受众的共鸣。同时，由于移动短视频涉及的内容非常广泛，甚至自编自演的小情景故事，也可吸引相应的受众群体，因此，传播的速度和范围都是其他视频媒体无法比拟的。

（3）场景化。每一个利用短视频开展营销的推销者，在制作短视频前，都对自己的受众做了精准的细分。所以，他们所制作的短视频受众是一个非常精准的群体，短视频所展示的场景可以很好地迎合销售对象的偏好，满足他们碎片化、分散化的消费需求。短视频平台为激发用户的创作兴趣，也主动打造特定的场景，以刺激用户产出。例如，美拍平台曾发起过“全民社会摇”的话题活动，吸引了来自数十个国家的超过 100 万名用户的参与，通过全民娱乐化的特定场景，让用户产出短视频的内容具有很高的趋向性。

---

① 中国互联网络信息中心. 第 47 次中国互联网络发展状况统计报告[R/OL](2021-02-03)[2021-03-23].

② 艾瑞网. 2018 年中国短视频营销市场研究报告[EB/OL].（2018-12-03）[2019-02-24].

2. 短视频营销的主要模式

1）广告植入模式

广告植入是短视频最早出现的营销形式，也是目前常用的模式之一。其表现形式相当丰富，包括道具植入、台词植入、题材植入、场景植入、音效植入等。由于短视频内容时长很短，内容高度浓缩，更容易在瞬间抓住用户注意力，并且迅速完成内容传达。因此，与传统广告植入追求显著度和契合度的平衡不同，短视频在广告植入上，具有天然的优势，受众本身对短视频内容中广告的感知非常明显。同时，由于碎片化的消费习惯，受众对广告的包容度和接受度也更大。所以，短视频是广告植入非常好的载体。销售者一方面可以更加大胆地通过多频次等方式，进一步强化广告的显著度；另一方面，可以通过趣味化、段子化的方式，扩大用户对品牌和产品的好感度和长效记忆。

2）内容定制模式

短视频内容定制不同于传统广告片制作。传统广告片通常作为硬广告投放于各类视频媒体，包括电视、电影贴片、视频网站贴片等，属于单向传播，重点在于传达品牌信息和广告诉求。而短视频内容定制通常作为内容原生广告，在全网分发，包括短视频平台、社交媒体等，属于互动传播，因此，需要更加注重内容的完整性和品牌信息的原生性，需要通过拍摄、剧情、创意等系列的内容定制创作，实现短视频的自发性传播。

相对于广告植入模式，内容定制的要求较高。销售者在选择内容定制方式进行短视频营销时，需重点考虑以下 3 个要素。

（1）内容情节。短视频定制营销内容，相比传统广告片，更加注重内容的故事和情节，首先，它是一个可消费的内容，其次，它才是一个广告。

（2）话题热度。短视频定制营销内容要获得好的传播效果，除被更多的人看到外，还需要更多的人参与讨论，可采用热门话题增加社交互动。

（3）渠道兼容性。短视频营销的一大优势是互动传播和二次传播，因此，在内容定制的过程中，需要更多地考虑内容在各个渠道传播的兼容性。

3）网络达人传播模式

网络达人活动的营销价值主要体现在网络达人的影响力和 UGC 内容的互动性上，一方面，可以通过网络达人触达其背后的粉丝群体；另一方面，可以通过互动元素的加入，激发用户的深度参与。

推销者在网络达人活动的短视频营销策划和执行中，通常分为如下 4 个步骤。

（1）确认营销目标。推销者在进行短视频网络达人活动营销前，一定要有清晰的营销目标，这将直接成为指导后面环节的标准。

（2）选择合作的网络达人资源。推销者在选择网络达人资源时，不要一味地追求大流量的头部网络达人，选择垂直领域的网络达人，对其粉丝的触达力和影响力会更大。如果是大传播声量[①]的营销需求，可以选择多个垂直领域的网络达人共同发力，触及范围和力度更佳。

---

①“声量”一词源自传播领域，用来描述与衡量信息传播的影响力大小。

（3）策划活动方案。网络达人活动短视频营销的重要营销价值在于跟用户的互动和沟通，进而鼓励用户生产相关主题的 UGC 内容，以进一步扩大活动声量。因此，在活动策划中，参与门槛和社交属性是重要的策划因素。

（4）推广活动信息，激励用户参与。网络达人活动短视频营销最困难的时期在于起步阶段，当活动热度到达阈值后，便会呈现出病毒式传播的特征。因此，运用各种激励手段，以促进早期的用户参与就成为了关键环节，比如设置奖励机制等。

上述 4 个步骤中，网络达人资源环节对整个营销活动的影响最大，因此，选择合适的网络达人合作尤为重要。除网络达人自身的粉丝数量和影响力外，网络达人领域和品牌个性的一致性、网络达人风格与活动内容的契合度、网络达人主要入驻的平台等都是需要重点考虑的因素。

3. 电商企业使用短视频营销应当注意的问题

（1）科学设计短视频营销策略。开展短视频营销需要根据短视频企业及产品特点，从产品属性、各国风俗、受众人群、用户行为特征、用户体验、国际市场管制等诸多方面，在内容、渠道、场景、转化等 4 个维度，实现有针对性的营销策略布局。

（2）丰富短视频内容，提高可视性。针对内容形式而言，应使营销的内容符合短视频作品的娱乐产品特性，以幽默、炫酷、青春时尚等为主题特色，促使用户在看过短视频后，还能通过自主查阅信息的方式获取更多信息。

（3）精心选择投放渠道。在投放渠道的选择上，应选择更有利于增加营销效果与接收度的营销渠道。一方面，选择的投放渠道应具有很强的社交属性，容易介入熟人关系链；另一方面，应选择在用户信任度较高的渠道上投放，或者用户喜爱的渠道（如针对青年人的网站）上投放。

（4）捕捉用户的产品使用需求高峰，实现定向补给。在用户使用需求强烈、广告推送偏好的时间段，实施营销策略将更能有效地触动用户，加深宣传效果，最终实现用户转化。数据调查显示，短视频用户在睡前、通勤、间歇时间段使用频率较高，跨境电商企业需要根据不同国家和地区的时差，在特定时间段实现定向补给。

5.6 电子商务客户服务

5.6.1 电子商务客户服务的基本理念

客户服务是企业为建立、维护并发展客户关系而进行的各项服务工作的总称，其目标是建立并提高客户的满意度和忠诚度，最大程度地增加新客户，留住老客户，以保证企业在市场经营中，始终处于优势地位，并获得盈利。

客户服务在商业实践中一般会分为 3 个阶段，即售前服务、售中服务、售后服务。售前服务指企业在销售产品（含服务产品）前，为客户提供的一系列服务；售中服务指在产品交易过程中，销售者向购买者提供的服务；售后服务指与所销售产品有连带关系的服务。

在传统营销时代，大部分的销售形式是一个区域内的客户，在一个小的百货商店购买日常用品。由于客户少，购买集中，零售店主比较熟悉各位客户的消费习惯和偏好，因此，在组织货源时，店主会引进人们所需的物品，并在客户购买时，根据客户的消费习惯和偏好，向他推荐相应的商品。此时的零售店主进行的是自发性的、较低级的个性化客户服务。

在大规模营销时代，电视广告、购物商城、超级市场逐渐改变了人们的购买方式，客户的流动性大大增加，销售企业逐渐失去了和客户的亲密关系。客户服务主要解决客户上门反映的意见，对大部分客户的需求很难把握。因此，这种服务方式在 20 世纪 90 年代受到了冷落。

21 世纪初，随着互联网走入千家万户，人们在熟悉电子商务购买流程的同时，也对电子商务客户服务（简称电商客服）提出了更高的要求。为了适应网络营销的条件，一种全新的客服服务方式——电商客服应运而生。电商客服与传统客服的目标是一致的，但它追求的是客户流量，提供的是传统客服所不具有的高级个性化客户服务。电商客服可以覆盖世界的各个角落，使各类客户都可以通过销售平台直接与企业对话，并解决交易过程中出现的种种问题。

5.6.2　电子商务客户对企业服务的新需求

网络客户对电商企业服务的需求，由低到高，一般可分为如下 4 个层次。

（1）获取信息。在网络上，用户需要通过网站全面了解产品信息，并从中寻找满足他们个性化需求的特定信息。没有良好的信息服务，是不能满足用户需求的，如“我的钢铁网”就是通过行业聚焦、行情快递、市场分析等栏目，为客户提供国内外钢铁行情、产销资讯、下游动态等资讯内容，从而牢牢地将用户锁定在自己的网站上。

（2）问题解答。通过文字、音频和视频，企业与用户间的网络双向交流已经非常方便。常见的问题，如产品的安装、调试、使用、故障排除以及提供产品更深层次的知识等，都可以通过网站服务自动解决。现代用户除要求解答问题外，还希望对产品知识进行自我学习、自我培训。通过向客户提供自我学习的知识库，企业不仅能提高服务效率，节省服务费用，而且可以很好地满足客户的求学心理，有利于改善企业与客户之间的关系。

（3）直接接触。网络客户有时也像传统客户一样，希望与公司的有关人员直接接触，从而解决一些比较困难的问题，或反馈自己的意见。由于网络上信息反馈的方式非常灵活、快捷，客户可以尽可能地把自己的需求、喜好反馈给企业，让企业能够有的放矢。

（4）参与设计。在传统市场上，客户的个性化需求是无法得到满足的。但在网络条件下，客户的个性化需求通过网站信息的汇集，能够形成了一定生产规模，使规模定制成为可能。例如，在戴尔公司，客户通过电子商务平台向戴尔提出定制要求，戴尔通过数据挖掘技术，从中进行信息的采集和整理；而后通过客户关系管理系统，对客户的订单进行分解；分解后的订单信息成为企业采购、生产的依据，从而最大程度地满足了客户的个性化需求。

以上 4 个层次的需求之间，存在互相促进的作用。本层次需求满足得越好，就越能推动下一层次的需求。需求满足得越好，企业和客户之间的关系就越密切，整个过程呈螺旋式上升，不仅促使企业对客户需求有更充分的理解，也会引起客户对企业期望的膨胀，最终实现了“一对一”关系的建立。这个过程称为“客户整合”。它是网络营销服务发展的结果，充分体现在满足客户个性化需求的双向互动的过程中。图 5-13 所示为网络客户“一对一”的服务策略思路。

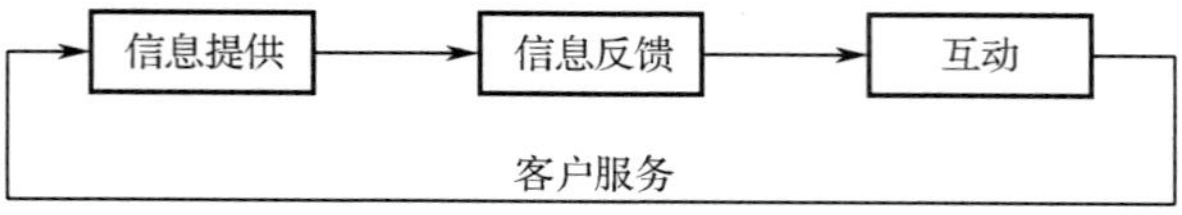

图 5-13　网络客户“一对一”的服务策略思路

5.6.3　电子商务客户服务的分类

根据服务的方式不同，电商客服可分为人工客服和在线智能客服。其中，人工客服又可细分为文字客服、视频客服和语音客服 3 类。

文字客服是主要以打字聊天的形式进行的客户服务；视频客服是主要以语音视频的形式进行的客户服务；语音客服是主要以电话、移动电话或网络通话的形式进行的客服服务。其中，网络客服既可以是即时交互，也可以是延时交互回答客户在网站上留言提出的问题，人工客服是在把客户问题汇总提炼后给予回答。

在线智能客服也称人工智能客服。它通过人工智能的方法进行客服活动，融合了人工智能技术的在线智能客服系统，能够实现智能访客分流、自动回复（文字或语音）客户问题、关键词统计分析、智能广告投放、智能监控和智能质检等，使客服工作的各个环节实现自动化和智能化，从而显著降低了人工客服成本，提升了客户服务质量。

5.6.4　电商客服的工作内容

1. 售前服务

电商客服售前服务指网店或电子商务交易平台，在销售产品前，通过网络为客户提供的一系列服务。

售前服务的一个重要任务是收集客户对产品的各种问题，指导客户熟悉支付、物流、配送各环节的操作，宣传产品的优势和网店的信誉，提高客户购买意愿，促成订单的形成。在这个阶段，需要建立一个完整全面的常见问题回复文档，这样在页面直接回复或电子邮件回复时，都可以大大提高客服的回复效率，节省编辑时间。

为客户提供信息的基础是对交易信息的收集。随着时间的推移，网上商务活动相互影响的程度也在不断提高，促使企业不断提高为客户服务的价值，并且优化同每个客户关系的收益。由于这个过程是渐进的，因而有时也称渐进的个性化服务。

渐进的个性化服务是通过提供外在资料和内在资料而实现的。外在资料指通过调查、检索、分析所获得的市场信息，它对于客户了解整个行业发展走势、市场价格波动等具有指导意义，但也存在信息不准确的风险。内在资料是网站后端收集的数据，例如，通过网站记录的厂商和客户的交易行为、网络广告发布的数量和频率等信息。

2010 年 3 月 31 日，阿里巴巴旗下的淘宝网正式面向全球，首度有原则、分层次地开放淘宝数据，并联合第三方专业研究机构，为淘宝网上的商家，提供基于数据之上的分析、解读、业务、建议等服务①。商家可以通过数据挖掘技术，提炼对自己有用的数据，并利用这些数据，为网络客户提供更有针对性的服务。

2. 售中服务

电商客服的售中服务是电商企业在产品交易过程中，向购买者提供的服务。售中服务主要执行订单跟进，回答客户在线下订单过程中遇到的疑难问题，处理订单换货和订单取消，处理地址变更、物流跟踪等问题。

（1）已发货通知。发货后，客服应在第一时间给客户发送信息，告知客户物流渠道以及物流跟踪号，最好能有一个预计到达的时间，让客户感受到客服无比贴心的服务。

（2）未发货通知。因特殊情况延迟发货的订单，客服应及时主动联系客户，道歉并说明情况。如遇到客户催发货，应尽全力安抚客户情绪。

（3）催付提醒。有的客户已经下单但还未付款，这时需要发送催付信息，这种情况经常会遇到。一般情况下，客户收到客服温馨的提醒后，一定会尽快付款，这种做法不仅给客户留下了良好的印象，也会大大提升转化率。

网络时代使信息渠道变得畅通无阻，信息的反馈也变得更加及时、准确。电子商务网站经常采用的信息反馈方式是电子邮件和实时客服工具。

利用电子邮件与客户建立主动的服务关系，主要包括两个方面的内容，一是主动向客户提供公司的最新信息，使客户通过电子邮件了解公司的最新动态；另一方面，公司也可以通过电子邮件解答客户的问题，了解客户的需求，并将其整合到营销组合中。

在线客服软件是专门为企业网站量身定制的网络实时客服工具，是目前电子商务网站客户服务中广泛推行的一种技术。在线客服软件可以帮助企业的客服人员实时监控网站访问情况，它能“看见”每个登录网站的访客，并向访客发出主动邀请，帮助企业发现访客，并为访客提供服务。访客无须安装任何插件，单击页面上的漂浮框，即可与网站客服进行实时的联系。企业客户只需在客服人员处安装相应客户端软件，就能够处理客服问题。在网站客服离线的状态下，离线服务能保存客户留言，机器人客服可以回答一般性问题，客服人员在上线后，回答访客留言的一些特殊问题。在线客服彻底改变了传统营销中被动的、静态的营销模式，成功地实现了网站与访客双向的、主动的交流，降低了运行的成本，提高了服务质量。

3. 售后服务

电商客服的售后服务指与网络上销售的产品有连带关系的服务，主要包括如下服务内容。

（1）产品保修。如产品还在质保期内，因为制造质量问题造成的损坏或不能正常工作时，网店或营销平台有义务帮助客户联系生产厂家，免费为用户修理或更换零部件。

---

① 阿里研究中心. 淘宝网首度向全球开放原始数据商业数据[EB/OL]（2010-04-09）[2020-04-20].

（2）退换货。由于网上交易主要利用文字和图片介绍商品，客户买到商品后，觉得不合适或不满意的情况较多，所以，退换货工作是电商企业一项非常重要的工作。

（3）邀请买家留评。买家确认收货后，客服应积极引导买家在网上留下好评，以提高店铺的信誉级别。

（4）建立黑名单。当遇到一些不良买家的恶意诈骗或威胁，或故意给差评时，客服应妥善应对。在处理差评时，应当筛选出少数恶意买家，建立一个黑名单库，做好记录和防范。

（5）解决交易纠纷。买家与卖家在交易过程中，如果由于产品质量、服务态度、收验货等问题产生争议，客服人员就需要先详细了解问题的根源所在，然后提出解决的建议和协调的方法，以便有效处理客户与网店或生产厂家的矛盾。

（6）问题的收集与总结。客服人员在服务过程中，应及时收集客户提出的问题，结合本网店的运营情况，反映给客服负责人，还要督促有关部门尽快解决客户购买过程中出现的各类问题。

4. 客户关系管理

电子商务客户关系管理（e-Commerce Customer Relationship Management，eCRM）是利用当今最新的信息网络技术（包括电子邮件技术、多媒体技术、呼叫中心、数据挖掘、专家系统等）了解客户需求，通过加强与客户的沟通，挖掘客户需求，并不断改进产品与服务，以提高客户忠诚度和满意度的过程。

客户是企业的一项重要无形资产，客户关系管理的核心思想就是对所选客户建立长期和有效的联系，最大程度地了解客户、接近客户，以实现客户流量的稳定增长。

在网络营销中，电子商务企业常常用“客户忠诚度”衡量网站客户关系维系得好与坏。由于网络市场竞争激烈，使得吸引新客户的成本变得很昂贵，因此，如何留住老客户就成为电子商务网站的主要服务目标。为了留住老客户，电子商务网站需要真正了解客户的需要，提供高质量的产品或服务，同时还需要保护客户的隐私。

在实施电子商务客户关系管理前，管理人员需要重新构造与客户的交互流程。以往的组织结构是按照为客户服务的不同活动进行划分的，这种划分妨碍了客户信息在企业内部的自由流动，从而影响了客户关系的建立和客户定制服务的提供。电子商务网站需要充分发挥网络技术的优势，彻底打破职能部门的界限，以整合的方式完成客户关系管理业务流程的调整，形成同客户的直接沟通，并履行相应的职责，高质量地完成确定客户状态、处理订单、追踪产品售后状况、执行监督服务协议、提供退换货服务等任务。

在整个交易流程中，必须做好完整的记录，完善客户资料、行业、规模、消费能力、报价、合同、交易记录等，管理好客户的基本信息，形成企业的客户资料库，重点关注有价值的管理要素；要建立黄页式客户分类索引，归档准确，查找快捷；根据公司业务情况，按客户性质、价值、状态等分类，分级别管理客户，以便业务分工和业务指导。

电子商务客户关系管理的高级阶段是客户关怀。在客户关系管理的初级阶段，电子商务企业仅仅把产品定期的修理和维护，作为客户关系管理的主要工作。而在高级阶段，客户关怀成为主要工作，包括商品信息推送、产品体验、定期意见征求、售后服务跟踪等。区分客户关怀的不同阶段是为了营造出友好、激励、高效的网络购物氛围，提高客户忠诚度和黏性，实现客户价值持续地贡献，从而全面提升企业盈利能力。

5.6.5 电子商务客服人员的技能要求

（1）具有良好的沟通能力和热情耐心的服务态度。由于在电商平台上，客户看到的都是一张张的商品图片和文字描述，既看不到商家本人，也看不到产品实物，无法了解各种实际情况，因此往往会产生距离感和怀疑感。这个时候，客服就显得尤为重要了。客服人员需要通过与客户的文字、语言交流，使客户逐步了解商家的服务和态度，让网店在客户心目中，逐步树立起良好的形象。

（2）具有丰富的商品和贸易知识。客服人员应对销售的产品有足够的了解，以解答客户对产品的询问，提升订单转化效率。同时，客服人员应对电子商务相关政策有深入的了解，熟悉平台和网店的交易规则，以解答不同国家、不同地区、不同层次客户的问题。

（3）掌握基本的客户分析技能，如汇总分析、构成分析、变化分析、关联分析，能够快速了解客户联系情况、客户来源、营销机会等，帮助企业全方位掌握客户的分布情况，以便找到重点客户市场。

导入案例解析

成功的网络营销，首先，需要把各类营销平台与模式整合为适合企业自身特点和发展需求的整体营销渠道，除了将公众号、短视频、直播、微博等平台的分解营销方法加以组合，更要求企业从长远经营的目标出发，在优化组合各类网络营销工具的基础上，制定并执行详细的网络营销实施方案和操作流程，并通过高效的网络营销效果评估与信息反馈机制，不断调整营销方案、优化营销效果。

其次，需要培养并壮大专业网络营销团队。专业网络营销团队既要拥有关于市场和客户的丰富经验，同时又必须十分熟悉网络营销的机制和模式，这样才能在实现销售增长的同时，通过不断优化客户服务提升企业品牌价值。

最后，电商企业的网络营销，必须从企业整体营销出发，通过线上与线下的整合互动，构建一体化的营销模式，使网络营销和企业的长远发展战略真正结合在一起，为企业实现长久的营销效益。

复习题

1. 简述网络消费者的购买行为。
2. 试论述跨境电商营销品牌策略的基本思路与方法。
3. 试论述跨境电商营销定价策略的基本思路与方法。
4. 试论述跨境电商营销渠道策略的基本思路与方法。
5. 简述跨境电商广告营销的方法。
6. 简述跨境电商直播营销的方法。

第 6 章 电子支付与网上银行

电子支付是电子商务中的一个极为重要的、关键的组成部分。电子商务比传统商务具有更多的优越性，成为吸引越来越多的商家和个人上网购物和消费的原动力。因此，如何通过电子支付，安全地完成整个电子商务交易过程，又是人们必须面对的首要问题。本章对什么是电子支付、电子支付的方式与特点、网上银行等问题进行深入的探讨。

导入案例

支付宝的用户拓展之路

作为工具型产品，支付宝从 2014 年约 4 000 万人的日活跃用户数量（Daily Active User，DAU）逐步攀升至 2020 年约 2.9 亿人，其间几乎一直呈上升态势。其增长经验可以归纳为如下 3 个方面①。

1. 活动运营

通过在全年各关键节日点设计有参与感的定期活动，让用户在特定场景想到对应的产品，就可以在抢占用户心智的同时，达到持续拉高全年 DAU 的目的。

支付宝周期性活动包含春节集五福、年度账单、“双十一”、“双十二”等，支付宝的周期性运营活动如图 6-1 所示。上述活动在抢占线上、线下市场的同时，持续地拉动了 DAU 增长。

通过短期活动营造惊喜感，可加深品牌印象，并起到品牌宣传的作用，如 2018 年的短期运营活动“支付宝锦鲤”，选用了“中国锦鲤”作为广告词，汇集上百家品牌企业，开展抽奖活动。有的商家送手机、有的商家送鞋，有的商家送机票，最酷的是可以去陈纳德飞行基地免费接受开飞机培训长达两个月。支付宝通过微博发布活动消息，发布消息仅仅 6 小时后，这条“支付宝锦鲤”活动的微博转发量就突破了 100 万次。

① 本案例参考：lilyblood. 支付宝的增长之路[EB/OL]（2020-08-18）[2020-11-24].

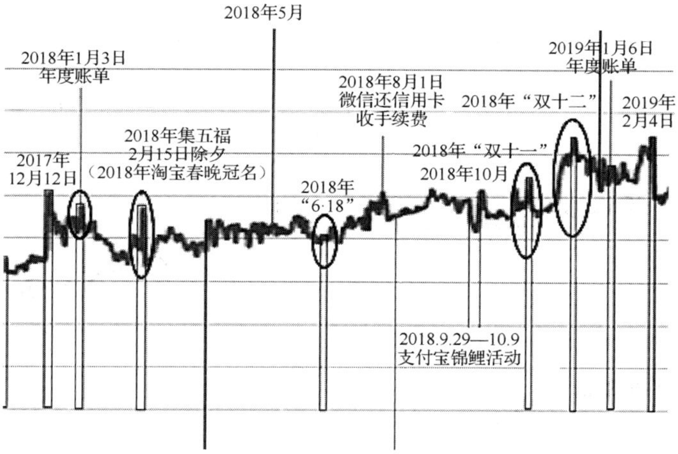

图 6-1　支付宝的周期性运营活动

2. 产品运营

（1）红包应用（2015 年）。2014 年，腾讯微信支付团队研发微信红包功能，开始瓜分移动支付市场。这一行动引起了阿里巴巴公司支付宝团队的警觉，于是支付宝 2015 年上线红包功能与之对抗，并在 2016 年春晚口播发放 8 亿元红包，后续更是加入“集五福”活动，并将其固化为周期性活动，延续至今。

（2）蚂蚁森林（2016 年）。蚂蚁森林自 2016 年上线以来，与母体支付宝一路互相拉动活跃、留存访客，积极影响 DAU 持续上涨。

（3）蜻蜓支付（2018 年）。蜻蜓支付是支付宝的线下刷脸支付硬件产品，也是布局未来支付、新零售的重要硬件产品，微信同样跟进推出了青蛙支付。

（4）直播理财（2020 年）。2020 年，随着疫情期间用户理财意识觉醒，支付宝再次发力理财方向。5 月打通了直播功能，开启了理财直播。

（5）三场景用户&应用工具箱。2017 年，支付宝运营团队发现，如果用户在支付宝使用 3 个以上的功能，留存率将超过 95%；支付宝基于此提出了“三场景用户”的概念，并开始丰富应用工具箱。目前的应用工具箱包括便民生活、财富管理、资金往来、购物娱乐、教育公益、第三方服务等功能，并不断扩充使用场景，有效地提升了用户的使用率。

3. 战略布局

（1）在新的挑战出现时，仍专注核心业务。支付宝自 2015 年 9.0 版本开始尝试社交化，2016 年 9.9 版本更是将生活圈移到了首页。但上述尝试暴露了转型社交带来的问题，一是因产品定位及功能不同，稍有不慎就会损害原有产品及用户的利益；二是对于非内容型产品，增加内容模块时，易忽略对内容运营及审核风险的控制，且把控力较弱。2017 年，支付宝正式宣布放弃社交回归金融，做自己擅长的事，充分发挥自身优势，避免被竞争对手消灭。

（2）延伸核心业务场景，进一步扩大自身业务范围及优势。支付宝开发了数字生活平台，以推广便民生活应用等，通过整合上下游，延伸了产业链，实现了全局增长，构建更完整的生态营销目标。

（3）推动支付管理和技术不断创新。阿里芝麻信用与大数据运营商深度合作，共同通过创新监管方式，帮助支付宝加强事中、事后的监管能力；指纹识别、人脸识别等支付技术已经得到了全面推广；搜索+小程序生态得到了不断加强，致力于全方位培养用户使用客户端进行搜索的意识和习惯。

导入案例思考题

成功的电子支付工具有哪些特征？

6.1 支付的相关概念

电子支付的技术设计是建立在对传统支付方式的深入研究基础上的，这是因为人们总是将传统支付方式与电子支付相比较。因此，在讨论电子支付前，有必要对支付相关概念进行梳理。

6.1.1 现金

现金有两种形式，即纸币和硬币，由国家组织或政府授权的银行发行。纸币本身没有价值，只是一种由国家发行，并强制通用的货币符号；硬币本身含有一定的金属成分，故具有一定的价值。

6.1.2 票据

“票据”一词，可以从广义和狭义两种意义上理解。广义的票据包括各种记载一定文字、代表一定权利的文书凭证，如股票、债券、货单、车船票、汇票等，人们笼统地将它们泛称为票据；狭义的票据是一个专用名词，专指票据法所规定的汇票、本票和支票等票据[①]。

在电子商务交易中，一旦成交，有时就要向外地或外国输送款项供清偿之用。在这种情况下，如果输送大量现金，不仅十分麻烦，而且途中风险很大。但如果以票据的转移代替实际现金的转移，则可以大大减少上述麻烦或风险。汇票出现以后，便成为异地交易中代替现金支付的最佳工具。

作为支付手段，各种票据都可以使用。例如，买主支付价款给卖主，可以直接签发支票，也可以直接签发本票，还可以签发汇票。但不论何种形式，都需有出票人的签名方能生效。

① 根据我国《票据法》，汇票是出票人委托他人于到期日无条件支付一定金额给受款人的票据；本票是出票人自己于到期日无条件支付一定金额给受款人的票据；支票则是出票人委托银行或其他法定金融机构于见票时无条件支付一定金额给受款人的票据。因此可以说，票据是出票人依《票据法》发行的、无条件支付一定金额，或委托他人无条件支付一定金额给受款人或持票人的一种文书凭证。

6.1.3　信用卡

信用卡是银行或金融公司发行的，授权持卡人在指定的商店或场所，进行记账消费的信用凭证。

信用卡最早诞生于美国。1915 年，美国的一些百货商店尝试发放信用筹码，约期付款。1946 年，美国狄纳斯俱乐部和运通公司开始发行旅游、娱乐信用卡。1952 年，美国加州富兰克林国民银行首先发行银行信用卡。20 世纪 80 年代后，信用卡在美国、西欧、日本等国，已成为一种普遍采用的支付工具，逐步取代了现金和支票。Master、VISA 等都是普及率极高的信用卡。

信用卡进入我国是在改革开放后。1985 年，中国银行珠海分行发行了我国第一张信用卡——人民币中银卡。之后，我国其他几家银行也先后发行了自己的信用卡。截至 2020 年一季度末，全国银行卡在用发卡数量达 89.54 亿张，其中，借记卡在用发卡数量达 81.77 亿张，全国人均持有银行卡达 6.40 张①。

信用卡之所以能在世界范围内被广泛使用，与其本身的特点是分不开的。信用卡具有转账结算、消费借贷、储蓄和汇兑等多种功能，能够为持卡人和特约商户提供简化高效的结算服务，减少现金货币流通量；还可以避免随身携带大量现金的不便，为支付提供较好的安全保障。

6.1.4　支付、结算与清算

1. 支付

支付又称付出、付给，多指付款，是发生在购买者和销售者之间的金融交换，是社会经济活动引起的货币债权转移的过程，指个人与个人之间、机构与机构之间、个人与机构之间的直接货币给付。

2. 结算（Settlement of Accounts）

根据《中国银联银行卡联网联合技术规范 V2.1》的定义，结算指完成客户账户间资金划拨的全过程。结算通过银行将款项从付款单位账户划转入收款单位账户。

3. 清算（Settlement）

根据《中国银联银行卡联网联合技术规范 V2.1》的定义，清算指根据清分结果，对交易数据进行净额轧差和提交，并完成资金划拨的全过程。清算是由银行对相互间的资金往来进行划拨结算②。

清算包括清分和结算两个阶段。清分公式为

---

① 中国人民银行. 2020 年支付体系运行总体情况[EB/OL]（2021-03-24）[2021-04-22].

② 在法律上，清算是为了终结现存的法律关系、处理其剩余财产、使之归于消灭而进行的一个程序，包括计算、核实等。

清分=记账+发送指令+算账

清分阶段主要由清算企业参与，如银联、网联等。例如，消费者 A 刷 POS 机向商场 B 付款 5 000 元，消费者 A 的开户行在建行（发卡行），商场 B 的开户行在工行（收单行）。在清分阶段，银联系统记下这笔交易，计算出这笔交易中发卡行、银联、收单行各自收取多少手续费，然后，分别向发卡行与收单行发起交易指令。

结算公式为：

结算=扣费+转账

结算阶段主要由清算企业与人民银行的支付系统共同参与。例如，发卡行根据交易指令，从消费者 A 的银行卡账户扣除 5 000 元，并从 5 000 元中扣除相应的手续费。剩余的钱被银联再扣除相应的手续费，然后通过人民银行大额支付系统转给收单行，收单行再扣除相应的手续费后，将剩下的钱打入商场 B 的账户。

4. 清算系统

清算系统是一套银行的账户体系以及相互间资金划拨交割的会计规则。清算体系有独立的系统，如我国的大额支付系统、人民币跨境支付系统（CIPS），美国的美元清算系统（CHIPS）。在这类系统中，有指定的清算银行。有些国家或地区，为了规范本国或本地区内的外汇清算秩序，也会指定特定币种的清算银行。此外，在一定区域内，为了提高区域内外汇清算效率，许多小银行会自发以某家大银行作为账户行，进行区域内的外币清算。

6.2 电子支付

6.2.1 电子支付的概念及特征

美国将电子支付定义为：电子支付是支付命令发送方把存放于商业银行的资金，通过一条线路划入收益方开户银行，以支付给收益方的一系列转移过程。

按照中国人民银行的定义，电子支付是单位、个人直接或授权他人通过电子终端发出支付指令，实现货币支付与资金转移的行为①。具体到统计口径上，电子支付指客户通过网上银行、电话银行、手机银行、ATM 机、POS 机和其他电子渠道，从结算类账户发起的账务变动类业务笔数和金额，包括网上支付、电话支付、移动支付、ATM 业务、POS 业务和其他电子支付等 6 种业务类型②。

电子支付从基本形态上看是电子数据的流动，它以金融专线网络为基础，通过计算机网络系统传输电子信息实现支付。按照电子支付指令发起方式，电子支付的类型可以分为网上支付、电话支付、移动支付、销售点终端交易、自动柜员机交易和其他电子支付；按照支付指令的传输渠道，电子支付的类型可以分为银行专有网络支付、互联网支付和移动支付。基于支付指令传输渠道划分的电子支付类型如图 6-2 所示。

---

① 中国人民银行. 电子支付指引（第一号）[EB/OL] 2005-10-31[2019-08-20].

② 中国人民银行. 2020 年第一季度支付体系运行总体情况[EB/OL]（2020-06-09）[2020-08-22].

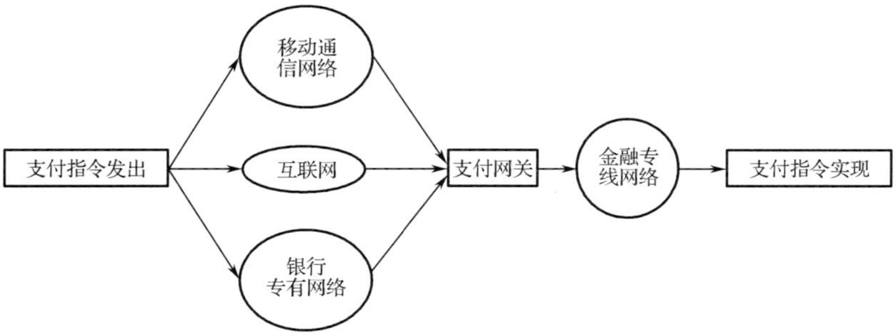

图 6-2　基于支付指令传输渠道划分的电子支付类型

与传统的支付方式相比，电子支付具有以下几个特征。

（1）电子支付是采用先进的技术，通过数字流转来完成信息传输的，其各种支付方式都是采用数字化的方式，进行款项支付的；而传统的支付方式则是通过现金的流转、票据的转让及银行的汇兑等物理实体流转，完成款项支付。

（2）电子支付的工作环境是基于一个开放的系统平台（互联网）中；而传统支付则在较为封闭的系统中运作。

（3）电子支付对软、硬件设施的要求很高，一般要求有联网的计算机、相关的软件及其他一些配套设施；而传统支付则没有这么高的要求。

（4）电子支付具有方便、快捷、高效、经济的优势。用户只要拥有一台上网的计算机，便可足不出户，在很短的时间内完成整个支付过程。支付手续费仅相当于传统支付的几十分之一，甚至几百分之一。

6.2.2　电子支付的类型

当前流行的电子支付类型主要是支付指令在用户和电子支付机构之间，或相互之间的流转。对这些支付类型进行分类，可以分析和归纳电子支付的各方主体，在支付各环节的角色定位，提出民事权利和义务的关系。

电子支付可以分为 5 种类型，包括网上银行、非金融支付机构、移动支付、虚拟货币、其他形式。电子支付的分类如图 6-3 所示。

1. 网上银行支付

网上银行是传统银行转型的一种新形态。如图 6-4 所示为网上银行（含支付网关代理）的支付流程。

2. 非金融机构支付

非金融机构支付（又称第三方机构支付）的特点是绑定银行账户，其支付流程如图 6-5 所示。从规制对象的角度看，主要应对买家、商户、第三方支付机构、网上银行 4 个参与者进行规制；而从支付流程的角度看，主要包括支付账户开户、指令执行、支付完成 3 个阶段。

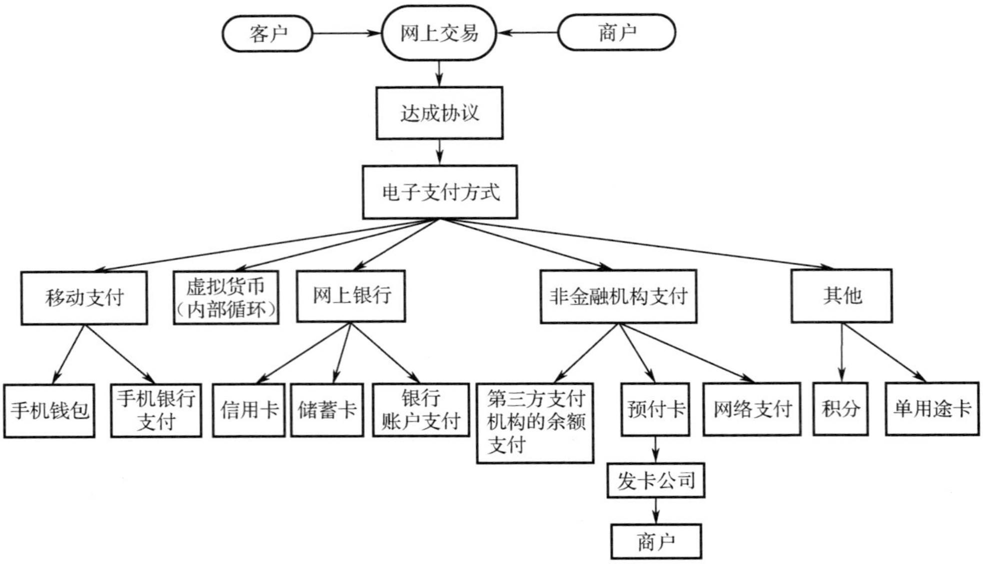

图 6-3 电子支付的分类

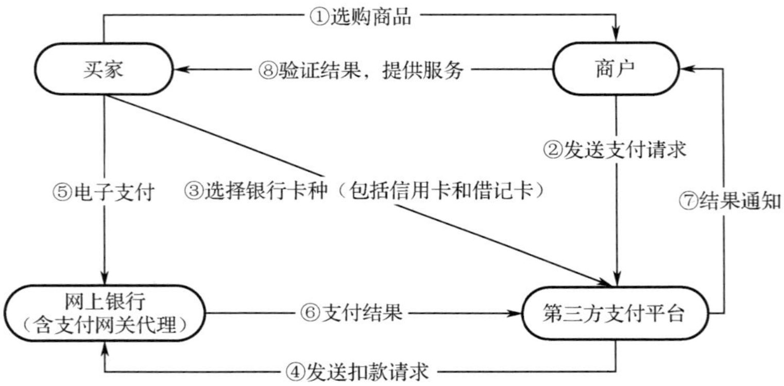

图 6-4 网上银行（含支付网关代理）流程

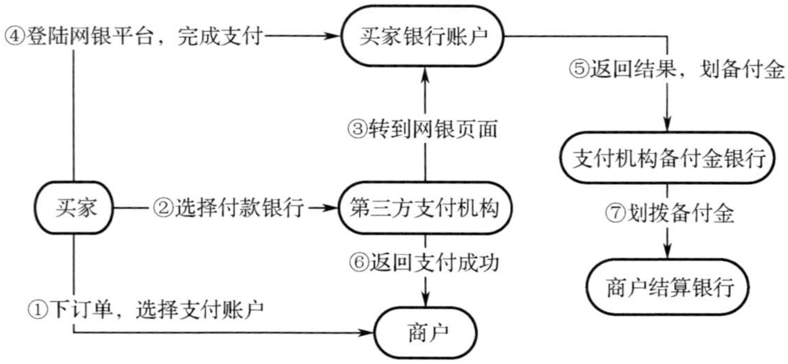

图 6-5 第三方机构支付：绑定银行账户支付流程

3. 移动支付

移动支付是近几年发展特别迅速的一种电子支付形式。如图 6-6 所示为移动支付的全流程。

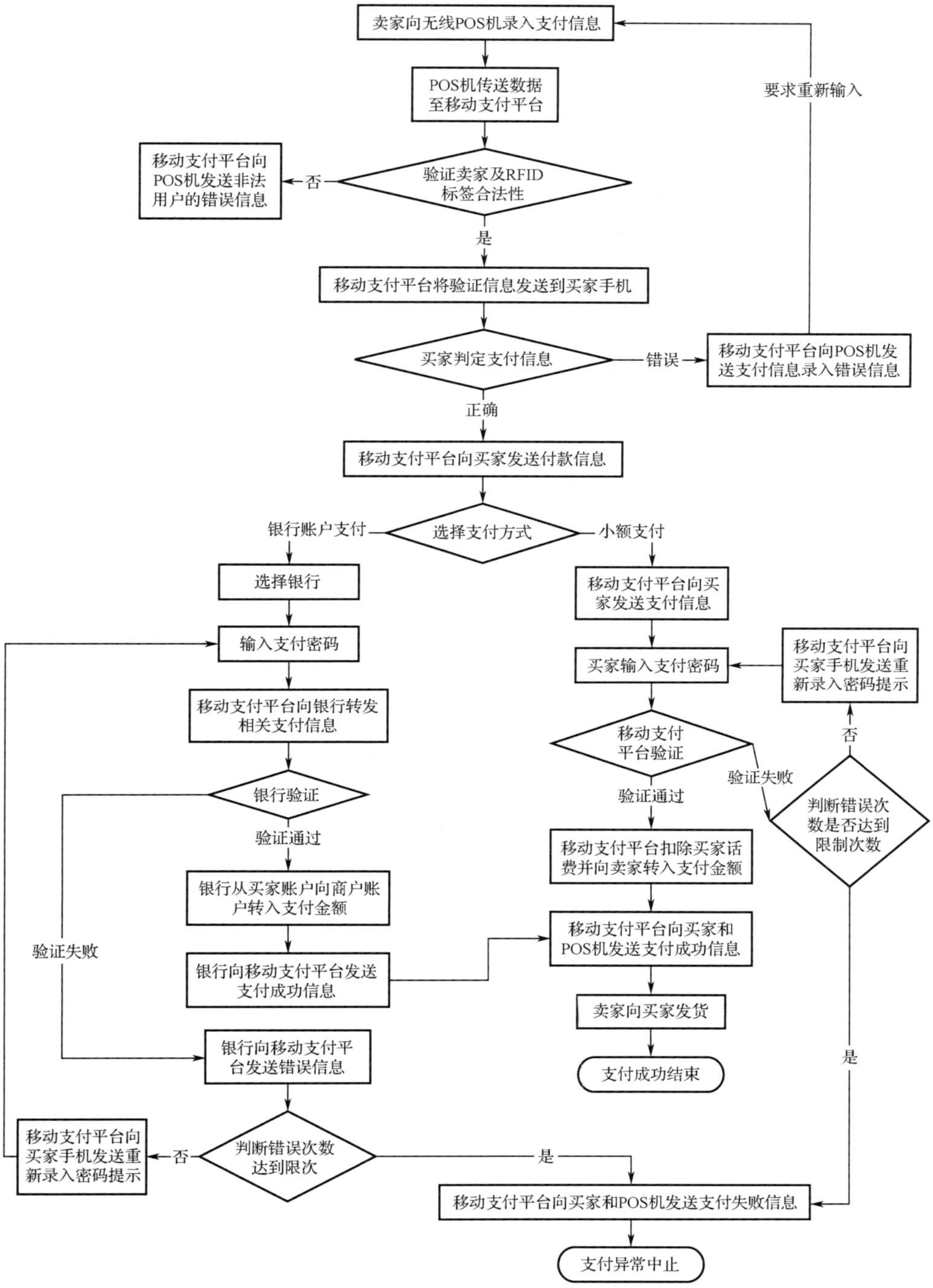

图 6-6　移动支付全流程

6.2.3 电子支付的工具

根据使用的支付工具不同，电子支付可以分为银行卡支付、电子现金与电子钱包支付、移动二维码支付、电子票据支付与电子资金划拨五大类。

1. 银行卡支付

在所有传统支付方式中，银行卡（主要是信用卡和借记卡）最早适应了电子支付的形式。支付者可以使用申请了在线转账功能的银行卡，转移小额资金到别的银行账户中，完成支付。

VISA 银行卡是发卡银行与 VISA 国际组织联合发行的银行卡，这种银行卡可以在全球范围内的 VISA 特约商户进行消费，信用卡卡面上印有 VISA 国际的标志①。

银行卡电子支付的参与者包括付款人、收款人、认证中心以及发卡行和收单行。银行卡电子支付流程如图 6-7 所示。

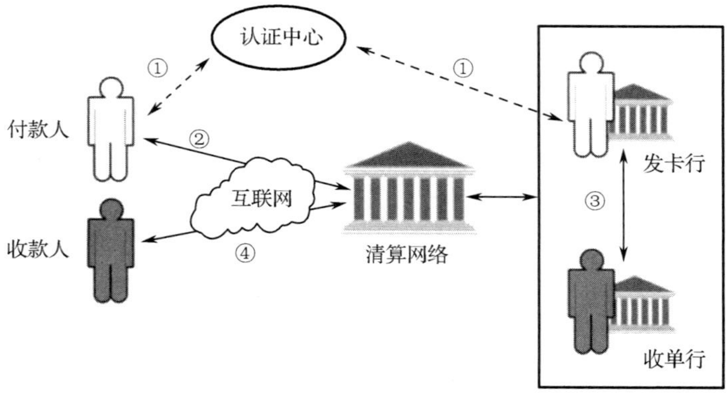

图 6-7 银行卡电子支付流程

银行卡电子支付流程包括如下几个步骤。

① 付款人和发卡行申请认证，使得支付过程中，双方能够互相确认身份。

② 付款人通过电子钱包软件登录发卡行，并发出转账请求。转账请求包括汇入银行名称、汇入资金账号、支付金额等信息。

③ 发卡行接受转账请求后，通过清算网络与收单行进行资金清算。

④ 收款人与收单行结算。

2. 电子现金与电子钱包支付

1）电子现金

电子现金（E-cash）是一种以电子数据形式流通的、能被客户和商家普遍接受的，

---

① Visa International 本身并不直接发卡，VISA 品牌的银行卡是由参加 Visa International 的会员（主要是银行）发行的。在亚太区，Visa 国际组织有超过 700 个会员金融机构发行各种 Visa 支付工具，包括信用卡、借记卡、公司卡、商务卡及采购卡。这些产品都能让客户在国际交易时倍感安全、便利和可靠。

在通过互联网购买商品或服务时，可以使用的货币。电子现金是现实货币的电子化或数字模拟，它把现金数值转换成为一系列加密序列数，通过这些序列数表示现实中各种金额的币值。电子现金以数字信息形式存在，存储于电子现金发行者的服务器和用户计算机终端上，通过互联网流通。

电子现金既具有现钞所拥有的基本特点，又由于和网络结合而具有互通性、多用途、快速简便等特点，已经在国内外的跨境电商支付中广泛使用。中国银联在我国大陆地区发行有单币种电子现金卡，电子现金主应用币种为人民币，电子现金余额上限定为 1 000 元人民币；在我国香港、澳门等地区发行双币种电子现金卡，电子现金主应用币种为当地货币，第二币种为人民币，电子现金余额上限定为 1 000 个当地货币单位。银联卡电子现金支持消费交易、退货交易、现金充值交易和自动圈存交易，不支持取现交易。

2）电子钱包

电子钱包（Electronic Purse）是一种为方便持卡人小额消费而设计的金融 IC 卡应用。它支持圈存①、消费等交易，消费不支持个人识别码保护②。 我国目前使用的公交卡和社保卡都属于电子钱包的范畴。

使用电子钱包购物，通常需要在电子钱包服务系统中运行。电子钱包软件通常免费提供，客户可以直接使用与自己银行账号相关联的电子商务系统服务器上的电子钱包软件，也可以采用各种保密方式，调用互联网上的电子钱包软件。

在电子商务服务系统中，设有电子现金和电子钱包的功能管理模块，称为电子钱包管理器（Wallet Administration），客户可以用它改变保密口令或保密方式，用它查看自己银行账号上的收付往来的电子货币账目、清单和数据。电子商务服务系统中，还有电子交易记录器，客户通过查询记录器，可以了解自己都买了什么物品，购买了多少，也可以把查询结果打印出来。

如图 6-8 所示为 Master 卡电子钱包的运作流程图。

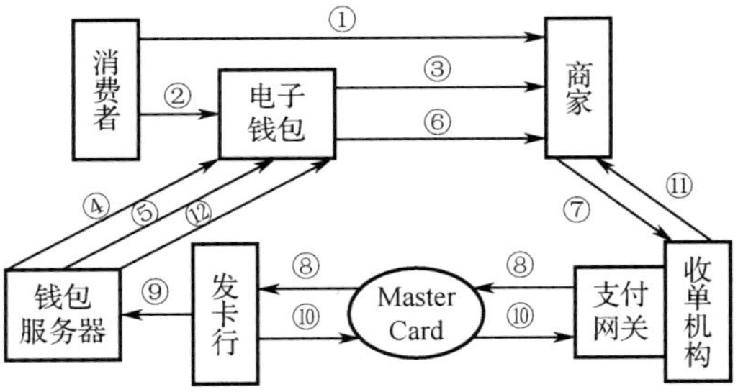

图 6-8　Master 卡电子钱包的运作流程图

① 圈存指消费者将银行户头中的钱直接存入 IC 卡上。消费者可以刷卡消费，免除携带现金找零、遗失、伪钞、被抢之风险。圈存的资金大多是个人在特定的消费环境下，进行刷卡消费。

② 中国人民银行. 中国金融集成电路（IC）卡规范[EB/OL]（2019-02-18）[2020-08-20].

Master 卡电子钱包的运作流程包括如下几个步骤。

① 消费者在商家页面完成订单，并确认结账；
② 消费者登录电子钱包；
③ 电子钱包从商家网站支付页面读取相关信息；
④ 电子钱包向发卡行钱包服务器发送授权请求；
⑤ 钱包服务器生成认证记号，并发送至消费者电子钱包；
⑥ 电子钱包将认证记号作为隐含字段，向商家提交支付表单；
⑦ 商家向收单机构发送支付请求与认证记号；
⑧ 收单机构通过 MasterCard 网络，向发卡行发送支付请求与认证记号；
⑨ 发卡行接收认证记号，并与保存在钱包服务器中的认证记号，进行对比检验；
⑩ 发卡行向支付网关返回支付授权信息；
⑪ 收单机构向商家返回交易信息；
⑫ 消费者电子钱包从钱包服务器接收交易收据。

3）电子现金与电子钱包的区别

站在应用的角度，电子现金和电子钱包都是为小额支付而开发的。拿着一张 IC 卡去超市的 POS 机上消费，或者坐公交，没有人会关心是基于电子现金的应用，还是基于电子钱包的应用。两者的差别主要表现在以下两个方面。

（1）在交易流程上，电子现金是基于借记/贷记的，完全遵守借记/贷记规范；而电子钱包本身是独立于借记/贷记的。

（2）在安全管理方面，电子现金的交易要具备终端风险管理、终端行为分析、卡片行为分析等操作，而电子钱包没有这些要求。基于电子现金的 POS 终端，要求具有脱机数据认证能力，这种认证的原理是基于非对称的 RSA 加密技术的，而电子钱包的终端没有这个限制。

3. 移动二维码支付

1）二维码简介

二维条码（2D Barcode）简称二维码，其英文标准名称是 417 Barcode，如图 6-9 所示。它是在水平和垂直方向的二维空间存储信息的条码，可存放 1kB 字符，储存数据是一维条码的几十倍到几百倍；它可通过英文、中文、数字、符号和图形描述货物的详细信息，并采用原来的标签打印机打印；同时还可根据需要进行加密，防止数据的非法篡改。

二维条码是 20 世纪 90 年代初产生的。目前，我国已批准使用 4 种二维条码标准，其中，PDF417 条码标准使用最为普遍[①]，也是我国电子支付领域广泛采用的二维条码。

① PDF 是取英文 Portable Data File 3 个单词的首字母的缩写，意为“便携数据文件”。因为组成条码的每一符号字符都是由 4 个条和 4 个空构成的，如果将组成条码的最窄条统称为一个模块，则上述的 4 个条和 4 个空的总模块数一定为 17，所以称为 417 码或 PDF417 码。

1997 年 12 月，中国物品编码中心正式颁布了以国际自动识别制造商协会（AIMI）发布的《PDF417 规范》为基础的国家标准 GB/T 17172—1997《四一七条码》；2000 年 12 月，又颁布了基于日本 QR Code 的国标 GB/T 18284—2000《快速响应矩阵码》，这两个标准主要是以国外标准为基础的。2006 年 5 月 25 日，《二维条码网格矩阵码》SJ/T 11349—2006（简称 GM 码）和《二维条码紧密矩阵码》SJ/T 11350—2006（简称 CM 码）正式成为国家电子行业标准，并于 2006 年 5 月 30 日起实施，成为我国具有自主知识产权的二维条码标准。

图 6-9 二维条码图

2011 年 7 月 1 日，支付宝正式推出了手机 App 二维码支付业务，进军国内线下支付市场。2013 年 8 月 5 日，腾讯正式发布微信 5.0 版本，开启了微信二维码支付功能。2017 年 12 月 27 日，中国人民银行发布了《条码支付业务规范》①，规范了二维码支付的信息传输标准、支付标记化技术应用、二维码时效性、交易限额、交易验证等，于 2018 年 4 月 1 日起实施。

2）二维码支付系统架构

二维码支付的系统架构如图 6-10 所示，它与其他的移动支付形式很类似，主要区别在于二维码的使用、支付指令的生成、传输，一旦支付指令进入支付接入系统，二维码支付就与其他移动支付没有本质上的区别。

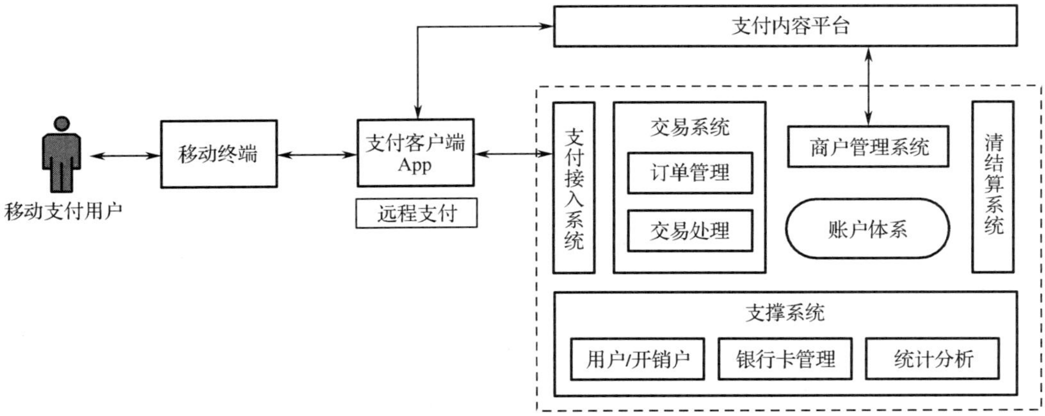

图 6-10 二维码支付系统架构

3）二维码支付交易流程

支付二维码的使用方式有两种，一种是付款方主扫模式，一种是收款方主扫模式。

① 中国人民银行. 中国人民银行关于印发《条码支付业务规范（试行）》的通知[EB/OL]（2017-12-27）[2019-08-31].

在付款方主扫模式中，付款方使用支付客户端 App 内置的二维码识读软件（扫一扫）扫描包含支付链接的二维码进行支付。收款方二维码中包含的是支付接入系统 URL 和访问参数，支付指令是付款人主动发起的。付款方主扫模式支付交易流程如图 6-11 所示。

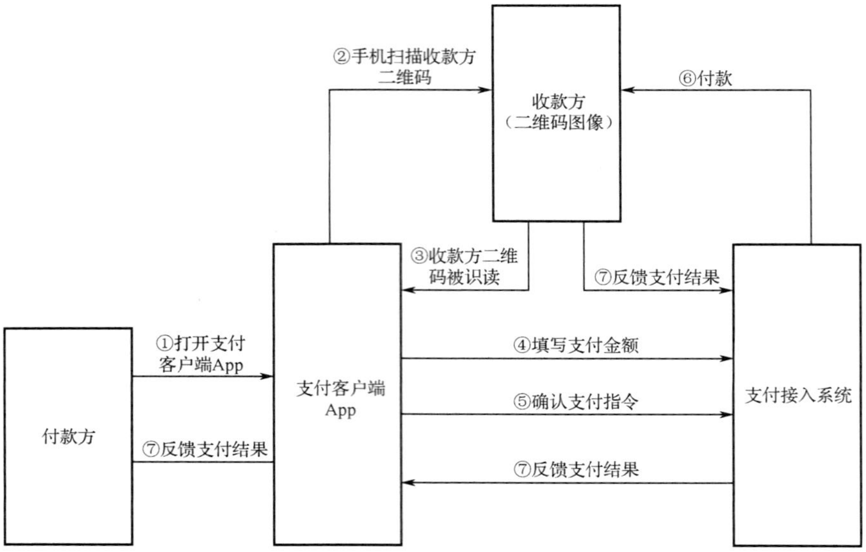

图 6-11　付款方主扫模式支付交易流程

在收款方主扫模式中，收款方使用扫描枪扫描付款方的二维码。付款方二维码中包含的是支付凭证，可能是一串数字或其他信息。付款方二维码被识读后，收款方向支付系统直接提交支付请求，支付系统处理完支付请求后，将支付结果反馈给付款方和收款方。收款方主扫模式支付交易流程如图 6-12 所示。

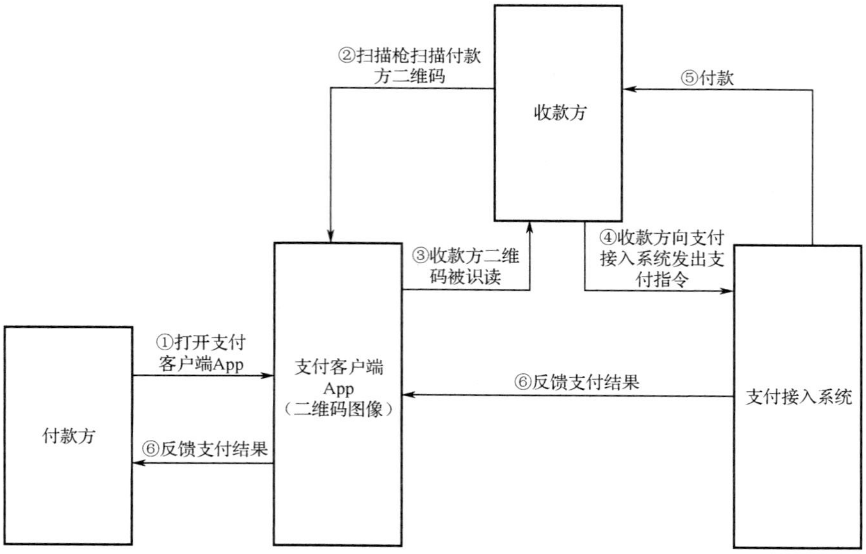

图 6-12　收款方主扫模式支付交易流程

4. 电子票据支付

1）电子支票简介

电子支票是一种借鉴纸张支票转移支付的优点，利用数字传递将钱款从一个账户转移到另一个账户的电子付款形式。这种电子支票的支付主要是通过专用网络及一套完整的用户识别、标准信息、数据验证等规范化协议完成数据传输。用电子支票支付，事务处理费用较低，而且银行也能为参与电子商务的客户提供标准化的资金信息，故而可能是目前最有效率的支付手段之一。如图 6-13 所示为 Authorize 电子支票的应用页面。

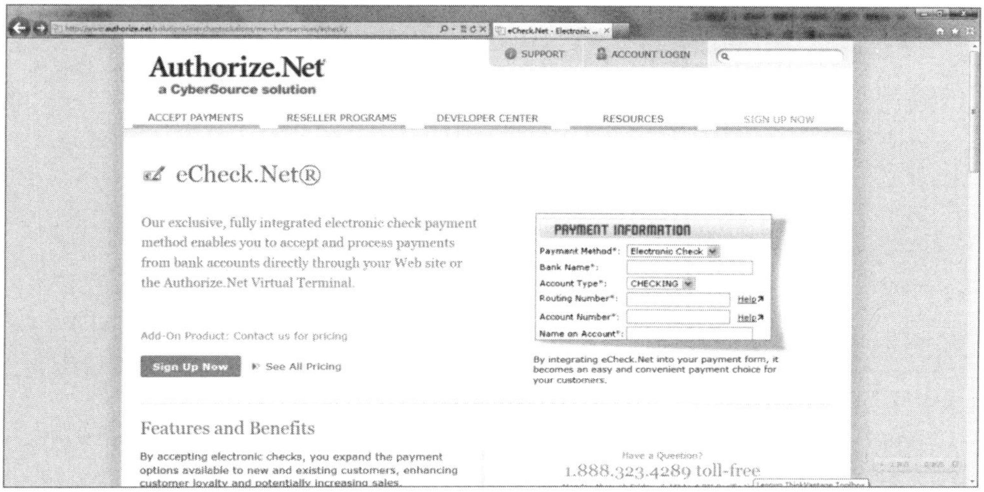

图 6-13　Authorize 电子支票的应用页面

2）电子支票的分类

根据支票处理的类型，电子支票可以分为两类：一类是借记支票（Credit Check），即债权人向银行发出支付指令，以向债务人收款的划拨；另一类是贷记支票（Debit Check），即债务人向银行发出支付指令，以向债权人付款的划拨。

电子借记支票的流转程序如图 6-14 所示。

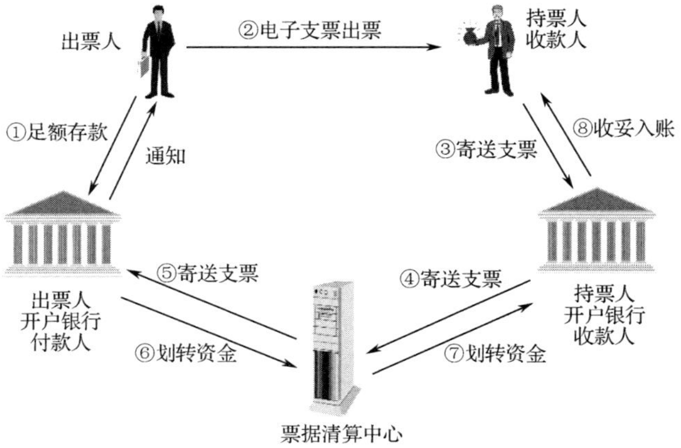

图 6-14　电子借记支票流转程序

电子贷记支票的流转程序如图 6-15 所示。

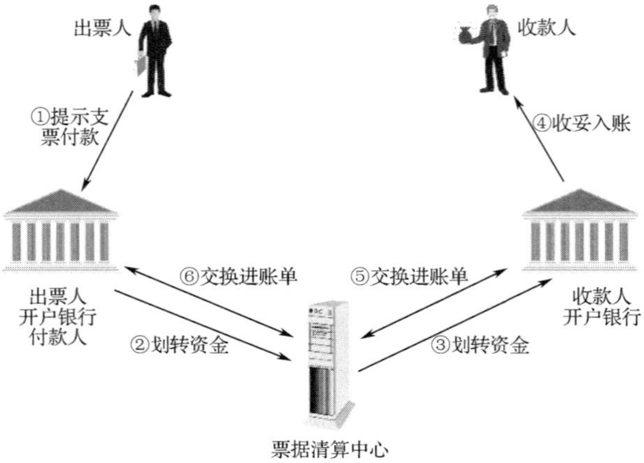

图 6-15　电子贷记支票流转程序

3）电子商业汇票

电子商业汇票是出票人依托电子商业汇票系统，以数据电文形式制作的，委托付款人在指定日期，无条件支付确定的金额给收款人或持票人的票据。电子商业汇票分为网上银行承兑汇票和电子商业承兑汇票，网上银行承兑汇票由银行或财务公司承兑，电子商业承兑汇票由银行、财务公司以外的法人或其他组织承兑。

电子商业汇票以数据电文形式代替原有纸质实物票据，以电子签名代替实体签章，以网络传输代替人工传递，以计算机录入代替手工书写，实现了出票、流转、兑付等票据业务过程的完全电子化，确保了电子商业汇票使用的安全性。电子商业汇票的使用，提高了企业资金周转速度，畅通了企业的融资渠道。如图 6-16 所示为电子商业汇票的票样。

电子商业汇票

出票日期：　　　　票据状态：

汇票到期日：　　　票据号码：

出票人	全称		收款人	全称	
	账号			账号	
	开户银行			开户银行	
出票保证信息		保证人名称：	保证人地址：		保证日期：
出票金额		人民币（大写）　　元整			亿 千 百 十 万 千 百 十 元 角 分
承兑信息	出票人承诺：本汇票请予以承兑，到期无条件付款		承兑行	全称	
	承兑行承兑：本汇票已经承兑，到期无条件付款			行号	
	承兑日期：　　年　月　日			地址	
承兑保证信息		保证人名称：	保证人地址：		保证日期：
汇票到期日			备注		
评级信息（仅供参考）	出票人：	评级主体：	评级等级：		评级到期日：
	承兑行：	评级主体：	评级等级：		评级到期日：

图 6-16　电子商业汇票票样

5. 电子资金划拨

根据美国 1978 年发布的《电子资金划拨法》，电子资金划拨是“除支票、汇票或类似的纸质工具的交易以外的，通过电子终端、电话工具，或计算机或磁盘命令、指令，或委托金融机构借记或贷记账户的任何资金的划拨”[①]。

电子资金划拨根据发起人的不同，可以分为贷记划拨和借记划拨。贷记划拨（Credit Transfer）是由债务人发起的划拨，即债务人（支付人）向其开户银行发出支付命令，将其存放于该银行账户的资金，通过网络与电信线路，划入债权人（收款人）开户银行的一系列转移过程。借记划拨（Debit Transfer）是由债权人发起的划拨，即债权人（收款人）命令开户银行将债务人（支付人）资金划拨到自己的账户。

电子资金划拨系统根据服务对象的不同与支付金额的大小，分为小额电子资金划拨系统和大额电子资金划拨系统。前者的服务对象主要是广大消费者个人，特点是交易发生频繁，交易金额小且多样化；后者的服务对象包括货币、黄金、外汇、商品市场的经纪商与交易商，在金融市场从事交易活动的商业银行及从事国际贸易的工商企业，其特点是金额巨大，对支付的时间性、准确性与安全性有特殊要求，在电子资金划拨中处于主要地位。如图 6-17 所示为大额实时支付系统的业务处理流程。

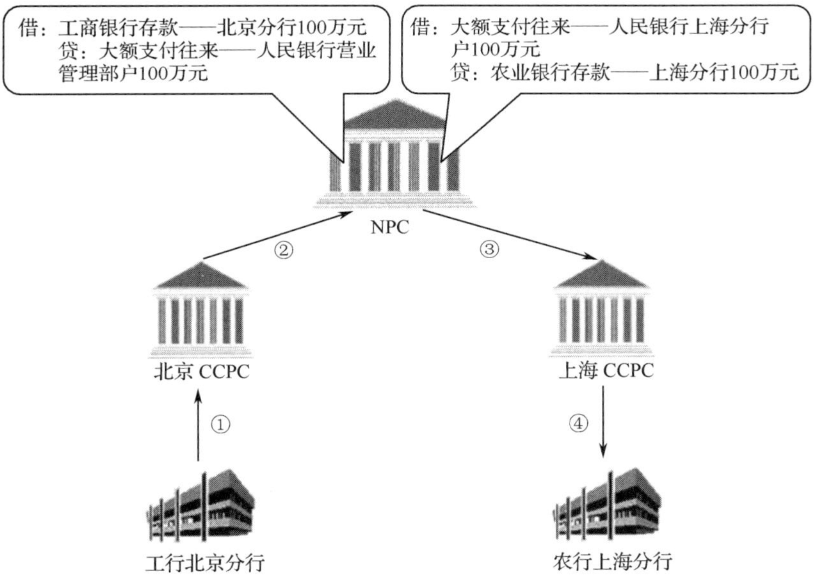

图 6-17　大额实时支付系统的业务处理流程

图中，NPC（National Process Center）——国家处理中心；

CCPC（City Clearing Processing Center）——中国现代化支付系统城市清算处理中心

中国工商银行北京市分行通过大额支付系统，向中国农业银行上海市分行支付一笔金额为 100 万元的大额汇款，历经发起行、发起清算行、发报 CCPC，经 NPC 清算资金后实时转发收报 CCPC、接收清算行、接收行，全过程自动化实时处理。具体有以下 4

① U.S. Congress. Electronic Fund Transfer Act [EB/OL]（1978-11-10）[2020-08-20].

个步骤。

① 工行北京市分行将大额支付指令实时发送至 CCPC；

② 北京 CCPC 将大额支付指令实时转发至 NPC；

③ NPC 实时全额完成资金清算后，转发至上海 CCPC；

④ 上海 CCPC 将大额支付指令实时转发至农行上海市分行，完成资金汇划。

6.3 数字货币

6.3.1 数字货币的概念与分类

数字货币（Digital Currency）是基于分布式账本、数据加密、大数据等技术开发的，在某些情况下，可以作为货币替代物价值的数字表现。数字货币具有网络数据包的主要特征，这类数据包由数据码和标识码组成，数据码是需要传送的内容，而标识码则指明了该数据包从哪里来、要到哪里去等属性。

数字货币有两种，一种是大众版（去中心化的虚拟货币），另一种是法定版（货币当局，主要是各国的中央银行发行的虚拟货币）。大众版数字货币是基于某些开放的特定算法求解获得的，没有发行主体，具有匿名性，交易双方可点对点直接交易，所以也称私人准数字货币。但这种货币价格波动太大，不具备价值尺度的职能。法定数字货币是货币当局发行，以政府信用为担保的数字货币，安全性较高，并且能够跟踪货币流向。

法定数字货币不同于纸币硬币，也不同于银行卡或微信支付、支付宝上的账户余额。前者是实物货币，后者是通过电子信息传递完成的账户间的货币转移。法定数字货币其本质是中央银行担保，并签名发行的，含有金额和权属信息的加密字符串，包含编号、金额、所有者和发行者签名等。编号是法定数字货币的唯一标识，不能重复，可以作为数字货币的索引使用。流通依靠的是可以进行通讯交互的电子介质，如手机或者芯片卡（如银行卡、社保卡、公交卡等）；确权依靠的是线上完成交易后的归属登记确认方式。

法定数字货币在形式上是一串经过加密的字符串，其表达式本质上是对货币制度主要构成要素及权属的加密处理，是法定数字货币系统安全运转的基础。法定数字货币与传统的电子货币并不相同，它以精巧的数学模型为基础，模型中包含了发行方、发行金额、流通要求、时间约束，甚至智能合约等信息，以保证不可重复性、匿名性、不可伪造性、系统无关性、安全性、可传递性、可追踪性、可分性、可编程性。

法定数字货币与微信支付和支付宝也有根本性区别。微信支付和支付宝都需要绑定银行卡才能使用，而法定数字货币则完全不需要，用户与用户之间的转账是独立于银行账户的，这一点类似于比特币等数字货币。法定数字货币由中央银行发行，由国家信用背书，具备法律效力；而微信支付和支付宝都不是由央行货币进行结算的，是用商业银行存款货币进行结算的，如果商业银行出现破产等意外，权益不可能得到充分的保障。所以，使用央行发行的法定货币安全性更高，且任何商家都必须接受。

目前，央行数字货币主要分为“批发型”和“零售型”。批发型的使用仅限于中央银行和金融机构之间，不面向公众。零售型则对公众开放，多用于零售市场交易。我国的数字人民币数字货币/电子支付（DC/EP）测试内容主要集中在零售支付场景，覆盖了生活缴费、餐饮服务、交通出行、购物消费、政府服务等多个领域，条码支付、近场支付等多元支付方式并存，可以满足当前消费者对支付便捷、高效的需求。日常居民使用的支付宝、微信支付以及银行卡刷卡等只是网上电子支付而并非数字货币；游戏币、Q 币等虚拟货币只是网络价值的一种表现形式。

6.3.2　数字货币的发展

1982 年，David Chaum 最早提出了不可追踪的密码学网络支付系统，并于 1990 年扩展为密码学匿名现金系统，即“e-Cash”。1998 年，Wei Dai 阐述了一种匿名的、分布式的电子现金系统，即“b-Money”。同一时期，Nick Szabo 发明了“Bit Gold”，构建出一个产权认证系统。2008 年，日裔美国学者中本聪发表论文描述了比特币的电子现金系统。

2009 年 1 月 3 日，比特币网络诞生，中本聪本人发布了开源的第一版比特币客户端“Bitcoin”，世界上首批 50 个比特币同时被创造出来。一年以后，比特币的第一个公允汇率诞生。该交易是一名用户用 10 000 比特币购买了一个比萨饼。

2011 年，维基解密、自由软件基金会以及其他的一些组织开始接受比特币的捐赠。2013 年，海盗湾、EZTV 开始接受比特币捐款。我国四川省雅安地震后，公募基金壹基金宣布接受比特币作为地震捐款。

2016 年，中国人民银行明确了发行数字货币的战略目标：数字人民币①是中国人民银行发行的、加密的、有国家信用支撑的法定货币，主要是替代实物现金，降低传统纸币发行和流通成本，提升经济交易活动的便利性和透明度。

2020 年 4 月起，中国人民银行数字货币开始进行内部封闭试点测试。9 月 27 日，石家庄雄安海关完成首票以数字货币形式缴纳风险保证金业务。10 月 18 日，深圳共有 47 573 名中签个人成功领取“数字人民币红包”，交易金额 876.4 万元。在“双十二”促销期间，苏州推出 2 000 万元的数字人民币消费红包，在智慧停车、交通补贴发放、税费缴纳等场景进行小范围测试。

国际清算银行的调查报告指出，2020 年是央行数字货币崛起的一年，截至 2020 年 7 月，全球至少有 36 家央行发布了数字货币计划。其中，厄瓜多尔、乌克兰和乌拉圭等完成了零售型央行数字货币试点；中国、巴哈马、柬埔寨、东加勒比货币联盟、韩国和瑞典等正在试点②。

6.3.3　我国央行数字货币的设计思路

1. 原始模型

我国央行数字货币（CBDC）建设的总体思路是：由央行主导，在保持实物现金发

① 中国人民银行发行的数字货币英文为 Central Bank Digital Currency（CBDC），在我国内地称为数字人民币（Digital Currency/Electronic Payment，DCEP）.

② BIS. Central Bank Digital Currencies：Foundational Principles and Core Features[EB/OL] (2020-10-09) [2020-11-24].

行的同时，发行以加密算法为基础的数字货币，即流通中的货币（M0）的一部分由数字货币构成，目标是构建一个兼具安全性与灵活性的简明、高效、符合国情的数字货币发行流通体系。

具体设计中，采用二元模式，即由中央银行将数字货币发行至商业银行业务库，商业银行受央行委托向公众提供法定数字货币存取等服务，并与中央银行一起维护数字货币发行、流通体系的正常运行。这种方式更容易在现有货币运行框架下，让法定数字货币逐步取代纸币，而不颠覆现有货币发行流通体系；同时，可以调动商业银行积极性，共同参与法定数字货币发行流通，适当分散风险，加快服务创新。在 CBDC 管理上，采用中心化运行方式，一方面是为了便于监管，另一方面，更加能够满足日常交易需要，保持 CBDC 价格的稳定。比特币、以太坊等没有发行主体，是真正去中心化的，属于超主权货币，它们的价格由市场驱动，因此价格波动巨大。

如图 6-18 所示为法定数字货币二元模式运行框架，是按二元模式思路设计的央行数字货币原型系统，整个 CBDC 的运行分为 3 层体系。

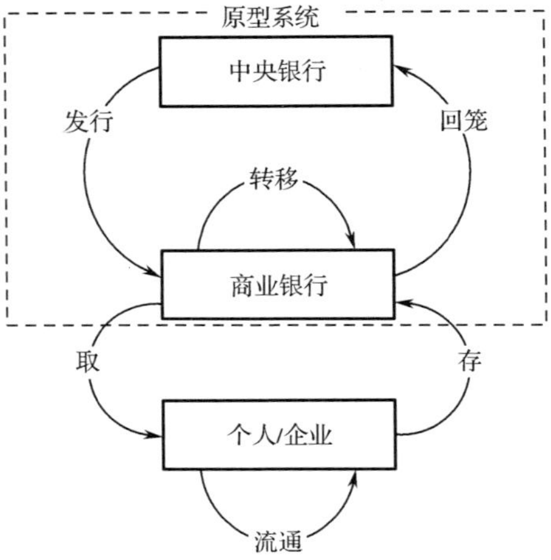

图 6-18　法定数字货币二元模式运行框架

（1）第 1 层体系参与的主体包括中央银行和商业银行，涉及 CBDC 发行、回笼以及在商业银行之间转移。原型系统一期完成从中央银行到商业银行的闭环，通过发行和回笼，CBDC 在中央银行的发行库和商业银行的银行库之间转移，整个社会的 CBDC 总量发生增加或减少的变化，同时机制上要保证中央银行货币发行总量不变。

（2）第 2 层体系是商业银行到个人或企业用户的 CBDC 存取，CBDC 在商业银行库和个人或企业的数字货币钱包中转移。

（3）第 3 层体系是个人或企业用户之间 CBDC 流通，CBDC 在个人或企业的数字货币钱包之间转移。

2. 关键要素

央行数字货币体系的核心要素为“一币、两库、三中心”。一币指 CBDC，是由央行担保并签名发行的、代表具体金额的加密数字串；两库指中央银行发行库和商业银行的银行库，同时还包括在流通市场上，个人或单位用户使用 CBDC 的数字货币钱包；三中心指认证中心、登记中心和大数据分析中心。认证中心用于央行对央行数字货币机构及用户身份信息，进行集中管理，它是系统安全的基础组件，也是可控匿名设计的重要环节。登记中心用于记录 CBDC 及对应用户身份，完成权属登记；记录流水，完成 CBDC 产生、流通、清点核对及消亡全过程登记。大数据分析中心用于反洗钱、支付行为分析、监管调控指标分析等。

6.3.4　我国央行数字货币的运行

满足央行数字货币设计思路的法定数字货币的系统架构如图 6-19 所示。

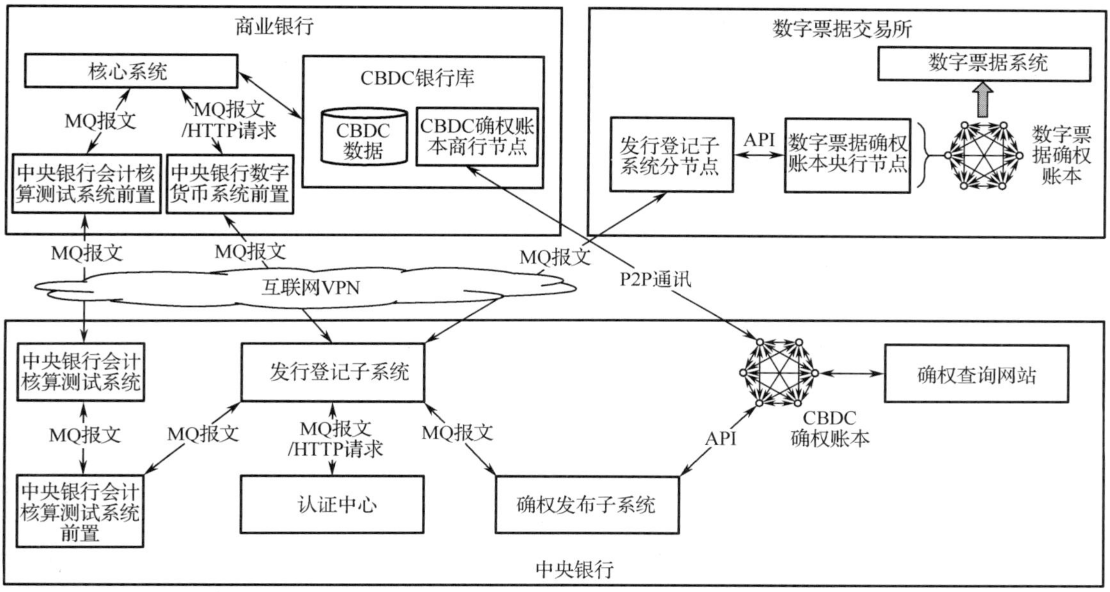

图 6-19　法定数字货币的系统架构

下面以 CBDC 的发行为例，对系统架构的运行过程进行说明。

（1）发起请领 CBDC 的请求。商业银行核心系统向中央银行数字货币系统前置，发起请领 CBDC 的消息队列（Message Queue，MQ）报文或 HTTP 请求，中央银行数字货币系统前置通过虚拟专用网络（Virtual Private Network，VPN）向中央银行发行登记子系统转发报文，发行登记子系统开始处理 CBDC 的发行业务。

（2）通过中央银行会计核算测试系统扣减存款准备金。发行登记子系统将请求报文发至中央银行会计核算测试系统。中央银行会计核算测试系统扣减存款准备金后，通知商业银行端，同时将存款准备金扣款成功报文通知中央银行端的中央银行会计核算测试系统。

（3）发行登记子系统生产发行 CBDC。CBDC 通过中央银行数字货币系统发送至商业银行核心系统后，存放在商业银行银行库中。

（4）发行登记子系统在确权账本进行权属登记。发行登记子系统通知确权发布子系统 CBDC 发行的权属信息，确权发布子系统将确权后数据发布在 CBDC 分布式确权账本上，CBDC 确权查询网站读取分布式账本数据用于确权查询。商业银行的确权账本节点同步中央银行确权账本节点数据。

CBDC 包含 4 种功能：扫码支付、汇款、收付款以及“碰一碰”转账，这些功能与普通银行功能相似。通过采用分布式账本技术和数据加密技术，使 CBDC 具备了一定匿名性，又实现了可追踪。如果涉及犯罪，大数据可以追踪到使用人的真实身份。CBDC 既可以使用互联网，也可以使用支持设备短距离通信的无线电技术。在断网情况下，使用 CBDC 支付，只需要把两个手机放在一起“碰一碰”，就能把自己数字钱包里的资金转给另一个人。

6.4 网上银行

自 1995 年全球第一家网上银行——“安全第一银行”①在美国诞生后，网上银行以极为迅猛的速度在全球普及。2020 年，我国银行业金融机构共处理电子支付业务 2 352.25 亿笔，金额达 2 711.81 万亿元②。全国各类银行都开展了网上银行业务，网上银行产品数量已经超过 1000 个，在银行产品中占据的比例超出 40%，并且实现了 7×24 小时全天候服务。

6.4.1 网上银行和网上银行系统

网上银行（Internet Banking），又称网络银行、虚拟银行，是商业银行等银行业金融机构，通过互联网、移动通信网络及其他开放性公众网络或专用网络基础设施，向其客户提供的网上金融服务③。

网上银行系统是将传统的银行业务，同互联网技术进行融合的新型系统，主要由客户端、通信网络和服务器端组成，并可通过不同类型的通信网络连接到外部系统，开展各类合作业务。网上银行系统涵盖个人网银系统和企业网银系统，包括手机银行、微信银行、直销银行、银企直联、小微企业银行等系统。

如图 6-20 所示为网上银行系统组成示意图。网上银行系统组成部分说明如下。

（1）客户端，主要包括客户端程序和客户端环境。客户端环境是客户端程序所在的硬件终端（目前主要包括 PC、手机、平板电脑、智能电视、可穿戴设备等终端，将来可能包括其他形式的终端）及该终端上的操作系统、浏览器和其他程序所组成的整体运行环境。

（2）通信网络，指网上银行向客户提供金融服务所借助的互联网、移动通信网络等信息网络。

---

① 美国安全第一网络银行（Security First Network Bank，SFNB）。

② 中国人民银行. 2020 年支付体系运行总体情况[EB/OL]（2021-03-24）[2021-04-22].

③ 中国人民银行. 网上银行系统信息安全通用规范[EB/OL]（2020-02-05）[2020-03-04].

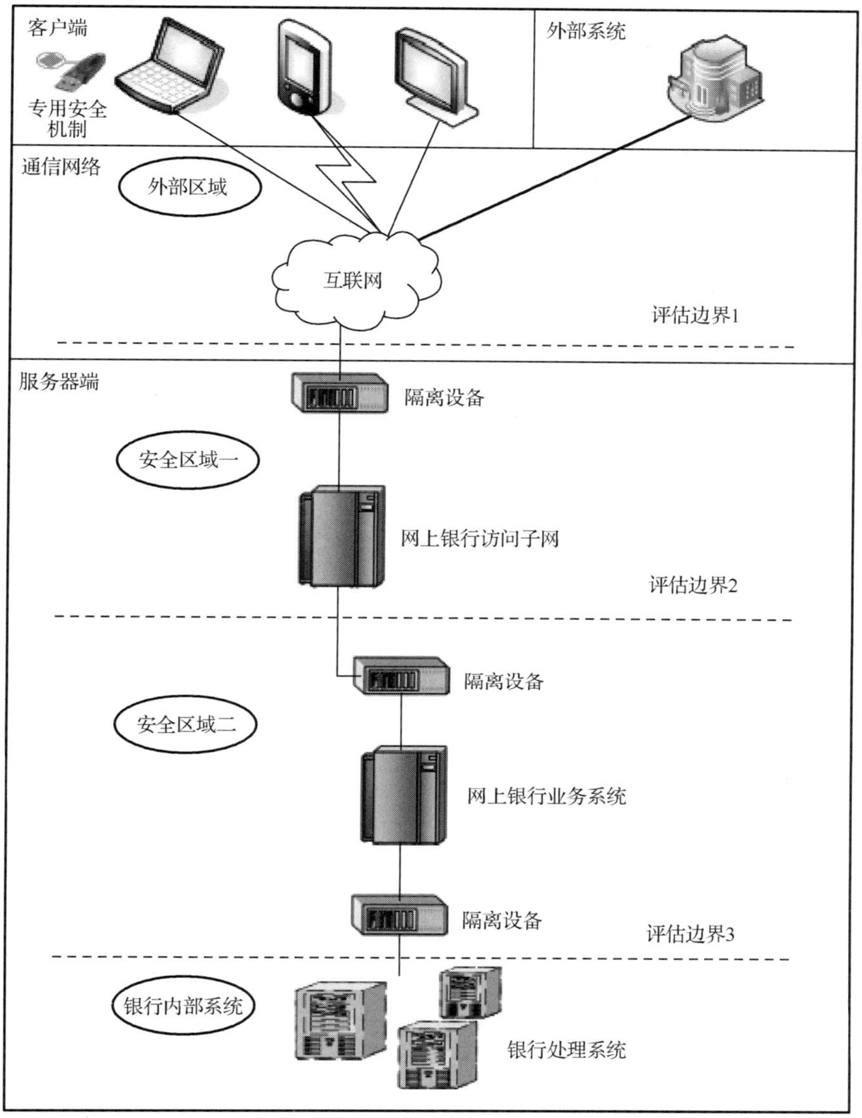

图 6-20　网上银行系统组成示意图

（资料来源：中国人民银行）

（3）外部区域。网上银行的用户或外部机构，利用网上银行客户端，通过互联网、移动通信网络、其他开放性公众或专用网络，访问网上银行业务系统。

（4）服务器端。网上银行系统服务器端提供网上银行应用服务和核心业务处理功能。

（5）安全区域一。网上银行访问子网，提供基于 Web、客户端的访问或跳转服务。

（6）安全区域二。网上银行业务系统，主要进行网上银行的业务处理。

（7）银行内部系统。银行处理系统，主要进行银行内部的数据处理。

（8）隔离设备。隔离设备不限于硬件或软件等具体形态，主要起到隔离不同安全区域的作用。

6.4.2 网上银行的业务与流程

1. 网上银行业务的主要内容

（1）利用计算机和互联网开展的网上银行业务。
（2）利用电话开展的简称电话银行业务。
（3）利用移动电话开展的手机银行业务。
（4）其他利用电子服务设备由客户通过自助服务方式完成金融交易的银行业务。

2. 网上银行服务的基本流程

网上银行服务的基本流程如图 6-21 所示。

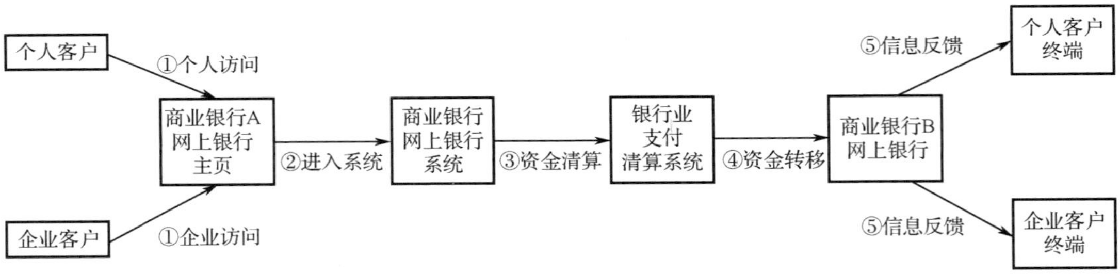

图 6-21 网上银行服务的基本流程

网上银行服务的基本流程主要包括以下步骤。
① 客户登录商业银行网站主页，办理注册、密码设置、业务申请；
② 商业银行网上银行系统处理客户银行业务；
③ 商业银行网上银行系统通过银行业支付清算系统，完成银行间资金划拨；
④ 资金由商业银行 A 转移到商业银行 B；
⑤ 相关信息返回客户终端。

3. 服务于电子商务的网上银行支付服务

以中国银行为例，其电子商务支付服务包括 B2B 协议支付、B2C 商户服务、B2B 直付、B2B 保付、报关即时通等。

1）B2B 协议支付

（1）服务简述。B2B 协议支付服务可支持国际贸易进出口交易中海运费等费用支付，支付币种支持人民币、外币（英镑、香港元、美元、欧元等）。

（2）服务功能。为进出口企业及货运代理公司提供多币种支付业务，用于支付海运费等进出口费用。

（3）适用对象。具有多币种支付业务的进出口企业及货运代理公司。

2）B2C 商户服务

（1）服务简述。B2C 商户服务是特别针对 B2C 网上支付行业客户开发的网上银行产品。

（2）服务功能。为商户提供订单查询、批量退货以及业务对账、清算对账和退货反馈文件的查询及下载等多种功能。

（3）适用对象。主要适用于开办 B2C 网上支付业务的各类公司，包括：第三方网上支付公司、在线商品或服务销售公司等。

（4）操作流程。开办 B2C 网上支付业务的各类公司，签约成为中国银行网上支付商户，并申请开通“B2C 商户服务”后，即可使用各项服务功能。

3）B2B 直付

（1）服务简述。B2B 直付服务为进行 B2B 电子商务交易的企业双方，提供在线交易资金结算服务。

（2）服务功能。订单采购、订单复核、订单授权、订单查询、文件下载、订单批量退货、订单联机退货、订单时效控制。

（3）适用对象。面向通过自有 B2B 电子商务平台，直接向买方企业客户，提供商品及服务的电子商务企业，也面向为 B2B 电子商务平台企业，提供支付服务的第三方支付机构。

（4）操作流程。买方企业采购人员在商户网站上选购商品，选择“中国银行网上银行”作为支付方式，并下订单；买方企业财务人员登录企业网银，对订单进行复核、授权，然后确定支付；支付成功后，资金会从买方账户直接划转至商户账户。

4）B2B 保付[①]

（1）服务简述。B2B 保付产品不仅能够保证买方企业资金的安全性，同时也能对卖方企业提供商品或服务后的货款回收提供保障。

（2）服务功能。订单采购、订单复核、订单授权、订单查询、文件下载、订单实付、订单时效控制。

（3）适用对象。主要面向通过自有 B2B 电子商务平台，面向买方和卖方企业客户提供电子交易渠道，但自身不直接面向客户提供商品及服务的独立第三方 B2B 电子商务平台企业。

（4）操作流程。买方企业采购人员在商户网站上选购商品，选择“中国银行网上银行”作为支付方式，并下订单；买方企业财务人员登录企业网银，对订单进行复核、授权，确定支付；支付成功后，资金会从买方账户划转至银行监管账户；待买方验货完毕并通知商户、商户向中国银行发送实付指令后，中国银行根据商户的指令，再将款项从监管账户实付至卖方账户，完成整个支付过程。

---

① 保付是支票的一种附属行为。付款银行在支票上加盖“保付”戳记，表明在支票提示时一定付款。支票经过保付，付款责任即由银行承担。对支票加以保付，是收款人或持票人为防止出票人开立空头支票而采取的一种手段。

6.4.3 支付网关

支付网关是银行金融系统和互联网之间的接口，是由银行操作的、将互联网上的传输数据转换为金融机构内部数据的设备。支付网关也可以是指派的第三方支付平台，通过设在第三方支付平台的接口，处理商家的支付信息和客户的支付指令，或者由指派的第三方处理商家的支付信息和客户的支付指令。支付网关是网上银行的关键设备，离开了支付网关，网上银行的电子支付功能就无从实现。

银行使用支付网关，可以实现以下功能。

（1）配置和安装互联网支付能力。

（2）避免对现有主机系统的修改。

（3）采用直观的用户图形接口，进行系统管理。

（4）适应诸如 IC 卡、电子支票、电子现金及微电子支付等电子支付手段。

（5）通过采用 RSA①公共密匙加密和安全电子交易（Secure Electronic Transaction, SET）协议，确保网络交易的安全性。

（6）提供完整的商户支付处理功能，包括授权、数据捕获和结算、对账等。

（7）通过对网上交易的报告和跟踪，对网上活动进行监视。

（8）使互联网的支付处理过程与当前支付处理的业务模式相符，确保商户信息管理上的一致性。

随着网上银行业务的发展，支付网关已经广泛应用在各个领域。如图 6-22 所示为支付网关在网上商城中的应用。

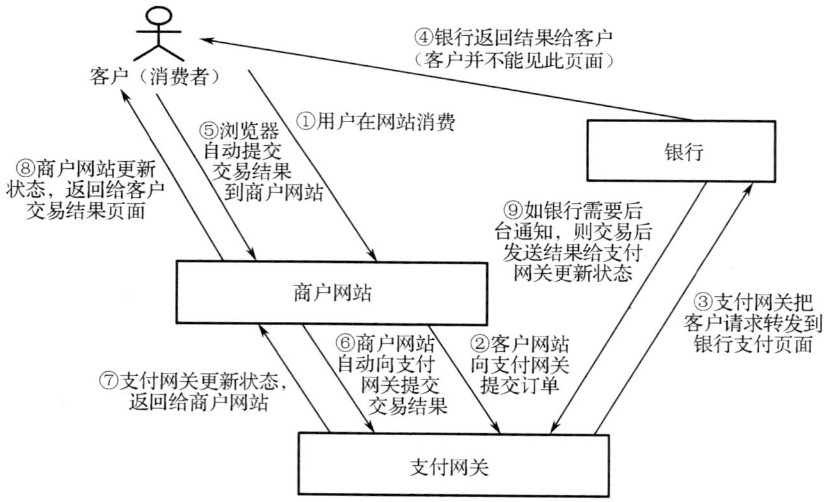

图 6-22　支付网关在网上商城中的运用

---

① RSA 是目前使用最广泛的公钥密码体制之一。它是 1977 年由罗纳德·李维斯特（Ron Rivest）、阿迪·节产莫尔（Adi Shamir）和伦纳德·阿德曼（Leonard Adleman）一起提出的。当时他们三人都在麻省理工学院工作。RSA 就是他们三人姓氏开头字母拼在一起组成的。

6.5　非金融机构支付及其支付业务

6.5.1　非金融机构支付简介

非金融机构支付（俗称第三方支付）服务，是非金融机构在收付款人之间作为中介机构，提供部分或全部货币资金转移服务，包括网上银行支付、预付卡的发行与受理、银行卡收单和中国人民银行确定的其他支付服务①。

由于第三方支付平台是架构在虚拟支付层上的，本身不涉及银行卡内资金的实际划拨，信息传递流程在自身的系统内运行，因此第三方支付服务商可以有比较大的发展空间。截至 2020 年年底，中国人民银行根据《非金融机构支付服务管理办法》的要求，分批给 237 家企业发放了第三方支付牌照②，其业务已经涉及货币汇兑、互联网支付、移动电话支付、固定电话支付、数字电视支付、预付卡发行与受理和银行卡收单等七大业务类型。

2020 年，非银行第三方支付机构处理网络支付业务 138 272.97 亿笔，金额 294.56 万亿元，同比分别增长 14.90%和 17.88%③。如图 6-23 所示为我国第三方电子支付服务 2020 年的发展状况④。

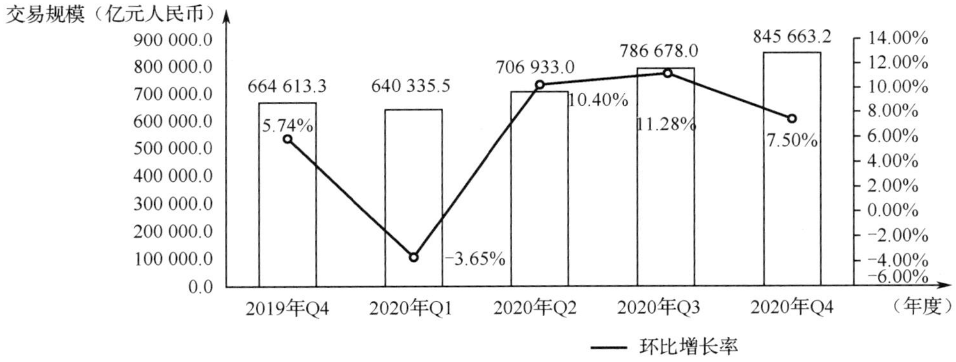

图 6-23　2019 年 Q4—2020 年 Q4 我国第三方支付综合支付市场交易规模

（资料来源：易观分析 www.analysys.cn）

注：以上数据借助市场征询及自主监测手段，以自有研究模型估算获得，

期间易观不排除将根据最新市场情况对历史数据进行微调。

① 中国人民银行．非金融机构支付服务管理办法[EB/OL]（2010-06-24）[2012-08-20].

② 中国人民银行．已获许可机构（支付机构）[EB/OL]（2020-03-31）[2020-04-20].

③ 中国人民银行. 2020 年支付体系运行总体情况[EB/OL]（2021-03-24）[2021-04-22].

④ 易观分析．综合支付行业数字化进程分析[EB/OL]（2021-04-01）[2021-07-01].

6.5.2 第三方平台支付流程

第三方平台支付是典型的应用支付层架构。提供第三方平台支付服务的商家往往都会在自己的产品中加入一些具有自身特色的内容。但是总体来看，其支付流程都是由付款人提出付款授权后，平台将付款人账户中的相应金额转移到收款人账户中，并要求其发货。有的支付平台会有“担保”业务，如支付宝。担保业务是将付款人将要支付的金额，暂时存放于支付平台的账户中，等到付款人确认已经得到货物（或服务），或者在某段时间内，没有提出拒绝付款的要求，支付平台才将款项转到收款人账户中。

第三方平台结算支付模式的资金划拨是在平台内部进行的，此时划拨的是虚拟的资金。真正的实体资金还需要通过实际支付层完成。第三方平台支付结算支付流程如图 6-24 所示。

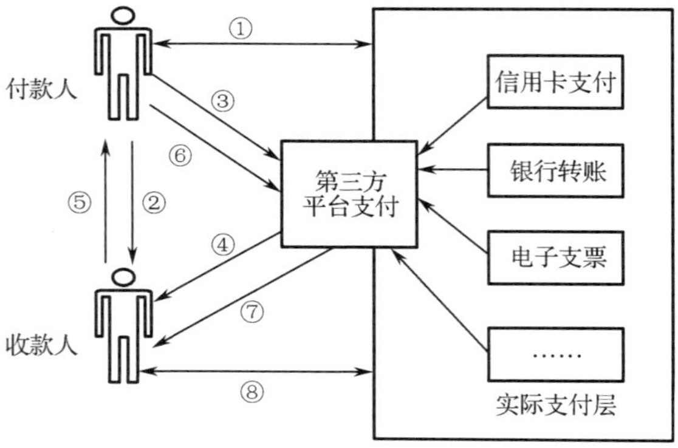

图 6-24　第三方平台支付结算流程

第三方平台支付结算流程包括如下几个步骤。

① 付款人将实体资金转移到支付平台的支付账户中；

② 付款人购买商品（或服务）；

③ 付款人发出支付授权，第三方平台将付款人账户中相应的资金，转移到自己的账户中保管；

④ 第三方平台告诉收款人已经收到货款，可以发货；

⑤ 收款人完成发货许诺（或完成服务）；

⑥ 付款人确认可以付款；

⑦ 第三方平台将临时保管的资金，划拨到收款人账户中；

⑧ 收款人可以将账户中的款项通过第三方平台和实际支付层的支付平台，兑换成实体货币，也可以用于购买商品。

如图 6-25 所示为 PayPal 作为第三方支付平台，在支付过程中所处的位置。

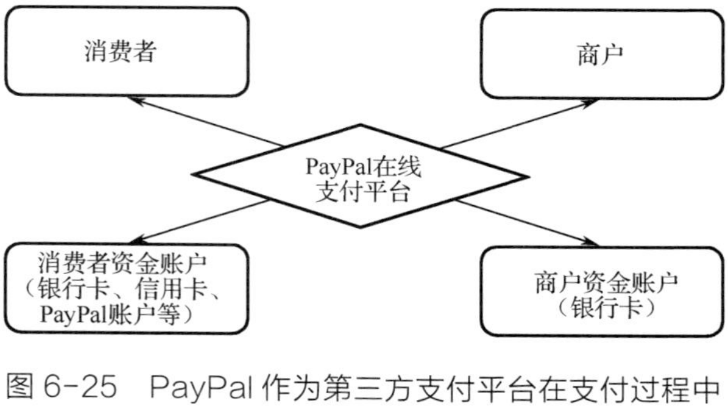

图 6-25　PayPal 作为第三方支付平台在支付过程中所处的位置

6.6 国际电子支付体系

第二次世界大战后，商品生产的规模和交换方式都发生了很大的变化。科学技术的发展，促使劳动生产率迅速提高和国际贸易急速发展，从而使商品流动和货币流动急速加大。通过电信和手工处理纸基票证这种传统的转账方式，已经不能适应时代发展的要求。为适应国际贸易急速发展的需要，从 20 世纪 60 年代末开始，国际银行界纷纷研究建立各种国际资金调拨系统。在诸多国际资金调拨系统中，最重要的是环球同业银行金融电讯协会（即 SWIFT 系统）和纽约清算所银行同业支付系统（即 CHIPS 系统）。SWIFT 系统主要提供通信服务，为其成员金融机构传送各种标准的国际资金调拨信息，而国际间的资金调拨处理则主要由 CHIPS 系统完成。

6.6.1 SWIFT——环球同业银行金融电讯协会

SWIFT（Society for Worldwide Interbank Financial Telecommunication）又称“环球同业银行金融电讯协会”，是国际银行同业间的国际合作组织，成立于 1973 年，为全球用户提供报文传输、网络连接、标准和业务应用服务，连接全球近 120 个支付清算系统，是全球跨境支付业务的重要通信渠道①。

目前，全球大多数国家的大多数银行已使用 SWIFT 系统。SWIFT 全球支付创新服务（Globle Payment Innovation，GPI）已经渗透到全球 220 个国家，服务成员超过 3 900 家，每天的支付金额超过 1 000 亿美元。2019 年，有近 77 万亿美元的跨境支付是通过 SWIFT 的 GPI 转移的②。我国已有 27 家银行签约加入 SWIFT GPI③。

SWIFT 的成员行每个季度支付一次通信费用，通信费是基于路由和通信量定价的。传输比 325 个字符长的信息时，按比例增加费用，高优先权的信息增收特别费。

SWIFT 的目标是为其成员提供低成本、高效率的通关服务。现在，全球的外汇交易电文基本上都是通过 SWIFT 传输的，但 SWIFT 仅为全球的金融系统提供通信服务，不

① SWIFT 就是一群银行抛开邮电系统，自己建立了一个电报系统，相互间的业务信息都通过这个系统传输。因为价格比邮局便宜、效率比邮局高（收发报机都在各家银行内部，不需邮递员传送）、安全（减少了传送过程中的遗失）、规范（按银行业务的特点和需要，统一报文格式）等，现在几乎所有开办国际业务的银行都加入了这个系统。在这个系统中，传输的都是银行间的业务信息以及相关的交往信息，包括企业跨境结算信息和银行之间跨境清算信息（支付清算指令）。但这不是货币支付、结算、清算本身。

② SWIFT. SWIFT GPI Traffic Soars To $77 Trillion In 2019[R/OL]（2020-03-02）[2020-09-16].

③ 一些业务人员认为 SWIFT 和美元清算系统是一体的。这是业务人员对 SWIFT 具体业务不了解的原因。因为现在在岗位上进行国际结算和清算业务的人员，大多数上手进行这项业务时就是用 SWIFT 的，因此在他们眼里，进行国际结算和清算，就是通过 SWIFT 完成的。实际上，美元的跨境结算、跨境清算，大多数结算、清算的信息是通过 SWIFT 传输的，但美元资金的结算和清算是通过美元清算银行和美元清算系统完成的。两者不可混为一谈。

直接参与资金的转移处理服务。

SWIFT 提供的服务包括如下几项。

（1）提供全球性通信服务，为金融机构建立 SWIFT 网络连接。

（2）提供接口服务。使用户能低成本、高效率地实现网络存取。

（3）存储和转发电文（Store-and-Forward Messaging）服务。

（4）交互信息传送（Interactive Message）服务。

（5）文件传送服务。

（6）电文路由（Message Routing）服务。通过 SWIFT 传输的电文可同时拷贝给第三方，以便能由第三方进行电子资金转账处理；或转道另一网络完成支付结算、证券交易结算或外汇交易结算处理。

（7）具有冗余的通信能力，为客户提供通信服务。

SWIFT 提供 240 种以上电文标准。SWIFT 的电文标准格式，已经成为国际银行间数据交换的标准语言。鉴于 SWIFT 在外汇交易中的重要作用，我国银行的电文，或者直接采用 SWIFT 格式，或者基于 SWIFT 格式开展支付、证券、债券和贸易等业务电文的通信。如图 6-26 所示为 SWIFT 报文传递的基本流程。

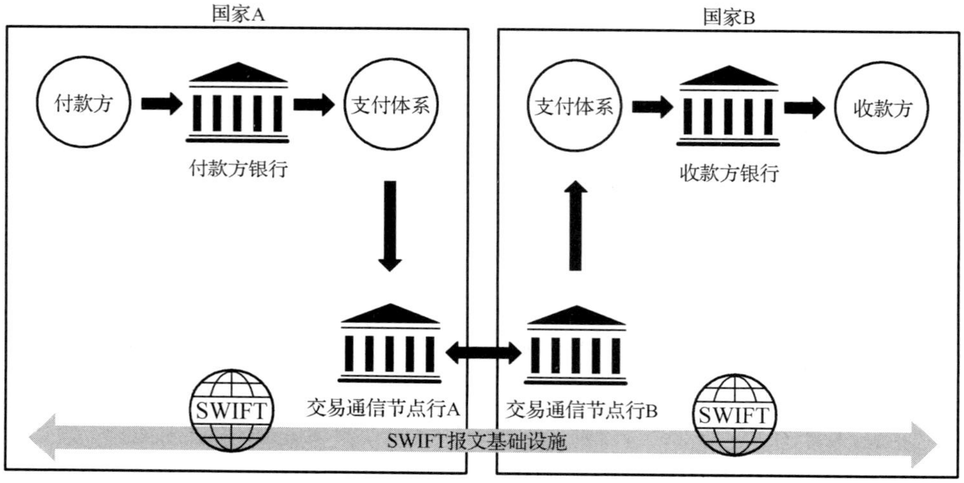

图 6-26　SWIFT 报文传递的基本流程

SWIFT GPI 采用了分布式簿记技术（一种区块链技术）、云存储技术等，可以实现银行之间的快速到账，银行扣费透明，汇兑信息无损，并且支付状态可以随时跟踪。从目前银行升级的结果来看，客户不仅可以通过手机收到资金汇出、到账情况及费用情况，收款方还可以收到资金到账的提醒。

6.6.2　CHIPS——纽约清算所银行同业支付系统

CHIPS（Clearing House Interbank Payment System）系“纽约清算所银行同业支付系统”的简称。纽约是世界上最大的金融中心，是外国客户和往来银行进行票据交换和清算的场所，因此，由纽约清算所建立的 CHIPS 系统也就成了世界性的资金调拨系统。

纽约清算所于 1970 年建立了 CHIPS 系统。当时采用联机作业方式，通过纽约清算所的交换中心同 9 家银行的 42 台宝来 TC 500 终端相连。到 20 世纪 90 年代初，CHIPS 发展为由 12 家核心货币银行组成、有 140 家金融机构加入的资金调拨系统。2007 年，CHIPS 成为全球最大的私营支付清算系统之一，主要进行跨国美元交易的清算，拥有安全、可靠、高效的支付系统，处理全球 95%左右的国际美元交易。截至 2015 年年底，CHIPS 每天结算超过 25 万笔交易，在国内和跨境交易中价值超过 1.5 万亿美元。

通过 CHIPS 系统的国际资金调拨处理过程并不复杂。例如，纽约的 A 行从 SWIFT 网等国际线路接受的某国甲行的电报付款指示，要求 A 行于某日（Value Date，即生效日）扣其往来账，并将此款拨付给在纽约 B 行设有往来账户的其他国乙行。若 A 行和 B 行均为 CHIPS 的成员行，则这笔资金可以通过如图 6-27 所示的 CHIPS 资金调拨流程完成。

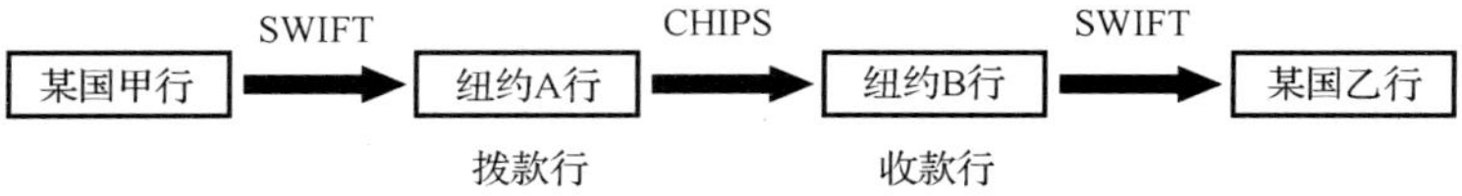

图 6-27 通过 CHIPS 的资金调拨流程

通过 CHIPS 的资金调拨流程具体说明如下。

A 行从 SWIFT 网接到甲行的上述付款通知后，核对电文的信息识别码（MAC）无误，A 行操作员根据发来的电文、依据纽约清算所规定的标准格式，将有关数据（包括：A 行、B 行、甲行和乙行的编号，付款金额，Value Date 等数据）录入计算机终端。该电文经 CHIPS 网传送到 CIHPS 中央计算机系统存储起来。只当 CHIPS 中央计算机系统稍后接到 A 行下达的“解付”（Release）命令后，才将此付款通知传送到 B 行（即收款银行）的计算机终端。

每个营业日终了，CHIPS 中央计算机系统对各参加银行（如上述的 A 行和 B 行）当日生效的每笔交易进行统计，得出各参加银行应借或应贷的净金额。中央计算机系统于当日下午 4∶30 后，通过 FedWire 网，将各参加银行应借或应贷的净金额通知纽约区联邦储备银行。该银行利用其会员银行的存款准备金账户完成清算。清算完成后，通知 CHIPS，CHIPS 则于下午 5∶30—6∶30，用 1 小时的时间轧平账务，完成最终清算。

利用 CHIPS 进行国际间的资金转账是很方便的。由此，外国银行都愿意在纽约设分行，并且都想加入 CHIPS 系统。目前，参加清算的银行除纽约清算所 12 家会员银行外，另有 Bank of America 及 Continental Bank International 加入，总共 14 家。因此，在 CHIPS 清算体制下，非参加银行代理清算，参加银行又由会员银行代理清算，这种层层代理机制，就构成了庞大复杂的国际清算网。

CHIPS 系统有如下几个特点。

（1）允许对事先存入付款发出指示。参加银行除可在当日调拨资金外，CHIPS 还允许参加银行事先将付款指示存入中央计算机系统，以后需经拨款银行下达“解付”命令后，CHIPS 的中央计算机系统才会于解付日将此付款通知传送给收款银行。未下达解付命令前，拨款银行有权取消该笔付款指示。

（2）完善的查询服务功能。由于中央计算机系统能即时将每笔资金调拨情况存入文件，因此各参加行的账务管理员可随时查询自己银行的每笔提出或存入的金额，并及时调整自己的头寸。

（3）自动化程度高。CHIPS 设计了一个灵活的记录格式，以方便发报行和收报行能进行计算机自动处理。这样参与行的支付信息可在不同系统之间流动、而无须人工干预。例如，CHIPS 接受 SWIFT 的标识码，并自动地与 CHIPS 的通用标识码相互参照。

（4）安全性好。CHIPS 两套系统互为备份，每套系统又是双机互为备份。两套系统分别安装在不同的地方，并用高速线路连接。为保证电源的不间断供应，由蓄电池储备电能，并以双内燃发电机系统保证。保密性是通过保密模块（ISM）、保密设备和一系列规定实现的。每个成员行均有 1 台专门设计的保密机，该保密机遵守 ANSI X9.9 金融机构保密检测标准。付款电文都经保密机加密传送，以保证电文的传输安全。

导入案例解析

电子支付是在消费者、企业和金融机构之间，采用电子手段完成支付过程，因此，电子支付工具首先必然拥有先进的数字化支付技术，通过数字流转完成支付信息的传送。在上述过程中，由于电子支付基于互联网（包括移动互联网）这一开放的平台，因此，在使用先进数字技术和通信手段的同时，对硬件设施和安全保障提出了更高的要求。

通过为用户提供快捷、高效、经济、安全的支付服务，以支付宝和微信支付为典型代表的电子支付工具，极大地改变了我国用户日常支付的模式与购物习惯，也产生了相当大的用户黏性。持续满足用户高效安全的支付需求，成为电子支付工具快速发展的必要前提。

复习题

1. 简述电子支付的概念与特征。
2. 简述电子支付的类型。
3. 简述网上银行的业务与流程。
4. 简述数字货币的概念与分类。
5. 试述第三方平台支付的支付流程。
6. 试述 SWIFT 报文传递的基本流程。

第 7 章 电子商务物流与供应链

作为物质资料流通的物流活动由来已久，自从有了商品交换就有了物流。和传统的商品交易一样，电子商务下的商品交易也离不开物流。本章主要介绍了电子商务物流的概念、特点，电子商务物流系统的构成，电子商务物流流程，物流基本技术，物流配送的操作方法，物联网的相关知识；同时，还讨论了电子商务供应链的管理问题。

导入案例

菜鸟的智慧物流点

菜鸟智慧物流的基本框架包括 3 层结构，即数据感知层、决策分析层和应用层，如图 7-1 所示[①]。

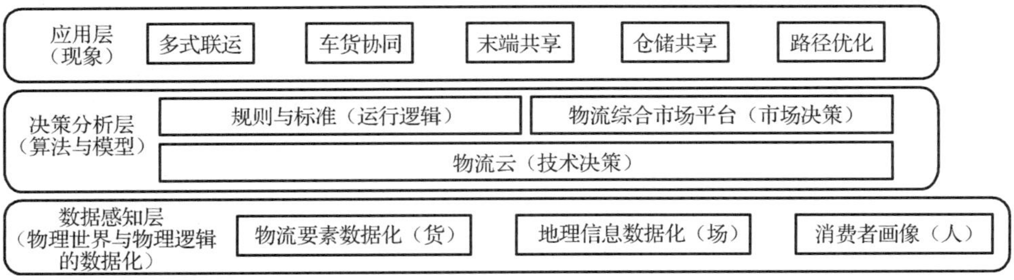

图 7-1　菜鸟智慧物流的 3 层结构

在数据感知层，要有人的数据、货的数据和整个场的数据。把数据连接起来打通，要有基本的算法模型、基础协议和标准，并用这种逻辑构建基础设施。最后去推动应用方的应用，如多式联运、车货协同、末端共享、仓储共享等。

菜鸟智慧物流的实践为人们展示了物流行业发展的未来。菜鸟物流正是从数据感知层、决策分析层、应用层 3 个方面进行探索的。

① 本案例编写参考：高红冰. 智慧物流的框架及其四大要点[EB/OL](2017-05-24) [2019-06-23].

在数据感知层，菜鸟开发并推广了电子面单。电子面单是一种数字面单，反映了快递物流企业在数据采集、录入、传输等基础领域的数据化程度。2014 年，菜鸟电子面单正式上线，电子面单采用 *N*-1-*N* 的模式，即前端对接“*N*”多个商家、后端对接“*N*”多家快递公司，菜鸟作为居中的“1”，为前后端提供技术支持服务。2016 年，菜鸟电子面单淘系电商平台渗透率接近 80%，与 2015 年年初相比，提升了近 1.6 倍。根据快递企业用户反馈的数据测算，使用电子面单后，中转环节错分率平均降低了 40%，每年节约纸张消耗费用约 12 亿元。

在决策分析层，虽然国内物流行业采用云计算的整体比例还不高。但从 2016 年开始，接入物流云的企业数量在快速上升，尤其在快递行业，韵达、天天快递等已经全面接入到菜鸟物流云。利用物流云技术，物流企业在揽收点、配送点、中转点等静态网点的数据回传完整度大幅度提高。据统计，2016 年，菜鸟电商物流数据详情完整率已经超过 80%，这意味着电商物流行业的物流静态数据化程度已经达到较高水平，在关键环节数据基本实现了可采集、可录入、可传输、可分析、可视化。

在应用层，菜鸟网络开发的“智能路由分单”对海量地址进行分析，实现包裹跟网点的精准匹配，准确率达 98%以上，分拣用时下降到每单 1～2 秒，仓库分拣效率普遍提高 50%以上。目前，如中通、圆通等越来越多的快递公司纷纷开始使用智能路由分单。此外，为了更充分地利用包装箱内的空间，通过测算各类商品的体积数据和包装箱尺寸，菜鸟网络开发出智能打包算法技术，合理安排箱型和提供合理摆放方案。相比人工判断，每件包装平均可节省 5%以上的耗材。如果以 2016 年“双十一”6.57 亿个包裹来计算，一天能节省 3 000 万个包装箱，相当于少砍伐 10 万棵树木。

导入案例思考题

电子商务物流具有哪些特征？

7.1 电子商务物流概述

7.1.1 物流与物流系统

1. 物流

我国使用的“物流”一词，是日本语“物的流通”的简称，英文原词是 Physical Distribution。20 世纪 80 年代初，我国直接从日本引进了“物流”的概念，由于日本也使用汉字，“物流”一词也就被直接引用过来。

1999 年，联合国物流委员会对物流作了新的定义：“物流”是为了满足消费者需要，进行的从起点到终点的原材料、中间过程库存、最终产品和相关信息有效流动和存储计划、实现和控制管理的过程。现代物流是“物”在一定的时间内的空间移动，以及在物的移动过程中动态及静态的管理。这个定义强调了从起点到终点的过程，提高了物流的标准和要求，确定了未来物流的发展，比传统的物流概念更为明确。

物流管理就是按时、按质、按量，并且以系统最低的成本费用把所需的材料、货物运到生产和流通领域中任何一个所需要的地方，以满足人们对货物在空间和时间上的需求。物流通过运输，解决对货物空间位置上的变化要求，通过存储调节，解决对货物的需求和供给之间的时间差。

2. 物流系统

物流系统是在一定时间和空间里，由所需输送的物料和包括有关设备、输送工具、仓储设备、人员以及通信联系等若干相互制约的动态要素构成的，具有特定功能的有机整体。物流系统由“物流作业系统”和支持物流系统的信息流动系统（即“物流信息系统”）两个子系统组成。物流系统的组成如图 7-2 所示。

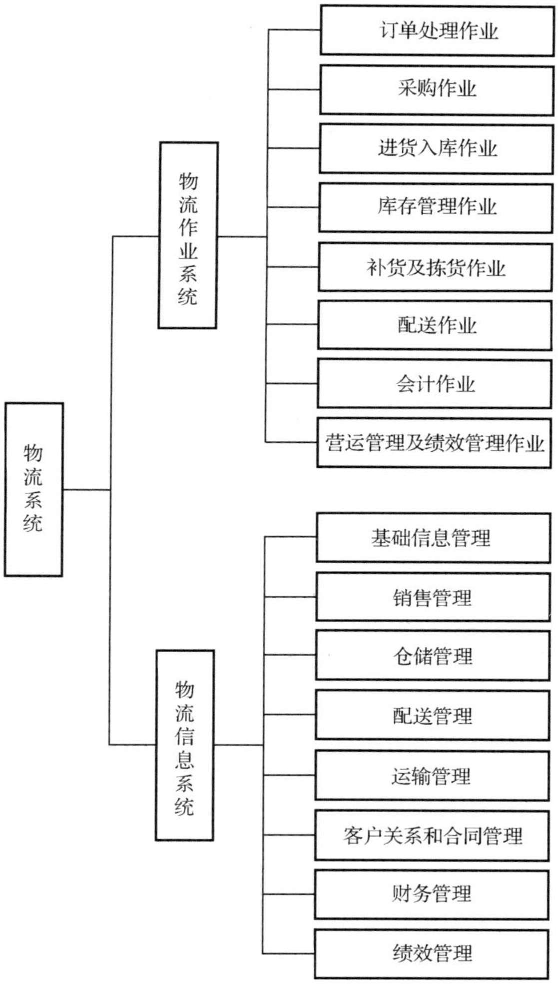

图 7-2　物流系统的组成

物流作业系统是在商品的运输、保管、搬运、包装、流通加工等作业中，使用各种先进的手段和技术，将商品的生产点、物流点、运输配送路线和运输手段，组成一个合理有效的网络系统，并以此提高物流活动的效率。

物流信息系统是在保证商品的采购订货、进货、库存保管、出货和商品配送过程的信息通畅的基础上，使通信站点、通信线路、通信手段网络化，从而提高物流作业系统的效率。

上述两个系统分别独立运行，但又紧密联系，互相依赖，不可分割，物流作业系统的中心在物流中心（储运仓库或配送中心）；物流信息系统的中心在公司信息中心（或信息系统服务公司）。

7.1.2　电子商务物流的概念与特点

1. 电子商务物流的概念

在电子商务中，少数商品和服务可以直接通过计算机网络传输的方式进行配送，如电子出版物、信息咨询服务等。而对于大多数实物商品和服务而言，其配送仍要通过物理方式传输，但由于机械化、自动化工具的应用，准确、及时的物流信息和对物流过程的监控，将使物流的流动速度加快、准确率提高，有效地减少库存，缩短生产周期。因此，电子商务物流是基于信息流、商流、资金流网络化的物资或服务的配送活动，包括实体商品（或服务）的物理传送和信息商品（或服务）的网络传送。

2. 电子商务物流的特点

（1）物流信息化。物流信息化表现为物流信息全部联网，包括物流信息的收集、处理、传递、存储等环节都实现网络化。物流信息技术的推广大幅度降低了流通成本，2017 年全年累计降低物流成本达 881 亿元。

（2）物流智能化。近年来，随着互联网、大数据、云数据以及人工智能等信息技术的蓬勃发展，智慧物流已经成为现代物流新的发展潮流。2019 年智慧物流市场规模超过 4 860 亿元，到 2025 年，智慧物流市场规模将超过万亿元。通过大数据、云计算、物联网、区块链等新技术应用，智能技术（AI、物联网、自动仓库、机器人、可穿戴设备、无人机、自动驾驶、智能移动终端等）的成熟，加速提升了行业效率。

（3）物流组织的网络化。物流组织网络是打破单个物流企业界限，通过相互协调和资源整合，为客户提供满意服务的网络化组织形态。电子商务物流参与者众多，主体复杂，要成为有竞争力的物流企业，必须在物流组织的整合上有所突破。电子商务物流企业通过垂直供应链整合、水平供应链整合和物流产品整合，在电子商务生态体系中，形成了相互关联的网络结构，各企业的独立性、目标不一致性及对商流的依附性得到了有效制约。

7.1.3　电子商务物流系统

1. 电子商务物流系统的构成

电子商务物流系统是典型的物流设备与计算机网络结合的产物。在这一系统中，半自动化、自动化以至具有一定智能的物流设备，受到计算机网络系统的控制，不同阶段的物流信息也由计算机加以管理控制。电子商务物流系统的构成如图 7-3 所示。

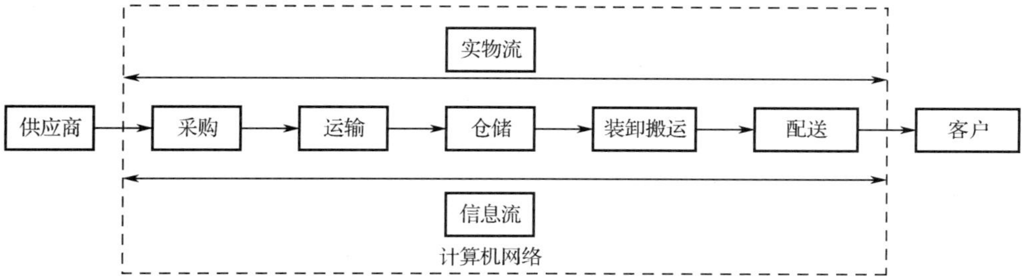

图 7-3　电子商务物流系统的构成

2. 电子商务物流系统的配送流程

（1）提交订单。客户通过网络系统提交订单，然后依据系统中设定的流程，逐步确认订购的品种、数量、付款方式、运输方式、无货处理方式等项目，提交订单成功后，系统会自动生成一个流水订单号码，同时通过电子商务物流配送公司的服务器，向客户发送消息，确认订单提交成功。

（2）订单处理。通过订单系统进行订单处理。首先是从网络系统中，将订单接收完成，然后对客户提交的订单进行逐项检查。如果有问题，需要与客户联系进行修正，检查完毕后，需要进行复核，确认无误后，将订单投入自动配送系统。

（3）配货处理。通过自动配货系统完成配货处理。订单进入配货系统以后，根据库存情况，对货物进行自动分配。如果遇到库存无货的情况，根据客户的要求，如果可以等候的，系统会自动生成一份采购申请单，并由系统在采购部门自动打印，然后由采购部门与厂家联系，在规定的时间内，完成线上或线下采购；如果客户不想等候，可以取消订单，并通知客户。

（4）库房管理。通过进销存系统实现库房管理，包括货物入库、货物出库、库存管理。

（5）运输安排。根据运输系统，实现对运输方式进行选择和安排。系统中对每一种运输方式的运输费用和运输时间进行存储。如果输入运输的地点，系统会调出每一种运输方式的费用和时间，最后由运输人员决定采用的运输方式。

（6）全程跟踪。从客户提交订单—订单确认—财务确认—订单处理—库房配货—客户收货等各个环节，系统会记录操作时间，并进行自动计算，可以调出进行运作分析，同时系统对每一段的处理时间，进行标准化，如果超过标准化时间，系统会自动通过报警系统，发送消息给相关人员。

7.1.4　物流在电子商务中的作用

（1）物流是实现电子商务的保证。电子商务的优势之一是大大简化了交易业务流程，降低了企业运作成本。而电子商务企业成本优势的建立和保持，必须以可行和高效的物流运作为保证。如果没有一个高效、合理、畅通的物流系统，电子商务所具有的优势就难以得到有效的发挥，也难以得到有效的发展。

（2）物流影响电子商务的运作质量。电子商务“以客户为中心”的理念，只有通过高效的物流才能最终体现。缺少了现代化的物流技术，电子商务给消费者带来的购物便捷可能完全消失，消费者必然会转向他们认为更为安全的传统购物方式。因此，加强物流配送工作，是电子商务吸引客户、提高运作质量的关键环节。

（3）物流是实现电子商务企业盈利的重要环节。在传统的商品成本中，物流成本可以占到商品总价值的 30%～50%。而现代物流业可以大大降低来自该部分的成本。调查显示，虽然国内社会整体物价水平一直在上涨，但由于先进物流技术和管理方式的推广，我国社会物流总费用与国内生产总值的比率从 2010 年的 17.8%下降到 2020 年的 14.7%[①]。通过物流配送的规模化和标准化运作，大幅度降低了物流成本，提高了电子商务网站的盈利能力。

7.1.5 电子商务与物流的协同发展

2018 年 1 月，国务院办公厅印发了《关于推进电子商务与快递物流协同发展的意见》（简称《意见》）[②]。《意见》提出，“近年来，我国电子商务与快递物流协同发展不断加深，推进了快递物流转型升级、提质增效，促进了电子商务快速发展。但是，电子商务与快递物流协同发展仍面临政策法规体系不完善、发展不协调、衔接不顺畅等问题。”推进电子商务与快递物流协同发展，有利于快递物流转型升级、电子商务提质增效；有利于技术标准衔接统一、数据资源规范共享、供应链协同创新；有利于扩大消费、提升用户体验，更好适应和满足网购消费者美好生活需要。

《意见》坚持问题导向，聚焦协同发展，明确了如下 6 个方面的政策措施。

（1）强化制度创新，优化协同发展政策法规环境。简化快递业务经营许可程序，改革快递企业年度报告制度，创新产业支持政策，健全企业间数据共享制度，健全协同共治管理模式。

（2）强化规划引领，完善电子商务快递物流基础设施。统筹规划电子商务与快递物流发展，构建适应电子商务发展的快递物流服务体系；保障基础设施建设用地，加强基础设施网络建设；完善优化快递物流网络布局，推动电子商务和快递物流园区建设与升级。

（3）强化规范运营，优化电子商务配送通行管理。推动各地从规范城市配送车辆运营入手，完善城市配送车辆通行管理政策，对快递服务车辆给予通行便利。

（4）强化服务创新，提升快递末端服务能力。鼓励将推广智能快件箱纳入便民服务、民生工程等项目，推广智能投递设施；鼓励建设快递末端综合服务场所，促进快递末端配送、服务资源有效组织和统筹利用，发展集约化末端服务。

（5）强化标准化、智能化，提高协同运行效率。加强现代信息技术和装备的应用，大力推进库存前置、智能分仓、科学配载、线路优化；加强快递物流标准体系建设，引导电商与物流系统互联和业务联动；发展仓配一体化服务，优化资源配置，提升供应链协同效率。

① 国家发展改革委. 2020 年全国物流运行情况 [EB/OL](2020-02-26)[2021-07-20].

② 国务院办公厅，国务院办公厅关于推进电子商务与快递物流协同发展的意见[EB/OL](2018-01-02)[2021-07-20].

（6）强化绿色理念，发展绿色生态链。鼓励电商与快递物流企业开展供应链绿色流程再造，推广绿色包装，制定绿色包装、减量包装标准，鼓励电商平台开展绿色消费活动；推动绿色运输与配送，逐步提高快递物流领域新能源汽车使用比例。

7.2　电子商务物流模式

7.2.1　自营物流

1. 自营物流的概念

自营物流是电子商务企业借助自身物质条件（包括物流设施、设备和管理机构等）自行组织的物流活动。对于电子商务企业而言，自营物流启动容易，配送速度快，但配送能力较弱，配送费用不易控制。如果电子商务企业有很高的客户服务需求标准，其物流成本占总成本的比重较大，而自己的物流管理能力又比较强，就可以选择自营物流方式。

在自营物流方式中，电子商务企业也会向运输公司购买运输服务，或向仓储企业购买仓储服务，但这些服务通常只限于一次或一系列分散物流功能，而且是临时的、纯市场交易的服务。物流服务与电子商务企业的价值链是松散的。

2. 京东物流模式

京东物流成立于 2007 年，是全国第一个电商企业自建的物流企业，是典型的自营物流。2019 年“618 购物节”期间，京东的仓配一体服务订单当日达和次日达的占比持续保持在 91%以上。截至 2018 年年底，京东在全国运营超过 550 个大型仓库，覆盖全国 50 个城市大约 1 200 万平方米。仅 2020 年，亚洲一号智能物流园区就投用 12 座，信息系统可以支持每分钟亿级的高并发场景吞吐量和每天亿级订单量。在每一个用户的订单处理背后，如何实现看似简单的发货与收货，实际上背后隐藏着一套复杂的物流系统，京东称之为“青龙系统”。如图 7-4 所示为青龙系统的基本架构。

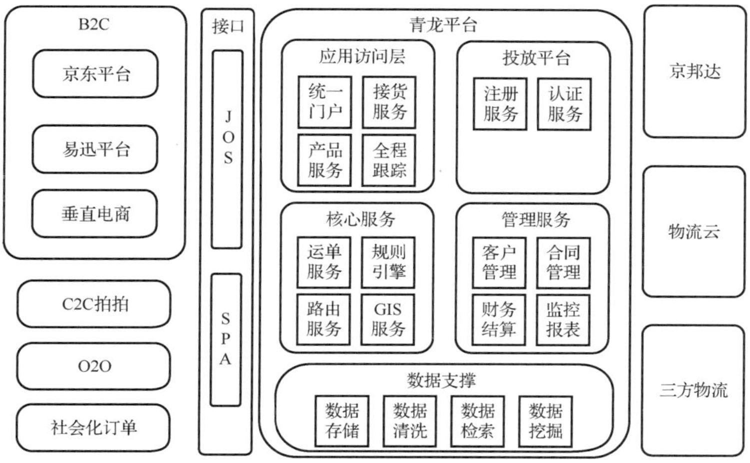

图 7-4　京东商城青龙系统的基本架构

青龙系统的核心子系统是由六大核心结构组成，如图 7-5 所示。

图 7-5 京东商城青龙系统的核心子系统

（1）对外拓展子系统主要任务是拓展快递业务，发展快递网站、商家客户端、接货中心、合同管理和客户拓展。

（2）终端服务子系统涉及配送最终阶段的各类活动，包括快件跟踪扫描记录仪（PDA）的使用、站点的资源管理（ERP）、与第三方物流（3PL）的联系、自提点和自提柜的管理等。

（3）运输管理子系统主要包括运输 PDA、车辆管理、车辆调度、全网络由和路径规划等。

（4）分拣中心子系统主要处理预分拣、分拣服务的安排等。

（5）运营支撑子系统涉及物料管理、质控管理、绩效管理、运费结算等。

（6）基础服务子系统主要提供运单管理、位置（GIS）管理、客服管理等。

7.2.2 第三方物流

1. 第三方物流的概念

第三方物流（Third Party Logistics，3PL）是近年来广泛流行的新概念，它是物流渠道中的专业化物流中间公司，以签订合同的方式，在一定期间内，为其他公司提供所有或某些方面的物流业务服务。如果物流在电子商务企业中所占比重不大，且该企业自身物流管理能力也比较欠缺，采用“第三方物流”模式是最佳选择，能够大幅度降低物流成本，提高为客户服务的水平。

从广义的角度以及物流运行的角度看，第三方物流可以涵盖电子商务的一切物流活动，以及发货人从专业物流代理商处得到的其他一些增值服务。提供这一服务是以发货人和物流代理商之间的正式合同为条件的。这一合同明确规定了服务费用、期限及相互责任等事项。

狭义的第三方物流专指本身承接物流业务的物流企业，负责代替发货人完成整个物流过程的一种物流管理方式。

2. 顺丰速运模式

顺丰速运是国内领先的快递物流综合服务商，是第三方物流的代表。顺丰速运于 1993 年在广东顺德成立，然后服务范围迅速延伸至广东其他地区。目前，顺丰速运服务网络已经覆盖了全国所有省份，包括我国港澳台地区，也覆盖了国际上几十个国家。

顺丰经过多年发展，已初步拥有了为客户提供一体化综合物流解决方案的能力，不仅提供配送端的高质量物流服务，还延伸至价值链前端的生产、供应、销售、配送等环节，从客户需求出发，以数据为牵引，利用大数据分析和云计算技术，为客户提供智能仓储管理、销售预测、大数据自助分析等一揽子解决方案。

客户在顺丰物流平台下单送交快递后，快递进入仓储管理系统，然后通过分拣、包装，安排货运，配送系统实时跟踪快递移动位置，最后快递人员上门送货，客户签收。顺丰快递实现了门到门的服务、上门收件，以及开发社区便利店配送点等。

如图 7-6 所示为顺丰物流电子商务物流配送体系。

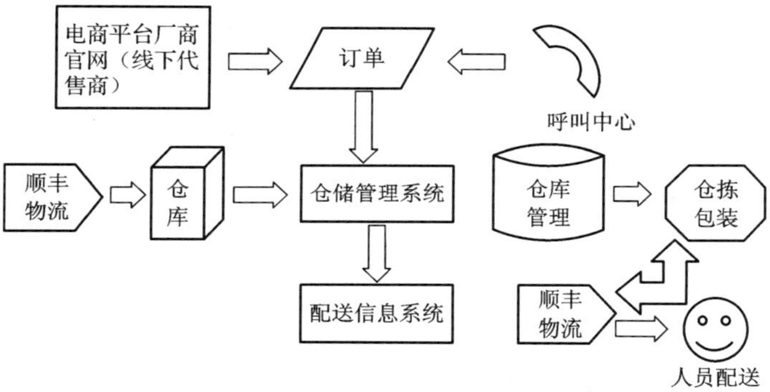

图 7-6　顺丰物流电子商务物流配送体系

2019 年，顺丰推出粹御数据安全解决方案，其涵盖的范围涉及物流的数据资产管理、隐私数据管理、数据脱敏、数据追溯管理与数据加解密服务管理五大方面。该方案不仅帮助顺丰物流解决了数据安全问题，还推向市场，对其他企业数据安全管理提供帮助，被各行各业借鉴和运用。另外，顺丰物流同时向上游扩展业务，扩大了企业经营领域，促进了企业的发展。

顺丰的做法得到了电子商务企业的认可。2019 年 11 月，著名电商企业唯品会宣布与顺丰达成业务合作，终止旗下曾经投入巨大精力的自营快递品骏的快递业务，并全面委托顺丰完成其订单的配送服务。

7.2.3　物流联盟

1. 物流联盟的概念

物流联盟是电子商务网站、电子商务企业、物流企业等各方面，通过契约形成优势互补，要素双向或多向流动，互相信任，共担风险，共享收益的物流伙伴关系。组建物流联盟可以降低成本，减少投资，获得管理技术，提高为客户服务的水平，取得竞争优势，降低风险和不确定性。

组建物流联盟可以吸收不同企业的优势和长处，在物流设施、运输能力、专业管理技巧上互补，取得较好的经济效益。

2. 菜鸟驿站模式

菜鸟物流于 2013 年成立，定位于“社会化物流协同、以数据为驱动力的平台”，并且明确五大战略：快递、仓配、跨境、农村和驿站。

菜鸟物流通过两个方面的建设改变物流现状，一是在全国范围内，通过“自建+合作”的方式搭建起智能物流骨干网，以此缩短物流半径，实现仓储中心之间的 8 小时连接，并广布物流设施节点和平台，实现 24 小时送达；二是通过大数据、云计算、物联网等新技术，建立一个基于仓储设施的数据应用平台，实现信息共享，提升现有物流企业的仓库利用率与运作效率。如图 7-7 所示为菜鸟物流的在线付和货到付业务模式。

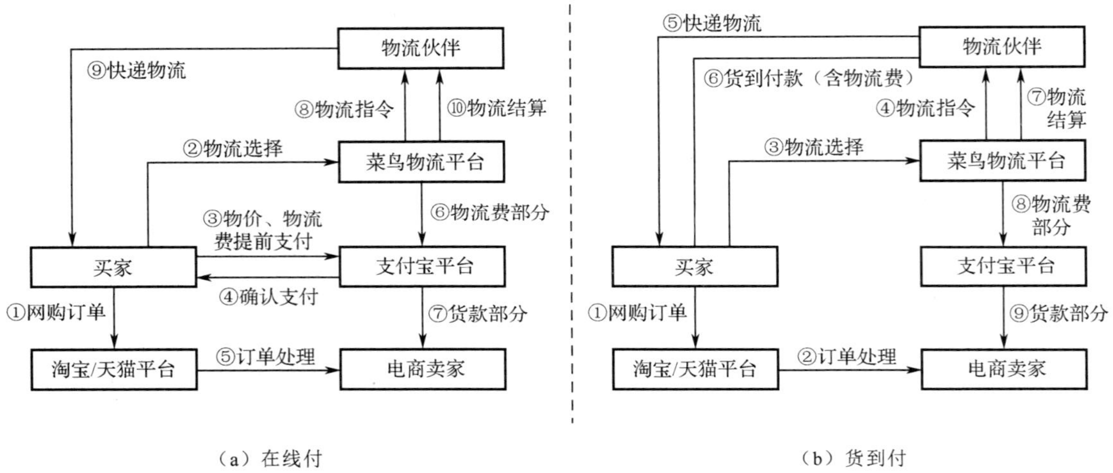

图 7-7　菜鸟物流的在线付和货到付业务模式

作为菜鸟物流五大战略方向之一的菜鸟驿站，通过物流联盟形式开展菜鸟驿站建设，收到了很好的效果。经过几年的发展，菜鸟物流已经覆盖了 100 多个城市，40 000 多个社区和高校，服务消费者超过 1 亿人，已经形成了覆盖全国主要城市的末端公共服务网络。

菜鸟驿站主要提供快递暂存自提和代寄服务。站点的基础收入是包裹业务，主要是包裹的派件和寄件收入，每个地区的件均单价和单量会导致收入的差异；另外站点包裹业务带来的人流量，也会带动其他商业业务的增收。包裹收寄物流收益：派件是每单 0.5～1 元，寄件是每单 3～8 元；包裹流量增加客流量，转化为店铺营业额。店铺还可以开展团购、广告、回收、洗衣等商业增收业务。

菜鸟驿站主要有社区站点、校园站点、社区服务商 3 种类型，它们的入驻标准类似。菜鸟驿站社区站点的入驻标准如表 7-1 所示。

表 7-1 菜鸟驿站社区站点的入驻标准

渠道定义	面向社区，店铺为个人所有或租用，无统一供应链管理
入驻标准	① 合作类型：快递代办点，个人创业菜鸟驿站及部分零售类&服务类店铺 ② 硬件设备：店内有联网电脑或智能手机、小 yi 工作台、PDA、云监控、小票打印机、专业包裹货架、地台、烟雾报警器、自动应急照明设备、防毒口罩、长胶手套（耐强酸强碱）、灭火器等；如需购买驿站硬件设备，请访问物料商城 ③ 经营空间：专业点的店铺实际场地面积≥20m^2，小站的店铺实际场地面积≥10m^2。需要有独立的包裹存放区域，可以容纳开展业务所需的接待台、货架等 ④ 经营时间：08:00～22:00 内不低于 10 小时，且营业时间内有专人值班
入驻流程	提交申请—初评—培训—详细信息提交—平台审核—签署协议—冻结保证金—入驻成功。

7.2.4 电子商务物流模式建设中应注意的问题

（1）物流网站应提供强有力的客户服务功能。物流网站应包括客户登录、信息查询、沟通、广告宣传、信息储存和分析、业务处理和信息反馈等功能。

（2）建设移动物流管理信息系统，实现物流管理的移动处理。对于一般的电子商务企业而言，移动物流管理信息系统应当能够处理物资编码与仓库货位、车队与司机、物资入库与出库、运输调度、客户与供应商、成本、系统运转等信息。移动物流管理信息系统不但要做到信息共享、提高处理速度和处理效率，而且要能够及时更新，即时将信息反馈给各个业务部门、反馈给客户，为前台的客户服务功能提供支持。

（3）形成网上运作与网下运作的联动，全方位提高服务质量。电子商务环境为物流提供了有利的环境条件，在充分利用网上资源的同时，也要重视网下运作，要把网上运作和网下运作结合起来，充分发挥各自的优势，共同实现物流企业的高效运作。

（4）发挥资源整合的优势。通过整合第三方物流服务商、管理咨询服务商、信息技术服务商、电子商务服务商的资源，为客户企业提供个性化、多样化的供应链解决方案，帮助客户企业降低物流成本，提高配送质量，稳定国内外市场。

7.3 电子商务物流新技术

7.3.1 条码技术及应用

1. 一维条码和二维条码

条码由一维排列规则的条、空和相应的字符组成。这种条、空和字符组成的数据编码可以供机器识读，而且很容易译成二进制和十进制数。这些条和空可以有各种不同的组合方法，从而构成不同的图形符号及各种符号体系（也称条码制），适用于不同的场合。

目前物流作业中主要使用的条码有一维条码和二维条码。

如图 7-8 所示，一维条码（1D Barcode）只是在一个方向（一般是水平方向）表达信息，而在垂直方向则不表达任何信息，其一定的高度通常是为了便于阅读器的对准。一维条码的应用可以提高信息录入的速度，减少差错率，但是一维条码数据容量较小（30 个字符左右），只能包含字母和字母，条码尺寸相对较大（空间利用率较低），条码遭到损坏后便不能阅读。

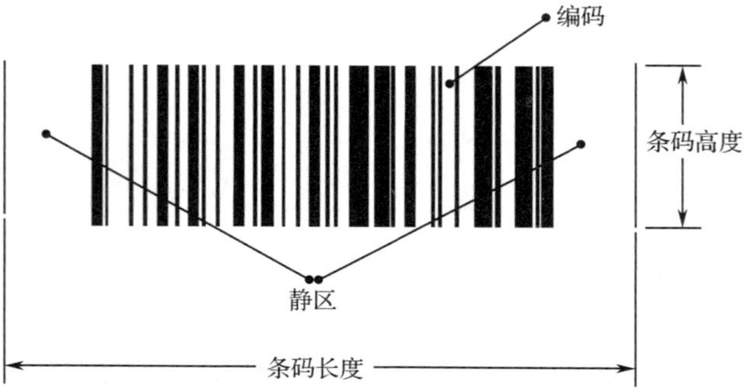

图 7-8　一维条码

在工作人员收到货物的同时，使用条码技术，利用条码扫描仪可即时获取随货物同时到达的物流信息，并传入信息系统，从而获得货物处理指示，按照要求完成货物运送的各个环节的工作，减少仓库存储空间占用和出货调配用的单据数量，消除人工处理产生的延时和人为错误问题，动态控制物品运行全过程情况。

二维条码的概念和形式在第 6 章 6.2 节电子支付中已经介绍过了。二维条码实现了货物运输的全过程跟踪，消除了数据的重复录入，加快了货物运输的数据处理速度，降低了对计算机网络的依赖程度，从而实现了物流管理和信息流管理的完美结合。

2. 条码在物流业中的应用领域

（1）商业零售领域。零售业是条码应用最为成熟的领域，大多数在超市中出售的商品都申请使用了 EAN（国际物品编码协会）条码。在销售时，只需要用扫描器扫描条码，POS 系统就可以从数据库中查找到相应的名称、价格等信息，并对客户所购买的商品进行统计，大大加快了收银的速度和准确性，同时各种销售数据还可作为商场的供应商进货、供货的参考数据。由于销售信息能够及时准确地被统计出来，所以商家在经营过程中，可以准确地掌握各种商品的流通信息，盘活库存，最大程度地利用资金，从而提高商家的效益和竞争能力。

（2）仓储管理与物流跟踪。对于有大量物品的场合，应用条码技术，可以实现快速、准确地记录每一件物品，采集到的各种数据可实时地由计算机系统进行处理，使得各种统计数据能够准确地、及时地反映物品的状况。

（3）质量跟踪管理。ISO9000 质量保证体系强调质量管理的可追溯性，即针对质量有问题的产品，应当可以追溯到它的生产时间、操作者等信息。采用条码可以在生产过程的主要环节中，就可以对生产者及产品的数据，通过扫描条码进行记录，并利用计算机系统进行处理和存储。如产品质量出现问题，可利用电脑系统很快地查到该产品生产时的数据，并为工厂查找事故原因、改进工作质量提供依据。

（4）数据自动录入。大量格式化单据的录入是一件很麻烦的事，不仅浪费大量人力，正确率也很难保障。自从有了二维条码技术，就可以把上千个字母或几百个汉字及图片、音频、视频放入很小的一个二维条码中，并可用专用的扫描器在几秒钟内正确地输入这些内容。

7.3.2　无线射频识别技术及应用

1. 无线射频识别技术

无线射频识别技术（Radio Frequency Identification，RFID）即电子标签，是一种非接触式的自动识别技术，它通过射频信号自动识别目标对象，并获取相关数据。RFID 系统由 3 个部分组成。

（1）标签（Tag）。标签由耦合元件及芯片组成，每个标签具有唯一的电子编码，附着在物体上标识目标对象。

（2）阅读器（Reader）。阅读器用于读取（有时还可以写入）标签信息，可设计为手持式或固定式。

（3）天线（Antenna）。天线用于在标签和读取器间传递射频信号。

标签在进入磁场后，能接收解读器发出的射频信号，凭借感应电流所获得的能量发送出存储在芯片中的产品信息（无源标签或被动标签，Passive Tag），或者主动发送某一频率的信号（有源标签或主动标签，Active Tag）；解读器读取信息并解码后，送至中央信息系统，进行有关数据处理。RFID 系统工作原理如图 7-9 所示。

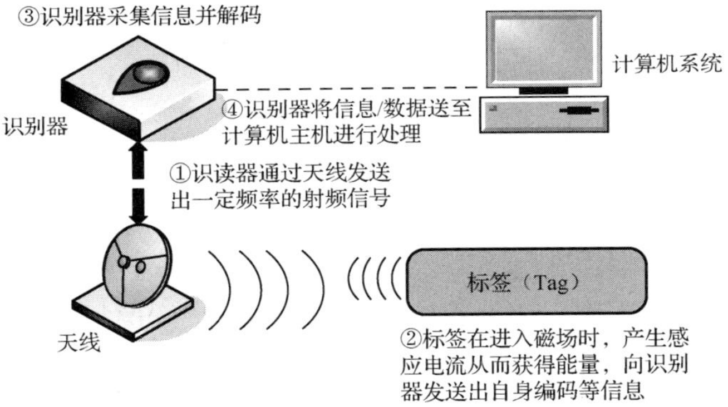

图 7-9　RFID 系统工作原理

2. 无线射频识别技术的应用

RFID 适用于物料跟踪、运载工具和货架识别等要求非接触数据采集和交换的场合，由于 RFID 标签具有可读写能力，对于需要频繁改变数据内容的场合尤为适用。

我国 RFID 在高速公路的收费站口已大面积使用。不停车收费（Electronic Toll Collection，ETC）系统是通过安装于车辆上的车载装置，与安装在收费站车道上的天线之间，进行无线通信和信息交换。在公交电子月票系统、铁路车辆和货运集装箱的识别、汽车防盗系统等方面也有很好的应用。

在零售领域，自动计费系统连接超市内部的数据库和物联网，客户可在显示器屏幕上见到清单，并可选择信用卡或现金进行付费。付费完成后系统将控制通道末端的闸门开放，客户可将购物车推离通道，系统将自动修改库存相关信息。

在产品追溯领域，全国各个城市都在加快建设重要产品追溯体系，针对不同产品生产、流通、消费特性，分行业开展重要产品追溯系统建设，主要涉及食用农产品、食品、药品、农业生产资料、特种设备、危险品、稀土产品等7类产品，有关统一的追溯标准也在积极推进之中。

7.3.3 卫星定位技术及应用

1. 卫星定位技术的概念

卫星定位技术是利用卫星和接收机的双向通信，确定接收机的位置，以实现全球范围内实时为用户提供准确的位置坐标及相关的属性特征的技术。卫星定位如果采用差分技术，其精度甚至可以达到米级。

美国是从20世纪70年代开始研制卫星定位技术的。其产品全球定位系统（Global Positioning System，GPS）是具备全天候、全球覆盖、高精度特征的导航系统，于1994年全面建成，能够为全球范围内的各类目标提供实时的三维定位，已广泛应用于大地测量、工程测量、资源勘察、运载工具导航等多个领域。

我国北斗卫星导航系统［BeiDou（COMPASS）Navigation Satellite System］是自主研发、独立运行的全球卫星导航系统，由空间段、地面段和用户段三个部分组成。2000年年底，北斗一号系统向我国提供服务；2012年年底北斗二号系统向亚太地区提供服务；2020年6月23日，我国成功发射北斗系统第55颗导航卫星，暨北斗三号最后一颗全球组网卫星，全面完成北斗三号全球卫星导航系统星座部署，2020年7月31日，北斗三号系统向全球提供服务。北斗三号全球卫星导航系统定位、测速、授时精度，以及服务的可用性、连续性等均达到国际领先的要求。

2. 卫星导航技术的物流功能

（1）实时监控功能。调度人员可以利用卫星导航技术进行运输控制管理，通过发出指令，可以查询运输工具所在的地理位置和速度等信息，了解货物到达的地点和运输状况。

（2）双向通讯功能。以北斗卫星为例，用户可使用话音功能与司机进行通话，或使用该系统安装在运输工具上的移动设备汉字显示终端，进行汉字消息收发对话。驾驶员通过按下相应的服务、动作键，将该信息反馈到北斗卫星上，质量监督员可在北斗卫星工作站的显示屏上，确认其工作的正确性，了解并控制整个运输作业的准确性（发车时间、到货时间、卸货时间、返回时间等）。

（3）动态调度功能。调度人员可以利用北斗卫星进行动态调度，通过分析运输工具的运能信息、在途信息、司乘人员信息，提高用车率，减少空车时间和空车距离，充分利用运输工具的运能。

（4）数据存储、分析功能。各类运输信息记录在数据库中，不仅可以方便查询，还可以用于分析决策。通过分析运输工具的运行状态，了解运输工具是否需要较大的修理，预先做好修理计划；通过计算运输工具平均天差错时间，动态衡量该型号车辆的性能价格比；可进行服务质量跟踪；通过调阅每台运输工具以前的工作资料，分析各部门的不同报表，使管理部门能更快速、更准确地做出判断及提出新的指示。

3. 卫星导航技术在物流领域的应用

（1）用于汽车自定位和跟踪调度。在我国首个行业示范项目“重点运输过程监控管理示范工程”的带动下，全国已有超过 700 万辆营运车辆安装北斗兼容终端，形成了全球最大的营运车辆动态监管系统，建立了包含测试、审查、数据接入、管理、考核等要素的一整套营运车辆动态监控管理体系，有效加强了道路营运车辆监控效率，提高了道路运输安全水平。北斗系统的规模化应用使得近年来我国道路运输重特大事故发生率和死亡率均下降约 50 个百分点①。

（2）用于铁路运输管理。我国铁路开发的基于北斗卫星的计算机管理信息系统，可以通过北斗卫星和计算机网络，实时收集全路列车、机车、车辆、集装箱及所运货物的动态信息，可实现列车、货物追踪管理。只要知道货车的车种、车型、车号，就可以立即从流动着的几十万辆货车中找到该货车,还能得知这辆货车现在何处运行或停在何处，以及所有的车载货物发货信息。铁路部门运用这项技术，可大大提高其路网及其运营的透明度，为货主提供更高质量的服务。

（3）用于军事物流。全球卫星定位系统首先是因为军事目的而建立的，在军事物流中，如后勤装备的保障等方面，应用相当普遍，尤其是在美国，其在世界各地驻扎的大量军队，无论是在战时，还是在平时，都对后勤补给提出很高的需求。美军在 20 世纪末的两伊战争中，依靠 GPS 为前线部队提供强有力的后勤保障就是典型的案例。目前，我国军事部门也在运用北斗卫星系统提供后勤保障。

（4）用于共享单车。美团单车利用“北斗+GPS”多模块卫星定位系统，为上亿用户提供了智能、便捷的绿色出行服务，并不断探索共享单车的高效、精细化运营。哈啰出行全面接入北斗高精度导航定位后，哈啰大数据中心每天会从路面上的哈啰单车收到数亿次定位信息，了解每一辆车的实时位置和行动轨迹，形成大数据分析报表，预测骑行需求，对路面运维团队发送如“填补特定区域车辆需求缺口”等智能化车辆调度指令。其他共享单车也利用北斗技术实现了精准定位，解决了单车定位不准、难以管理等问题。

7.3.4 物联网及应用

1. 物联网的概念与特点

物联网（The Internet of Things）是通过射频识别（RFID）、红外感应器、全球定位系统、激光扫描器等信息传感设备，按约定的协议，把人及任何物品与互联网相连接，进行信息交换和通信，以实现智能化识别、定位、跟踪、监控和管理的一种网络。总之，物联网概念是在互联网概念的基础上，将其用户端延伸和扩展到人及任何物品之间进行信息交换和通信的一种网络概念。

---

① 《瞭望》新闻周刊. 中国北斗：创新超车 [EB/OL] (2020-12-10)[2021-08-20].

从技术层面理解，物联网是物体通过智能感应装置，经过传输网络，到达指定的信息处理中心，最终实现物与物、人与物之间的自动化信息交互与处理的智能网络；从应用层面理解，物联网是把世界上所有的物体都连接到一个网络中，形成“物联网”，然后“物联网”又与现有的互联网结合，实现人类社会与物理系统的整合，实现以更加精细和动态的方式管理生产和生活。

物联网具有如下 3 个重要特征。

（1）全面感知。物联网利用 RFID、传感器、二维码等技术，可以随地获取物体的信息。

（2）可靠传递。物联网通过各种电信网络与互联网的融合，将物体的信息实时准确地传递出去。

（3）智能处理。物联网利用云计算①、模糊识别等各种智能计算技术，对海量的数据和信息进行分析和处理，对物体实施智能化的控制。

物联网概念的问世，打破了“实”与“虚”两个世界之间不可交流的传统思维。过去的思路一直是将实体世界存在的物品，与信息网络产生的信息财产截然分开，实体的物品（如厂房、公路、机场）与信息物品（如网络平台、网络游戏装备、网络账号）是无法沟通的。而在物联网时代，信息传感设备将实体物品与信息物品联系起来，实现了人对人、人对物以及物对物的互联互通，从而为人类在新的空间发展，带来了新的机遇。

2. 物联网是未来世界竞争的新焦点

2005 年，国际电信联盟（ITU）发布的年度技术报告中指出：“物联网”通信时代即将来临，信息与通信技术的目标已经从任何时间、任何地点连接任何人，发展到连接任何物品的阶段，而万物的连接就形成了物联网②。2009 年，欧洲物联网研究项目工作组（CERP-IoT）在欧盟委员会资助下，制定了《物联网战略研究路线图》《RFID 与物联网模型》等意见书。

2009 年以来，物联网的发展也逐渐成为我国各界关注的焦点，2009 年 11 月，温家宝总理在首都科技界讲话中，将“物联网/传感网”列入五大必争产业制高点之一③。2016 年 12 月，《国务院关于印发“十三五”国家战略性新兴产业发展规划的通知》中强调：“推动物联网、云计算和人工智能等技术向各行业全面融合渗透，构建万物互联、融合创新、智能协同、安全可控的新一代信息技术产业体系④。”2017 年 9 月，我国工信部在《工业

---

① 云计算（Cloud Computing），是一种基于互联网的计算新方式，是分布式处理（Distributed Computing）、并行处理（Parallel Computing）和网格计算（Grid Computing）的最新发展。狭义云计算指 IT 基础设施的交付和使用模式，通过网络以按需、易扩展的方式，获得所需的资源；广义云计算指服务的交付和使用模式，通过网络以按需、易扩展的方式，获得所需的服务。由于在电脑流程图中，网际网络常以一个云状图案来表示，因此，形象地类比将它称为云计算。

② ITU. ITU Internet Reports 2005：The Internet of Things[R/OL](2005-11-17)[2021-07-20].

③ 国务院办公厅. 温家宝发表《让科技引领中国可持续发展》的讲话[EB/OL](2010-10-10)[2019-08-20].

④ 国务院. 国务院关于印发“十三五”国家战略性新兴产业发展规划的通知[EB/OL](2016-11-29)[2019-06-20].

电子商务发展三年行动计划》简称《行动计划》中强调，完善互联网和物联网应用基础设施，推进电信基础设施共建共享、互联互通，引导云计算数据中心优化布局，推动数据中心向规模化、集约化、绿色化发展。按照《行动计划》，我国已经建设了四个国家级物联网产业发展示范基地（无锡、重庆、杭州、福州）。围绕示范基地，全国形成了四大物联网产业聚集区①。

3. 物联网涉及的关键技术

（1）信息采集技术。信息采集是物联网的基础，目前的信息采集主要采用传感器和电子标签等方式完成，传感器用来感知采集点的环境参数，如温度、震动等，电子标签用于对采集点的信息进行“标准化”标识。目前，已经有大量门类齐全且技术成熟的传感器可应用于信息采集。

（2）近程通信技术。近程通信是新兴的短距离连接技术，从很多无接触式的认证和互联技术演化而来，RFID 和蓝牙技术是其中的重要代表。

（3）信息远程传输技术。在物联网的机器到机器、人到机器和机器到人的信息远程传输中，有多种技术可供选择，目前主要有有线（如 DSL、PON 等）和无线（如 CDMA、GPRS、IEEE 802.11a/b/g WLAN 等）技术。

（4）海量信息智能分析与控制技术。依托先进的软件技术，对各种物联网信息进行海量存储与快速处理，并将处理结果实时反馈给物联网的各种“控制”部件。目前兴起的云计算就是满足物联网海量信息处理需求的计算模型。

（5）窄带物联网（Narrow Band Internet of Things，NBIoT）技术。窄带物联网也称低功耗广域网（LPWAN），因其低功耗、连接稳定、成本低、架构优化出色等特点而备受关注，广泛应用于制造行业和公共事业。

4. 物联网的应用

2020 年，全球物联网整体市场规模达到 1.7 万亿美元，年复合增长率达 20%；在物联网数据方面，2014 年为 1ZB（十万亿亿字节），2017 年为 13.88ZB。2018 年，我国物联网总体产业规模达到 1.77 万亿元。截至 2020 年 11 月末，我国蜂窝物联网终端用户达 11.12 亿户，同比增长 14.2%，其中应用于智能制造、智慧交通、智慧公共事业的终端用户占比分别达 19.2%、18.3%、22.1%②。

（1）工业物联网。工业/制造业是物联网应用的主要领域。企业利用传感技术有效提高了生产线过程检测、材料消耗监测的能力和水平；利用传感技术对生产设备进行监控，可以及时跟踪生产过程中各个工业机器设备的使用情况，精确定位故障发生的地点和原因；相关的传感器在矿山、油气田、建筑工地等危险作业环境中，可以实时监测生产的安全状态，及时报警。

（2）智能交通。物联网在智能交通领域应用比较广泛。截至 2019 年 12 月底，全国

---

① 工业和信息化部. 工业和信息化部关于印发《工业电子商务发展三年行动计划》的通知[EB/OL](2017-09-25)[2019-06-20].

② 中商产业研究院. 2020 年中国物联网行业发展回顾及 2021 年市场前景预测[EB/OL](2021-01-09)[2021-06-20].

ETC 用户累计达到 2.04 亿个。2020 年 1 月 1 日零时起，全国高速公路 ETC（电子不停车收费系统）全面启动，不停车快捷收费率达到 90%以上。除使用 ETC 方式支付外，高速公路收费方式还引入移动支付，车主经过高速道口后可以通过识别车牌从事先绑定的移动支付账户中扣款。

（3）安全保卫。上海浦东国际机场防入侵系统铺设了 3 万多个传感节点，覆盖了地面、栅栏和低空探测，多种传感手段组成一个漫长的协同系统后，可以防止人员的翻越、偷渡、恐怖袭击等攻击性入侵。很多城市安全部门在大街小巷部署了全球眼监控探头，可进行图像敏感性智能分析，实现了探头与探头之间、探头与人、探头与报警系统之间的联动。

（4）生产管理。智能电网与物联网互通在电力系统中已经得到了广泛应用。江西省电网对分布在全省范围内的 2 万台配电变压器安装传感装置，对运行状态进行实时监测，实现了用电检查、负荷管理、线损管理等一体化管理，仅一年就降低电损 1.2 亿千瓦时。2018 年投入使用的山东省东平县生态农业示范园“物联网+智慧农业”系统，包含有“物联网云平台、智能监控系统、远程智能控制系统、溯源系统和园区全景互联网无缝漫游展示系统”等五大系统。

（5）医疗卫生。医疗物联网（IoMT）成为 2020 年加速最快的物联网垂直应用领域。医生身着可穿戴设备不需要接触病人就可以监测、收集病人数据，提供医疗保健服务。无接触式红外传感器作为温度计远程测量受试者的体温，能够快速处理并解析扫描结果，识别发烧患者；血压和血糖的检测也可以利用医疗物联网进行并共享数据，从而实现更为简化的治疗和护理流程。在公共卫生方面，利用 RFID 技术可以建立病人监督和追溯体系，实现检疫检验过程中病源追踪的功能，并能对病菌携带者进行管理；重要药品可以利用 RFID 技术建立标签识别码系统，让病人购药得到安全和有效的保障。此外，还可以通过 RFID 技术实现对医疗器械的安全管理和追踪管理。

7.4 电子商务供应链管理

7.4.1 供应链管理的概念

供应链是由供应商、制造商、仓库、配送中心和渠道商等构成的物流网络。同一个企业可能构成这个网络的不同组成节点，但更多的情况下是由不同的企业构成这个网络中的不同节点。例如，在某个供应链中，同一企业可能既在制造商、仓库节点，又在配送中心节点等占有位置。在分工愈细、专业要求愈高的供应链中，不同节点基本上由不同的企业组成。在供应链各成员单位间流动的原材料、在制品库存和产成品等就构成了供应链上的货物流。供应链的结构如图 7-10 所示。

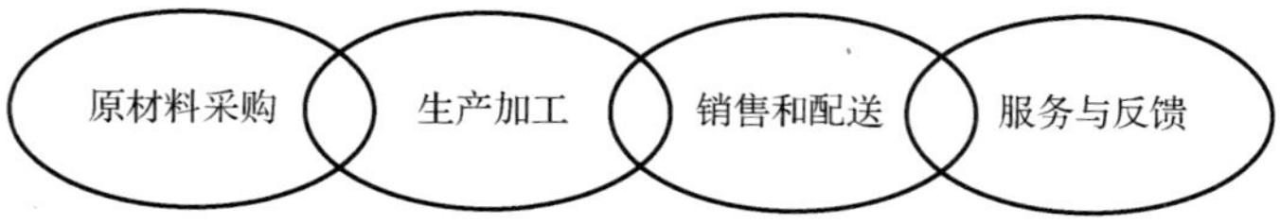

图 7-10　供应链的结构

供应链管理（Supply Chain Management，SCM）是在满足一定的客户服务水平的条件下，为了使整个供应链系统成本达到最小，把供应商、制造商、仓库、配送中心和渠道商等有效地组织在一起，进行的产品制造、转运、分销及销售的管理方法。

供应链管理是一种集成的管理思想和方法，执行供应链中从供应商到最终用户的物流的计划和控制等职能。

（1）供应链管理把产品在满足客户需求的过程中，对成本有影响的各个成员单位都考虑在内，包括从原材料供应商、制造商到仓库，再经过配送中心到渠道商。实际上，在供应链分析中，有必要考虑供应商的供应商以及客户的客户，因为它们对供应链的业绩也是有影响的。

（2）供应链管理的目的，在于追求整个供应链的整体效率和整个系统费用的有效性，力图使系统总成本降至最低。因此，供应链管理的重点，不在于简单地使某个供应链成员的运输成本达到最小或减少库存，而在于通过采用系统方法，协调供应链中的不同成员，以使整个供应链总成本最低，使整个供应链系统处于最流畅的运作中。

（3）供应链管理是围绕把供应商、制造商、仓库、配送中心和渠道商有机结合成一体这个目的展开的，因此，它包括企业许多层次上的活动，包括战略层次、战术层次和作业层次等。

有效的供应链管理总是能够使供应链上的企业，获得并保持稳定持久的竞争优势，进而提高供应链的整体竞争力。统计数据显示，供应链管理的有效实施，可以使企业总成本下降 20%左右，供应链上的节点企业按时交货率提高 15%以上，订货到生产的周期时间缩短 20%～30%，供应链上的节点企业生产率增值提高 15%以上。越来越多的企业已经认识到实施供应链管理所带来的巨大好处，如 HP、IBM、DELL 等，在供应链管理实践中取得的显著成绩就是证明。

7.4.2　电子商务供应链管理的主要内容

电子商务供应链管理主要是通过供应链将买家和卖家联系起来，以提高整个电子商务交易效率。与传统的链状结构贸易供应链相比，电子商务供应链是网状结构，而无论采用何种交易方式，如 B2B、B2C 或 C2C。电子商务供应链基本流程如图 7-11 所示。

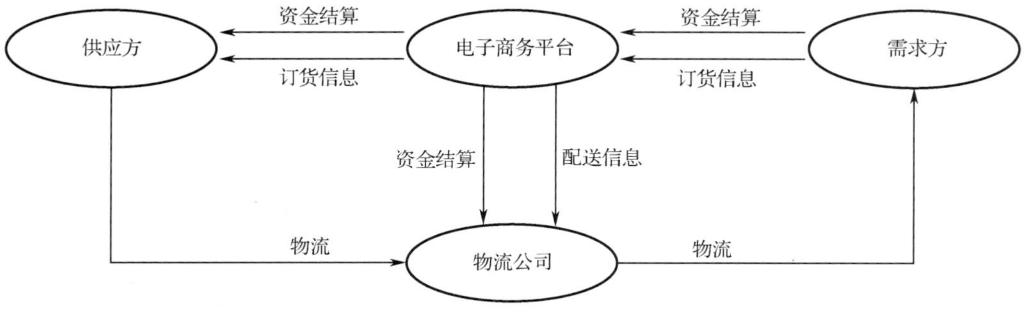

图 7-11　电子商务供应链的基本流程

电子商务供应链管理主要包括以下几个方面。

（1）订单管理。订单管理指电子商务平台汇总需求方的订单，转发供应商，并跟踪订单后续处理状态，实现购销双方订货业务协同，提高订货处理效率及数据准确性。

（2）库存管理。库存管理指自动管理商品入库与出库数量，定期维护出库信息，保持电子商务平台数据的及时性和准确性。

（3）配送管理。配送管理指根据用户要求，对物品进行拣选、加工、包装、分割、组配等作业，合理分配物流单、安排车辆，按时送达指定地点，准确实现货物移交。

（4）结算管理。结算管理指及时处理需求方、供应方、物流公司的应收应付，定期自动生成对账单，提供网上实时查看，减少对账过程的分歧。

（5）全程客户服务管理。全程客户服务管理指接受需求方提交的网上退货申请，查验供应方的货品质量，监管物流公司的配送行为。

7.4.3　新型电子商务供应链管理的目标

（1）客户满意。客户满意是电子商务供应链管理与优化的最终目标，物流供应链直接联结着生产与再生产、生产与消费，因此要求有很强的服务性。配送到家是服务性的体现，准时供应方式也是其服务性的表现。这种服务性要求以客户为中心，树立“用户第一”的观念。

（2）及时迅捷。及时性是服务性的延伸，是用户的要求，也是社会发展进步的要求。物资流通时间越短，速度越快，社会再生产的周期就会越短。在现代经济环境中，这种特性更是物流活动必备的特性。诸如直达物流、联合运输、高速转运等都是这一目标的体现。

（3）节约增效。节约是经济领域的重要规律，供应链中的节约，一是要降低库存成本和配送成本；二是要节约流通时间。上述两个目的实现了，就能有效节约流通成本，提高相对产出。

（4）优化流程。电子商务供应链管理要求对电子商务全流程重新设计与再造，并要求将分散的或集中程度不高的物流系统整合起来，优化规模结构，提高物流集约化程度，以此追求规模效益。

（5）调剂余缺。电子商务供应链管理能够随时掌握存货信息，通过自身库存的调整，起到对生产企业和消费者的需求保障作用，并引导供应商及时补充，降低生产企业较高的存货水平。同时，调剂余缺又是国家资源配置的重要环节。电子商务供应链管理需要考虑国家的资源配置，正确解决库存的方式、数量、结构与分布等问题。

7.4.4　供应链管理中的关键问题

供应链管理是一个复杂的系统，涉及众多目标不同的企业，牵扯企业的方方面面，因此实施供应链管理必须确保能够厘清思路、分清主次，抓住关键问题。只有这样，才能有效实施供应链管理。

（1）配送网络的重构。配送网络重构是在采用一个或几个制造工厂生产的产品，服务一组或几组在地理位置上分散的渠道商时，当原有的需求模式发生改变或外在条件发生变化后，引起的需要对配送网络进行的调整。这可能是由现有的几个仓库租赁合同的终止，或渠道商的数量发生增减变化等原因引起的。

（2）配送战略问题。在供应链管理中，配送战略的选择非常重要。一般需要选择直接转运战略、经典配送战略或直接运输战略。直接转运战略就是在这个战略中，终端渠道由中央仓库供应货物，中央仓库充当供应过程的调节者和来自外部供应商的订货的转运站，而其本身并不保留库存；而经典配送战略则是在中央仓库中保留有库存；直接运输战略则相对较为简单，是把货物直接从供应商运往终端渠道的一种配送战略。

（3）供应链集成与合作伙伴。由于供应链本身的动态性，以及不同节点企业间存在着相互冲突的目标，导致对供应链进行集成是相当困难的。实践表明，对供应链集成不仅是可能的，而且还能够对节点企业的销售业绩和市场份额产生显著的影响作用。集成供应链的关键是信息共享与作业计划。显然，什么信息应该共享、如何共享，信息如何影响供应链的设计和作业，在不同节点企业间实施什么层次的集成，可以实施哪些类型的伙伴关系等就成了最为关键的问题。

（4）库存控制问题。库存控制问题包括：一个终端渠道对某一特定产品应该持有多少库存？终端渠道的订货量应该大于、小于还是等于需求的预测值？终端渠道应该采用多大的库存周转率？终端渠道的目标在于决定在哪个时点再订购一批产品，以及为了最小化库存订购和保管成本，应订多少产品等。

（5）产品设计。有效的产品设计在供应链管理中，起着多方面的关键作用。怎样调整产品进行设计，以减少物流成本或缩短供应链的周期？产品设计是否可以弥补客户需求的不确定性？为了适应新产品的推广，对供应链应该做什么样的修改？等等，这些问题都是非常重要的。

（6）信息技术和决策支持系统。信息技术是促成有效供应链管理的关键因素。供应链管理的基本问题在于应该传递什么数据？如何进行数据的分析和利用？互联网的影响是什么？信息技术和决策支持系统能否作为企业获得市场竞争优势的主要工具？

（7）客户价值的衡量。客户价值是衡量一个企业对于其客户的贡献大小的指标，这一指标是根据企业提供的全部货物、服务以及无形影响进行衡量的。最近几年，这个指标已经取代了质量和客户满意度等指标。

7.4.5　电子商务供应链管理发展的趋势

在大数据和工业互联网的支持下，一批电子商务物流企业正使用高科技手段，以解决传统物流模式下的行业痛点，并带来全新的客户服务体验。例如，在典型的公路运输、海运货运代理等领域，正涌现出如无车承运平台、数字货代等新模式，并获得了资本市场青睐。同时，传统资源正在与物流行业加深融合及碰撞，有望形成新的、具有价值潜力的新物流网络及基础设施。

快消、服装等行业库存量单位（Stock Keeping Unit，SKU）数量的激增与上新节奏的加快，对电子商务供应链提出了“小单快反”的高难度要求。为应对“多品种、小批量、多批次、短周期”的要求，电子商务物流企业将越来越多地向电子商务供应链服务转型。

在产业互联网体系中，电子商务物流通过供应链改造赋能，以提升行业效率，其中，尤以汽配、纺织原料、工业品、钢铁大宗等，相对标准、交易动态、存在可观利差或高频率和高黏性的细分行业有望首先突围。

基于内部能力优化，打造了新型的对外物流服务的商业模式，并逐渐成为电子商务物流企业的新盈利点。在生鲜食材和餐饮行业，还将涌现剥离出来的、独立的电子商务供应链服务企业。

一些成熟的制造业企业将仓库管理、供应商原料清关、入厂物流服务等核心供应链服务进行剥离，形成了独立供应链业务，以对外向市场提供服务，并依托母公司上下游企业客户或供应商资源，快速拓展外部业务，成为了智能制造领域领先的电子商务供应链综合服务商。

导入案例解析

电子商务物流具有信息化、智能化和网络化的特征。物流信息化表现为物流信息全部联网，包括物流信息的收集、处理、传递和存储等环节的信息都实现网络化；物流智能化表现为通过大数据、云计算、物联网、区块链等新技术应用，智能技术（AI、物联网、自动仓库、机器人、可穿戴设备、无人机、自动驾驶、智能移动终端等）的成熟加速，不断提升物流行业的效率和物流组织的网络化。物流组织网络是打破单个物流企业界限，通过相互协调和资源整合，为客户提供满意服务的网络化组织形态。

电子商务物流参与者众多，主体复杂。为了能够拥有强竞争力，物流企业就必须在物流组织的整合上有所突破。电子商务物流企业需要通过垂直供应链、水平供应链和物流产品的整合，在电子商务生态体系中，形成相互关联的网络结构，各企业的独立性、目标不一致性及对商流的依附性才能得到有效制约。

复习题

1. 简述电子商务物流的概念和特点。
2. 简述电子商务自营物流的概念与实际应用。
3. 简述电子商务第三方物流的概念与实际应用。
4. 简述电子商务物流联盟的概念与实际应用。
5. 简述下列名词的定义：条形码、无线射频技术、卫星定位技术、物联网。
6. 试论述电子商务供应链管理的主要内容。

第 8 章 跨境电子商务与电子通关

电子商务给国际贸易带来了新的发展机遇和挑战。作为电子商务的一个重要分支，跨境电子商务（简称跨境电商）与一般电子商务既有共性，也有其特殊性。本章先介绍跨境电子商务的概念和特点，然后分析跨境电子商务的发展策略，并对海外仓、电子通关、跨境电子商务进出口的监管方式进行重点研究。

导入案例

外贸转型出海的探索

由于世界性的新冠肺炎疫情蔓延，导致了全球贸易链正在发生深刻重构，原有的传统线下出口贸易受到了巨大的影响。全球货物市场线上化、去中间化、订单碎片化趋势愈发明显。传统出口外贸企业，尤其是工厂型出口企业，必须思考如何适应新的市场环境。在全球贸易链深刻重构的新形势下，企业转型跨境电商已经势在必行。

雨果跨境是一家品牌出海产业互联网平台，总部设于厦门自贸区，同时在意大利、韩国等国家，以及我国深圳、杭州、成都、香港等城市和地区设有子公司或办事处，并设有 3 个语言站点：中文站、英文站、意大利文站。

目前已有亚马逊、eBay、Alibaba、Lazada、乐天等全球数十家跨境电商平台入驻雨果跨境，同时有包含 Google、Facebook、DHL、顺丰国际、PayPal 等国内外数百家的跨境电商服务商与雨果网合作。雨果跨境招募我国企业开展跨境电商出口业务，为我国企业开展跨境电商出口业务提供物流、支付、流量、技术等全链条的服务。另外，还有数千家具有快速生产能力的我国出口型制造商入驻雨果跨境，为跨境电商企业提供柔性供应链的出口商品。

雨果跨境品牌出海产业互联网平台针对工厂型出口企业，提供了 3 种转型方案，帮助传统出口商转型跨境品牌出海。

（1）直接转型 DTC[①] 的一站式解决方案，即工厂直接在海外电商平台销售，直面

① DTC（Direct To Consumer）是直接面对消费者的营销模式，它包括任何以终端消费者为目标而进行的传播活动。与传统媒体如电视广告等的传播方式相比，其优势主要体现在能够更接近消费者，更关注消费行为的研究，更重视消费者生活形态的把握。

消费者，雨果跨境帮助企业从零起步，逐步成长，为其提供在包括亚马逊、独立站、各小语种电商平台等平台上的一年成长计划解决方案。

（2）F2B2C[①]的业务解决方案（限消费电子类产品），即工厂给海外电商平台直接供货。雨果跨境已经与韩国、日本、欧洲等地区的海外电商平台达成战略直采合作，工厂可直接为雨果跨境供货，产品吻合的企业，由雨果跨境直接向工厂下单。

（3）为跨境大卖供货（品类不限）。雨果跨境平台聚集了大量的亿级大卖家，如果企业想为他们供货，可通过雨果跨境平台联系这些大卖家，通过大卖家将产品销售到国外市场。

转型跨境电商的工厂型出口企业，可以在上述3种出口转型方案中，选择适合自己企业的方案，在雨果跨境平台申请并通过审核后，雨果跨境将会为企业提供适合其经营状况的出口解决方案。

导入案例思考题

跨境电子商务具有哪些特征？

8.1 我国跨境电子商务发展概述

8.1.1 跨境电子商务的概念和特点

1. 跨境电子商务的概念

跨境电子商务（Cross-border Electronic Commerce，CBEC）是交易当事人或参与人，利用现代信息技术和计算机网络，在全球范围内进行的各类商业活动，包括货物贸易、服务贸易和知识产权贸易。

跨境电子商务也可以表述为：跨境电子商务是分属不同关境的交易主体，通过电子商务平台达成交易、进行通关和支付结算，并通过跨境物流送达商品、完成交易的一种国际商业活动。除了电子商务平台，跨境电子商务还有其他的交易方式。

2. 跨境电子商务的特点

（1）跨境电子商务的开展必然涉及报关活动。这是跨境电子商务区别于一般电子商务的明显特征。海关是一个国家主权的象征，主要从事征收关税、取缔违法物品和行为的活动。市场的加速全球化要求海关能够提供更高效、更迅速的报关作业，建立综合报关信息系统和改进海关作业程序是实现这一目标的有效方法。

（2）在跨境电子商务中，涉及大量的贸易合同和单证。这些贸易合同和单证涉及运输、报关、保险、结算等多个方面。

（3）跨境电子商务中的结算支付方式比一般电子商务的结算支付方式更为复杂。一

① F2B2C即厂家通过商家销售，指工厂-商家-消费者。其中，F——factory（工厂），B——business（商家），C——customer（消费者）。

般电子支付包括接触式与非接触式的各种各样的信用卡，及在互联网上流通的电子钱包。而跨境电子商务中的结算支付，则需要使用电开信用证、电子信用证等。

（4）跨境电子商务主要是 B2B 类型的商务。国际贸易的交易行为和过程本身并不直接针对市场上的消费者，因此，跨境电子商务多是企业间的 B2B 形式。

（5）跨境电子商务的风险不仅存在于交易过程中，而且与国际形势和各国的贸易政策、市场管理方式都有密切的关系。

8.1.2 我国跨境电子商务发展概况

1. 基本状况

2020 年，我国跨境电商增长迅猛，据国务院公布的数据，2020 年，跨境电商进出口额达 1.69 万亿元，同比增长 31.1%。其中出口额达 1.12 万亿元，同比增长 40.1%；进口额达 0.57 万亿元，同比增长 16.5%[①]。随着以国内大循环为主体、国内国际双循环相互促进的新发展格局加快形成，2021 年，我国跨境电商市场规模继续保持了高速增长态势。

2020 年，跨境电商通过海关跨境电子商务管理平台验放进出口清单达 24.5 亿票，同比增长了 63.3%；零售进出口额达到 2748.7 亿元，同比增长 47.61%（见图 8-1）。

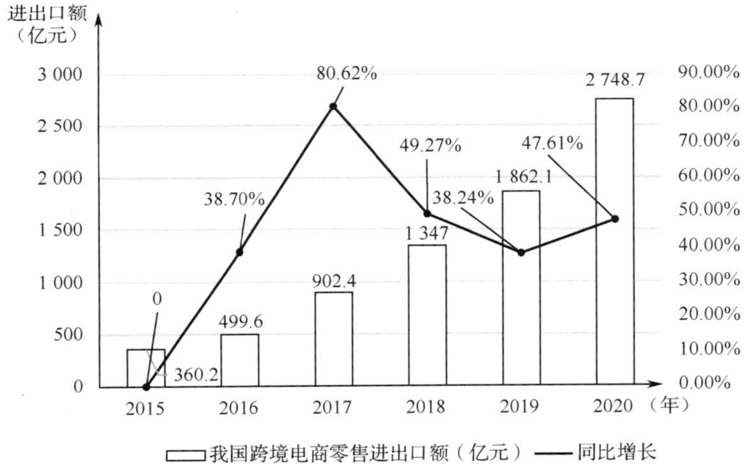

图 8-1 2015-2020 年我国跨境电子商务零售进出口额增长情况
（资料来源:《中国电子商务报告 2020》）

2020 年，受新冠肺炎疫情的影响，世界经济受到了很大冲击。但作为新兴的国际贸易业态，我国跨境电商在疫情期间进出口贸易额出现了不降反升的迹象，成为稳外贸的一支重要力量。

我国为促进跨境电商的发展，不断创新优化监管制度，支持跨境电商等新业态有序地发展。国家不仅从制度和建设层面鼓励和规范跨境电商发展，还先后出台相关扶持政策和补贴计划，惠及企业。补贴政策从土地（产业用地）、仓储及海外仓建设、物流、

① 国务院. 国务院新闻办就 2020 年全年进出口情况举行发布会[R/OL](2021-01-14)[2021-04-23].

研发、订单、交易规模、项目建设、人才培养、商标、国家高新技术企业认定、展会等方面扶持跨境电商企业。例如，优化跨境电商零售进口退货措施；在北京等 22 个直属海关开展试点，将跨境电商监管创新成果从 B2C 推广到 B2B 领域，并配套了便利通关措施。

2020 年，受新冠肺炎疫情的影响，国际航班大面积停航减班，传统运力骤减，我国及时出台了支持中欧班列发展的 10 条措施，支持利用中欧班列运力，开展跨境电商、邮件等运输业务。

2020 年，“双十一”期间，为全力保障“双十一”等跨境电商业务高峰商品有序通关，全国通过海关跨境电商进、出口统一版系统，共处理进出口清单 5 227 万票，较上年增加 25.5%；处理清单峰值达每秒 3407 票，增长了 113.2%，各项指标均创新高。

2. 发展环境

我国政府积极推动跨境电子商务，为跨境电子商务的发展创造了良好的发展环境。

（1）《电子商务法》构造了跨境电商发展的法律环境。2019 年 1 月 1 日施行的《电子商务法》，明确提出了跨境电商发展的相关法律要求，一是要求从事跨境电商的经营者，遵守进出口监督管理的法律、行政法规和国家有关规定；二是要求建立健全适应跨境电商特点的监管制度体系，完善海关、税收、检验检疫、支付结算等领域的管理制度；三是促进跨境电商监管便利化，优化监管流程，实现信息共享、监管互认、执法互助，提高跨境电商服务和监管效率；四是推动跨境电商国际合作交流，参与跨境电商国际规则的制定。

（2）国务院明确发展跨境电商的鼓励政策。2018 年，国务院出台了《关于扩大进口　促进对外贸易平衡发展的意见》《国务院关于同意在北京等 22 个城市设立跨境电子商务综合试验区的批复》《国务院关于印发优化口岸营商环境　促进跨境贸易便利化工作方案的通知》等文件，一是强调跨境电商在进口和促进对外贸易平衡发展中的重要作用，提出创新进口贸易方式，加快出台跨境电商零售进口过渡期后监管具体方案，统筹调整跨境电商零售进口正面清单等要求。二是扩大跨境电商综合试验区的试点范围。在前两批跨境电商综合试点的基础上，将 15 个试点城市进一步扩大到了 37 个城市。三是突出跨境电商信息化监管的重要性，将国际贸易“单一窗口”功能覆盖至海关特殊监管区域和跨境电商综合试验区等相关区域，统一对接全国版跨境电商线上综合服务平台。

（3）国家各部委出台具体实施措施。一是明确政府部门、跨境电商企业、商户、消费者各负其责的原则和具体要求；二是要求参与跨境电商零售进口业务的跨境电商平台企业向海关开放支付相关数据，供海关验核；三是进一步优化跨境电商零售进口商品准入规定；四是调整税收政策。在出口方面，对综合试验区内的电子商务出口企业出口未取得有效进货凭证的货物，同时符合条件的试行增值税、消费税免税政策；在进口方面，进一步提高跨境电商零售进口的限额，将单次交易限值由人民币 2 000 元提高到 5 000 元，将年度交易限值由 20 000 元提高至 26 000 元。

8.1.3 跨境电子商务发展中存在的主要问题

近年跨境电子商务发展中，所涉及的问题主要有以下几类。

（1）《电子商务法》关于跨境电子商务的相关配套尚需完善。《电子商务法》对跨境电子商务主要还是明确法律规范的原则，对具体层面的内容规定得较少。鉴于跨境电商涉及国家层面的内容较多，各地也很难出台独立的监管办法。

（2）相关国家政策收紧，加大了我国企业的经营风险。随着全球跨境电商市场的快速扩大，一些国家也基于本国利益收紧了相关政策。2019 年 9 月 25 日，在万国邮联第三次特别大会上，192 个会员国同意改革邮资费率制度，上涨国际大件邮包和小包境内投递的费率，以邮政小包模式出口的成本将明显增加。欧盟数字单一市场（DSM）计划推出增值税（VAT）改革，将单一的增值税系统扩展到实物商品的在线销售，我国企业商品价格的竞争力将受到打压。俄罗斯继续收紧跨境电商进口政策，将原规定的每人每月从境外收到邮包价值不超过 1 000 欧元下调为 200 欧元（2019 年 1 月 1 日起），而俄罗斯跨境电商进口商品中的 90%来自我国。

（3）“一带一路”沿线发展差异大，新兴市场开拓难度加大。在“一带一路”沿线的 65 个国家中，12 个是发达国家，53 个为发展中国家，各国经济发展阶段不尽相同。随着“一带一路”倡议的不断延伸，沿线国家之间的多样性和差异性将进一步扩大，不同的民族、宗教、风土人情、法律法规和经济发展水平，都增加了进入国际市场的难度。

8.1.4 跨境电子商务发展趋势

（1）融入“一带一路”倡议，推动跨境电商跨越式发展。“一带一路”倡议将带动沿线国家的采购需求，为我国出口带来新的商机。目前“一带一路”沿线 65 个国家都在考虑怎样更好地利用“一带一路”倡议发展与我国的贸易。从进口看，借助中国国际进口博览会的东风，进口电商将会有更丰富的资源和选择空间；从出口看，出口电商将结合海上和陆上丝绸之路，把更多价廉物美的商品和服务输出到沿线国家。同时，跨境电商正以其先进性不断影响着传统行业，以帮助传统行业对接国际需求，进而实现产能的输出。

（2）跨境电商将通过线上线下全渠道融合发展。线上线下融合的跨境 O2O 将是未来跨境电子商务的趋势，跨境电商企业会更看重运营，包括体验店运营、线上线下融合性服务、物流就近配送强化等。线上线下融合发展将推动跨境出口电商的发展，既能让国内消费者不出国门就享受到同等的产品和服务，又能带动国内制造业、服务业的转型升级。

（3）跨境电商服务水平将进一步提高。跨境电商综合公共服务平台将进一步与海关协调，简化通关流程；同时，将通过调查国外市场，筛选适销对路的商品品种，确定需求量和质量要求，为企业提供市场调研分析服务，帮助外贸企业发现市场，开发市场。标准化的检验检疫监管平台的搭建将确保出口产品能够达到出口目标市场的检验检疫标准，减少因不达标带来的成本。综合物流平台将协助跨境电商建立海外仓，提高配送效率。

（4）跨境电商发展环境将不断优化。在《电子商务法》的推动下，国家将从 4 个方面优化跨境电商发展环境：①加快实行国际贸易“单一窗口”建设等贸易便利化措施；②调整由于进口关税造成的跨境电商零售进口商品与国内销售的一般贸易进口货物、国产货物之间的不公平竞争；③消除跨境电商 B2B 发展的制度约束；④鼓励跨境电商企业与传统企业加快融合。

8.2 跨境电子商务主要模式与流程

8.2.1 跨境电商进口模式

跨境电商进口模式主要有两种，一种是保税备货模式，另一种是海外直邮模式。

1. 跨境电商的保税备货模式

在保税备货模式中，进口商品以小包裹形式首先暂存在国内保税仓库中，消费者下单后再从保税仓清关、发货。利用这种模式清关速度较快，一般 1 ~ 2 天就可以清关了，因而消费者收货的时间也比较短。但商品囤放在保税仓中，如果因销售不畅导致商品过期，则需要在海关的监督下销毁，网商和跨境电商平台就要承担商品销毁的成本。图 8-2 所示为跨境电商进口保税备货模式的基本流程。

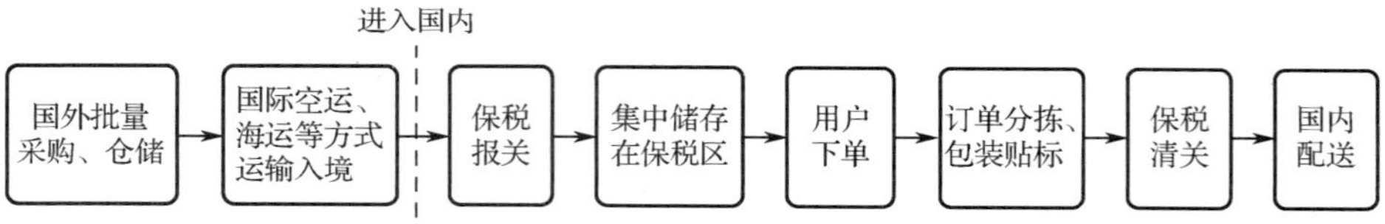

图 8-2　跨境电商进口保税备货模式的基本流程

唯品会、小红书、美图美妆是跨境电商进口保税备货模式的典型代表。唯品会坚持走海外正品销售路线，从货源、质检、物流、售后等多个环节入手，保证正品和优质服务。小红书着力解决跨境电商交易中的纠纷问题，使交易争议投诉逐年下降。美图美妆积极探索运用高科技提升电商用户体验的创新型探索，还可以为客户提供人工智能和大数据技术的个性化“AI 测肤”服务。

2. 跨境电商的海外直邮模式

海外直邮模式包括小包裹直邮和集货直邮。在小包裹直邮中，用户下订单后，由国外供应商直接发货，经过海关清关后，再通过快递送到用户手中。在集货直邮中，用户下订单后，由境外供应商汇总集中订单，统一采购，使用大包裹发货，经过海关清关后，再拆装分成小包裹，通过快递送到用户手中。由于包裹清关速度比较慢，用户需要等待较长的时间才能收到货物。图 8-3 所示为海外直邮模式的基本流程。

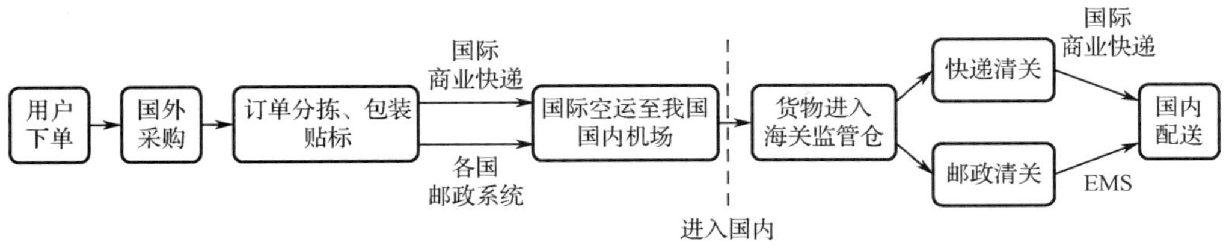

图 8-3　海外直邮模式流程

例如，宝贝格子母婴商城是以母婴用品为主的跨境电子商务平台，通过“海外直邮+全球特卖”模式提供全球母婴用品。2021 年，该商城经营近 3 000 个品牌，近万个库存量单位，数十万种商品，海外直邮网络覆盖了欧、亚、美、澳等大洲和国家。

8.2.2　跨境电商出口模式

跨境电商出口模式主要有跨境电商 B2C 直接出口模式（9610）、跨境电商 B2B 直接出口模式（9710）和跨境电商出口海外仓监管模式（9810）3 种方式。

1. 跨境电商 B2C 直接出口模式

跨境贸易电子商务模式适用于跨境电商零售出口，即以 B2C 模式的直接出口，其海关监管代码为 9610。符合条件的电子商务企业或平台首先要与海关联网，在有海外个人跨境网购后，电子商务企业或平台将电子订单、支付凭证、电子运单等传给海关，再由电子商务企业或其代理人向海关提交申报清关，海关审核清关后，商品才能出境（通过海关特殊监管区域或保税监管场所一线的电子商务零售进出口商品除外）。图 8-4 所示为 9610 模式的运作流程。

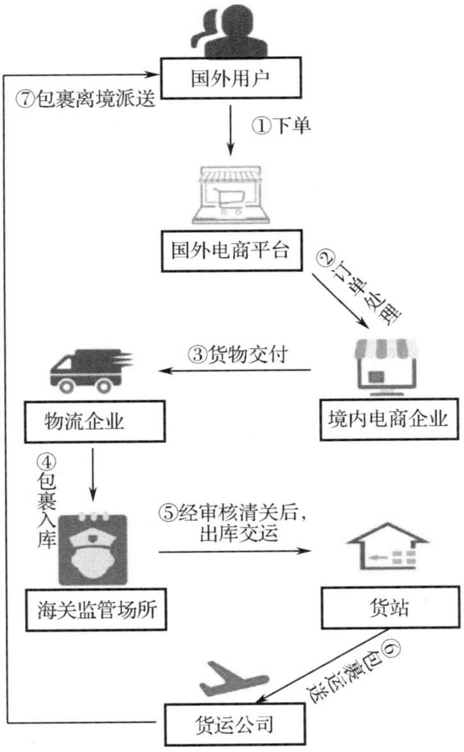

图 8-4　跨境电商 B2C 直接出口流程图

2021 年 3 月初，来自阿里巴巴速卖通平台、总金额达 61 245 美元的 11 189 个包裹，全部以跨境出口 9610 方式向杭州综合保税区海关申报。从货物进区后的现场运抵数据与海关系统申报数据实现了全流程电子化自动对碰，到出口商品经海关现场核查，制作核放单通关出区，全程仅用时 30 分钟。

2. 跨境电商 B2B 直接出口模式

跨境电商 B2B 直接出口模式是国内企业通过跨境电商平台，开展线上商品、企业信息展示，并与国外企业建立联系，在线上或线下完成沟通、下单、支付、履约的流程，从而实现货物出口的模式，其海关监管代码为 9710。该模式适用于 B2B 直接出口的货物。

在 9710 模式中，主要涉及的主体有：跨境电商出口企业、跨境电商 B2B 平台企业（境内或境外 B2B 平台）、物流企业、外贸综合服务企业、境外采购企业等。跨境电商 B2B 直接出口流程如图 8-5 所示。

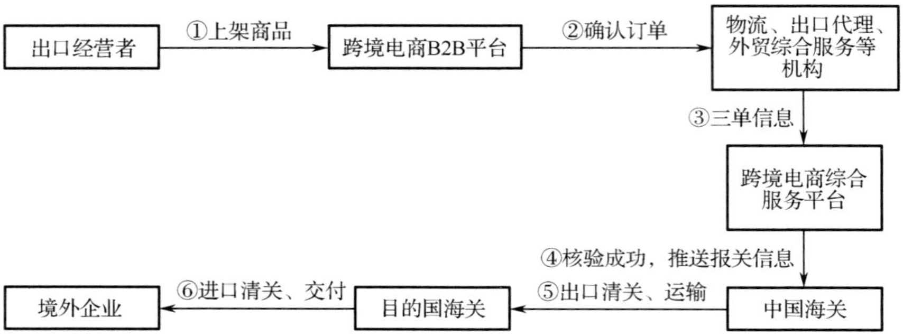

图 8-5　跨境电商 B2B 直接出口流程图

9710 的优势主要表现在以下 4 个方面。

（1）降低中小微企业或个人参与国际贸易的门槛。在传统外贸业态中，中小微企业或者个人很难取得相应的进出口资质，因此很难独自参与到国际贸易中。现阶段，跨境电商 B2B 平台将碎片化、小单化、移动化的贸易流程变得十分简明，中小微企业和个人可以通过跨境电商 B2B 平台寻找全球各地的买家，极大降低了参与全球贸易的门槛。

（2）有利于获得新外贸用户。9710 改变了过去“工厂—外贸企业—国外商贸企业—国外零售企业—用户”的贸易链条，使国内出口企业能够直接对接海外用户和小企业这两大新客户群，使我国成为支撑全球卖家的定制化供应链服务中心。

（3）有利于抢占新市场。当前，东盟、中东、非洲、拉美等已经成为跨境电商快速增长的新兴市场，中小外贸企业通过 9710 能够平等参与到新兴市场竞争中，获取新的市场空间。

（4）有利于衍生新服务。在新的贸易链条中，国外采购商的需求已经从单一的商品采购衍生出品牌策划、产品设计、营销推广、物流服务在内的综合服务需求，为国内工厂、贸易企业拓展了新的利润提升空间。

2021 年年初，天津某商家通过阿里巴巴一达通平台，实现了 9710 一键申报，这也是阿里巴巴国际站跨境供应链于 2020 年上线基于 9710 的“一站式”数字化报关和出口履约服务后的全国首单。阿里巴巴一达通平台利用 9710，解决了外贸企业和海关的数据对接问题，帮助商家和报关行实现高效协同，为企业节约了制单和申报时间。

3. 跨境电商出口海外仓监管方式

跨境电商出口海外仓模式是国内企业通过跨境物流，将货物以一般贸易方式，批量出口至海外仓，经跨境电商平台完成线上交易后，货物再由海外仓送至境外用户的一种货物出口模式，即跨境电商 B2B2C 出口，其海关监管代码为 9810。

跨境电商出口海外仓模式中主要涉及的主体包括：跨境电商出口企业、物流企业、外贸综合服务企业、公共海外仓经营企业、跨境电商平台企业（境内或境外 B2C 平台）、境外物流企业、境外用户等。图 8-6 所示为跨境电商 B2B2C 海外仓出口流程图。

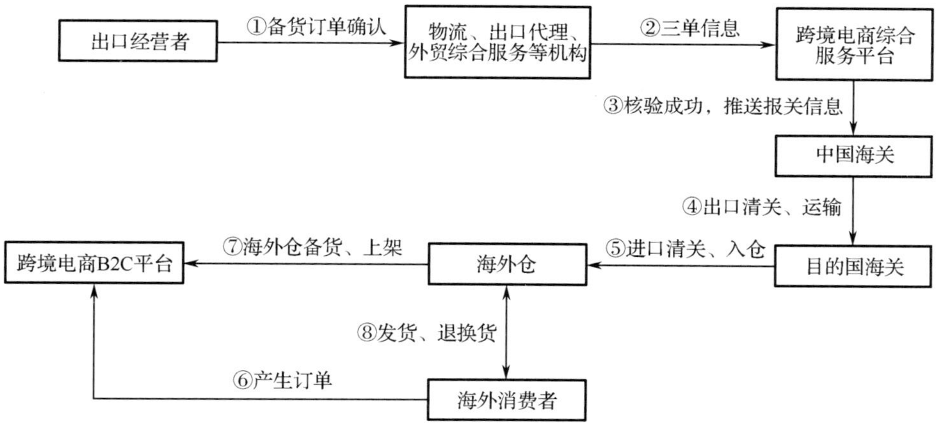

图 8-6　跨境电商 B2B2C 海外仓出口流程图

跨境电商海外仓出口的本质是跨境电商 B2C 零售出口的升级演变，通过海外仓的前置备货，使商品更快送达海外消费者手中，其目的是提升跨境电商零售出口整体运行效率。特别是在 2020 年新冠肺炎疫情的影响下，海外仓对外贸企业的重要作用更加凸显。

（1）配送时效提升。跨境物流的链条相对较长，即使在空运物流形式下，通常也需要 15 天左右才能到达用户手中，且还要面临着破损率高、旺季拥堵等风险。在 9810 模式下，商品到用户手中只需要经历国外本土物流一个环节，其他环节都已经前置完成，大大缩短了物流时间，甚至能够实现当日达、次日达。

（2）销量显著提升。9810 有助于提高销量，在 2020 年世界性新冠肺炎疫情影响下，美国、英国、德国和澳洲的海外仓发挥了重大作用，网上交易量上升了 20%～25%。此外，由于在海外仓出口模式下，物流时间大幅缩短，使得因物流时间过长和物流信息不及时导致的物流纠纷明显减少，对于商品交易量提升和快速回款都有明显的助益。

（3）物流成本更低。跨境电商 B2C 直邮出口以邮政小包为主，其物流通常采用航空客带货方式，近年来，航空货运价格逐年上涨。而 9810 先将商品以一般贸易方式，批量出口到海外仓，物流方式通常以海运为主，成本相对更低。

（4）售后更有保障。在 B2C 模式下，商品发生退换货问题时，由于再发货成本过高且时间过长，大多数卖家会进行退单，而商品通常在本地进行销毁或废弃；即便换货，也大概率会导致海外用户的负面评价，售后体验较差。而在 9810 模式下，通过海外仓可以对商品进行有效的退换货处理，退货的商品也可以通过海外仓进行维修和二次包装，或批量复运回国内进行维修，从而给用户带来更高品质的售后服务保障。

在 9810 模式下，由于出口货物没有直接到用户手中，而是先通关送到海外仓，没有实现真正的商品销售，因而，不符合现行销售完成后再退税的政策，能否退税仍然存在不确定性。所以，这一模式在实施过程中仍存在一些困难，全国各地海关仍在积极探索解决这一问题的方案。

8.3 跨境电子商务发展策略

8.3.1 跨境电子商务的总体策略

跨境电子商务的总体策略应当从宏观角度出发，提出我国跨境电子商务指导思想、总体规划和政策导向，并设计落实措施。

（1）组织力量研究国家跨境电子商务发展战略方案。我国跨境电商的发展战略，应当从国民经济发展的战略高度出发，深入地研究电子商务的发展环境，针对我国目前的发展现状和存在的问题，提出跨境电商发展的战略目标和指导思想、战略重点、战略措施和组织管理体系。

（2）统筹规划各类与跨境电子商务发展全局相关的事宜。确定跨境电子商务发展的重点地区、重点城市和重点行业。如京津唐地区、山东省、江苏省、沪杭地区、广东省，以及直辖市和部分省会城市，易于进行跨境电子商务交易的行业（如钢铁、石油、化工等）应当成为我国跨境电商发展的重点。要重视推进跨境电子商务综合试验区建设，总结评估并复制推广各综合试验区经验，推动全国跨境电子商务持续健康地发展。

（3）调整发展政策。针对跨境电子商务的需求出台相关政策，包括税收政策的倾斜和资金支持，对中西部地区和边远地区，采用相应的区别政策和鼓励优惠措施，协调中央与地方、企业与管理部门的关系等。要加快建立适应跨境电子商务特点的政策、监管和数据标准等体系，提高贸易各环节便利化水平。

（4）完善跨境电子商务产业链。支持各地引导本地跨境电子商务产业向规模化、标准化、集群化、规范化方向发展。培育一批影响力较大的公共服务平台、竞争力较强的外贸综合服务平台和知名度较高的交易平台。支持跨境电子商务企业围绕技术、物流和服务，创新商业模式，加强与境外企业合作，通过规范的海外仓、体验店等模式，融入国外零售体系，逐步实现经营规范化、管理专业化、物流标准化和监管科学化。

（5）积极参与电子商务国际规则制定。深入参与或发起跨境电子商务规则交流和谈判，积极发挥建设性推动作用。鼓励行业组织及企业参与电子商务国际标准、规范和规则体系的建设。通过多双边对话，与各经济体建立互利共赢的合作机制，积极推进多双边及区域电子商务交流与合作，及时化解跨境电子商务进出口引发的贸易摩擦和纠纷。

8.3.2 发展跨境电子商务的具体措施

2015 年 7 月颁布的《国务院办公厅关于促进跨境电子商务健康快速发展的指导意见》提出了如下 12 条促进跨境电子商务发展的具体措施①。

（1）支持国内企业更好地利用电子商务开展对外贸易。加快建立适应跨境电商特点的政策体系和监管体系，提高贸易各环节便利化水平。鼓励企业间贸易尽快实现全程在

① 国务院办公厅. 关于促进跨境电子商务健康快速发展的指导意见[EB/OL](2015-06-20)[2019-04-02].

线交易，不断扩大可交易商品范围。支持跨境电子商务零售出口企业加强与境外企业合作，通过规范的海外仓、体验店和配送网店等模式，融入境外零售体系，逐步实现经营规范化、管理专业化、物流生产集约化和监管科学化。通过跨境电子商务，合理增加消费品进口。

（2）鼓励有实力的企业做大做强。培育一批影响力较大的公共平台，为更多国内外企业沟通、洽谈提供优质服务；培育一批竞争力较强的外贸综合服务企业，为跨境电子商务企业提供全面配套支持；培育一批知名度较高的自建平台，鼓励企业利用自建平台加快品牌培育，拓展营销渠道。鼓励国内企业与境外电子商务企业进行强强联合。

（3）优化配套的海关监管措施。进一步完善跨境电子商务进出口货物、物品管理模式，优化跨境电子商务海关进出口通关作业流程，完善跨境电子商务统计制度。

（4）完善检验检疫监管政策措施。对跨境电子商务进出口商品，实施集中申报、查验、放行等便利措施。加强跨境电子商务质量安全监管，对跨境电子商务经营主体及商品实施备案管理制度，突出经营企业质量安全主体责任，开展商品质量安全风险监管。

（5）明确规范进出口税收政策。继续落实现行跨境电子商务零售出口货物增值税、消费税退税或免税政策，完善跨境电子商务零售进口税收政策。

（6）完善电子商务支付结算管理，稳妥推进支付机构跨境外汇支付业务试点。鼓励境内银行、支付机构依法合规开展跨境电子支付业务，满足境内外企业及个人跨境电子支付需要。推动跨境电子商务活动中使用人民币计价结算，支持境内银行卡清算机构拓展境外业务。加强对电子商务大额在线交易的监测，防范金融风险。加强跨境支付国内与国际监管合作，推动建立合作监管机制和信息共享机制。

（7）提供积极财政金融支持。鼓励传统制造和商贸流通企业，利用跨境电子商务平台，开拓国际市场。利用现有财政政策，对符合条件的跨境电子商务企业的走出去重点项目，给予必要的资金支持。为跨境电子商务，提供适合的信用保险服务。向跨境电子商务外贸综合服务企业提供有效的融资、保险支持。

（8）建设综合服务体系。支持各地创新发展跨境电子商务，引导本地跨境电子商务产业，向规模化、标准化、集群化、规范化方向发展。鼓励外贸综合服务企业，为跨境电子商务企业，提供通关、物流、仓储、融资等全方位服务。支持企业建立全球物流供应链和境外物流服务体系。充分发挥各驻外经商机构作用，为企业开展跨境电子商务，提供信息服务和必要的协助。

（9）规范跨境电子商务经营行为。加强诚信体系建设，完善信用评估机制，实现各监管部门信息互换、监管互认、执法互助，构建跨境电子商务交易保障体系。推动建立针对跨境电子商务交易的风险防范和预警机制，健全消费者权益保护和售后服务制度。引导跨境电子商务主体规范经营行为，承担质量安全主体责任，营造公平竞争的市场环境。加强执法监管，加大知识产权保护力度，坚决打击跨境电子商务中出现的各种违法侵权行为。

（10）充分发挥行业组织作用。推动建立全国性跨境电子商务行业组织，指导各地行业组织有效开展相关工作。加强与国内外相关行业组织交流合作。联合高校和职业教育机构，开展跨境电子商务人才培养培训。

（11）加强多双边国际合作。加强与“一带一路”沿线国家和地区的电子商务合作，提升合作水平，共同打造若干畅通安全高效的电子商务大通道。通过多双边对话，与各经济体建立互利共赢的合作机制，及时化解跨境电子商务进出口引发的贸易摩擦和纠纷。

（12）加强组织实施。制定跨境电子商务的中长期总体发展规划，定期进行总结评估。加强部门间沟通协作和相关政策衔接，全力推动我国跨境电子商务综合试验区和海峡两岸电子商务经济合作实验区建设，及时总结经验，适时扩大试点。

8.3.3 跨境电子商务发展的切入点选择

1. 积极提升电子口岸水平，提高国际贸易效率

基于国际无纸贸易的发展趋势，特别是亚太地区无纸贸易的发展目标，我国电子口岸平台基础设施将进一步完善，电子口岸平台通关、物流、商务功能将进一步丰富，企业通关将更加高效、有序、便捷，口岸综合执法和服务能力将显著提升，符合国际“单一窗口”建设管理规则和通行标准、适应经济社会发展需要的中国特色“单一窗口”工程将初步建成。

（1）将基本实现网络化协同口岸监管模式。口岸管理部门信息共享的深度和广度将取得重大进展，联网核查和辅助决策内容将不断丰富，电子口岸平台与各部门政务外网建设将协调发展，口岸管理部门联合监管执法和服务能力将显著增强。

（2）将基本实现大通关“一站式”服务体系。口岸大通关业务流程将进一步优化，数据共享和信息资源利用水平将进一步提高，与大通关相关的物流商务服务将健康发展，物流协同、商务服务、配套支付等综合服务能力将明显增强。

（3）将基本形成与电子口岸发展相适应的技术支撑体系。电子口岸平台基础设施将进一步完善，网络覆盖范围将进一步扩大，平台运行维护及安全保障能力将显著提高，整体运行可用率将达到 99.9%，将有效满足电子口岸可持续发展的需要。

2. 积极推动 B2B 跨境电子商务平台的发展

目前，世界电子商务 80%的交易额都是通过 B2B 交易完成的。国内的 B2B 网站大体上可以分为 3 类：①企业 B2B 网站，如海尔、宝武集团的 B2B 网站；②专门做 B2B 交易平台的网络公司，如阿里巴巴网站；③垂直商业门户网站，如中国联合钢铁网、中国石油在线等。B2B 交易涉及电子商务的主要关键环节，不仅在电子商务中发展最快，而且与企业联系最紧密。

（1）利用经济手段（如税收、贷款等）鼓励大型企业集团利用自己的电子商务平台，开展跨境电子商务，拓展对外电子商务交易；鼓励中小企业建立自己的电子商务网站，开展跨境电子商务。

（2）总结现有的 B2B 跨境电子商务网站的成功经验，积极培养、扶持新的综合性电子商务网站。

（3）动员各行业建立垂直性的跨境电子商务网站，推动建设面向世界的行业、区域的企业信息化公共支撑服务平台。

（4）引导中小企业加入第三方跨境电子商务平台，缩短中小企业出口时间，提高企业的出口效率。

3. 积极营造提供外贸出口代理服务的第三方电子商务平台

出口代理制是国际贸易中的通用形式之一，即外贸企业或其他出口企业受委托单位的委托（包括无进出口经营权企业），代办出口货物销售的一种出口业务。对上海对外经济贸易实验浦东有限公司的调查表明，一方面，由于电子商务的发展，大企业的贸易委托量逐渐减少；另一方面，各类中小企业的贸易委托量又呈现逐年迅速增长的态势。这种情况说明，电子商务已经影响到出口代理业务，同时说明，我国中小企业出口增长很快，但出口代理仍然大量采用传统的渠道。因此，营造基于网络系统的出口代理平台已迫在眉睫。

（1）外贸领域的第三方电子商务平台的服务，已从单一的“贸易机会信息提供”，向具有一定深度的“贸易作业处理环节”扩展，同时还肩负着接受订单、寻找生产企业的责任。这些平台上的贸易金融、贸易物流等服务的开发也在加快，成为电子商务服务的新亮点。政府需要明确这些亮点并加以支持。

（2）鉴于国际贸易中复杂的贸易单证种类，以及多环节的数据交换传输，随着跨境电子商务服务种类的增加，促进第三方电子商务平台与海关协调，简化进出口企业对政府电子单证申报的环节，加快贸易流程，尽快采取措施以求协调发展，已成为外贸出口领域新的突破点。

（3）C2C 电子商务交易平台已经成为非常方便的外贸出口途径，特别是对于中小企业和个人的外贸出口，具有更重要的作用，一方面，政府需要积极扶持这些平台，解决我国出口途径单一的问题；另一方面，需要积极引导企业和社会公众，对第三方跨境电子商务平台新业务的关注，规范进出口企业的跨境电子商务服务行为，营造跨境电子商务发展的良好环境。

（4）根据出口贸易发展的要求和电子政务的实际需要，进行业务整合，按照集中管理、统一规划、统一组织开发、统一使用平台的原则，加快外经贸的电子商务网络平台的建设，为企业开展跨境电子商务提供全方位的政务服务平台。为了吸引中小企业加入，政府可以降低门槛，提供免费的公共平台或政府补贴的服务会员式的网站平台。

（5）尽快建立网络环境下的外贸代理结构（见图 8-7）。

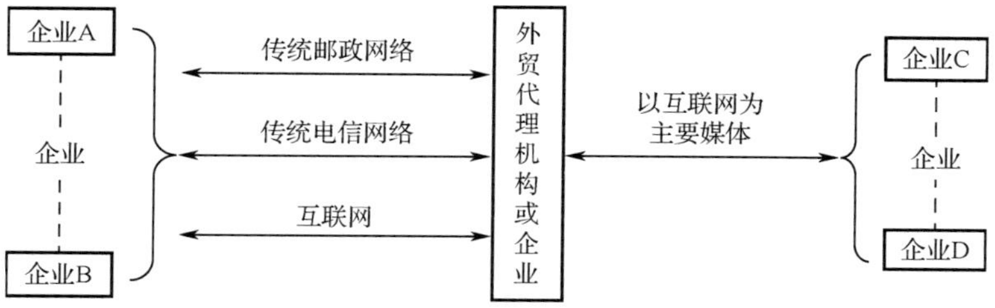

图 8-7　网络环境下的外贸代理结构

4. 利用跨境电子商务，将我国的小农生产带入国际大市场

农产品贸易一直是我国国际贸易的重要组成部分，在全国出口总额中占有一定的份额。2001 年，我国加入世界贸易组织后，农产品市场还没有受到大的冲击，但到了 2004 年，入世风险凸显。虽然农产品进出口额继续保持双增长，但进口增幅已大大超过了出

口增幅。

我国农产品出口受阻的主要原因有 3 个，一是发达国家对农药残留等检测指标的限制十分严格，从而导致我国农产品在国际市场上难以参加公平竞争；二是出口的农产品结构不合理，大部分仍然是价格较低的土地密集型产品，而相对价值较高的劳动密集型产品，如蔬菜、鲜花、水果等出口数量有限；三是市场结构不合理，农产品出口市场大部分覆盖亚洲的近邻国家，特别是日本，而其他国家市场份额很少。如何把我国小农生产带入国际大市场，不仅是我国农村电商要解决的难题，也是涉及新农村和全面小康社会建设的重大问题，应注重如下两个方面的举措。

（1）积极培育外贸农民网商的成长。2020 年，全国共建成县级电商公共服务中心和物流配送中心 2120 个，村级电商服务站点 13.7 万个[①]，说明电子商务已经成为草根创业的重要方向，农民对电子商务的热情超过人们的想象。但由于农民整体文化水平还较低，开展外贸电子商务还有较大的困难，因此，需要积极培育一大批外贸农民网商。

（2）开发具有外贸功能的农产品网上交易平台。我国已经有多个农产品网上交易平台，如上海大宗农产品市场、寿光蔬菜网等，但具有外贸功能的农产品网上交易中心几乎没有。我国农产品网上出口的途径还没有打开，尽快开发具有外贸功能的农产品网上交易平台，对于拓展我国农产品出口渠道、发展外贸农业具有非常重要的意义。

5. 大力发展国际会展电子商务

电子商务应用于国际会展活动，不仅能在短期内为买卖双方的直接沟通创造条件，更重要的是能够建立以网络交易平台为核心的生态价值链，使业务代理商、参观客商、参展商等处于价值链的不同环节，构成了价值链阶梯。通过展会电商的开展，整合并激活价值链上的资源，可以使得价值链上的生态实体获得收益，促进国民经济的可持续发展。

（1）发挥政府主导作用，推动实体展览企业开展网上业务。各级政府应有意识地推动不同类型的展览会上网，尽可能地扩大展会的宣传效果。目前，商务部的广交会、上海的进博会、云南的昆交会、黑龙江的哈交会等都已上网，在商务信息的传播上起到了很好的作用。

（2）积极营造会展电子商务发展的良好环境。出台有关政策，支持展会电子商务的发展，规范展会电子商务主体行为，使这一新兴行业从起步时就沿着正确的轨道发展。

（3）设立展会电子商务的专项基金。目前，在国家发改委的电子商务专项和工信部的电子发展基金中，对展会电子商务的支持力度都很小，应抽出部分资金，支持企业建立展会电子商务平台，推动我国展览业向网络化方向发展。

（4）加强融媒体技术在网上展会中应用的研究与推广。融媒体技术为实体展览提供了更丰富的网上表现支持。要组织力量，开发诸如三维图像、短视频、VR、AR 等技术在网上展览中的应用，推动网上展览吸引更多的观众，发挥更大的效应。

---

① 商务部. 中国电子商务报告 2020 [R/OL](2021-06-02)[2021-06-27].

（5）重视展会后续工作。展会后续工作包括参展信息的汇集与整理、参展总结、客户关系管理等，电子商务为展会信息的整理与再利用提供了很好的契机。国家应鼓励社会和企业有意识地对这些信息进行收集与整理，并在展会闭会期间重复使用这些信息。

8.4 跨境电子商务海外仓建设

8.4.1 海外仓的概念

海外仓是建立在海外的仓储设施。在跨境电子商务中，海外仓是跨境电商企业在国外目标市场设立仓库，把计划销售的商品通过大宗运输的形式运往目标市场国家并存储起来，在客户下单时，及时从当地仓库直接进行分拣、包装和配送。

有了海外仓，跨境电商客户下单后，出口企业通过海外仓直接从本地发货，大大缩短配送时间，也降低了清关障碍；货物批量运输，降低了运输成本；海外客户收到货物后也能轻松实现退换货，改善了购物体验。海外仓的建立，有利于解决发展跨境电子商务销售中的种种痛点。

8.4.2 海外仓的运作流程

海外仓的运作流程可以分为 3 个步骤，即头程运输、仓储管理及尾程配送。

（1）头程运输。国内跨境电商出口企业在未接收国外客户下单前，就通过海运、空运或者快递方式，将商品提前运送到海外仓。其中包括许多流程，如集中式报关、个性化加工等额外的增值服务，这些商品通过批量处理，提高了管理精准度和作业效率，节约了大量时间、运输及管理成本。

（2）仓储管理。仓储管理不仅仅是单纯地存储商品，这个过程中还会对海外仓的商品进行精细科学的分类存储，以便商品出库时更加高效方便。此外，仓储管理还通过物流信息系统，提供订单管理服务，根据订单及时发货，根据订单的数量，预测下一季度或某个相似时间段的商品销售数量；将海外仓当地季节、节日等因素，反映给跨境电商企业，以便及时仓储适量的商品。这可以避免缺货情况的出现或者库存量过多的压力，从而减少跨境电商企业的库存成本，提高海外仓的利用率。

（3）尾程配送。境外消费者通过跨境电商平台下单，跨境电商企业收到客户的订单信息后，发送给海外仓管理系统，由海外仓根据指令对货物进行分拣、包装、出库、配送等操作发货，这就使得跨境电商的购买行为转换为境内销售行为，省去了跨境电商所在国到目标市场海外仓的距离，减少了客户从下单到接收商品的时间。同时，海外仓也成为跨境电商企业展示自身商品的一个窗口，吸引了消费者，使得消费者更加了解远在境外的跨境电商企业，从而提高了跨境电商企业的知名度，可以增加消费者的重复购买行为。

海外仓的运作流程如图 8-8 所示。

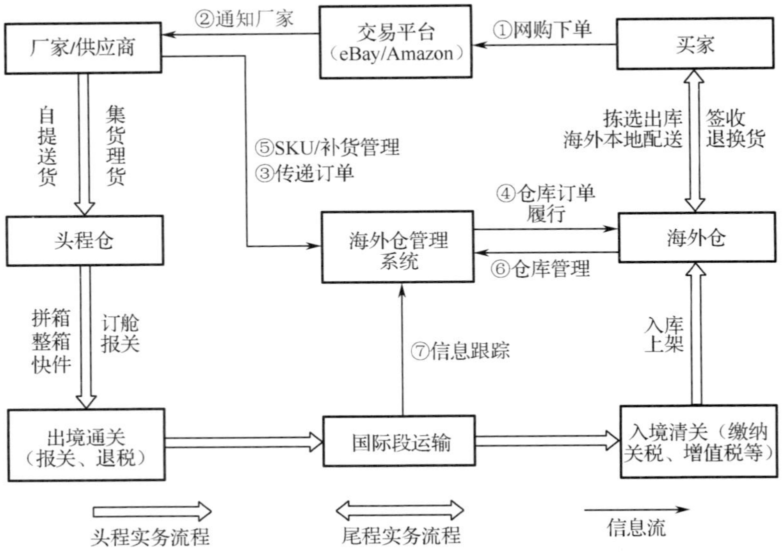

图 8-8　海外仓运作流程

8.4.3　海外仓的建设模式

目前我国海外仓建设主要有自建模式、与第三方合作及一站式配套服务 3 种模式。

1）自建模式

自建模式指有实力的跨境电商企业在海外建立自己专属的海外仓。跨境电商企业是否选择自建海外仓模式，重点需要考虑以下几个因素。

（1）选址因素。海外仓选址的影响因素很多，如和用户及港口的距离、交通运输条件、自然条件等。由于跨境电商企业距离目标市场较远，对目标市场所在国缺乏了解，因此需要提前进行调研，比较不同仓库地址的优劣势，以便选择合适的仓库地址。

（2）成本控制。自建海外仓模式在前期需要投入大量建设成本，在运营期间也需要花费管理成本，在短期内较难获得投资回报。

（3）管理人员因素。海外仓在海外不仅需要懂得当地语言的管理人员，而且需要聘用当地的工作人员，因此，海外仓建设前必须了解清楚所在国的法律政策、劳工待遇等方面的问题，还要克服文化差异和交流阻碍。

自建仓库的优点是跨境电商企业能够自己控制管理仓储，灵活性比较高；缺点是仓储、报关、物流运输等一系列具体问题都需要自行解决，并且还需要考虑建设成本和安全风险问题。

例如，兰亭集势是我国最早建立海外仓的跨境电商平台。为降低物流成本，兰亭集势从 2014 年开始，就先后在欧洲、北美、东南亚等市场建立了自营海外仓，从而实现了我国商品在海外的直接发货。

2）与第三方合作模式

与第三方合作模式是跨境电商企业和第三方企业合作共用、共建海外仓的模式，包括租用第三方的海外仓和双方共同建立海外仓两种情况。

租用海外仓过程比较简单，只需要调查好当地第三方仓储企业的资质和运营情况，在支付了操作、租赁、运输等费用后，即可使用海外仓。

合作建设海外仓需要支付部分建设成本和物流成本。一方面，由于跨境电商企业和当地第三方企业双方分摊建仓成本，缓解了跨境电商企业的资金压力；另一方面，跨境电商企业可以利用第三方所在国对目标市场的熟悉了解，加快跨境电商建仓进程，使跨境电商企业更快融入目标市场，适应所在国的环境，以避免不必要的文化冲突和矛盾。

例如，大龙网的海外仓 1.0 模式，通过积极探索在目标市场与第三方寻求合作方式，有效地解决了商品海外仓储过程中的物流成本和物流时效等问题。大龙网的海外仓 2.0 模式依托原有的海外仓，延伸出全新的“前展后仓”的网贸馆。出口企业通过在“一带一路”沿线国家建立的 50 多个网贸馆，亮相海外展会，进一步实现了产品、品牌与海外采购商的深度接触，提升了获得订单的可能性。

图 8-9 所示为大龙网 2.0 海外仓（加拿大网贸馆）。

图 8-9　大龙网 2.0 海外仓（加拿大网贸馆）

3）“一站式”配套服务模式

“一站式”配套服务模式是物流公司在海外建立海外仓，提供从境内到境外商品运输的一系列服务。“一站式”配套服务模式是整合所有物流运输方案的整体解决方案，实现了物流信息的共享和物流资源的最大化利用，同时也能使客户获得更好的服务体验。

典型的“一站式”配套服务模式企业是递四方速递。递四方速递的物流服务遍及全球大部分国家和地区，为跨境电商企业提供以海外仓为核心的“一站式”国际物流服务，成为我国企业和品牌出海的新通道。递四方的海外仓储网点覆盖全球六大区域，包括我国大陆、欧洲、美洲、澳洲、东南亚、东亚等地区，仓储网点数量有 30 余个，仓储面积大于 35 万平方米。

依托于迅速发展的跨境电商行业，递四方布局建设了全球包裹递送网络（GPN）及全球订单履约网络（GFN），在多市场、多模式、多地域、多产品等多维度紧密布局，提升企业流量，实现物流、商流、信息流的无缝联结，创建全球跨境电商优质生态环境，强化加盟、资源互补、资源共享等合作模式，求同存异吸引生态伙伴，实现客户、平台、伙伴、递四方的互利共生，共生共赢。

图 8-10 所示为递四方保税备货服务流程（以香港 B66 保税仓为例）。

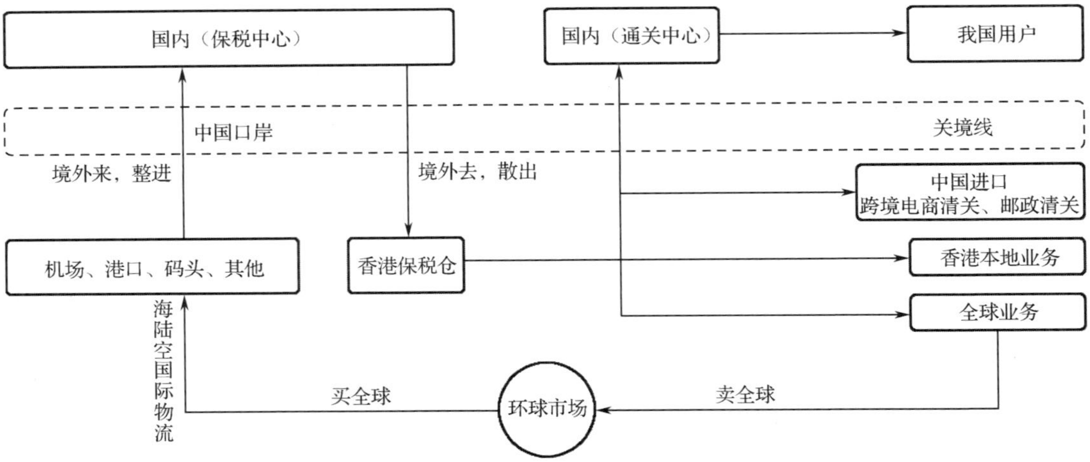

图 8-10 递四方保税备货服务流程（以香港 B66 保税仓为例）

8.5 电子通关

8.5.1 电子通关的基本程序

进出口电子通关一般需要经过 9 个基本步骤，如图 8-11 所示。

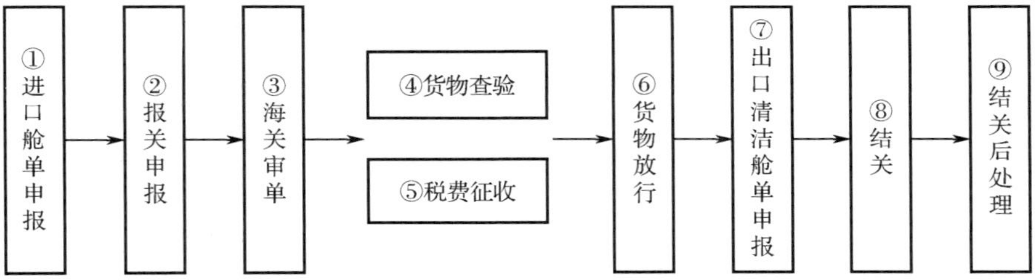

图 8-11 进出口通关的基本步骤

在电子通关环境下，进出口 9 个基本步骤的操作发生了很大的变化，下面进行详细阐述。

（1）进口舱单申报。进口舱单由船公司录入申报。舱单（Manifest）是船公司或其船代按照货港逐票罗列全船载运货物的汇总清单，其主要内容包括装卸港、提单号、船名、托运人和收货人姓名、标记号码等货物详细情况。此单作为船舶运载所列货物的证明，船方发送舱单电子数据给海关，说明进境货物配载情况。如果舱单数据不准确，将影响企业货物的正常通关。

（2）报关申报。报关申报是进口货物的收货人、出口货物的发货人或他们的代理人，以书面或电子数据交换（电子口岸）方式，向海关报告其进出口货物情况，申请海关审查、放行，并对所报内容的真实准确性承担法律责任的行为。报关申报流程如图 8-12 所示。

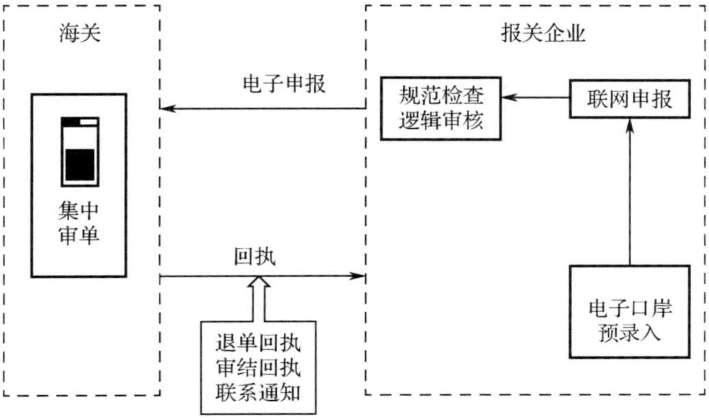

图 8-12　报关申报流程

（3）海关审单。海关审单是当企业将报送数据传送至海关后，海关进行规范检查、逻辑审核，并做出不受理申报或现场海关验放指令的过程。海关审单的基本流程如图 8-13 所示。

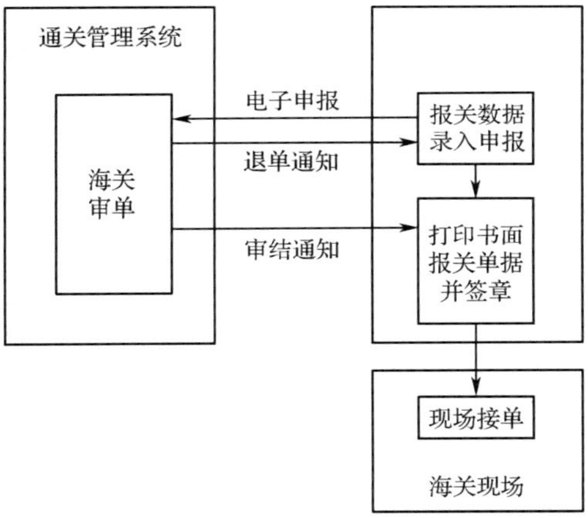

图 8-13　海关审单的基本流程

（4）货物查验。为方便企业提高检验检疫报检工作效率，近年来我国大力推行电子报检制度。电子报检指报检人使用电子报检软件，通过检验检疫业务电子服务平台，将报检数据以电子方式传给检验检疫机构，经 CIQ 2000 业务管理系统和检务人员处理后，将受理报检信息反馈给报检人，实现远程办理出入境检验。电子报检流程如图 8-14 所示。

（5）税费征收。海关税费的电子支付是从网上支付税费业务开始的。自 2012 年 2 月 29 日起，我国在全国推广税费电子支付系统。该系统是由海关业务系统、中国电子口岸系统、商业银行业务系统和第三方支付系统等 4 部分组成的。进出口企业通过电子支付系统可以缴纳进出口关税、反倾销税、反补贴税、进口环节代征税、缓税利息、滞纳金、保证金和滞报金。如图 8-15 所示为我国海关税费电子支付流程。

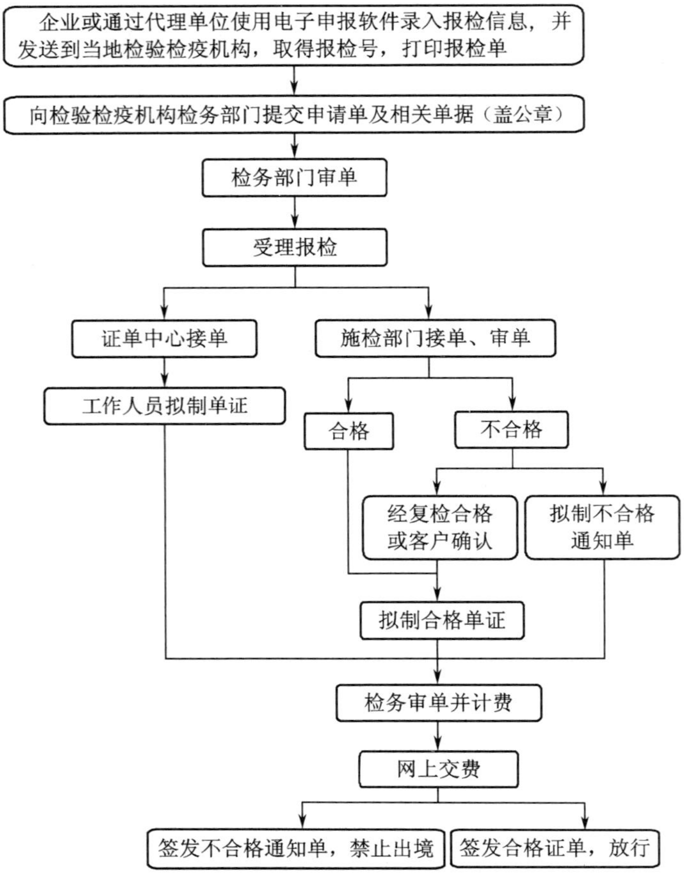

图 8-14　电子报检流程

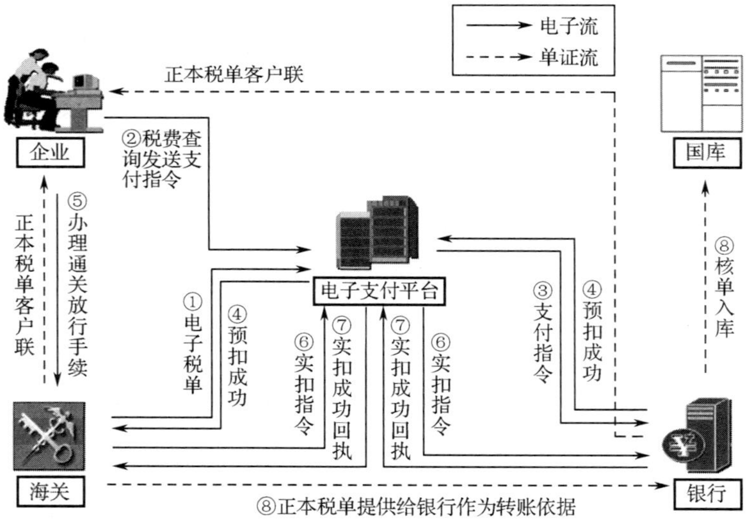

图 8-15　我国海关税费电子支付流程

（6）货物放行。海关在接受进出口货物的申报后，经过审核报关单据、查验货物、依法征收税费后，对进出口货物做出结束海关现场监管决定的行为。

（7）出口清洁舱单申报。出口清洁舱单由船公司向海关申报。舱单数据申报的准确与否，直接影响着企业报关单能否正常结关。

（8）结关。经口岸放行后仍需实施后续管理的货物，海关在规定的期限内进行核查，对需补证、补税货物做出处理，直至完全结束海关监管的行为。报关单数据与清洁舱单数据需完成比对。结关操作流程如图 8-16 所示。

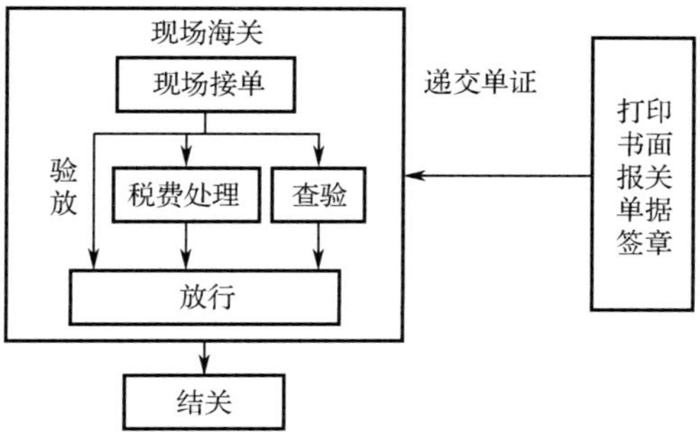

图 8-16　结关操作流程

（9）结关后处理。结关后的处理工作包括打印证明联（核销单、退税单、付汇单），使用电子口岸传送有关数据（核销单、报关单交单），结关数据上报，前往外汇、国税等部门办理相关手续等。

8.5.2 “十四五”期间国际贸易“单一窗口”建设的大方向

2021 年 7 月，海关总署正式发布《“十四五”海关发展规划》（以下简称《规划》）①。该《规划》提出“十四五”期间加快口岸现代化建设的总体目标：推进平安、效能、智慧、法治、绿色“五型”口岸建设，基本建成具有中国特色的国际一流现代化口岸。

《规划》用专栏形式对深化国际贸易“单一窗口”建设工程做了如下详细安排。

（1）深化“单一窗口”政务服务功能，除涉密等特殊情况外，进出口环节涉及的监管证件和检验检疫证书原则上都通过“单一窗口”一口受理，推动实现企业在线缴费、自主打印证件等，其他国际贸易领域相关业务办理事项实现“应上尽上”。

（2）依托“单一窗口”基础架构，将“单一窗口”功能逐步覆盖国际贸易管理全链条，打造“一站式”贸易服务平台和跨境贸易大数据平台，推动形成良好贸易服务生态。

（3）推进与主要贸易伙伴国“单一窗口”的互联互通和数据交换，成为我国与世界贸易联通的数字门户，驱动贸易链和供应链的数字化转型。

（4）推进数据协调、简化和标准化工作，充分运用区块链等技术，实现“单一窗口”性能优越、信息安全可信、流程公开透明。

（5）加强电子口岸基础设施建设，持续推进跨部门、跨地区、跨行业数据交换共享；

---

① 海关总署．“十四五”海关发展规划[EB/OL]. (2021-07-27) [2021-08-30].

建设全国口岸综合管理平台，提升全国口岸数字化、精细化管理水平。

《规划》强调加强前沿技术和关键核心技术在口岸监管中的应用。

（1）加大人工智能、大数据、云计算、区块链等尖端技术在相关领域的研究应用，推进全链条商品管控，保障源头可溯、去向可循、状态可控，实现无人式、智能化、泛在化、实时化远程管理，探索新智能化手段在监管点的应用。

（2）利用 5G“超高速、多点同时连接、超低延迟”的技术特性，实现超高分辨率影像发送等大量数据同时多方交换，快捷、便利、准确、实时地在多个地点间进行通信。

（3）扩大射频识别技术等感知技术的使用。

（4）整合影像识别、辐射检测、智能感知、智慧视频等技术应用，推进监管前置管理。

（5）加大机器人对核物资、危化品、放射性超标等有害物品监管查验。

（6）加强海关监管智能化技术研发与应用，构建国门生物安全技术体系。

8.5.3 中国国际贸易单一窗口的进出口申报

1. 单一窗口架构

《中国国际贸易单一窗口》（以下简称单一窗口）是为了响应联合国倡导的国际贸易便利通关号召，落实国务院口岸工作部际联席会议办公室《关于国际贸易“单一窗口”建设的框架意见》，提升我国国际贸易通关水平及履行我国加入 WTO 组织入世承诺，按照国务院统一安排和部署，在国家口岸管理办公室的直接领导下，依托中国电子口岸平台，各口岸管理和国际贸易相关部门共同参与建设的国家“十三五”重大项目。该项目于 2016 年 12 月启动建设，2017 年 5 月试点，目前已在全国范围推广上线。

单一窗口实现了申报人通过电子口岸平台一点接入、一次性提交满足口岸管理和国际贸易相关部门要求的标准化单证和电子信息，相关部门可通过电子口岸平台共享数据信息、实施职能管理，处理状态（结果）可以统一通过单一窗口反馈给申报人。单一窗口的功能范围已覆盖到国际贸易链条各主要环节，逐步成为企业面对口岸管理相关部门的主要接入服务平台。单一窗口提高了国际贸易供应链各参与方系统间的相互操作性，优化了通关业务流程，申报效率显著提高，通关时间大幅缩短，使企业通关成本降低，促进了贸易便利化。

国际贸易单一窗口架构如图 8-17 所示。

2. 单一窗口主要功能

“单一窗口”为企业提供一站式的通关服务，主要涵盖：货物申报、舱单申报、运输工具申报、企业资质办理、进出口许可证申报、原产地证申领、税费支付、出口退税、查询统计等九大核心应用。

（1）货物申报。货物申报实现一般进出口货物的一表录入（或导入），分别向海关、国检申报，同时实现海关、国检各类通关状态信息的查询，可以同时提供报关单修撤单功能，实现企业修撤单的网上操作。

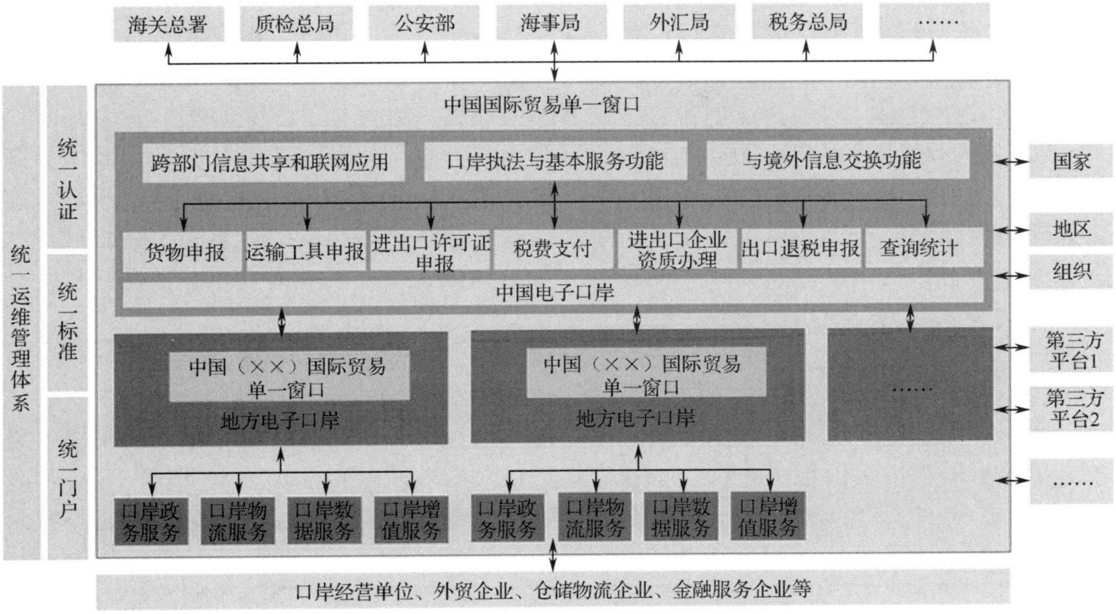

图 8-17　国际贸易单一窗口架构

（2）舱单申报。舱单申报实现原始/预配舱单、理货报告、运抵报告、装载舱单、改靠港申请、落装改配申请、分拨分流申请、空箱调用、国际转运准单等单证信息一表录入（或导入），分别向海关、国检申报。

（3）运输工具申报。船舶运输工具申报实现了船舶代理单位备案、运营单位备案、船舶信息备案、进出境（港）动态申报、进出境（港）单证申报、在港移泊申报、供退物料申报、船供申报等功能。企业所有的作业只面对一个窗口，执法单位的执法信息也只通过这一个窗口反馈给企业。此外，执法部门可以通过该系统实现联合执法。

（4）企业资质办理。企业资质办理实现商务部的对外贸易经营者备案、海关总署的海关注册登记、质检总局的报检资质申请等企业备案功能，实现从事外贸进出口的企业通过单一窗口一点接入、一次提交资质申请及变更信息，各监管部门接收并审批后，将审批结果通过单一窗口统一反馈，以便企业查询。

（5）进出口许可证申领。许可证申报实现农业部监管的农药进出口许可证、环保部监管的有毒化学品进出口许可证、商务部监管的机电/非机电进出口许可证、林业部监管的濒危动植物进出口许可证等核心单证申报功能。

（6）原产地证申领。原产地证申领涵盖海关的原产地签证业务功能，实现国际贸易企业通过单一窗口一点接入，一次提交满足口岸监管部门要求的原产地签证信息，管理部门按照确定的规则进行审核，并将审核结果通过单一窗口统一反馈，以便企业查询。

（7）税费支付。税费支付实现企业、银行和海关 3 方协议签约、解约、税单信息查询、税费支付、关区备案信息查询等功能，让企业足不出户，即可完成税费支付业务办理，在提高全国海关税费电子化支付率的基础上，为海关税收及时、足额、安全入库提供更加有效的保障，以适应我国金融支付清算系统规范化发展的新形势。同时以此为契机，为实现海关税单无纸化奠定坚实的基础。

（8）出口退税。出口退税实现退税企业资质备案、报关单结关数据采集、发票数据采集、数据申报校验、退税数据汇总等核心功能；单一窗口支持企业一键获取报关单结关数据及发票数据，实现企业退税数据“零”采集，有效降低纳税人负担。

（9）查询统计。查询统计是单一窗口平台的数据查询统计和决策分析应用系统，基于单一窗口各子系统已有的各类历史业务数据，对国际贸易相关的各项业务数据进行加工处理，形成各类指标和结果数据进行统计计算、监测预警、实时分析和可视化展示，为各类服务对象提供国际贸易相关信息的业务信息查询、报表查询发布、数据综合统计以及辅助决策分析等应用功能。

3. 单一窗口货物申报

货物申报是电子通关中最重要的业务功能。通过单一窗口，货物申报企业可以实现一点接入、一次性完成报关申报、报检申报、报关报检回执查询。

（1）图 8-18 所示为基于单一窗口的货物进出口报关报检流程。执行该流程有一次录入和分别录入两种模式。

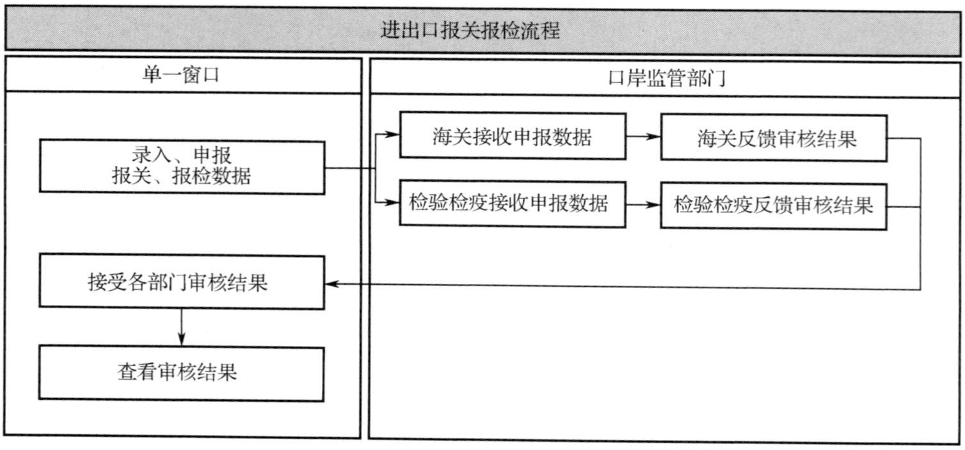

图 8-18　基于单一窗口的货物进出口报关报检流程

（2）单一窗口货物申报系统包括货物申报、报关申报、报检申报、数据查询、数据交换 5 项功能，如图 8-19 所示。

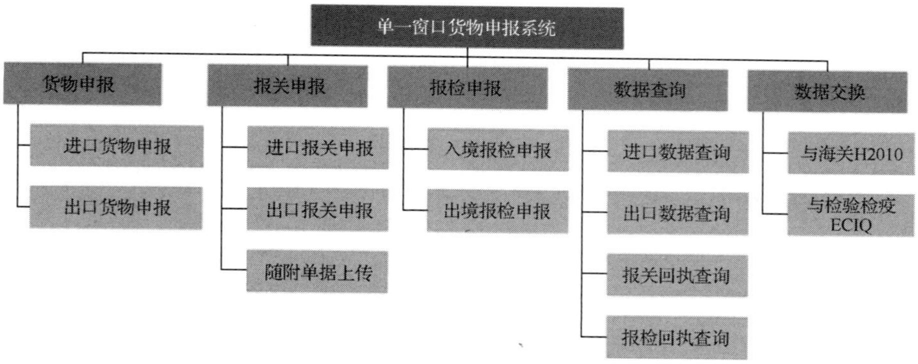

图 8-19　单一窗口货物申报系统功能

（3）图 8-20 所示为一次录入模式的主要操作步骤。

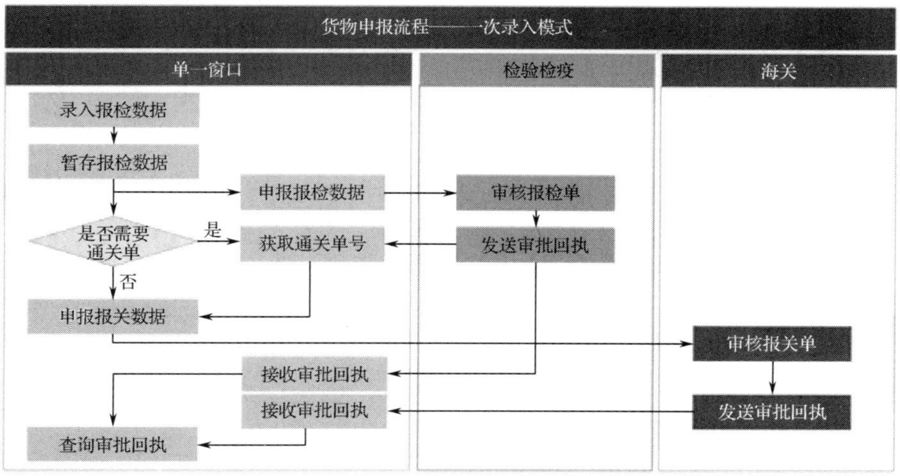

图 8-20　一次录入模式的主要操作步骤

（4）图 8-21 所示为分次录入模式的主要操作步骤，这里以先录入报检数据为例。

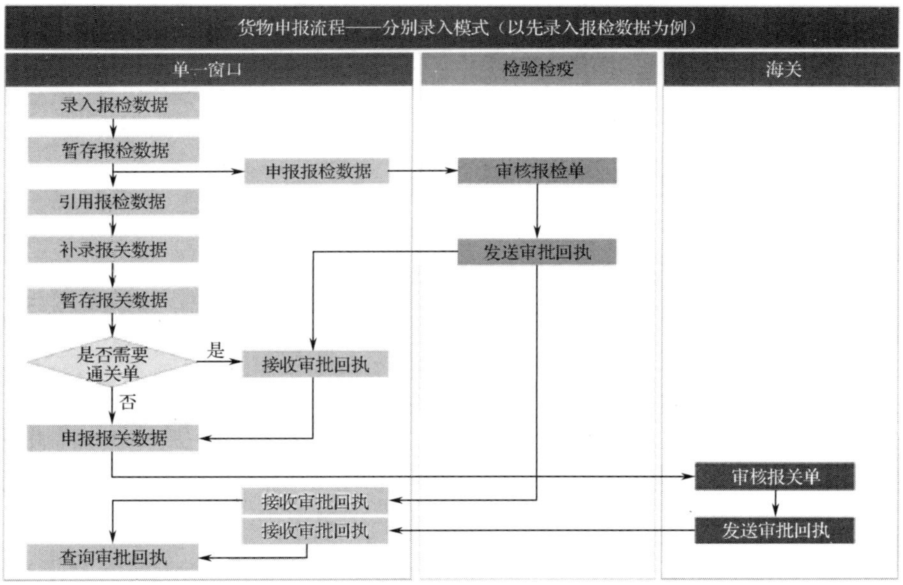

图 8-21　分次录入模式的主要操作步骤（以先录入报检数据为例）

4. 单一窗口跨境电商进出口申报

（1）进入单一窗口主页面，在主页面上找到“标准版应用”。单击“标准版应用”→“跨境电商”菜单命令，出现进口申报、出口申报、公共服务 3 个子系统。单一窗口的应用列表如图 8-22 所示。

（2）分别单击“进口申报”“出口申报”“公共服务”3 个菜单命令，按照提示可以完成进出口申报。其操作与货物申报基本相同，具体步骤可以参见中国国际贸易单一窗口跨境电商进出口申报培训教程。

图 8-22　单一窗口的应用列表

8.6　跨境电商零售进出口监管方式

8.6.1　跨境电商零售进口监管方式

1. 零售进口参与主体登记

根据商务部等 6 部委《关于完善跨境电子商务零售进口监管有关工作的通知》[①]，跨境电商零售进口主要包括以下参与主体。

（1）跨境电商零售进口经营者（以下简称跨境电商企业）。自境外向境内消费者销售跨境电商零售进口商品的境外注册企业，为商品的货权所有人。

（2）跨境电商第三方平台经营者（以下简称跨境电商平台）。在境内办理登记，为交易双方（消费者和跨境电商企业）提供网页空间、虚拟经营场所、交易规则、交易撮合、信息发布等服务，设立供交易双方独立开展交易活动的信息网络系统的经营者。

（3）境内服务商。在境内办理登记，接受跨境电商企业委托为其提供申报、支付、物流、仓储等服务，具有相应运营资质，直接向海关提供有关支付、物流和仓储信息，接受海关、市场监管等部门后续监管，承担相应责任的主体。

（4）消费者。跨境电商零售进口商品的境内购买人。

① 商务部等 6 部委. 商务部、发展改革委、财政部、海关总署、税务总局、市场监管总局关于完善跨境电子商务零售进口监管有关工作的通知[EB/OL](2018-11-30)[2021-02-20].

对于跨境电商零售进口经营者的登记，根据《关于完善跨境电子商务零售进口监管有关工作的通知》第 4 条第 1 款的规定，从事跨境电商进口的跨境电商企业，应委托一家在境内办理登记的企业，由其在海关办理注册登记，承担如实申报责任，依法接受相关部门监管，并承担民事连带责任。如果是企业或个人从事跨境电商代购业务，销售主体必须是商品的货权所有人，即境外注册企业。所以，从事跨境电商要求境外和境内都有一个主体，这两个主体必须是背靠背的委托关系，收款人也必须是境外的公司，但可以不是同一个法人，只要双方具有委托关系即可。

2. 零售进口参与主体的行为规范

按照“政府部门、跨境电商企业、跨境电商平台、境内服务商、消费者各负其责”的原则，商务部等 6 部委发布的《关于完善跨境电子商务零售进口监管有关工作的通知》中明确了各方责任，以利于管理部门实施有效监管。

1）跨境电商企业

（1）跨境电商企业承担商品质量安全的主体责任，并按规定履行相关义务。应委托一家在境内办理登记的企业，由其在海关办理注册登记，承担如实申报责任，依法接受相关部门监管，并承担民事连带责任。

（2）跨境电商企业承担消费者权益保障责任，包括但不限于商品信息披露，提供商品退换货服务，建立不合格或缺陷商品召回制度、对商品质量侵害消费者权益的赔付制度等。当发现相关商品存在质量安全风险或发生质量安全问题时，应立即停止销售，召回已销售商品并妥善处理，防止其再次流入市场，并及时将召回和处理情况向海关等监管部门报告。

（3）跨境电商企业履行对消费者的提醒告知义务，会同跨境电商平台在商品订购网页或其他醒目位置，向消费者提供风险告知书，消费者确认同意后方可下单购买。告知书应至少包含这些内容：①相关商品符合原产地有关质量、安全、卫生、环保、标识等标准或技术规范要求，但可能与我国标准存在差异，由消费者自行承担相关风险；②相关商品直接购自境外，可能无中文标签，消费者可通过网站查看商品中文电子标签；③消费者购买的商品仅限个人自用，不得再次销售；④建立商品质量安全风险防控机制，包括收发货质量管理、库内质量管控、供应商管理等；⑤建立健全网购保税进口商品质量追溯体系，追溯信息应至少涵盖国外启运地至国内消费者的完整物流轨迹，鼓励向海外发货人、商品生产商等上游溯源；⑥向海关实时传输施加电子签名的跨境电商零售进口交易电子数据，可自行或委托代理人向海关申报清单，并承担相应责任。

2）跨境电商平台

（1）跨境电商平台运营主体应在境内办理登记，并按相关规定在海关办理注册登记，接受相关部门监管，配合开展后续管理和执法工作。

（2）向海关实时传输施加电子签名的跨境电商零售进口交易电子数据，并对交易真实性、消费者身份真实性进行审核，承担相应责任。

（3）建立平台内交易规则、交易安全保障、消费者权益保护、不良信息处理等管理制度。对申请入驻平台的跨境电商企业进行主体身份真实性审核，在网站公示主体身份信息和消费者评价、投诉信息，并向监管部门提供平台入驻商家等信息。

（4）对平台入驻企业既有跨境电商企业，也有国内电商企业的，应建立相互独立的区块或频道，为跨境电商企业和国内电商企业提供平台服务，或以明显标识对跨境电商零售进口商品和非跨境商品予以区分，避免误导消费者。

（5）建立消费纠纷处理和消费维权自律制度，消费者在平台内购买商品，其合法权益受到损害时，平台须积极协助消费者维护自身合法权益，并履行先行赔付责任。

（6）建立商品质量安全风险防控机制，在网站醒目位置及时发布商品风险监测信息、监管部门发布的预警信息等，督促跨境电商企业加强质量安全风险防控。

（7）建立防止跨境电商零售进口商品虚假交易及二次销售的风险控制体系，加强对短时间内同一购买人、同一支付账户、同一收货地址、同一收件电话反复大量订购，以及盗用他人身份进行订购等非正常交易行为的监控，采取相应措施予以控制。

（8）根据监管部门要求，对平台内在售商品进行有效管理，及时关闭平台内禁止以跨境电商零售进口形式入境商品的展示及交易页面，并将有关情况报送相关部门。

3）境内服务商

（1）境内服务商应在境内办理登记，向海关提交相关资质证书并办理注册登记。其中提供支付服务的银行机构应具备银保监会或原银监会颁发的《金融许可证》，非银行支付机构应具备人民银行颁发的《支付业务许可证》，支付业务范围应包括互联网支付；物流企业应取得国家邮政局颁发的《快递业务经营许可证》。

（2）支付、物流企业应如实向监管部门实时传输施加电子签名的跨境电商零售进口支付、物流电子信息，并对数据真实性承担相应责任。

（3）报关企业接受跨境电商企业委托向海关申报清单，承担如实申报责任。

（4）物流企业应向海关开放物流实时跟踪信息共享接口，严格按照交易环节所制发的物流信息，开展跨境电商零售进口商品的国内派送业务。对于发现国内实际派送与通关环节所申报物流信息（包括收件人和地址）不一致的，应终止相关派送业务，并及时向海关报告。

（5）在跨境电子商务零售进口模式下，允许跨境电子商务企业境内代理人或其委托的报关企业申请退货，退回的商品应当符合二次销售要求，并在海关放行之日起30日内，以原状运抵原监管作业场所，相应税款不予征收，并调整个人年度交易累计金额。在跨境电子商务零售出口模式下，退回的商品按照有关规定办理有关手续。

4）消费者

（1）消费者为跨境电商零售进口商品税款的纳税义务人。跨境电商平台、物流企业或报关企业为税款代扣代缴义务人，向海关提供税款担保，并承担相应的补税义务及相关法律责任。

（2）消费者购买前应当认真、详细阅读电商网站上的风险告知书内容，结合自身风险承担能力做出判断，同意告知书内容后，方可下单购买。

（3）对于已购买的跨境电商零售进口商品，不得再次销售。

5）政府部门

（1）海关对跨境电商零售进口商品实施质量安全风险监测，在商品销售前，实施必要的检疫，并视情况发布风险警示。建立跨境电商零售进口商品重大质量安全风险应急处理机制，加大跨境电商零售进口商品召回监管力度，督促跨境电商企业和跨境电商平台消除已销售商品安全隐患，依法实施召回，并依法追究相关经营主体责任。

（2）原则上不允许网购保税进口商品在海关特殊监管区域外开展“网购保税+线下自提”模式。

（3）将跨境电商零售进口相关企业纳入海关信用管理，根据信用等级不同实施差异化的通关管理措施。

（4）涉嫌走私或违反海关监管规定的跨境电商企业、平台、境内服务商，应配合海关调查，开放交易生产数据（ERP 数据）或原始记录数据。

（5）海关对违反本通知规定参与制造或传输虚假“三单”（支付、运单、订单）信息、为二次销售提供便利、未尽责审核订购人身份信息真实性等，导致出现个人身份信息或年度购买额度被盗用、进行二次销售及其他违反海关监管规定情况的企业依法进行处罚。对涉嫌走私或违规的，由海关依法处理；构成犯罪的，依法追究刑事责任。对利用其他公民身份信息非法从事跨境电商零售进口业务的，海关按走私违规处理，并按违法利用公民信息的有关法律规定，移交相关部门处理。

（6）对企业和个体工商户在国内市场销售的《跨境电子商务零售进口商品清单》范围内的、无合法进口证明或相关证明显示采购自跨境电商零售进口渠道的商品，市场监管部门依职责实施查处。

3. 进口货物海关提离监管

从 2020 年起，我国对进口货物实施“两段准入”监管作业，这是进一步优化口岸营商环境，促进贸易便利化的重要举措。

“两段准入”以进口货物准予提离进境地口岸海关监管作业场所（含场地）为界，分段实施“是否允许货物入境”和“是否允许货物进入国内市场销售或使用”两类监管作业（以下分别简称“第一段监管”“第二段监管”）的海关监管方式，包括海关转场检查、附条件提离、合并检查等情形。“两段准入”作业流程如图 8-23 所示。

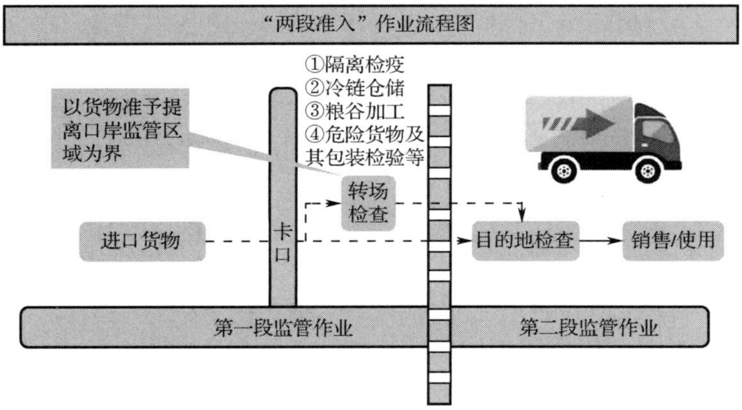

图 8-23　“两段准入”作业流程图

准予进入中国关境（即第一段监管）指进口货物完成必要的口岸检查，凭海关通知准予提离进境地口岸海关监管区。

准予进入我国市场（即第二段监管）指进口货物准予从口岸提离后，由企业自行运输和存放，凭海关放行通知准予销售或使用。

对企业而言，“两段准入”不必在口岸实施所有安全检查，货物通关更加便利，减少了货物在口岸积压，降低滞港产生的仓储和时间成本。

对海关而言，实施“两段准入”可以聚焦重大安全准入风险，加深关检业务融合，进一步压缩口岸通关时间，优化口岸与属地监管资源的合理使用。

8.6.2 跨境电商出口的监管方式

跨境电商出口监管方式是以国际贸易中进出口货物的交易方式为基础，结合海关对进出口货物的征税、统计及监管条件，综合设定的海关对进出口货物的管理方式。目前我国实行 3 种跨境电商出口监管方式：9610、9710、9810。

跨境电商出口监管方式的代码由 4 位数字构成，前两位是按照海关监管要求和计算机管理需要划分的分类代码，后两位是参照国际标准编制的贸易方式代码。在实际应用中，进出口单位根据对外贸易情况，按海关规定的《监管方式代码表》，选择填报相应的监管方式简称及代码。一份报关单只允许填报一种监管方式。

1. 9610 出口监管

海关监管代码 9610 的全称是“跨境贸易电子商务”，适用于跨境电商货物的出口。

1）通关管理

（1）信息或注册登记。跨境电子商务企业、物流企业等参与跨境电子商务零售出口业务的企业，应当向所在地海关办理信息登记；如需办理报关业务，需向所在地海关办理注册登记。

（2）数据传输。跨境电子商务零售出口商品申报前，跨境电子商务企业或其代理人、物流企业，应当分别通过国际贸易“单一窗口”，或跨境电子商务通关服务平台，向海关传输交易、收款、物流等电子信息，并对数据真实性承担相应法律责任。

（3）报关手续。跨境电子商务零售商品出口时，跨境电子商务企业或其代理人应提交《申报清单》，采取“清单核放、汇总申报”方式办理报关手续；在跨境电子商务综合试验区内，符合条件的跨境电子商务零售商品出口，可采取“清单核放、汇总统计”方式办理报关手续。

（4）清单核放，汇总申报。跨境电子商务零售商品出口后，跨境电子商务企业或其代理人应当于每月 15 日前（当月 15 日是法定节假日或者法定休息日的，顺延至其后的第一个工作日），将上月结关的《申报清单》依据清单表头“8 个同一”规则进行归并，汇总形成《中华人民共和国海关出口货物报关单》向海关申报。

（5）8 个同一，即按照同一收发货人、同一运输方式、同一生产销售单位、同一运抵国、同一出境关别，以及清单表体同一最终目的国、同一 10 位海关商品编码、同一币制的规则进行归并。

（6）清单核放、汇总统计。允许以“清单核放、汇总统计”方式办理报关手续的，不再汇总形成《中华人民共和国海关出口货物报关单》。

（7）适用汇总统计的商品。不涉及出口征税、出口退税、许可证件管理，且单票价值在人民币 5000 元以内的跨境电子商务 B2C 出口商品。

2）企业主体责任

（1）从事跨境电子商务零售进出口业务的企业，应向海关实时传输真实的业务相关电子数据和电子信息，并开放物流实时跟踪等信息共享接口，加强对海关风险防控方面的信息和数据支持，配合海关进行有效管理。

（2）跨境电子商务企业及其代理人、跨境电子商务平台企业应建立商品质量安全等风险防控机制，加强对商品质量安全以及虚假交易、二次销售等非正常交易行为的监控，并采取相应处置措施。

（3）跨境电子商务企业不得进出口涉及危害口岸公共卫生安全、生物安全、进出口食品和商品安全、侵犯知识产权的商品以及其他禁限商品，同时应当建立健全商品溯源机制，并承担质量安全主体责任。

（4）跨境电子商务平台企业、跨境电子商务企业或其代理人、物流企业、跨境电子商务监管作业场所经营人、仓储企业发现涉嫌违规或走私行为的，应当及时主动告知海关。

2. 9710 出口监管

海关监管代码 9710 简称“跨境电商 B2B 直接出口”，适用于 B2B 直接出口的货物。通过 H2018 系统通关的跨境电商 B2B 出口货物，适用全国通关一体化。

选择 9710 的企业，申报前需上传交易平台生成的在线订单截图等交易电子信息，并填写收货人名称、货物名称、件数、毛重等在线订单内的关键信息；提供物流服务的企业应上传物流电子信息。代理报关企业应填报货物对应的委托企业工商信息，在交易平台内完成在线支付的订单，可选择加传其收款信息。企业应对填报数据的真实性负责。

3. 9810 跨境电商出口海外仓监管方式

海关监管代码 9810 简称“跨境电商出口海外仓”，适用于跨境电商出口海外仓的货物。

跨境电商出口海外仓模式备案企业应为已在海关办理注册登记，且企业信用等级为一般信用及以上的企业。此外还要向监管地海关提供以下材料。

（1）《跨境电商海外仓出口企业备案登记表》（以下简称《备案登记表》）及《跨境电商海外仓信息登记表》（以下简称《海外仓登记表》，一仓一表）一式一份。

（2）海外仓证明材料，自有海外仓要提供所有权文件、租赁海外仓要提供租赁协议及其他可证明海外仓使用的相关资料（如海外仓入库信息截图、海外仓货物境外线上销售相关信息）。

选择跨境电商出口海外仓的企业，申报前需上传海外仓委托服务合同等海外仓订仓单电子信息，并填写海外仓地址、委托服务期限等关键信息。出口货物入仓后，需上传入仓电子信息，并填写入仓商品名称、入仓时间等关键信息。代理报关企业应填报货物对应的委托企业工商信息。

企业申报的“三单信息”应为同一批货物信息（申报清单、交易订单或海外仓订仓单、物流单）。申报企业应对上传的电子信息、填报信息的真实性负责。

4. 跨境电子商务出口与一般贸易出口监管类型比较

表 8-1 所示为 9610、9710、9810 跨境电商出口与一般贸易出口监管类型比较。

表 8-1　9610、9710、9810 跨境电商出口与一般贸易出口监管类型比较

项　目	跨境电商 B2B 出口（9710、9810）	跨境电商 B2C 出口（9610）	一般贸易出口（0110）
企业要求	参与企业均办理注册登记出口海外仓企业备案	企业注册登记	电商、物流企业办理信息登记 办理报关业务的办理注册登记
随附单证	9710：订单、物流单（低值） 9810：定仓单、物流单（低值）（报关时委托书首次提供即可）	订单、物流单、收款信息	报关委托书、合同、发票、提单、装箱单等
通关	“H2018 通关管理系统”， “跨境电商出口统一版”，（单票在 5000 元人民币以内且不涉证、不涉税、不涉检）	“跨境电商出口统一版”	“H2018 通关管理系统”
简化申报	在跨境电商综合试验区所在地海关通过“跨境电商出口统一版”申报，符合条件的清单可申请按 6 位 HS 编码简化申报	在跨境电商综合试验区所在地海关通过“跨境电商出口统一版”申报，符合条件的清单，可申请按 4 位 HS 编码简化申报	—
物流	转关 直接口岸出口 全国通关一体化（通过“H2018 通关管理系统”申报）	转关 直接口岸出口	直接口岸出口 全国通关一体化
查验	可优先安排查验	—	—

导入案例解析

涉及报关是跨境电子商务区别于一般电子商务的明显特征。随着市场的全球化，跨境电子商务的发展客观上要求海关能够提供高效迅速的报关作业，建立综合报关信息系统，并改进海关作业程序。此外，在跨境电子商务中，需要处理大量的贸易合同和单证，涉及报关之外的运输、保险、结算等多个领域。

由于国际贸易的交易行为和过程本身并不直接针对市场上的消费者，因此，跨境电子商务多是企业间的 B2B 交易，其结算支付方式比一般电子商务的结算支付方式更复杂，需要使用电开信用证、电子信用证等工具。

需要注意的是，跨境电子商务的风险不仅存在于交易过程中，而且与国际形势及各国的贸易政策、市场管理方式都有着密切关系。

复习题

1. 试述电子通关的基本程序。

2. 简述电子口岸改革的总体目标。

3. 试论述单一窗口的主要功能。

4. 试述基于单一窗口的货物进出口报关报检流程（提示：执行该流程有两种模式，一次录入模式和分别录入模式）。

5. 试分析 9610、9710、9810 三种跨境电商出口及一般贸易出口监管方式的异同点。

第 9 章 电子商务安全与法律

电子商务作为一种全新的业务和服务方式，为全球客户提供了更丰富的商务信息、更简捷的交易过程和更低廉的交易成本。伴随着互联网用户的迅速增加，网络交易额也在急剧上升。采取有力措施控制交易风险，保证交易安全已经成为电子商务头等重要的任务。本章对网络交易的风险进行深入的分析，并从技术、管理和法律角度提出了风险控制的办法。

导入案例

网店销售冒牌电子商品案[1]

甲公司是夫妻俩创业开设的网店，因销售××顿科技公司生产的“××顿”品牌电子类商品，被告上法院索赔 8 万元。2017 年 9 月，江苏省无锡市滨湖区人民法院审结了这起侵害商标权纠纷。

“××顿”是××顿科技公司依法取得的注册商标专用权，且商标处于有效期内。××顿公司经××顿科技公司授权，有权在我国境内使用该商标。2016 年 10 月 10 日，××顿公司从甲公司的网店公证购买了两张闪存卡。××顿公司认为，甲公司未经许可在网店销售“××顿”闪存卡，且在店铺宣传商品的详情页面使用了“××顿”商标。其销售假冒注册商标商品的行为已构成侵权，让不知情的消费者在使用这种假冒商品过程中，误以为××顿公司的商品质量低劣，严重了损害了公司的商业信誉和品牌价值，带来了严重的经济损失。××顿公司将甲公司告到滨湖法院，请求判令甲公司停止销售侵害注册商标专用权的商品，并删除网店的相关商品信息；赔偿××顿公司经济损失及合理费用合计 8 万元，并承担诉讼费。

甲公司表示，2016 年注册成立了该网店，且是“夫妻店”，没有实体店。公司不是涉案商品的生产商，且涉案商品不是主要销售的商品，何况不知道销售了侵权的假冒商品。××顿公司证据保全花费的总金额只有 50 元，对品牌的影响非常小。

① 江南晚报.网店销售冒牌电子商品被索赔 8 万元[EB/OL](2017-09-30)[2021-02-20].

法院审理认为，甲公司销售侵权商品，且未提供合法来源，应承担相应民事责任。法院判决，甲公司停止销售侵权商品，立即删除网店内侵权的商品信息。因××顿公司未能提供甲公司侵权所得利益或其因侵权所受的损失，法院综合侵权行为的性质、被告经营情况、注册商标的知名度等因素酌情确定为 3 万元。××顿公司未能就为制止侵权的合理开支进行举证，其他诉求未获支持。

随着网络交易的兴起，开设网店的从业人员越来越多，网络售假行为也日渐突出。售假是侵犯知识产权行为，有可能会承担刑事责任，不少从业者对网络售假的法律后果没有清醒的认识，贪图一时来钱快，却最终走上了违法犯罪道路。这种法律风险所有开店人员都应当警惕。

导入案例思考题

电子商务交易存在哪些风险和问题？

9.1　电子商务交易风险和安全管理的基本思路

9.1.1　电子商务交易风险的现状

伴随着电子商务交易量的不断增加，电子商务安全问题出现的概率也越来越高，具体有以下几种现象。

（1）个人信息泄露事件多次发生。2005 年 6 月 17 日，美国曝出有史以来规模最大的信用卡个人数据外泄事件。美国处理卡片交易资料的外包厂商 Card Systems Solutions 公司资料库遭到入侵，包括万事达、VISA、运通、Discover 在内高达 4 000 多万张信用卡用户的银行资料面临泄密风险[①]。2018 年 8 月，华住集团的用户信息以 8 比特币的价格在网上售卖，总量约 5 亿条，涉及华住旗下酒店 1.03 亿会员[②]。

（2）网站被篡改事件频繁出现。2020 年，我国境内被篡改网站数量为 14 988 个，其中被篡改政府网站数量为 81 个；境内被植入后门的网站数量为 1 957 个，其中政府网站有 5 个；针对境内网站的仿冒页面数量为 33 044 个[③]。

（3）黑客入侵网站事件时有发生。2016 年 10 月 21 日，美国域名服务商 Dyn 遭到恶意软件 Mirai 大规模攻击，导致包括 GitHub、Twitter、Spotify 和 Netflix 在内的大量知名网站无法访问。几周后，黑客入侵再次导致德国电信 90 万个用户断网。全世界范围有 50 万～55 万台物联网设备被攻击，成为了 Mirai 僵尸网络的一部分[④]。

---

① 万事达卡国际组织．万事达卡国际组织关于黑客入侵信用卡资料的声明[EB/OL](2005-06-20)[2019-08-20].

② 中国青年报．5 年内最严重的个人信息泄露事件发生 华住集团用户隐私信息疑遭售卖[EB/OL](2018-08-30)[2019-07-20].

③ 国家互联网应急中心．CNCERT 互联网安全威胁报告（2020 年 12 月，总第 120 期）[EB/OL](2021-01-27) [2020-03-20].

④ 搜狐网. Mirai 黑客入侵连下两国，物联网安全谁来守护？[EB/OL](2016-12-19)[2016-12-20].

大量的事实说明，为了保证电子商务的正常运作，人们必须高度重视安全问题。2014 年 2 月，中央网络安全和信息化领导小组成立，中共中央总书记习近平任组长。2018 年 3 月，该领导小组改为中国共产党中央网络安全和信息化委员会。

网络安全和信息化是事关国家安全和国家发展及广大人民群众工作生活的重大战略问题。人们必须从国际、国内大势出发，总体布局，统筹规划，创新发展，努力把我国建设成为互联网强国。

9.1.2 电子商务交易风险源分析

电子商务风险源分析主要依据对网络交易整个运作过程的考察，确定交易流程中可能出现的各种风险，分析其危害性，旨在发现交易过程中潜在的安全隐患和安全漏洞，从而使网络交易安全管理有的放矢。

1. 在线交易主体的市场准入风险

电子商务交易安全首先要解决的问题就是确保网上交易主体的真实存在，并确定哪些主体可以进入虚拟市场从事在线业务。

2. 信息风险

网络交易中的信息风险主要来源于买卖双方以合法身份进入系统后，在网络上发布虚假的供应或需求信息，或以过期的信息冒充现在的信息。虚假信息包含与事实不符和夸大事实两个方面。虚假信息可能是所宣传的商品或服务本身的性能、质量、技术标准等，也可能是政府批文、权威机构的检验证明、荣誉证书、统计资料等，还可能是不能兑现的许诺。特别是在网络广告发布过程中，违反有关法律和规章中强制性规定的事件时有发生。从技术上看，网络交易的信息风险主要包括冒名偷窃、篡改数据、信息丢失等。

3. 信用风险

信用风险主要来自如下 3 个方面。

（1）来自买方的信用风险。对于个人消费者而言，可能存在使用信用卡进行网络支付时恶意透支，或使用伪造的信用卡骗取卖方货物的行为；对于集团购买者而言，存在拖延货款的可能。卖方需要为此承担风险。

（2）来自卖方的信用风险。卖方不能按质、按量、按时寄送消费者购买的货物，或者不能完全履行与集团购买者签订的合同，造成买方的风险。

（3）买卖双方都存在抵赖的情况。

4. 网上欺诈犯罪

利用电子商务进行欺诈已经成为一种新型犯罪活动。常见的欺诈犯罪行为有网络钓鱼、网络信用卡诈骗、网上非法经营、网络非法吸收公众存款等。这类犯罪活动对社会危害面广，影响较大。打击互联网欺诈行为，对保证电子商务正常发展具有重要意义。

5. 电子合同问题

在传统商业模式下，除即时结清或数额较小的交易无须记录外，大部分交易都要签订书面合同，以便在对方失信不履约时作为证据。而在在线交易情形下，所有当事人的承诺均以电子化的形式存储于电子介质中，这些记录需要应用电子签名，才能得到合法保护。电子商务急需解决基于电子签名的电子合同的应用问题，包括合同的形式、收讫、证据等。

6. 电子支付问题

典型的电子商务是在网上完成支付的，而实现这一过程涉及网络银行与网络交易客户之间的协议、网络银行与网站之间的合作协议以及安全保障问题。因此，需要依据相应的法律法规，明确电子支付的当事人（包括付款人、收款人和银行）之间的法律关系；依据相关的电子支付制度规范交易双方的支付行为；落实针对电子支付数据的伪造、变造、更改、涂销等问题的处理办法。

7. 在线消费者保护问题

在线市场的虚拟性和开放性以及网上购物的便捷性，都使消费者保护成为突出的问题。在我国商业信用不高的状况下，网上出售的商品可能良莠不齐，而一旦出现质量问题，退赔、修理等又很困难，方便的网络购物很可能变得不方便，甚至使人敬而远之。因此，需要全面落实《电子商务法》和《中华人民共和国消费者权益保护法》（简称《消费者权益保护法》），切实保护网上消费者的各项权益。

8. 产品交付问题

在线交易的标的物分两种，一种为有形货物；另一种是无形的信息产品。有形货物的交付仍然可以沿用传统合同法的基本原理，但信息产品的交付则具有不同于有形货物交付的特征，对于其权利的移转、退货、交付的完成等需要有相应的安全保障措施。

9.1.3 电子商务交易安全管理的基本思路

为了保障电子商务交易安全，首先必须对电子商务交易系统有深刻的理解。这一点至关重要，因为它直接关系到所建立的交易安全保障体系的有效性和生命力。

电子商务系统是活动在互联网平台上的一个涉及信息、资金和物资交易的综合交易系统，其安全对象不是一般的系统，而是一个开放的、人在其中频繁活动的、与社会系统紧密相连的复杂巨系统（Complex Giant System，CGS）。它是由商业组织本身（包括营销系统、支付系统、配送系统等）与信息技术系统复合构成的。而系统的安全目标与安全策略，是由组织的性质与需求决定的。因此，在分析系统的安全风险，制定相应的安全保护措施时，同样需要基于其“复合型”性质，即需要同时考虑其组织和技术体系以及管理过程的性质，而不是单纯地根据信息系统本身去制定安全措施。

电子商务交易安全过程也不是一般的工程化过程，而是一个每时每刻都有人参与、自我适应、不断变化、不断涌现新的整体特征的过程。因此，电子商务交易安全保障不是一般的管理手段的叠加，而是多种管理手段的综合集成，两者的本质区别在于后者强调人的关键作用。只有通过人网结合、人机结合，充分发挥各自的优势，才能经过综合集成，使系统表现出整体大于部分之和这一新的安全性质。

电子商务系统的安全性并不是一个孤立的概念，它是由计算机网络安全性发展而来的。由于电子商务是利用计算机网络的信息交换实现电子交易的，所以，凡是涉及计算机网络的安全问题，无疑对于电子商务都有着重要的意义。当然，电子商务系统的安全也存在着自身的特点。

电子商务系统的安全主要应考虑以下几个方面。

（1）物理安全。物理安全指保护计算机主机硬件和物理线路的安全，保证其自身的可靠性，并为系统提供基本安全机制。影响物理安全的主要因素有火灾及自然灾害、辐射、硬件故障、搭线窃听、盗用、偷窃和超负荷等。

（2）网络安全。网络安全指网络层面的安全。只要把计算机联到网络上就会多出一个新的安全威胁，即网络计算机能被网上的任一台主机攻击，且网络软件也会引入新的威胁，大部分互联网软件协议没有进行安全性的设计，且网络服务器程序经常用超级用户特权来执行，这便造成诸多安全问题。

（3）系统软件安全。系统软件安全指保护软件和资料免遭偶发的或有意的非授权泄露、修改、破坏和非法复制。系统软件安全的目标是使计算机系统逻辑上安全，主要是使系统中信息的存取、处理和传输满足系统安全策略的要求，以保护信息财富。软件安全可分为操作系统安全、数据库安全、网络软件安全和应用软件安全。

（4）人员管理安全。一个电子商务系统安全策略的制定，不仅要考虑如何防止外部对本网的攻击，还要考虑如何防止内部人员的攻击，即人员管理问题。在某种程度上，后者的复杂性和难度要远远超过前者。所以，雇员的素质、敏感岗位的身份识别、安全培训和安全检查等人员管理安全问题，已成为电子商务系统安全问题的重要环节。

9.2 电子商务安全的技术对策

9.2.1 电子商务安全技术的基本要求

电子商务安全技术的基本要求包括如下事项。

（1）保护传输线路安全。传输线路应有露天保护措施或埋于地下，并要求远离各种辐射源，以减少由于电磁干扰所引起的信息错误。电缆敷设应当使用金属导管，以减少各种辐射所引起的电磁泄漏和对发送线路的干扰。集线器和调制解调器应放置在受监视的地方，以防外连的企图；对线路连接要定期检查，以检测是否有窃听、篡改或破坏行为。

（2）采用端口保护设备。端口保护设备可以确保同一交换机上的端口之间，不进行通信；保护端口不向其他保护端口转发任何传输，包括单播、多播和广播包；所有保护端口间的传输，都必须通过第 3 层设备转发；保护端口与非保护端口间的传输，不受任何影响。

（3）使用安全访问设备。访问设备需要不断更新。例如，由于磁条卡技术简单，磁条信息易被复制，中国人民银行在“十二五”期间将推动金融 IC 卡全面发展定位为战略目标。各商业银行积极探索适合本行发展的金融 IC 卡应用方向，从根本上提高了银行卡的安全性。

（4）路由选择机制。在一个网络中，从源点到目的节点可能有多条路径可以到达，有些路径可能是安全的，而另一些路径可能是不安全的。在一个大型网络系统中，选择安全通路是一个重要问题。路由选择机制可以使信息在传输时选择特殊的路由，以保证数据安全。路由选择机制实际上就是流向控制，这种选择可以由用户提出申请，在自己的程序和数据前打上路由标志；也可以由网络安全控制机构在检测出不安全路由后，通过动态调整路由表，限制某些不安全通路。

（5）设置防火墙。防火墙是一种将内部网和公众访问网（如互联网）分开的方法，实际上是一种隔离技术。防火墙是在两个网络通信时执行的一种访问控制尺度，能允许经过“同意”的人和数据进入网络，同时将“不同意”的人和数据拒之门外，阻止网络中的黑客访问网络，以防止他们更改、拷贝、毁坏重要信息。

（6）信息加密机制。信息加密是网络中采用的最基本的安全技术，目的是防止非法接收者获取信息系统中的机密信息。

（7）访问控制。访问控制是从计算机系统的处理能力方面，对信息提供保护，按照事先确定的规则决定主体对客体的访问是否合法。当一个主体试图非法使用一个未经授权的资源时，访问控制机制将拒绝这一企图。对文件和数据库设置安全属性，并对其共享的程度予以划分，还可以通过访问矩阵限制用户的使用方式。

（8）鉴别机制。鉴别是为每一个通讯方查明另一个实体身份和特权的过程，是在对等实体间交换认证信息，以便检验和确认对等实体的合法性，这是访问控制实现的先决条件。鉴别机制可以采用信息鉴别，也可以采用数字签名或终端识别等多种方式。

（9）数据完整性机制。网络中传输数据完整性控制包括：数据来自正确的发送方，而非假冒；数据送到了正确的接收方，而无丢失或误送；数据接收的内容与发送时一致；数据接收的时序与发送时一致，数据没有重复接收。网络通信协议中，一般都考虑了传输中的差错控制措施，但不能对付人为的破坏；保护数据完整性的措施在于增加敌手所不能控制的冗余信息。

（10）审计追踪机制。审计追踪可自记录一些重要的安全事件，如入侵者持续地试验不同的通行字企图接入。记录此事件应包括试图联机的每个用户所在工作站的网络地址和时间，同时对管理员的活动也要记录，以便于研究入侵事件。

（11）入侵检测机制。入侵检测主要检测和识别系统中未授权或异常现象，利用审计记录，入侵检测系统应能识别出任何不希望有的活动，这就要求对不希望的活动加以限定，一旦出现就能自动地检测。

9.2.2　防火墙技术及访问控制技术

1. 防火墙技术的概念

防火墙是在内部网和外部网（如互联网）之间的界面上构造一个保护层，并强制所有的连接都必须经过此保护层，由其进行检查，通过后再连接。它是一个或一组网络设备系统和部件的汇集器，用来在两个或多个网络间加强访问控制、实施相应的访问控制策略，力求把那些非法用户隔离在特定的网络外，从而保护某个特定的网络不受其他网络的攻击，但又不影响该特定网络正常的日常工作。

防火墙是网络安全政策的有机组成部分，它通过控制和监测网络之间的信息交换和访问行为，实现对网络安全的有效管理。从总体而言，防火墙应具有过滤进出网络的数据、跟踪进出网络的访问行为、封堵禁止的业务、记录通过防火墙的信息内容和活动、对网络攻击进行检测和告警等五大基本功能。

2. 包过滤型防火墙（Packet Filter）

包过滤型防火墙是最简单的防火墙，一般在路由器上实现。包过滤型防火墙通常只包括对源和目的 IP 地址及端口的检查，其工作原理如图 9-1 所示。包过滤型防火墙的安全性是基于对包的 IP 地址的校验。包过滤型防火墙将所有通过的数据包中发送方的 IP 地址、接收方的 IP 地址、TCP 端口、TCP 链路状态等信息读出，并按照预先设定的过滤原则过滤数据包。那些不符合规定的 IP 地址的数据包，会被防火墙过滤掉，以保证网络系统的安全。

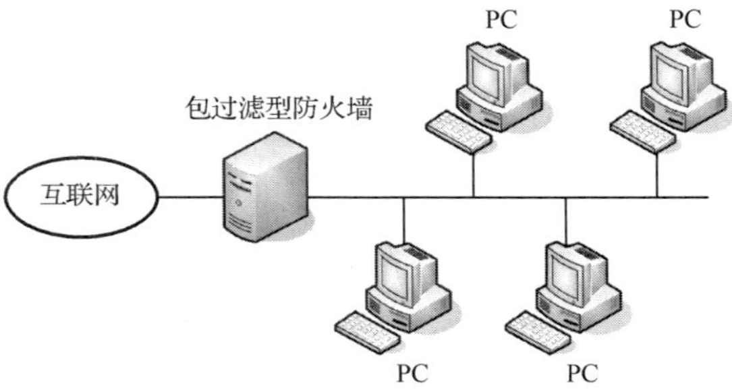

图 9-1　包过滤型防火墙的工作原理

包过滤型防火墙通常被安装在路由器上，而且许多常用的商业路由器缺省配置了包过滤型防火墙。不同种类的包过滤型防火墙使用起来非常方便，只需根据自己的网络访问原则稍加修改，就可以获得符合特定网络要求的包过滤型防火墙。

3. 代理服务器型防火墙（Proxy Service）

代理服务器型防火墙通过一种代理（Proxy）技术，参与到一个 TCP 连接的全过程。从内部发出的数据包，经过这样的防火墙处理后，就好像源于防火墙外部网卡一样，可以达到隐藏内部网结构的作用。

代理服务器型防火墙包含两大类，一类是电路级网关，另一类是应用级网关（Application Gateway，AG）。

电路级网关又称线路级网关，工作在会话层，其工作原理如图 9-2 所示。电路级网关会在两主机首次建立 TCP 连接时，创立一个电子屏障，作为服务器，接收外来请求，转发请求；与被保护的主机连接时，则担当客户机角色、起代理服务的作用。它监视两主机建立连接时的握手信息，如同步信号（Synchronization Signal，SYN）、应答信号

（Answer-back Signal，ABS）和序列数据等是否合乎逻辑，并判定该会话请求是否合法。在会话连接有效后，网关仅复制、传递数据，而不进行过滤。只有懂得如何与该电路级网关通信的客户机，才能到达防火墙另一边的服务器。

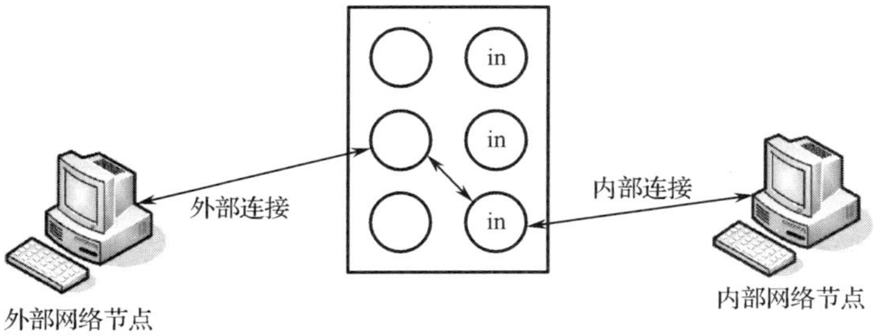

图 9-2　电路级网关工作原理

应用级网关使得网络管理员能够实现比包过滤型防火墙更严格的安全策略。应用级网关工作原理如图 9-3 所示，它不用依赖包过滤工具管理互联网服务在防火墙系统中的进出，而是采用为每种所需服务在网关上安装特殊代码（代理服务）的方式管理互联网服务。如果网络管理员没有为某种应用安装代理编码，那么该项服务就不支持并不能通过防火墙系统转发。同时，代理编码可以配置成只支持网络管理员认为必需的部分功能。管理员可以根据自己的需要安装相应的代理。

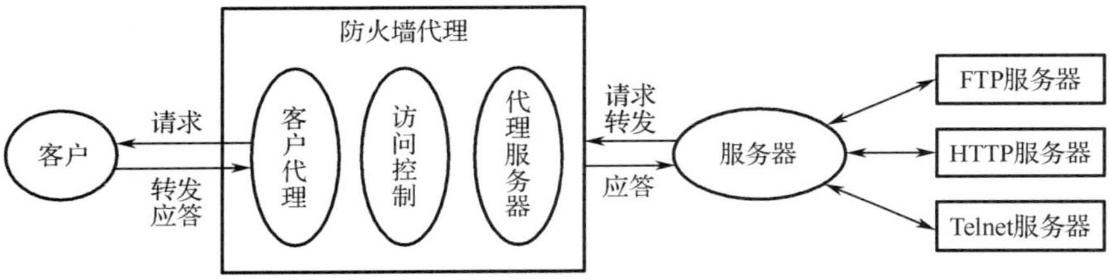

图 9-3　应用级网关工作原理

4. 复合型防火墙（Hybrid）

复合型防火墙的设计目标是既有包过滤的功能，又能在应用层进行代理，还能从数据链路层到应用层进行全方位安全处理。由于 TCP/IP 协议和代理的直接相互配合，使系统的防侵入能力和运行的安全性都大大提高。

复合型防火墙本身就是一个操作系统，因而在安全性上较上述两种防火墙有了质的提高。获得安全的操作系统的方法有两种：一种是通过许可证方式，获得操作系统的源代码；另一种方法就是通过固化操作系统的内核，提高其安全可靠性。复合型防火墙的设计综合了包过滤技术和代理技术，从 TCP/IP 协议的数据链路层一直到应用层施加全方位的控制，从而大大提高了网络的安全性。复合型防火墙的系统构成如图 9-4 所示。

5. 入侵检测技术

入侵检测系统（Intrusion Detect System，IDS）是对传统安全产品的合理补充，帮助系统对付网络攻击，扩展了系统管理员的安全管理能力（包括安全审计、监视、进攻识别和响应），提高了信息安全基础结构的完整性。它从计算机网络系统中的若干关键点收集信息，并分析这些信息，进而判断网络中是否有违反安全策略的行为和遇到袭击的迹象。入侵检测系统被认为是防火墙之后的第二道安全闸门，在不影响网络性能的情况下，能对网络进行监测，从而提供对内部攻击、外部攻击和误操作的实时保护。

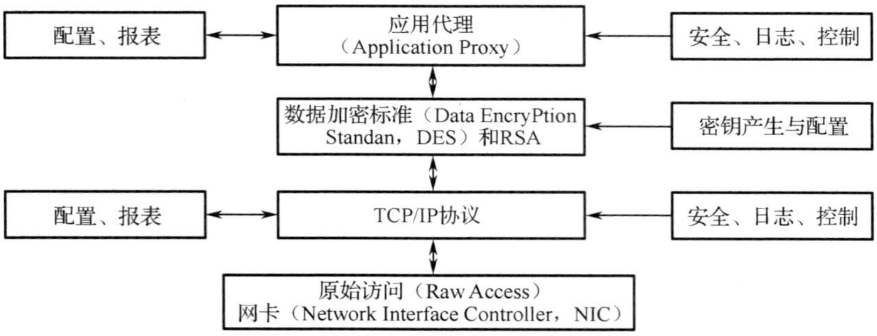

图 9-4　复合型防火墙的系统构成

入侵检测系统根据其检测数据来源可以分为两类：基于主机的入侵检测系统和基于网络的入侵检测系统。基于主机的入侵检测系统从单个主机上提取数据（如审计记录等），作为入侵分析的数据源，而基于网络的入侵检测系统从网络上提取数据（加网络链路层的数据帧），作为入侵分析的数据源。

入侵分析的任务是在提取到的庞大数据中找到入侵的痕迹。入侵分析过程需要将提取到的事件与入侵检测规则进行比较，从而发现入侵行为。一方面，入侵检测系统需要尽可能多地提取数据，以获得足够的入侵证据；而另一方面，由于入侵行为的千变万化，导致判定入侵的规则越来越复杂，为了保证入侵检测的效率能够满足实时性的要求，入侵分析必须在系统的性能和检测能力之间进行权衡，合理地设计分析策略，并且可能要牺牲一部分检测能力，以保证系统可靠、稳定地运行，并具有较快的响应速度。

6. 安全扫描技术

安全扫描技术是一类重要的网络安全技术。安全扫描技术与防火墙、入侵检测系统互相配合，能够有效提高网络的安全性。通过对网络的扫描，网络管理员可以了解网络的安全配置和运行的应用服务，及时发现安全漏洞，客观评估网络风险等级。安全扫描技术主要分为主机安全扫描技术和网络安全扫描技术两类。主机安全扫描技术是通过执行一些脚本文件模拟对系统进行攻击的行为，并记录系统的反应，从而发现其中的漏洞；而网络安全扫描技术主要针对系统中不合适的、设置脆弱的口令，以及针对其他同安全规则抵触的对象进行检查等。

扫描技术目前主要有如下两种方式。

（1）端口扫描技术。一个端口就是一个潜在的通信通道，也是一个入侵通道。对目标计算机进行端口扫描，能得到许多有用的信息。通过端口扫描，可以得到许多有用的信息，从而发现系统的安全漏洞。

（2）漏洞扫描技术。漏洞扫描主要通过两种方法来检查目标主机是否存在漏洞，①在端口扫描后，得知目标主机开启的端口以及端口上的网络服务，将这些相关信息与网络漏洞扫描系统提供的漏洞库进行匹配，查看是否有满足匹配条件的漏洞存在；②通过模拟黑客的攻击手法，对目标主机系统进行攻击性的安全漏洞扫描，如测试弱势口令等。若模拟攻击成功，则表明目标主机系统存在安全漏洞。

9.2.3　加密和解密技术

1. 加密和解密技术概述

加密是将数据进行编码，使它成为一种按常规不可理解的形式，这种不可理解的内容叫密文。解密是加密的逆过程，即将密文还原成原来可理解的形式。

数据加密技术的关键元素包括加密算法和密钥。加密算法是一组打乱和恢复数据的指令集或一个数学公式；密钥则是算法中的可变参数。数据加密如图 9-5 所示。

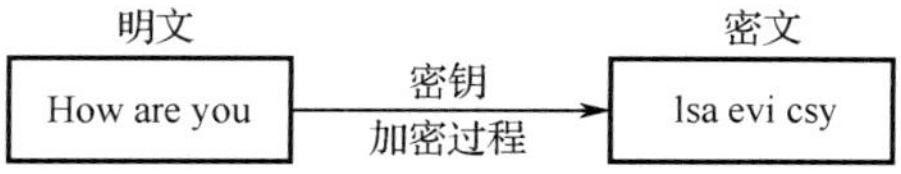

图 9-5　数据加密

对同样的明文，可使用不同的加密算法。即使使用相同的加密算法，如果使用的密钥不同也会得出不同的密文。衡量一个加密技术的可靠性，主要取决于解密过程的难度，而这取决于密钥的长度。电子商务中广泛应用的加密技术是对称加密体制（私钥加密体制）和非对称加密体制（公钥加密体制）。

2. 对称加密技术

对称加密技术被称为对称，是因为在加密和解密过程中其使用的密钥是同一个。对称密码算法接受明文作为输入。然后使用一个对称密钥（Symmetric Key）进行运算，输出明文的一个加密版本（也称为密文）。

对称密码体系有两个重要的构成要素，分别是对称密码算法和用作对称密钥的随机数。对称密钥的创建一般是使用随机数发生器，而其中最好的则是专门用于产生随机数的硬件设备。对称密码算法分为两种类型：分组密码（Block Cipher）和序列密码（Stream Cipher）。这里说的密码是加密算法的同义词。分组密码是在数据的固定长度的小分组上进行运算的，分组的长度一般是 64 位。分组密码有很多种，包括 DES、RC2、RC5、RC6 以及 AES。

对称加密过程如图 9-6 所示。

对称加密过程的优点是加密速度比较快，得到的密文紧凑，大小几乎等于明文。但对称密钥只能使用一次，这需要一个庞大的系统支持，才能厘清所有的密钥与密文之间的关系，因此，其在密钥分发、存储和管理方面都面临很大的难题。

3. RSA 加密方式

RSA 是一个典型的非对称加密算法。算法的名字以发明者名字（Ron Rivest、Adi Shamir 和 Leonard Adleman）的首写字母命名。非对称（或不对称）加密体制又称公开密码体制，或公钥密码体制。它指加密密钥和解密密钥各不相同，并且不可能由一个密钥推导出另一个密钥。在这种加密体制下，每个用户都有一对不同的密钥，其中加密密钥即公开密钥是完全公开的，可以像电话号码一样公之于世，让所有参与通信的人都知道；但是解密密钥则必须严格保密，并由每个用户单独掌握。这些特点就提供了从任何人到解密密钥持有者之间的秘密通信。

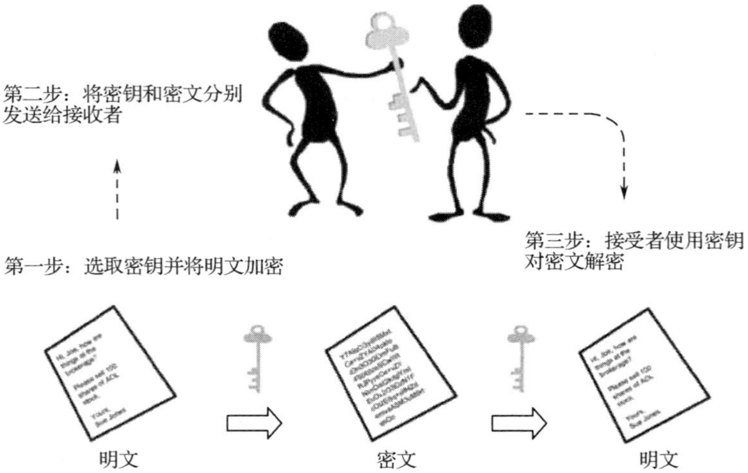

图 9-6　对称加密过程

如图 9-7 所示为使用公钥加密和对应的私钥解密的示意图。

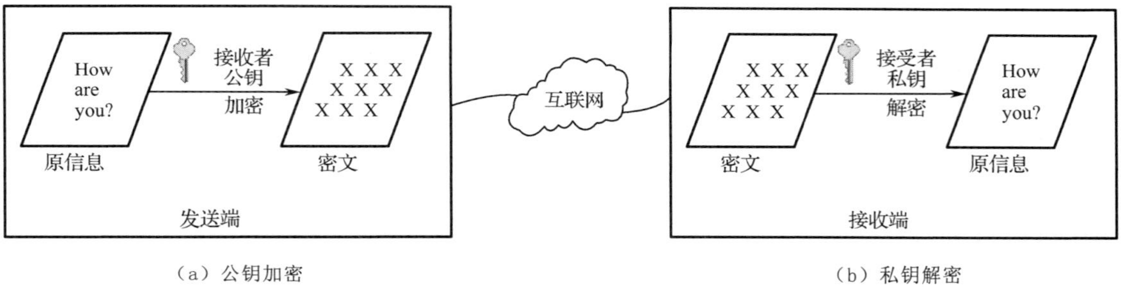

图 9-7　使用公钥加密和对应的私钥解密的示意图

公开密钥密码体制具有以下一些主要优点。

（1）公钥公开，可以适应网络的开放性要求。

（2）密钥的分配和管理比较容易。由于加密密钥是公开的，用户仅需保存自己的解密密钥，所以当 n 个人相互通信时，仅需产生 n 对密钥就能满足需要。

（3）对互不相识的人也可以提供通信的保密性。

（4）可以实现数字签名和数据鉴别。

由于上述两种加密体制都具有各自明显的优缺点，所以在实际应用中，经常将两者结合起来使用，如利用 DES 加密信息，而采用 RSA 传递会话密钥等，以充分发挥它们的优点，确保信息能够在网络上安全、高效地传输。

9.2.4 数字签名技术

电子签名包括多种形式，如视网膜鉴别、手纹鉴别等。典型的电子签名是数字签名，这是最常用的，也是最方便的一种电子签名方法。

1. 数字签名的基本原理

对文件进行加密主要解决信息传输中的安全问题，为防止他人对传输文件的篡改，确定发信人的身份还需要采取其他的手段。数字签名（Digital Signature）及验证（Verification），就是实现信息在公开网络上安全传输的重要方法。

文件的数字签名过程实际上是通过一个哈希函数（Hashing Function）实现的。哈希函数将需要传送的文件转化为一组具有固定长度（128位或160位）的单向Hash值，形成报文摘要（Message Digest）。发送方用自己的私有密钥对报文摘要进行加密，然后将其与原始的报文附加在一起，即合称为数字签名。数字签名机制提供一种鉴别方法，通过它能够实现对原始报文的鉴别和验证，保证报文完整性、权威性和发送者对所发报文的不可抵赖性，以解决伪造、抵赖、冒充、篡改等问题。

数字签名代表了文件的特征，文件如果发生改变，数字签名的值也将发生变化。不同的文件将得到不同的数字签名。一个最简单的哈希函数是把文件的二进制码相累加，取最后的若干位。哈希函数对发送数据的双方都是公开的。

如图9-8所示为数字签名和验证的传输过程。

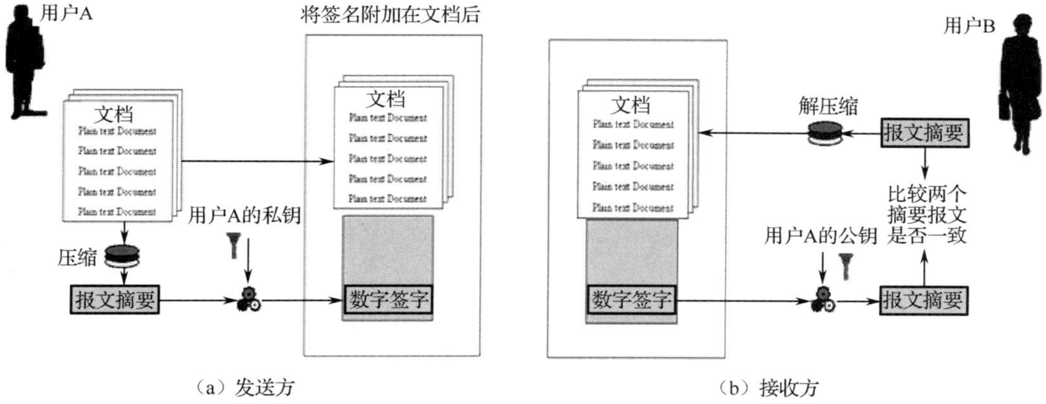

图9-8 数字签名

（1）发送方首先用哈希函数将需要传送的文档转换成报文摘要；

（2）发送方采用自己的私有密钥对报文摘要进行加密，形成数字签字；

（3）发送方把加密后的数字签字附加在要发送的报文摘要后面，传递给接收方；

（4）接收方使用发送方的公有密钥对数字签字进行解密，得到发送方形成的报文摘要；

（5）接收方用哈希函数将接收到的报文转换成报文摘要，与发送方形成的报文摘要相比较。若两者相同，则说明文件在传输过程中没有被破坏。

（6）接收方用户 B 再用哈希函数将接收的摘要解压缩，转换成文档。

2. 数字签名的功能

数字签名可以实现以下功能。

（1）接收者可以确认发送者的真实身份。这一功能是十分必要的。如果一个客户通过计算机网络，向期货交易所发出订单，以购买某种期货，交易所的计算机必须保证发出订单的计算机真正属于将来账户中要划拨出资金的那个客户。

（2）发送者事后不能否认发送过该报文。这一功能的必要性在于防止交易所或其他金融机构，因客户否认订单而遭受不必要的损失。如果客户购入期货后，价格大跌，而交易所又没有建立严格的数字签名机制，发送者就可能会投诉交易所，并声称自己从未发送过要求交易所买进期货的订单。

（3）保证报文的准确性和完整性。数字签名使接收方和非法入侵者，均不能伪造或篡改报文，从而确保了报文在传输过程中，不会遭到任何修改和增删。

3. 数字时间戳（Digital Time-Stamp，DTS）

在书面合同中，文件签署的日期和签名一样，均是防止文件被伪造和篡改的关键性内容。而在电子交易中，同样需对交易文件的日期和时间信息采取安全措施，而数字时间戳服务就能提供电子文件发表时间的安全保护。数字时间戳服务是网络安全服务项目，由专门的机构提供。时间戳是一个经加密后形成的凭证文档，它包括 3 个部分：需加时间戳的文件摘要、数字时间戳收到文件的日期和时间、数字时间戳的数字签名。数字时间戳如图 9-9 所示①。

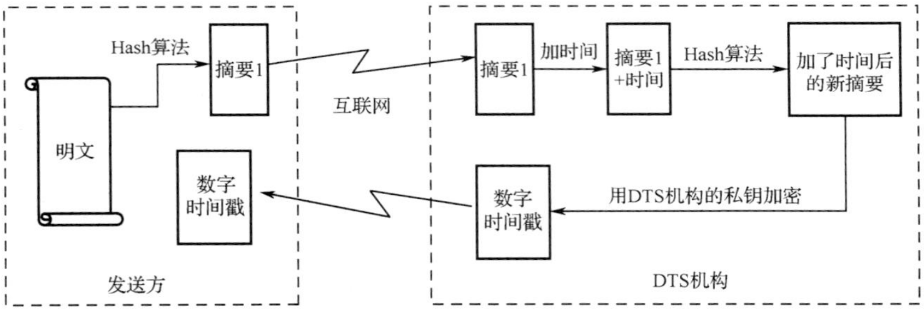

图 9-9　数字时间戳

4. 数字信封

数字信封是使用加密技术，保证只有规定的特定收信人才能阅读信息的内容。在数字信封中，信息发送方采用对称密钥加密信息，然后将此对称密钥用接收方的公开密钥加密（这部分称为数字信封）后，将它和信息一起发送给接收方，接收方先用相应的私

① 根据联合国国际贸易法委员会《关于使用和跨境承认身份管理和信任服务的条文草案》（2020 年 4 月），法律规则要求或允许将某些文件、记录、信息或数据与某一时间和日期关联的，如果使用了一种可靠方法进行以下操作，就一项数据电文而言，即为满足了该规则：（a）指明该时间和日期，包括注明时区；（b）将该时间和日期与该数据电文关联。

有密钥打开数字信封，得到对称密钥，然后使用对称密钥解开信息。这种技术的安全性相当高。

9.2.5　认证技术

1. 客户认证

认证是在信任服务的范围内，用以分配架构标识的过程。客户认证是基于用户的客户端主机 IP 地址的一种认证机制，它允许系统管理员为具有某一特定 IP 地址的授权用户定制访问权限。客户认证与 IP 地址相关，对访问的协议不做直接的限制。服务器和客户机无须增加、修改任何软件。系统管理员可以决定对每个用户的授权、允许访问的服务器资源、应用程序、访问时间以及允许建立的会话次数等。

客户认证技术是保证电子商务交易安全的一项重要技术。客户认证主要包括身份认证和通过认证机构所进行的信息认证。前者用于鉴别用户的身份，后者则用于保证通信双方的不可抵赖性和信息的完整性。在某些情况下，通过认证机构所进行的信息认证比信息保密更为重要。

2. 身份认证

身份是允许在特定环境下对参与主体进行独特辨别的一组属性。身份认证是判明和确认交易双方真实身份的必要环节，也是电子商务交易过程中最为薄弱的环节。因为非法用户经常采用窃取口令、修改和伪造、阻断服务等方式对网络支付系统进行攻击，阻止系统资源的合法管理和使用。

用户身份认证可以通过以下 3 种基本方式，或这 3 种方式的不同组合实现。

（1）用户所知道的某个秘密信息，如用户自己的密码口令。

（2）用户所拥有的某个秘密信息（一般为硬件），即用户必须持有合法的随身携带的物理介质，如智能卡中存储的个人参数，访问系统资源时，必须要有智能卡。

（3）用户所具有的某些生物学特征，如指纹、声音、DNA 结构和视网膜扫描等，但是这种方案成本较高，一般只适用于保密要求极高的场合。

根据在认证过程中所采用要素的多少，身份认证可以分为单要素认证、双要素认证和多要素认证 3 种方法。

用户身份认证最简单的方法是采用用户口令。系统事先保存每个用户的二元组信息，用户进入系统时输入二元组信息，系统将所保存的用户信息和现在所输入的信息进行比较，从而判断用户身份的合法与否。显然，这种身份认证方法的操作十分简单，但同时又很不安全，因为用户口令一般较短且容易泄漏，因而这种方案不能抵挡口令猜测方式的攻击。

基于智能卡的用户身份认证机制属于双要素法，它结合了基本认证方式中的第一种和第二种方法。用户的二元组信息预先储存于智能卡中，然后在认证服务器中，存入事先由用户选择的某个随机数。用户访问系统资源时，输入二元组信息，系统首先判断智能卡的合法性，然后由智能卡鉴别用户身份。若用户身份合法，再将智能卡中的随机数送给认证服务器做进一步认证。这种方案基于智能卡的物理安全性，即不易伪造和不能直接读取其中的数据。用户如没有管理中心发放的智能卡，则不能访问系统资源；即使智能卡丢失，拾获者仍需猜测用户口令。

多要素认证不仅需要利用密码、介质，同时还需要利用其他方法加以佐证，如指纹等。

3. 信息认证

在买卖双方发生一般商品交易业务时，可能交易的具体内容并不需要保密，但是交易双方应当能够确认是对方发送了或接收了这些信息，同时接收方还能确认接收的信息是完整的，即在通信过程中，信息没有被修改或替换。另一个例子是网络中的广告信息，此时接收方主要关心的是信息的真实性和信息来源的可靠性。因此，在这些情况下，信息认证将处于安全的首要地位。

信息认证的主要目标包括如下 4 个。

（1）可信性。信息的来源是可信的，即信息接收者能够确认所获得的信息不是由冒充者发出的。

（2）完整性。要求保证信息在传输过程中的完整性，也即信息接收者能够确认所获得的信息，在传输过程中，没有被修改、遗失和替换。

（3）不可抵赖性。要求信息的发送方不能否认自己所发出的信息。同样，信息的接收方也不能否认已收到的信息。

（4）保密性。对敏感的文件进行加密，即使别人截获文件，也无法得到其内容。

加密和解密算法可用来对信息内容进行加密，数字签名和验证技术能够确定发件人身份，并防止他人破坏和篡改信息内容。数字时间戳技术也是防止信息被伪造的重要技术。

4. 数字证书

根据联合国《电子签字示范法》第一条，证书指可证实签字人与签字生成数据有联系的某一数据电文或其他记录[①]。

数字证书作为网上交易双方真实身份证明的依据，是一个经证书授权中心（Certificate Authority，CA）数字签名的、包含证书申请者（公共密钥拥有者）个人信息及其公开密钥的文件。基于公共密钥体制（PKI）的数字证书是电子商务安全体系的核心，用途是利用公共密钥加密系统来保护与验证公众的密钥，由可信任的、公正的权威机构 CA 颁发。CA 对申请者所提供的信息进行验证，然后通过向电子商务各参与方签发数字证书，来确认各方的身份，保证网上支付的安全性。

数字证书按照不同的分类方法可有多种形式，如个人数字证书和单位数字证书，SSL 数字证书和 SET 数字证书等。

数字证书由申请证书主体的信息和发行证书的 CA 签名两部分组成，如图 9-10 所示。证书数据包含版本信息、证书序列号、CA 所使用的签名算法、发行证书 CA 的名称、证

---

① UNCITRAL Model Law on Electronic Commerce with Guide to Enactment 1996, Article 7, 51/162, Model Law on Electronic Commerce adopted by the United Nations Commission on International Trade Law, 85th Plenary Meeting, 16 December, 1996.

书的有效期限、证书主体名称、被证明的公钥信息等。发行证书的 CA 签名包括 CA 签名和用来生成数字签名的签名算法。

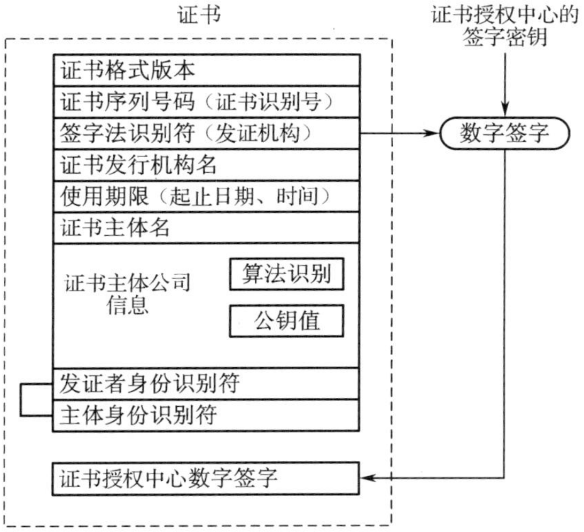

图 9-10　数字证书的组成

用户向证书授权中心申请证书时，可提交自己的驾驶证、身份证或护照，经审核验证后，获颁证书，以此作为在网上证明自己身份的依据。

9.2.6　带有数字签名和数字证书的加密系统

安全电子商务使用的文件传输系统大多是带有数字签名和数字证书的加密系统，其基本流程如图 9-11 所示。

带有数字签字和数字证书的加密系统文件加密传输有如下 10 个步骤。

① 在发送方的网站上，将要传送的信息通过哈什函数变换为预先设定长度的报文摘要；

② 利用发送方的私钥给报文摘要加密，结果是数字签名；

③ 将数字签名和发送方的认证证书附在原始信息上打包，使用 DES 算法生成的对称密钥，在发送方的计算机上，为信息包加密，得到加密信息包；

④ 用预先收到的接收方的公钥，为对称密钥加密，得到数字信封；

⑤ 加密信息和数字信封合成一个新的信息包，通过互联网将加密信息和数字信封，传到接收方的计算机上；

⑥ 用接收方的私钥解密数字信封，得到对称密钥；

⑦ 用还原的对称密钥解密加密信息，得到原始信息、数字签名和发送方的认证证书；

⑧ 用发送方公钥（置于发送方的认证证书中）解密数字签名，得到报文摘要；

⑨ 将收到的原始信息通过哈什函数，变换为报文摘要；

⑩ 将第⑧步和第⑨步得到的信息摘要加以比较，以确认信息的完整性。

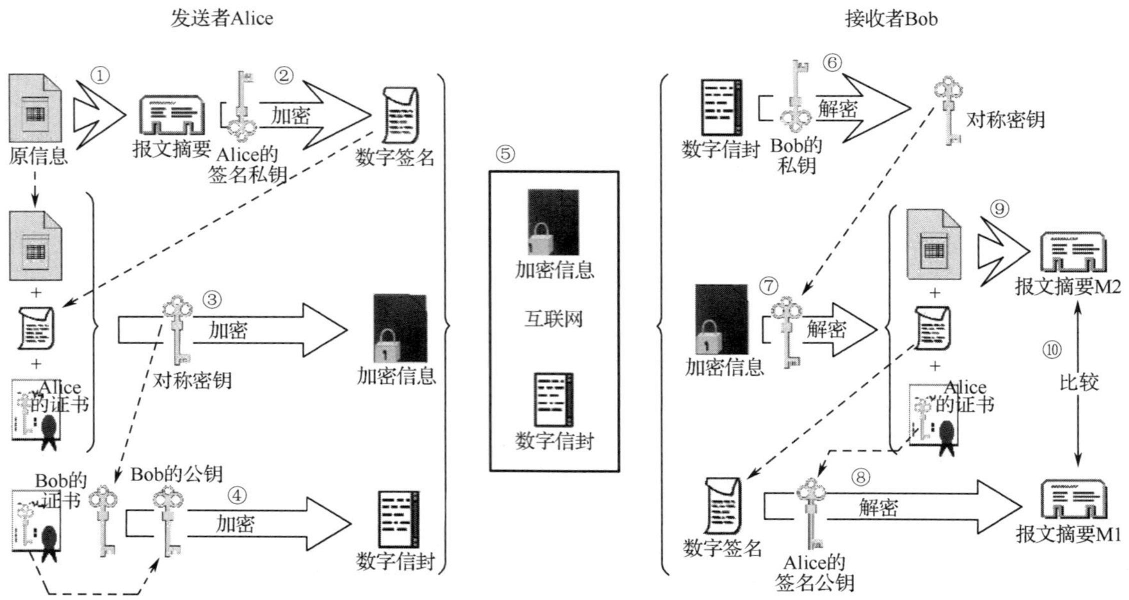

图 9-11　带有数字签字和数字证书的加密系统

9.3　电子商务安全的管理对策

电子商务系统安全管理制度是用文字形式对各项安全要求所做的规定，它是保证网络营销取得成功的重要基础工作，是网络营销人员安全工作的规范和准则。企业从参与网络营销伊始，就应当形成完整的、适用于网络环境的安全管理制度。这些制度应当包括标准管理、人员管理、保密、跟踪审计、系统维护、数据备份、病毒定期清理等制度。

9.3.1　电子商务标准管理

1. 电子商务标准的重要性

标准是对重复性事物和概念所做的统一规定，以科学、技术和经验的综合成果为基础，以促进最大社会效益和获得最佳秩序为目的。电子商务标准是电子商务活动中各种标准、协议、技术范本、政府文件、法律文书等的集合。

影响电子商务发展的因素是多方面的，如技术手段的可靠性、国家法律的认同程度、商务管理的严格程度、电子商务标准的完备程度等。在上述诸多因素中，电子商务标准的完备程度是影响电子商务发展的最基本的因素之一。

在我国电子商务发展总体框架中，电子商务的相关标准被列在了整个结构的首位，与政策法规的地位并列，发挥着对框架中其他组成，如实施者和监督者、市场和应用、技术产品和产业、人才、基础设施等的指导与规范作用，成为电子商务得以开展的前提条件。如果没有电子商务的相关标准，社会化的电子商务根本就无法形成与开展。

制定电子商务标准、建立健全电子商务标准体系是当前电子商务发展对标准化工作的需求，也是进一步推动我国电子商务发展的具体措施。电子商务标准体系的编制必须考虑全面性、系统性、先进性、预见性和可扩充性。

2. 电子商务标准的体系结构

考虑到与国际接轨的要求和我国电子商务发展的实际情况，我国电子商务标准体系可以从 5 个方面加以设计，即基础标准、安全标准、交易标准、服务标准和 EDI 标准。整个电子商务标准体系结构如图 9-12 所示。

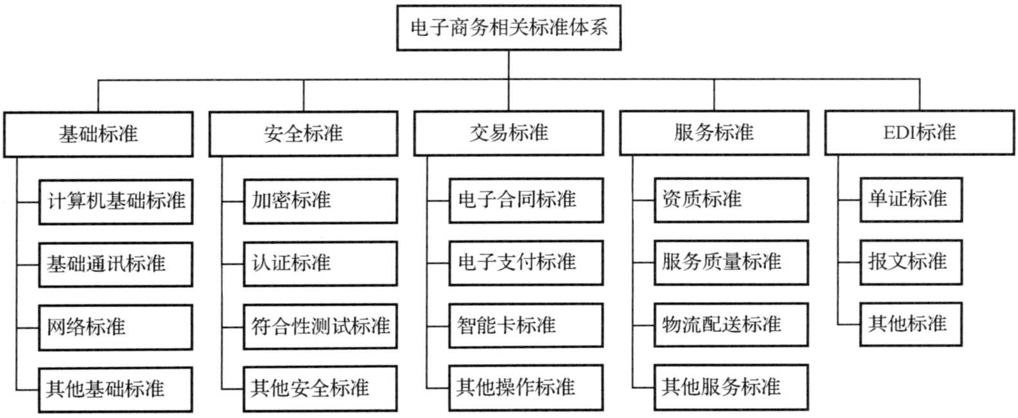

图 9-12　电子商务标准体系结构

电子商务基础标准主要有计算机基础标准、基础通信标准、网络标准等。计算机基础标准主要包括：术语、编码、数据元、字符集、存储媒体、数据库、接口标准、多媒体及中文信息处理等方面的标准；基础通信标准包括：电话交换网标准（Public Switched Telephone Network，PSTN）、分组交换数据网标准（X.25）、ISDN、宽带综合业务数字广播（Broadband Intergrated Service Digital Broadcasting，B-ISDB）等标准；与电子商务相关的网络标准主要是网络平台标准、网络传输标准、网络接入标准等。

电子商务安全标准主要有：加密、认证、符合性测试等方面的标准。加密是保障电子商务安全运行的重要手段。加密标准主要包括对称密钥加密、非对称密钥加密、报文摘要算法（Message Digest Algorithms，MDA）、加密通信协议，用于保证电子商务中数据的保密性、完整性、真实性和非抵赖服务；认证是判明和确认交易双方真实身份的重要环节，是开展电子商务的重要条件。认证主要包括数字签名（Digital Signature）、数字证书、公钥基础结构（Public Key Infrastructure，PKI）、证书授权机构等；2001 年 3 月，联合国国际贸易法委员会（UNCITRAL）通过了《电子签字示范法》，列出了用以衡量电子签字技术可靠性的实际标准，对有关电子签字的符合性测试标准做出了详细的规定[①]。

① United Nations Commission on International Trade Law Working Group on Electronic Commerce. 2001-03-23. UNCITRAL Model Law on Electronic Signatures With Guide to Enactment 2001, A/CN.9/WG.IV/WP.88, Thirty-eighth session. New York.

电子商务交易标准主要有电子合同、电子支付、智能卡等方面的标准。1996—2005年，联合国国际贸易法委员会通过了3个文件:《电子商业示范法》《电子签字示范法》《国际合同使用电子通信公约》。这些法律条文支持在电子商务中使用电子合同，定义了数据电文的特征，建立了以电子手段形成合同的规则和标准，为了电子合同中使用电子签名和电子通信提供了法律支持；支付是电子商务活动的核心，涉及电子支付的标准主要有电子现金（e-Cash或Digital Currency）支付协议、电子支票（e-Check或e-Cheque）支付协议、电子资金转账（Electronic Fund Transfer，EFT）协议、微支付（Micropayments）协议和网上银行服务标准；智能卡支付标准主要有EMV集成电路卡标准（Europay-MASTERCard-VISA Integrated Circuit Card Specifications）、金融交易卡信息交换格式标准（ISO 8583）、欧洲电讯工业智能卡标准。我国国内有《中国金融集成电路（IC）卡系列标准》《中国金融IC卡卡片标准》和《中国金融IC卡应用标准》《IC卡管理条例》《集成电路卡注册管理办法》《IC卡通用技术标准》等。

电子商务服务标准主要包括电子商务服务机构的资质标准、服务质量标准和物流标准；电子商务服务机构的资质标准主要是针对参与电子商务的ISP、ICP、ASP、CA机构的资质制定的标准；物流标准包括物流编码标准、电子订货系统（Electronic Ordering System，EOS）作业标准、配送标准等。

电子数据交换（EDI）标准比较成熟，目前已经形成独立的标准结构，主要分为基础、单证、报文、代码、通信、安全、管理应用等7个部分标准。EDI基础标准主要由UN/EDIFACT的基础标准和开放式EDI基础标准两部分组成，是EDI的核心标准。EDI单证标准是统一单证中的数据元和纸面格式，包括管理、贸易、运输、海关、银行、保险、税务、邮政等方面的单证标准；EDI报文标准是每一个具体应用数据的结构化体现，所有的数据都以报文的形式传输出去或接收进来。EDI代码标准将管理、贸易、运输、海关、银行、保险、检验等方面大多数数据转化为代码形式。

9.3.2 网络交易系统的安全管理制度

鉴于不同企业或单位网络交易系统的安全需求和安全投资不尽相同，网络交易系统的安全保护需实行等级保护制度。等级保护制度是围绕网络交易系统安全保障全过程的一项基础性管理制度。等级保护的基本思路应贯穿于网络交易系统安全管理制度的各个环节①。

1. 人员管理制度

电子商务的网络营销是一种高智力的劳动。从事网络营销的人员，一方面，必须具有传统市场营销的知识和经验；另一方面，又必须具有相应的计算机网络知识和操作技能。由于营销人员在很大程度上影响着市场经济中企业的命运，而计算机网络犯罪又具

---

① 有关网络交易系统的等级划分可以参照公安部、国家保密局等4部委颁布的《信息安全等级保护管理办法》（2007年6月）执行。主要考虑网络交易系统在国家安全、经济建设、社会生活中的重要程度，考虑系统遭到破坏后对国家安全、社会秩序、公共利益以及公民、法人和其他组织的合法权益的危害程度等因素确定。

有智能型、隐蔽性、连续性、高技术性的特点，因而，加强对网络营销人员的管理成为十分重要的课题。

（1）严格网络营销人员选拔。将经过一定时间考察的责任心强、讲原则、守纪律、了解市场、懂得营销、具有基本网络知识的人员，委派到关键岗位上。

（2）落实工作责任制。不仅要求网络营销人员完成规定的营销任务，而且要求他们严格遵守企业的网络营销安全制度。特别是在当前企业人员流动频率较高的情况下，更要明确网络营销人员的责任，对违反网络交易安全规定的行为，应坚决进行打击，对有关人员要进行及时的处理。

（3）贯彻电子商务安全运作基本原则。①双人负责原则，指重要业务不要安排一个人单独管理，实行两人或多人相互制约的机制；②任期有限原则，指任何人不得长期担任与交易安全有关的职务；③最小权限原则，指明确规定只有网络管理员才可以进行物理访问，只有网络人员才可进行软件安装工作。

2. 保密制度

网络营销涉及企业的市场、生产、财务、供应等多方面的机密，需要很好地划分信息的安全防范重点，提出相应的保密措施。

信息的安全级别一般可分为 3 个级别。

（1）绝密级，如公司经营状况报告、订 / 出货价格、公司的发展规划等。此部分网址、密码不在互联网络上公开，只限于公司高层人员掌握。

（2）机密级，如公司的日常管理情况、会议通知等；此部分网址、密码不在互联网络上公开，只限于公司中层以上人员使用。

（3）秘密级，如公司简介、新产品介绍及订货方式等；此部分网址、密码在互联网络上公开，供消费者浏览，但必须有保护程序，防止黑客入侵。

保密工作的另一个重要的问题是对密钥的管理。大量的交易必然使用大量的密钥，密钥管理必须贯穿于密钥的产生、传递和销毁的全过程。密钥需要定期更换、否则可能使黑客通过积累密文增加破译机会。

3. 跟踪、审计、稽核制度

跟踪制度要求企业建立网络交易系统日志机制，用于记录系统运行的全过程。系统日志文件是自动生成的，内容包括操作日期、操作方式、登录次数、运行时间、交易内容等。它对系统的运行监督、维护分析、故障恢复及防止案件的发生，或为侦破案件提供监督数据，起到非常重要的作用。

审计制度包括经常对系统日志的检查、审核，及时发现对系统故意入侵行为的记录和对系统安全功能违反的记录，监控和捕捉各种安全事件，保存、维护和管理系统日志。

稽核制度是工商管理、银行、税务人员利用计算机及网络系统，借助于稽核业务应用软件调阅、查询、审核、判断辖区内，电子商务参与单位业务经营活动的合理性、安全性，堵塞漏洞，保证电子商务交易安全，发出相应的警示或做出处理、处罚有关决定的一系列步骤及措施。

4. 网络系统的日常维护制度

网络系统的日常维护制度主要有两个方面的工作：硬件的日常管理和维护及软件的日常管理和维护。

硬件的日常管理和维护包括如下3项。

（1）网络设备。对于一些网络设备，应及时安装网管软件。网管软件可以做到对网络拓扑结构的自动识别、显示和管理，网络系统节点配置与管理，系统故障诊断、显示及通告，网络流量与状态的监控、统计与分析，还可以进行网络性能调优、负载平衡等。

（2）服务器和客户机。这部分一般没有相应的网管软件，只能通过手工操作检查状态。在UNIX环境下，可以用Shell命令写一个巡查程序（Ping和PS命令），检查各服务器或客户机是否处于活动状态及各机的用户注册情况。如果服务器采用冷备份，则应定时启动备份机检查。

（3）通信线路。对于内部线路，应尽可能采用结构化布线；虽然采用布线系统在建网初期会增加投资，但这样可以大大降低网络故障率，即使有故障发生也较容易排除。对于租用电信部门的通信线路，网络管理员应对通信线路的连通情况做好记录，当有故障发生时，应及时与电信部门联系，以便迅速恢复通讯。

软件的日常管理和维护包括如下两项。

（1）支撑软件。支撑软件包括操作系统（如UNIX或Window NT）、数据库（如Oracle或Sybase）、开发工具（如PowerBuilder、Delphi或C语言）等。对于操作系统，所要进行的维护工作主要包括：定期清理日志文件、临时文件，定期执行整理文件系统，监测服务器上的活动状态和用户注册数，处理运行中的死机情况等。

（2）应用软件。应用软件的管理和维护主要是版本控制。为了保持各客户机上的版本一致，应设置一台安装服务器，当远程客户机应用软件需要更新时，就可以从网络上进行远程安装。但是，远程安装应选择网络负载较低时进行，特别是安装大型应用软件，最好在晚上进行，以免影响网络的日常工作。

5. 数据备份和应急措施

为了保证网络数据安全，必须建立数据备份制度，定期或不定期地对网络数据加以备份。

应急措施是在计算机灾难事件（即紧急事件或安全事故）发生时，利用应急计划辅助软件和应急设施，排除灾难和故障，保障计算机信息系统继续运行或紧急恢复。在启动电子商务业务时，就必须制订交易安全计划和应急方案，一旦发生意外，立即实施，争取最大限度地减少损失，以尽快恢复系统的正常工作。

电子商务运行中的灾难事件指导致参加交易活动的计算机不能正常运行的事件。洪水、地震和其他自然灾害会直接导致计算机系统不能正常运行；发电厂的事故、信息服务商的问题也可以导致计算机系统的非正常运行；计算机系统本身也可导致灾难的发生，如系统升级时发生差错、严重的操作错误、备份中心发生故障和系统管理员的恶意操作都可能导致重要数据的丢失，引发计算机系统灾难。

灾难恢复包括许多工作。一方面是硬件的恢复，使计算机系统重新运转起来；另一方面是数据的恢复。数据的恢复更为重要，难度也更大。目前运用的数据恢复技术主要是瞬时复制技术、远程磁盘镜像技术和数据库恢复技术。

（1）瞬时复制技术。瞬时复制技术就是使计算机在某一灾难时刻自动复制数据的技术。现有的一种瞬时复制技术是通过使用磁盘镜像技术复制数据；利用空白磁盘和每一数据磁盘相连，把数据拷贝到空白磁盘，在拷贝进行过程中，为保证数据的一致性，使用数据的应用程序被暂时挂起。当复制完成时，瞬时复制磁盘与数据磁盘脱离连接，应用程序继续运行。瞬时复制的备份数据可以用来产生磁带备份或用作远程恢复节点的基本数据。

（2）远程磁盘镜像技术。远程镜像也称远程复制，是在两个或多个磁盘或磁盘子系统上，产生同一个数据的镜像视图的信息存储过程。远程磁盘镜像技术是容灾备份的核心技术，同时也是保持远程数据同步和实现灾难恢复的基础。这种技术最主要的优点是可以把数据中心磁盘中的数据，复制到远程备份中心，而无须考虑数据在磁盘上是如何组织的。系统管理员仅需要确定哪些磁盘需要备份到远程备份中心，存储在这些磁盘上的数据，会被全自动地备份到远程备份中心，这对应用系统的安全非常有利。

（3）数据库恢复技术。尽管数据库系统中采取了各种保护措施，以防止数据库的安全性和完整性被破坏，但是计算机系统中硬件的故障、软件的错误、操作员的失误以及恶意的破坏仍不可避免，这些故障轻则造成运行事务非正常中断，影响数据库中数据的正确性，重则破坏数据库，使数据库中全部或部分数据丢失。这时就需要把数据库从错误状态恢复到某一已知的正确状态（也称一致状态或完整状态），这就是数据库的恢复。所以，数据库恢复技术是产生和维护一份或多份数据库数据的复制。

6. 用户管理制度

广域网上一般都有几个至十几个应用系统，每个应用系统都设置了若干角色，用户管理的任务就是增加/删除用户、增加/修改用户组号。例如，要增加一个用户，须进行如下工作。

（1）在用户使用的客户机上，增加用户并分配组号。

（2）在用户使用的服务器数据库上，增加用户并分配组号。

（3）分配该用户的广域网访问权限。

为了保证广域网的安全，必须统一管理用户，由网管部门统一增加或删除用户。

7. 病毒防范制度

防范病毒攻击是电子商务安全的一个新领域。病毒在网络环境下具有更强的传染性，会对网络交易的顺利进行和交易数据的妥善保存造成极大的威胁。从事网上交易的企业和个人都应当建立病毒防范制度，排除病毒的骚扰。

（1）应用防病毒软件。

（2）认真执行病毒定期清理制度。许多病毒都有一个潜伏期，病毒定期清理可以清除处于潜伏期的病毒，防止病毒突然爆发。

（3）控制权限。控制权限可以将网络系统中，易感染病毒文件的属性、权限加以限制。对各终端用户，规定他们具有只读权限，断绝病毒入侵的渠道，达到预防的目的。

（4）高度警惕网络陷阱。网络上大量的免费资源对网民有很大的吸引力，但在下载资料和软件时，要保持高度的警惕性，如不打开不明来源的邮件；不安装网站自动要求安装的软件；不使用自动保存密码的功能，避免木马程序盗取账号和密码；在公共场合上网时，尽可能不输入个人资料（如密码、手机号码、证件号码等）。

9.4 电子商务安全的法律对策

9.4.1 国际电子商务立法的主要内容

20 世纪 80 年代初期，由于计算机技术的发展，一些国家和企业开始使用计算机处理数据，从而引起了一系列计算机数据的法律问题。为此，联合国国际贸易法委员会于 1984 年向联合国秘书长提交了《自动数据处理的法律问题》的报告。此后，联合国又先后制定了《联合国行政商业运输电子数据交换规则》《电子数据交换处理统一规则》《贸易法委员会电子资金转账法律指南》等文件。1996 年 12 月，联合国通过了《联合国国际贸易法委员会电子商业示范法》①。这部示范法是为了适应使用计算机技术或其他现代技术进行交易的贸易伙伴之间的通信手段的重大变化而拟订的。该法对数据电文的法律承认、数据电文的可接受性和证据力、利用数据电文订立合同的有效性等重要问题做出了明确的规定。2001 年，联合国出台了《联合国国际贸易法委员会电子签字示范法》②，确立了电子签字的法律效力。2005 年，联合国又出台了《联合国国际合同使用电子通信公约》③，规定了国际合同中使用电子通信的基本要求。这些法律条文为逐步解决电子商务的法律问题奠定了基础，为各国制定本国电子商务立法提供了示范文本和框架。

从近年国际电子商务立法所涉及的范围来看，其内容主要有如下几项。

（1）数据电文的法律效力。与传统的商务合同有许多不同之处，电子商务合同是通过数据电文签订的，对数据电文的效力问题，需要用法律的形式做出相应的规定。2017 年通过的《贸易法委员会电子可转让记录示范法》旨在从法律上支持电子可转让记录的国内使用和跨境使用。

（2）个人信息数据保护。欧盟《通用数据保护条例》（简称 GDPR）于 2018 年 5 月 25 日生效，对企业收集、控制和处理个人数据的方式做出了详细的规定，目标是保护所有欧盟公民在一个日益增长的数据驱动的世界中，免受隐私和数据泄露的影响。条例要求，任何与受欧盟监管的客户进行的业务，都需要遵守 GDPR。如果违反 GDPR，将面临高达 2 000 万欧元或全球年营业额的 4%的巨额罚款。

---

① United Nations General Assembly 85th Plenary Meeting, UNCITRAL Model Law on Electronic Commerce With Guide to Enactment 1996, A/51/628/, 16 December 1996.

② UNCITRAL Model Law on Electronic Signatures With Guide to Enactment 2001, A/CN.9/WG.IV/WP.88. United Nations Commission on International Trade Law Working Group on Electronic Commerce, Thirty-eighth Session New York, 12 - 23 March 2001.

③ UNCITRAL. United Nations Convention on the Use of Electronic Communications in International Contracts (New York, 2005) [EB/OL](2005-11-23)[2021-12-20].

（3）跨境电子商务争议解决。从 2010 年起，联合国国际贸易法委员会开始制定《跨境电子商务交易网上争议解决技术指引》。2016 年，该技术指引由联合国大会通过，从而为跨境电子商务争议解决提供了法律范本。

（4）跨境电子商务中的身份管理和信任服务。从 2020 年起，联合国国际贸易法委员会开始讨论《关于使用和跨境承认身份管理和信任服务的条文草案》，旨在对提供身份管理和信任服务加以规范，内容涉及“身份管理交易”“身份管理系统的运作”和“身份管理服务的提供”等。

9.4.2　我国电子商务经营者的行为规范

1. 电子商务经营者的分类

根据我国《电子商务法》[①]，电子商务经营者指通过互联网等信息网络，从事销售商品或者提供服务的经营活动的自然人、法人和非法人组织，包括电子商务平台经营者、平台内经营者，以及通过自建网站、其他网络服务销售商品或者提供服务的电子商务经营者。电子商务平台经营者指在电子商务中为交易双方或者多方提供网络经营场所、交易撮合、信息发布等服务，供交易双方或者多方独立开展交易活动的法人或者非法人组织。平台内经营者指通过电子商务平台销售商品或者提供服务的电子商务经营者。

2. 电子商务经营者的登记制度

根据我国《电子商务法》第 10 条规定，电子商务经营者应当依法办理市场主体登记。但是，个人销售自产农副产品、家庭手工业产品，个人利用自己的技能从事依法无须取得许可的便民劳务活动和零星小额交易活动，以及依照法律、行政法规不需要进行登记的除外。销售的商品或者提供的服务应当符合法律规定。

国家市场监督管理局 2021 年 3 月 15 日发布的《网络交易监督管理办法》（以下简称《办法》）[②]，对“便民劳务”和“零星小额”两类免于登记情形进行了具体界定，即个人通过网络从事保洁、洗涤、缝纫、理发、搬家、配制钥匙、管道疏通、家具家电修理修配等依法无须取得许可的便民劳务，或者年交易额累计不超过 10 万元的依法无须进行登记。这些细化的规定给监管部门的执法提供了更加明确的标准。

《电子商务法》第 12 条规定：“电子商务经营者从事经营活动，依法需要取得相关行政许可的，应当依法取得行政许可。”这里的行政许可主要针对药品、危险品，易制毒化学品、种子等商品的销售。

3. 电子商务经营者的信息公开

我国《电子商务法》第 15 条规定，电子商务经营者应当在其首页显著位置，持续公示营业执照信息、与其经营业务有关的行政许可信息、属于依照本法第十条规定的不需

---

① 全国人大常委会. 中华人民共和国电子商务法[EB/OL](2018-08-31)[2019-02-20].

② 国家市场管理总局. 网络交易监督管理办法[EB/OL](2021-03-25)[2021-06-02].

要办理市场主体登记情形等信息，或者上述信息的链接标识。前款规定的信息发生变更的，电子商务经营者应当及时更新公示信息。

《电子商务法》还要求，电子商务经营者自行终止从事电子商务的，应当提前 30 日在首页显著位置持续公示有关信息。电子商务平台经营者应当在其首页显著位置持续公示平台服务协议和交易规则信息或者上述信息的链接标识，并保证经营者和消费者能够便利、完整地阅览和下载。

不同于传统商业机构的影响仅限于一个城市或一个地区，电子商务交易平台所波及的人数和社会面要大得多。因此，电子商务交易平台服务的终止也必须有较高的要求，以免引起社会的动荡。因此，《电子商务法》第 16 条规定，电子商务经营者自行终止从事电子商务的，应当提前 30 日在首页显著位置持续公示有关信息。平台经营者擅自关闭平台服务，造成用户权益受到侵害的，应当承担相应的民事赔偿责任。

电子商务平台经营者应当遵循公开、公平、公正的原则，制定平台服务协议和交易规则，明确进入和退出平台、商品和服务质量保障、消费者权益保护、用户信息保护等方面的权利和义务。电子商务平台经营者修改平台服务协议和交易规则，应当在其首页显著位置公开征求意见，采取合理措施确保有关各方能够及时充分表达意见。修改内容应当至少在实施前 7 日予以公示。

4. 电子商务平台经营者的法律责任

1）电子商务平台经营者的基本要求

在网络商品交易中，电子商务平台经营者扮演着介绍人、促成者和组织者的角色。这一角色决定了平台经营者既不是买方的卖方，也不是卖方的买方，而是交易的居间人。它是按照法律的规定和买卖双方委托业务具体要求进行业务活动的。平台经营者应当认真负责地执行买卖双方委托的任务，并积极协助双方当事人成交。平台经营者在进行介绍、联系活动时，要诚实、公正、守信用，不得弄虚作假、招摇撞骗，否则须承担赔偿损失等法律责任。

2）电子商务平台经营者对平台内经营者的管理

严格平台内经营者的实名登记制度是针对电商平台内经营者鱼龙混杂情况严重，且相关行政监管部门难以取证执法所提出的。《电子商务法》第 27 条规定，电子商务平台经营者应当要求申请进入平台销售商品或者提供服务的经营者提交其身份、地址、联系方式、行政许可等真实信息，进行核验、登记，建立登记档案，并定期核验更新。第 28 条规定，电子商务平台经营者应当按照规定向市场监督管理部门报送平台内经营者的身份信息，提示未办理市场主体登记的经营者依法办理登记，并配合市场监督管理部门，针对电子商务的特点，为应当办理市场主体登记的经营者办理登记提供便利。《办法》进一步规定，平台应当每半年向住所地省级市场监管部门报送平台内经营者身份信息；平台要对平台内的经营活动建立检查监控制度，并对违法行为及时处置和报告。但平台不得干涉平台内经营者的自主经营，不得通过各种手段禁止或者限制平台内经营者自主选择多平台经营、自主选择快递物流等交易辅助服务提供者等。

3）网络交易新业态管理

《电子商务法》实施以来，由于社交电商、直播带货等新业态中，网络服务提供平台和平台内经营者的关系，较之于传统电商平台与平台内经营者的关系而言并非完全相同，对于此类新业态中典型的平台服务提供者，《办法》第 7 条规定：“网络社交、网络直播等网络服务提供者为经营者提供网络经营场所、商品浏览、订单生成、在线支付等网络交易平台服务的，应当依法履行网络交易平台经营者的义务”。《办法》同时要求网络交易新业态的经营者，以显著方式展示商品或者服务及其实际经营主体、售后服务等信息，充分保障用户的知情权；直播服务提供者将网络交易活动的直播视频自直播结束之日起至少保存 3 年。以此引导新业态各方经营者规范经营，强化网络用户合法权益保护力度。

4）对不正当竞争行为的规制

鉴于近年来平台经济中不断出现“大数据杀熟”、限定交易、拒绝交易等涉嫌垄断行为，《办法》第 32 条细化了《电子商务法》第 35 条的规定，要求平台经营者不得对平台内经营者在平台内的交易、交易价格以及与其他经营者的交易等进行不合理限制或者附加不合理条件，不得干涉平台内经营者的自主经营。

《办法》第 14 条在《电子商务法》第 17 条的基础上，除提及虚构交易、编造用户评价行为外，还新增了虚构点击量、误导性展示用户评价、谎称现货、虚构预订、虚假抢购、虚构点赞、虚构打赏等行为，方便监管部门精确打击网络交易环境中特定的不正当竞争行为。

5. 网络消费者的权益保护

（1）网络商品经营者和网络服务经营者向消费者提供商品或者服务，应当事先向消费者说明商品或者服务的名称、种类、数量、质量、价格、运费、配送方式、支付形式、退换货方式等主要信息，采取安全保障措施确保交易安全可靠，并按照承诺提供商品或者服务。

（2）网络商品经营者和网络服务经营者不得以电子格式合同条款等方式做出对消费者不公平、不合理的规定，或者减轻、免除经营者义务、责任，或者排除、限制消费者主要权利的规定。

（3）网络商品经营者和网络服务经营者向消费者出具购货凭证或者服务单据，应当符合国家有关规定或者商业惯例。征得消费者同意的，可以以电子化形式出具。电子化的购货凭证或者服务单据，可以作为处理消费投诉的依据。

（4）网络商品经营者和网络服务经营者对收集到的消费者信息，负有安全保管、合理使用、限期持有和妥善销毁义务；不得收集、提供与商品和服务无关的信息，不得不正当使用，不得公开、出租、出售。但是法律、法规另有规定的除外。

（5）对于个人生物特征、医疗健康、金融账户、个人行踪等敏感信息的收集、使用，经营者应当“逐项取得消费者同意”（《办法》第 13 条）。

（6）网络交易经营者未经消费者同意或者请求，不得向其推送商业性信息。

6. 依法纳税

我国《电子商务法》第 11 条规定，电子商务经营者应当依法履行纳税义务，并依法享受税收优惠。依照前条规定不需要办理市场主体登记的电子商务经营者，在首次纳税义务发生后，应当依照税收征收管理法律、行政法规的规定申请办理税务登记，并如实申报纳税。

根据这一条的规定，所有电子商务经营者包括不需要办理市场主体登记微商、自然人等都纳入纳税范畴，其方法是在首次纳税后办理税务登记。怎样确定“首次”是本条的关键。

根据 2018 年 8 月 31 日第十三届全国人民代表大会常务委员会第五次会议《关于修改〈中华人民共和国个人所得税法〉的决定》第六条，应纳税所得额的计算以经营所得为基础，每一纳税年度的收入总额减除成本、费用以及损失后的余额，为应纳税所得额。

以淘宝为例，在平台上开店不需要登记的自然人网店，如果在一个纳税年度的收入额减除费用 6 万元以及专项扣除、专项附加扣除和依法确定的其他扣除后有余额，即应纳税所得额。在这些网店首次纳税义务发生后，应当依照税收征收管理法律、行政法规的规定，申请办理税务登记，并如实申报纳税。

9.4.3 我国电子签名法律制度

2004 年 8 月 28 日，第十届全国人大常委会第十一次会议通过了《中华人民共和国电子签名法》(简称《电子签名法》，于 2019 年 4 月 23 日修正)①。《电子签名法》首次赋予可靠电子签名与手写签名或盖章具有同等的法律效力，并明确了电子认证服务的市场准入制度。《电子签名法》的出台是我国电子商务发展的里程碑，它的颁布和实施扫除了电子签名在电子商务、电子政务和其他领域中应用的法律障碍。

1. 电子签名的概念

《电子签名法》第二条规定：电子签名是数据电文中以电子形式所含、所附用于识别签名人身份并表明签名人认可其中内容的数据。

《电子签名法》在起草“电子签名”的定义时，主要考虑了如下两个问题。

(1)不偏重任何技术的原则。综合考虑数字加密技术的安全性问题②，考虑其他电子签名方式的发展问题，例如，使用生物测定法或其他一些此类技术，因此，没有片面地强调某一技术。

(2)电子签名的实质。区别“签名”的法律概念和“电子签名”的技术概念，应将

---

① 全国人大常委会. 中华人民共和国电子签名法[EB/OL](2019-05-27)[2021-01-02].

② 据报道，目前在国内外广泛应用的为电子文件加密的杂凑函数 MD5，已经被国内学者破译(王振国，刘春雷. 挑剔电子签名的女博导. 齐鲁晚报，2004-09-17)。所以，要保证电子签名的可靠性，必须采取一种与时俱进的理念，鼓励现有技术的改造和新技术的采用。但从目前情况看，数字加密技术仍然是一种使用简便、保密性能强、成本最低的加密技术，所以，联合国《电子签字法》和我国《电子签名法》都对它进行了重点阐述。

电子签名看作一种与数据电文相关联的电子数据，而这一数据是在制作电子签名的过程中形成的，并产生了对签名人和相关信息的核证作用，而没有简单地将其看作一种方法和一种结果。

2. 电子签名的适用前提与适用范围

鉴于电子签名的推广需要有一个过程，《电子签名法》没有规定在民事活动中的合同或者其他文件、单证等文书中，必须使用电子签名，而规定对于“民事活动中的合同或者其他文件、单证等文书，当事人可以约定使用或者不使用电子签名、数据电文。”但明确规定当约定使用电子签名、数据电文的文书后，当事人“不得仅因为其采用电子签名、数据电文的形式而否定其法律效力。”

《电子签名法》使用排除法，确定了电子签名的使用范围，规定一些特定范围内的法律文书不适用关于电子签名、数据电文的法律效力的规定。这些法律文书包括如下几种。

（1）涉及婚姻、收养、继承等人身关系的。

（2）涉及停止供水、供热、供气等公用事业服务的。

（3）法律、行政法规规定的不适用电子文书的其他情形。

电子签名法的设定的适用范围有一定的前瞻性和包容性，即主要适用于商务活动，但又不限于商务活动，原则上涵盖使用电子签字的所有实际场合。

3. 可靠的电子签名的要求

《电子签名法》第十三条规定，电子签名同时符合下列 4 个条件的，视为可靠的电子签名。

（1）电子签名制作数据用于电子签名时，属于电子签名人专有；

（2）签署时电子签名制作数据仅由电子签名人控制；

（3）签署后对电子签名的任何改动能够被发现；

（4）签署后对数据电文内容和形式的任何改动能够被发现。

该条款提出了认定可靠电子签名的 4 个基本条件，且 4 个条件需要同时满足。

第一款和第二款是归属推定。如果可以证明在电子签名过程中，使用的将电子签名与电子签名人可靠地联系起来的字符、编码等数据，是由使用它的人或代表使用它的人专有或控制，即可满足可靠的电子签名的归属条件。

第三款和第四款是完整性推定。如果可以证明在电子签名签署后，可以发现电子签名的任何改动或发现数据电文内容和形式的任何改动，即可满足可靠的电子签名的完整性条件。

鉴于电子签名技术的迅速发展，《电子签名法》没有限定可靠的电子签名的具体技术，为各种电子签名技术的发展铺平了道路。此外，当事人也可以根据自己的判断，选择使用自己认为符合其约定的可靠条件的电子签名。这样的签名同样具有法律效力。

4. 电子签名的法律效力

《电子签名法》第十三条规定：“可靠的电子签名与手写签名或盖章具有同等的法律效力”。

这一条是《电子签名法》的核心，确立了可靠的电子签名的法律效力。当一个电子签名被认定是可靠的电子签名时，该电子签名就与手写签名或盖章具有了同等的法律效力。

5. 电子签名中各方当事人的基本行为规范

根据我国的《电子签名法》，参与电子签名活动的包括电子签名人、电子签名依赖方和电子认证服务提供者。

电子签名人是持有电子签名制作数据，并以本人身份或者以其所代表的人的名义，实施电子签名的人；电子签名依赖方是基于对电子签名认证证书或者电子签名的信赖，从事有关活动的人；电子认证服务提供者是签发证书，或可以提供与电子签名相关的其他服务的人。

电子签名人应当妥善保管电子签名制作数据。电子签名人知悉电子签名制作数据已经失密，或者可能已经失密时，应当及时告知有关各方，并终止使用该电子签名制作数据。电子签名人向电子认证服务提供者申请电子签名认证证书时，应当提供真实、完整和准确的信息。

《电子签名法》对电子认证服务设立了准入制度。提供电子认证服务，应当具有相应的专业技术人员和管理人员、相应的资金和经营场所、符合国家安全标准的技术和设备、国家密码管理机构同意使用密码的证明文件，以及法律、行政法规规定的其他条件。

取得认证资格的电子认证服务提供者，应当在互联网上公布其名称、许可证号、电子认证业务规则等信息。

电子认证服务提供者收到电子签名认证证书申请后,应当对申请人的身份进行查验，并对有关材料进行审查。签发的电子签名认证证书应当准确无误，并应当载明有关电子认证服务提供者名称、证书持有人名称、证书序列号、证书有效期、证书持有人的电子签名验证数据、电子认证服务提供者的电子签名，以及国务院信息产业主管部门规定的其他内容。

电子认证服务提供者应当保证电子签名认证证书内容在有效期内完整、准确，并保证电子签名依赖方能够证实或者了解电子签名认证证书所载内容及其他有关事项。电子认证服务提供者应当妥善保存与认证相关的信息，信息保存期限至少为电子签名认证证书失效后 5 年。

如果电子签名人知悉电子签名制作数据已经失密，或者可能已经失密，却未及时告知有关各方、并终止使用电子签名制作数据，未向电子认证服务提供者提供真实、完整和准确的信息，或者有其他过错，给电子签名依赖方、电子认证服务提供者造成损失的，应承担赔偿责任。

电子签名人或者电子签名依赖方因依据电子认证服务提供者提供的电子签名认证服务从事民事活动遭受损失，电子认证服务提供者不能证明自己无过错的，应承担赔偿责任。

9.4.4　我国电子合同法律制度

1. 电子合同及其书面形式

电子合同指经由电子、光学或类似手段生成、储存或传递的合同。电子合同通过数据电文（包括电报、传真、电子数据交换、电子邮件和即时通信软件等）传递信息，其所包含的信息应能够有形地表现所载内容，并能够完整调取，以备日后查用。

在电子信息技术引进前，法律很少碰到文本在什么中介载体上呈现的问题，如在电报、电传和传真产生后，也没有出现不可克服的困难。尽管电报、电传和传真都包含电子脉冲的应用，但接收方从接收机中得到的一张通讯记录纸，就足以形成书面的证据了。电子商务所利用的电子邮件和电子数据交换与电报、电传、传真非常相似，都是通过一系列电子脉冲传递信息。但电子商务通常不是以原始纸张作为记录的凭证，而是将信息或数据记录在计算机中，或记录在磁盘和软盘等中介载体中，因此，这种方法具有以下几个特点。

（1）电子数据的易消失性。电子数据以计算机储存为条件，是无形物。一旦操作不当就有可能丢失所有数据。

（2）电子数据作为证据的局限性。传统的书面合同只是受到当事人保护程度和自然侵蚀的限制，而电子数据不仅可能受到物理灾难的威胁，还有可能受到计算机病毒等计算机特有的无形灾难的攻击。

（3）电子数据的易改动性。传统的书面合同是纸质的，如有改动，很容易就会留下痕迹。而电子数据是以键盘输入的，用磁性介质保存的，改动、伪造后可以不留痕迹。

上述问题的存在，确实阻碍了电子合同合法性的进程。但从另一方面而言，书面合同也同样存在伪造和涂改的情况，人们并没有因为书面合同的缺陷而放弃使用书面合同。所以，有必要扩大传统“书面形式”的概念。

联合国《电子商业示范法》第六条规定：“如果法律要求信息须采用书面形式，则假若一项数据电文所含信息能够调取以备日后查用，即满足了该项要求[①]。”该法虽未对电子合同进行明确的定义，但从这条规定来看，《电子商业示范法》允许贸易双方通过电子手段传递信息、签订买卖合同和进行货物所有权的转让。这样，以往不具法律效力的数据电文将和书面文件一样得到法律的承认。该法律的通过为实现国际贸易的“无纸操作”提供了法律保障。

我国《电子签名法》第三条规定：民事活动中的合同或者其他文件、单证等文书，当事人可以约定使用或者不使用电子签名、数据电文。

民事活动中的合同可以分为两种形式：使用电子签名和数据电文的合同与不使用电子签名和数据电文的合同。电子合同指平等民事主体间以数据电文方式，形成的设立、变更、终止民事权利义务关系的协议。当事人可应用电子签名等电子核证技术签署合同，

---

① United Nations Commission On International Trade Law(UNCITRAL). UNCITRAL Model Law on Electronic Commerce with Guide to Enactment 1996[S]. 51/162 Model Law on Electronic Commerce adopted by the United Nations Commission on International Trade Law, 85th plenary meeting, 1996-12-16.

以增强电子合同的证据效力。

《民法典》第四百六十四条规定："合同是民事主体之间设立、变更、终止民事法律关系的协议。"电子合同区别于传统合同的两个要件，一是以数据电文为载体；二是可以使用电子核证技术。

2. 电子合同的订立[①]

（1）当事人所在地。为了提高法律的确定性和可预见性，以电子方式缔结合同的当事方必须明确指明其相关的营业地所在地点。因此，提供货物或服务的当事人，应当向查阅这种信息系统的各方提供当事人营业地所在的地理位置和具体地址。对于电子商务而言，可能存在下述情况：某个法律实体的活动可能完全或主要利用信息系统进行，除公司的组织章程在某个登记处注册登记外，没有一个固定的场所，或与任何实际地点没有任何联系。针对这样的虚拟公司，如果使用传统意义上的用于确定某人营业地的同样标准，则可能不合情理。因此，对无营业地址的法律实体，可考虑信息系统的支持设备和技术的所在地，或可能与某种系统连通进行查询的访问地，以确定这类法律实体的营业地址。

（2）要约与邀请要约。根据《联合国销售公约》，非向一个人或一个以上特定的人提出的建议，仅应视为邀请要约。在有纸化环境下，报纸、杂志和电视中的广告，商品介绍的小册子或价目表等一般也被看作邀请要约。因为在这些情况下承受约束的意图，被认为是不明确的。互联网使得人们有可能把特定的信息发送给无数的人，而当前的技术又可以使人们立即签订合同。因此，凡不是向一个人或几个特定的人提出，而是可供使用信息系统的所有人进行一般查询的，如通过互联网网址发出的货物和服务要约，应当仅视为邀请要约，但其中指明在要约获接受时，要约人打算受其约束的除外。

（3）接受要约。在电子合同中，除非各当事人另有约定，要约和接受要约可以通过数据电文表示。从联合国《电子商业示范法》第二条关于"数据电文"的定义看，如果某人单击计算机屏幕上显示的"同意"按钮，有关"同意的意思表示"信息即可通过网络线路，传送到对方的计算机上，对方计算机的相关按钮在通信链的另一端接到"同意"的指令则被启动。此种信息虽然很短，但仍是通过电子手段传递的信息，所以，仍应被视为符合"数据电文"的定义。

（4）发出和收到。我国《电子签名法》第十一条规定："数据电文进入发件人控制外的某个信息系统的时间，视为该数据电文的发送时间。收件人指定特定系统接收数据电文的，数据电文进入该特定系统的时间，视为该数据电文的接收时间；未指定特定系统的，数据电文进入收件人的任何系统的首次时间，视为该数据电文的接收时间。

（5）自动交易。"自动电文系统"指一种计算机程序或一种电子手段，抑或其他自动手段，用以引发一个行动全部或部分地对数据电文生成答复，而无须每次在该系统引发行动或生成答复时由自然人进行复查或干预。在电子商务交易中，经由计算机程序代为处理商务的人（自然人或法人），最后应当对该机器生成的任何电文承担责任。因此，一

① 2005 年 11 月 23 日，联合国第六十届会议通过了《联合国国际合同使用电子通信公约》A/RES/60/21，本节内容参考该公约撰写。

套自动电文系统的行动归属于某人或某一法律实体，电子代理只能在其预先设定的程序编制技术结构范围内进行。

在自动电文系统出现差错的情况下，如果该自动电文系统未提供该自然人预防或者纠正错误的机会的；或该自然人在发现错误后，尽可能立即将该错误通知对方，并指出自己在数据电文中造成错误的；或该自然人采取合理步骤，包括遵照对方指示，采取步骤退还因错误而可能接受到的任何货物或服务；或根据指示，销毁这种货物或服务的；或该自然人没有获得可能从对方收到的任何货物或服务产生的任何重大利益或价值，抑或从中受益的，自然人连通他人自动计算机系统订立合同无法律效力，并且可不执行。

（6）形式要求。根据《联合国销售公约》第十一条关于形式自由的一般原则，电子合同的任何规定，应不要求合同须以书面订立或以书面证明，也不要求合同必须遵守任何其他有关形式的要求。对于法律要求合同应当采用书面形式的，或法律要求合同应当签字的，应采用联合国《电子签字示范法》和《联合国国际合同使用电子通信公约》中的有关条文。

（7）拟由当事人提供的一般资料。为增强国际交易的确定性和明确性，参与电子合同的当事人，应提供的一般资料包括当事人身份、法律地位、所在地和地址资料等，其目的是确保通过互联网等公开网络进行的各种交易能够正常进行。

9.4.5　我国电子商务交易安全的法律保护

电子商务交易安全的法律保护问题，涉及两个基本方面，第一，电子商务交易首先是一种商品交易，其安全问题应当通过民商法加以保护；第二，电子商务交易是通过计算机及网络实现的，其安全与否关系到计算机及网络自身的安全程度。人们应当充分利用已经公布的有关电子商务交易安全和计算机安全的法律法规，保护电子商务交易的正常进行。

1. 我国涉及交易安全的法律法规

我国现行的涉及交易安全的法律法规主要有如下 4 类。

（1）综合性法律，主要是《民法典》和《刑法》中有关保护交易安全的条文。

（2）规范交易主体的有关法律，如《公司法》《国有企业法》《集体企业法》《合伙企业法》《私营企业法》《外资企业法》等。

（3）规范交易行为的有关法律，包括《经济合同法》《产品质量法》《财产保险法》《价格法》《消费者权益保护法》《广告法》《反不正当竞争法》等。

（4）监督交易行为的有关法律，如《会计法》《审计法》《票据法》《银行法》等。

我国现行的涉及电子商务交易安全的部门规章主要有如下几个。

（1）国家药品监督管理局：《互联网药品信息服务管理办法》《互联网药品交易服务审批暂行规定》。

（2）商务部：《关于网上交易的指导意见（暂行）》《商务部关于促进电子商务规范发展的意见》。

（3）国家市场监督管理总局：《网络商品交易及有关服务行为管理暂行办法》。

（4）我国人民银行：《支付管理信息系统管理办法（试行）》。

（5）公安部、工业和信息化部、商务部等 7 部门:《关于进一步加强违禁品网上非法交易活动整治工作的通知》。

2. 我国涉及计算机安全的法律法规

我国的计算机安全立法工作开始于 20 世纪 80 年代。1981 年，公安部开始成立计算机安全监察机构，并着手制定有关计算机安全方面的法律法规和规章制度。1994 年 2 月正式开始实施《中华人民共和国计算机信息系统安全保护条例》。这个条例的最大特点是既有安全管理，又有安全监察，以管理与监察相结合的办法保护计算机信息系统。

1997 年 10 月 1 日起我国实行的新《刑法》，第一次增加了计算机犯罪的罪名。2020 年 12 月 26 日，第十三届全国人民代表大会常务委员会第二十四次会议通过刑法修正案（十一），对第二百八十五条进行了新的补充①。根据刑法修正案（十一），计算机犯罪分为以下几个类型。

（1）非法侵入计算机信息系统罪；非法获取计算机信息系统数据、非法控制计算机信息系统罪；提供侵入、非法控制计算机信息系统程序、工具罪（第二百八十五条）。

（2）破坏计算机信息系统罪；网络服务渎职罪（第二百八十六条）。包括违反国家规定，对计算机信息系统功能进行删除、修改、增加、干扰，造成计算机信息系统不能正常运行，后果严重的；故意制作、传播计算机病毒等破坏性程序，影响计算机系统正常运行，后果严重的。

（3）拒不履行信息网络安全管理义务罪（第二百八十六条之一）。致使违法信息大量传播的；用户信息泄露，造成严重后果的；刑事案件证据灭失，情节严重的。

（4）非法利用信息网络罪（第二百八十七条之一）。设立用于实施诈骗、传授犯罪方法、制作或者销售违禁物品、管制物品等违法犯罪活动的网站、通讯群组的；发布有关制作或者销售毒品、枪支、淫秽物品等违禁物品、管制物品或者其他违法犯罪信息的；为实施诈骗等违法犯罪活动发布信息的。

（5）帮助信息网络犯罪活动罪（第二百八十七条之二）。明知他人利用信息网络实施犯罪，为其犯罪提供互联网接入、服务器托管、网络存储、通讯传输等技术支持，或者提供广告推广、支付结算等帮助，情节严重的。

3. 我国保护计算机网络安全的法律法规

2017 年 6 月 1 日，我国开始实施《中华人民共和国网络安全法》（简称《网络安全法》）②。该法对网络运行安全和网络信息安全都做了详细的规定。

《网络安全法》对网络运行安全做出了如下规定。

（1）国家实行网络安全等级保护制度。网络运营者应当按照网络安全等级保护制度的要求履行安全保护义务。

（2）网络产品、服务应当符合相关国家标准的强制性要求。

（3）网络运营者为用户办理网络接入、域名注册服务，办理固定电话、移动电话等

---

① 全国人大常委会. 中华人民共和国刑法修正案(十一)[EB/OL](2020-12-28)[2021-02-20].

② 全国人大常委会. 中华人民共和国网络安全法[EB/OL](2016-11-07)[2017-01-02]..

入网手续，或者为用户提供信息发布、即时通信等服务，在与用户签订协议或者确认提供服务时，应当要求用户提供真实身份信息。用户不提供真实身份信息的，网络运营者不得为其提供相关服务。

（4）网络运营者应当制订网络安全事件应急预案，及时处置系统漏洞、计算机病毒、网络攻击、网络侵入等安全风险；在发生危害网络安全的事件时，立即启动应急预案，采取相应的补救措施，并按照规定向有关主管部门报告。

（5）任何个人和组织不得从事非法侵入他人网络、干扰他人网络正常功能、窃取网络数据等危害网络安全的活动；不得提供专门用于从事侵入网络、干扰网络正常功能及防护措施、窃取网络数据等危害网络安全活动的程序、工具；明知他人从事危害网络安全的活动的，不得为其提供技术支持、广告推广、支付结算等帮助。

《网络安全法》对网络信息安全做出了如下规定。

（1）网络运营者不得泄露、篡改、毁损其收集的个人信息；未经被收集者同意，不得向他人提供个人信息。但是，经过处理无法识别特定个人且不能复原的除外。

（2）网络运营者应当采取技术措施和其他必要措施，确保其收集的个人信息安全，防止信息泄露、毁损、丢失。在发生或者可能发生个人信息泄露、毁损、丢失的情况时，应当立即采取补救措施，按照规定及时告知用户并向有关主管部门报告。

（3）任何个人和组织不得窃取或者以其他非法方式获取个人信息，不得非法出售或者非法向他人提供个人信息。

（4）依法负有网络安全监督管理职责的部门及其工作人员，必须对在履行职责中知悉的个人信息、隐私和商业秘密严格保密，不得泄露、出售或者非法向他人提供。

（5）任何个人和组织应当对其使用网络的行为负责，不得设立用于实施诈骗，传授犯罪方法，制作或者销售违禁物品、管制物品等违法犯罪活动的网站、通信群组，不得利用网络发布涉及实施诈骗，制作或者销售违禁物品、管制物品以及其他违法犯罪活动的信息。

（6）网络运营者应当加强对其用户发布的信息的管理，发现法律、行政法规禁止发布或者传输的信息的，应当立即停止传输该信息，采取消除等处置措施，防止信息扩散，保存有关记录，并向有关主管部门报告。

（7）网络运营者应当建立网络信息安全投诉、举报制度，公布投诉、举报方式等信息，及时受理并处理有关网络信息安全的投诉和举报。

导入案例解析

电子商务交易存在的风险和问题主要包括如下几项。

（1）在线交易主体的市场准入风险，指网上交易主体是否真实存在，且该主体是否可以进入虚拟市场从事在线业务的风险。

（2）信息风险，指网络交易中买卖双方以合法身份进入系统后，在网络上发布虚假的供应或需求信息，或以过期的信息冒充现在的信息。从技术上看，信息风险主要来自冒名偷窃、篡改数据、信息丢失等方面。

（3）信用风险，包括来自买方的信用风险、来自卖方的信用风险和买卖双方均发生抵赖的风险。

（4）网上欺诈风险，包括网络钓鱼、网络信用卡诈骗、网上非法经营、网络非法吸收公众存款等社会危害面广、影响较大的犯罪行为。

（5）电子合同风险。在在线交易情形下，所有当事人的意思表示均以电子化的形式存储于电子介质中，这些记录需要应用电子签名才能得到合法保护。电子商务急需解决基于电子签名的电子合同的应用风险，包括合同的形式、收讫、证据等。

（6）电子支付问题。电子商务交易所需的电子支付过程涉及网络银行与网络交易客户之间的协议、网络银行与网站之间的合作协议以及安全保障问题。

（7）在线消费者保护问题。在线市场的虚拟性和开放性以及网上购物的便捷性都使消费者保护成为突出的问题。

（8）产品交付问题。在线交易的标的物分两种，一种为有形货物；另一种是无形的信息产品。有形货物的交付仍然可以沿用传统合同法的基本原理，但信息产品的交付则具有不同于有形货物交付的特征，对于其权利的移转、退货、交付的完成等需要有相应的安全保障措施。

复习题

1. 简述危害电子商务系统安全的主要因素。
2. 试述电子商务安全保障体系的框架。
3. 试论述电子商务安全技术的基本要求。
4. 试论述带有数字签名和数字证书的加密系统的基本流程。
5. 简述电子商务标准的体系结构。
6. 试论述《网络安全法》对网络运行安全和网络信息安全的规定。

参 考 文 献

1. United Nations Conference on Trade and Development. Digital Economy Report 2019 [R/OL](2019-09-04)[2021-03-20].

2. 埃弗雷姆・特班等. 电子商务：管理与社交网络视角（原书第 9 版）[M]. 占丽，孙相云，时启亮，等，译. 北京：机械工业出版社，2020.

3. 商务部. 中国电子商务报告 2020[R/OL](2021-06-11)[2021-06-27]. http://dzsws.mofcom. gov. cn/index. shtnl.

4. 全国人大.中华人民共和国国民经济和社会发展第十四个五年规划和 2035 年远景目标纲要 [EB/OL](2021-03-12)[2021-06-28]. http://www.gov.cn/xinwen/2021-03/13/content_5592681.htm.

5. 杨坚争，杨立钒，周涛，等. 世界市场的二元化与我国跨境电子商务发展策略研究[M]. 上海：立信会计出版社，2016.

6. 杨坚争，杨立钒. 电子商务基础与应用（第 11 版）[M]. 西安：西安电子科技大学出版社，2019.

7. 邓顺国. 电子商务运营管理[M]. 北京：科学出版社，2016.

8. 杨立钒，杨坚争，万以娴. 跨境电子商务教程[M]. 北京：电子工业出版社，2017.

9. 程科，于枫，潘磊，高尚，祁云嵩. 下一代互联网体系结构研究进展与分析[J]. 镇江：江苏大学学报，2016 (1): 74-84.

10. 郑化浦. 计算机网络技术实用大全（第 3 版）[M]. 北京：中国铁道出版社，2016.

11. 李建忠，牟凤瑞，安刚. 电子商务网站建设与维护[M]. 北京：清华大学出版社，2014.

12. 宋诚英，时东晓. 网络信息检索实例分析与操作训练[M]. 北京：电子工业出版社，2012.

13. 冯英健. 网络营销基础与实践（第 4 版）[M]. 北京：清华大学出版社，2013.

14. 李东进，秦勇，陈爽. 网络营销：理论、工具与方法（微课版 第 2 版）[M]. 北京：人民邮电出版社，2021.

15. 杨立钒，杨坚争. 网络营销教程（第 2 版）[M]. 北京：中国人民大学出版社，2019.

16. 杨立钒，万以娴. 电子商务安全与电子支付（第 4 版）[M]. 北京：机械工业出版社，2020.

17. 张璇，李成功，黄勤龙，等. OpenSSL 在安全电子商务系统中的应用[J]. 昆明：云南大学学报（自然科学版），2010(2):140-146.

18. 刘阳威，丁玉书. 物流仓储与配送管理实务[M]. 北京：清华大学出版社，2013.

19. 毕娅，原慧群，魏翡斐. 电子商务物流（第 2 版）[M]. 北京：机械工业出版社，2020.

20. 叶忠杰. 计算机网络安全技术（第四版）[M]. 北京：科学出版社，2020.

21. 杨立钒，万以娴. 电子商务法与案例分析（微课版）[M]. 北京：人民邮电出版社，2020.